기후위기 시대
거대한 전환을 위한
안내서

생명으로
돌아가기

COMING
BACK TO
LIFE

이 책의 한국어판 저작권은 BC에이전시를 통한
저작권자와의 독점 계약으로 모과나무에 있습니다.
저작권법에 의해 한국 내에서 보호를 받는 저작물이므로
무단전재와 복제를 금합니다.

이 도서의 국립중앙도서관 출판예정도서목록(CIP)은
서지정보유통지원시스템 홈페이지(http://seoji.nl.go.kr)와
국가자료공동목록시스템(http://www.nl.go.kr/kolisnet)에서
이용하실 수 있습니다.(CIP제어번호: CIP2020030624)

COMING BACK TO LIFE

기후위기 시대 거대한 전환을 위한 안내서

생명으로 돌아가기

조애나 메이시 · 몰리 영 브라운

이은주 옮김 · 유정길 감수

모과나무

생명으로 돌아가기

1판1쇄 발행	2020년 8월 7일
1판4쇄 발행	2022년 10월 6일

지은이	조애나 메이시, 몰리 영 브라운
옮긴이	이은주
감수	유정길
발행인	정지현
편집인	박주혜

대표	남배현
본부장	모지희
책임편집	박석동
마케팅	조동규, 김관영, 조용, 김지현
디자인	동경작업실

펴낸곳	모과나무
편집위원	덕문, 동은, 법장, 이미령, 심정섭, 이세용, 박석동
주소	서울시 종로구 삼봉로 81 두산위브파빌리온 831호
전화	02-720-6107
전송	02-733-6708
전자우편	jogyebooks@naver.com
등록	2006년 12월 18일 (제2009-000166호)
구입문의	불교전문서점(www.jbbook.co.kr) 02-2031-2070~1

ISBN	979-11-87280-44-6 (03330)

지혜의 향기로 마음과 마음을 잇습니다.

프랜시스 메이시

(Francis Macy, 1927~2009)

이 활동을 사랑했고, 이름 역시 붙여주었으며

이 활동이 끊임없이 피어나듯

언제나 우리 편에 서있는 당신에게

고마운 마음을 떠올리며

추천의 글

현 시대에 필요한 청사진을 담아냈다. 조애나 메이시와 몰리 영 브라운은 전 세계적으로 일어나는 파괴와 폭력을 솔직하게 판단하고, 생명지속문화로 전환하여 탈바꿈하는 데 필요한 과제를 제시한다. 단순하고 본질적인 선택지를 간략히 설명하고 우리가 이 변화를 이룰 수 있도록 도구를 쥐여준다. 더없이 필요한 책이다.

르웰린 본리(Llewellyn Vaughan-Lee)
수피교도 지도자,《생태 영성-지구가 울부짖는 소리》저자

달라이라마의 말이 정확하다. 이 책은 지구 치유자를 위한 평생 안내서로서 희망 불어넣기에 그치지 않고 실천을 돕는다. 개정판에서는 절망을 생산적 낙천주의로, 비난을 상상력과 혁신, 협동으로 대체하는 방법을 다시 일깨운다. 새로 추가된 장을 보고 전직 중학교 교사로서 만세를 외쳤다. X세대부터 Z세대, 그 이후에도 대붕괴의 혹독한 결과에 시달릴 세대를 위해 멘토와 교사가 역할을 다할 수 있도록 조언을 아끼지 않는다. 마지막에 수록된 명상법은 위안과 동시에 자극이 된다. 두 저자만의 독특하면서도 투철한 시각으로 현재의 위기 상황과 대의명분을 분석하고, 실습을 제시하여 대전환

을 촉진한다. 대전환이란 이 책에서 본보기로 제시한 것으로, 우리 몸과 마음에 변화의 바람을 불어넣을 것이다. 한마디로 정신을 고양하는 책이다.

엘렌 라콘테(Ellen LaConte)
《헬렌 니어링, 또 다른 삶의 시작》 저자

인간이 보다 번영된 삶을 누리고자 만들어온 산업기술문명이 결국 집단자살체제로 판명된 오늘날, 우리들 대부분은 온갖 자잘한 일에 정신을 분산시키면서 내면의 공포와 불안으로부터 도피하려고 할 뿐, 어찌할 바를 모르고 있다. 너무나 엄청난 파국을 예감하면서도 깊은 무력감을 느끼기 때문일 것이다. 그런데, 따지고 보면, 이 모든 것은 우리가 자기 자신을 이웃들과 세상 만물로부터 분리된 존재로 여기며 오랫동안 살아온 데서 연유한다고 할 수 있다. 따라서 궁극적인 활로는 '인간중심주의'라는 자폐적인 세계관에서 우리가 해방되는 데 있음이 틀림없다. 그러나 오랜 정신적 습관 때문에 우리가 만물의 상호의존성이라는 진리를 온몸으로 깨닫는 것은 쉬운 일이 아니다. 그러나 이 책은 우리가 혼자서가 아니라 여럿이 함께 이 길을 갈 때, 우리에게는 강력한 에너지가 소생하고, 그 결과 위기상황이 전화위복이 될 수 있음을, 저자들의 오랜 실천적 경험에서 우러나온 흥미로운 예시들을 통해 무척 자상하게, 설득력 있게 이야기하고 있다.

김종철
〈녹색평론〉 발행인

달라이라마가 보낸 메시지

삶의 모든 측면에서 우리는 서로 의존합니다. 이 사실이 날로 명확해짐에도 여전히 바뀌지 않는 것은 우리 자신을 바라보는 방식입니다. 우리는 가까운 생명, 자연과 맺은 관계를 잊은 듯합니다. 지금이 시대에 창조하고 파괴하는 인간의 힘은 더욱 강력해졌으며 전 세계에 영향을 미치게 되었습니다. 그러나 그에 상응하는 책임감은 아직 기르지 못했습니다. 대부분은 우리와 직접 관련 있는 사람이나 재산만을 걱정합니다. 가족과 친구가 위험에 빠지지 않도록 보호하려는 것은 본능입니다. 마찬가지로 적이 위협하거나 화재나 홍수 같은 자연재해가 발생하면, 누구든 자신의 집과 땅이 훼손되지 않도록 기를 쓰고 방어할 것입니다.

우리는 깨끗한 공기와 물, 끊임없이 자라는 농작물, 이용 가능한 원료가 당연하게 주어졌다고 여깁니다. 자원이 유한하다는 사실을 알면서도 자신에게 필요한 것만 생각하기에 마치 이러한 자원이 무한한 것처럼 행동합니다. 이렇게 제한적이고 자기중심적인 태도로는 시대의 요구를 충족할 수 없거니와 우리에게 내재된 잠재력을 실현할 수 없습니다.

　많은 사람들이 고통받고 소외감을 느끼며 괴로워합니다. 그 와중에 빈곤, 인구과잉, 환경파괴 등 전 지구적 문제 또한 눈앞에 두고 있습니다. 우리는 함께 고심해야만 합니다. 독립적으로 문제를 해결할 수 있는 단체나 국가는 없습니다. 이를 통해 우리가 사는 세상이 얼마나 작아졌으며 서로 의존하게 되었는지 알 수 있습니다. 고대에는 마을마다 자급자족에 가깝게 독립된 생활을 했습니다. 마을을 벗어나 다른 이와 협력할 필요도 없었고 협력을 바라지도 않았습니다. 스스로 모든 일을 해서 살아남았습니다. 그러나 이제는 상황이 완전히 달라졌습니다. 내가 속한 국가와 지역, 마을만을 생각하는 것은 더 이상 적절치 않습니다. 우리가 마주한 문제를 극복하려면 보편적 책임감을 지니되 그것이 자애심에 뿌리를 두고 인류, 형제자매를 향해야 합니다.

　현 상황에서 인류의 생존 그 자체는, 각 공동체나 국가만을 염려하는 사람보다 전 인류를 염려하는 사람에게 달려있습니다. 우리가 처한 현실 때문에 오히려 더욱 확실히 행동하고 생각할 수 있습니다. 편협하고 자기중심적인 사고가 과거에는 도움이 됐을지 모르지만 지금은 단지 재앙으로 치닫는 길일 뿐입니다. 교육과 훈련을 병행하면 이런 마음가짐을 극복할 수 있습니다.

조애나 메이시와 몰리 영 브라운이 함께 쓴 이 책에는 개인과 대중을 대상으로 그러한 훈련을 직접 하며 쌓아온 경험과 조언이 풍부하게 담겨있습니다. 이 같은 작업에 감탄과 존경을 표하며 독자 여러분의 동의를 구합니다. 일체중생과 유일한 보금자리 지구를 위해 이 작업을 토대로 활동하기를 권할 수 있어서 매우 기쁩니다.

1998년 9월 7일
티베트 14대 달라이라마 텐진 갸초

재연결 작업을 소개합니다

.

새 천년, 행성 파괴의 시대이자 행성 간 통신의 시대, 더불어 종교기
관이 적법성을 상실하고 청년이 소외되고 종種이 자취를 감추는 시
대입니다. 이 모든 현실을 마주한 우리 시대에는 조애나 메이시와
몰리 영 브라운 같이 심원한 사상가와 활동가가 절실합니다. 두 사
람이 함께 쓴 책을 통해 우리는 '근원根源'이란 단어의 본뜻 그대로,
우리 정신의 뿌리로 돌아갈 수 있습니다. 그리하여 우리는 실행이
나 계획부터 시작하는 것이 아니라, 자유를 얻고 자기 자신을 인식
함으로써 행동에 나설 것입니다.

　조애나 메이시는 재연결 작업(Work that Reconnects)을 통해 자기
세대의 노력을 대표하는 사람입니다. 이원론, 세속주의, 반反신비주
의에 치우친 근현대의 시각을 애정 어린 행동과 연민으로 바꾸려
노력합니다. 물론 칼뱅주의(Calvinism) 전도자들 사이에 전해오는 유

산도 인상 깊지만, 가장 심오한 뜻을 담은 영적 선물은 불교의 원리를 적용한 것입니다. 그 원리란 세상의 깊은 고통을 인정하고, 고통을 넘어 대전환에 보탬이 되겠다는 결의를 인정하는 것입니다. 조애나는 우리 모두를 휘어잡은 절망과 암흑, 공포로 초대합니다. 그러고는 망연자실하거나 현실을 부정하고 외면하는 편이 타당하다는 관념을 떨쳐버립니다. 그저 분석에 그치는 것이 아니라 실제 조치를 취하도록 하며, 우리 앞에 놓인 싸움에 대비하여 정신과 마음을 굳게 다질 수 있도록 실습을 권합니다. 몰리 영 브라운은 정신통합요법과 생태심리학, 재연결 작업을 여러 해 동안 가르치면서 역시 이 책의 가치를 높이는 데 실질적으로 공헌했습니다.

이 책은 여러 가지 면에서 신비주의자와 선지자를 위한 설명서로 볼 수 있습니다. 에큐머니즘(ecumenism)을 바탕으로 종교와 지혜를 넘나드는 실습을 활용합니다. 이 실습에는 불교의 영성 수행이 풍부하게 배어있을 뿐 아니라 그 외 종교의 전통 활동이 포함되어 있습니다. 아울러 두 저자가 워크숍을 통해 전 세계의 절망을 치유하며 얻은 창의적인 경험까지 담겨 있습니다.

이 워크숍에 몇 차례 참석하고 영광스럽게도 그중 대부분을 조애나와 공동으로 진행하면서, 조애나가 지닌 영적 리더십에 탄복했습니다. 뮌헨에서 생태정의 워크숍을 함께 진행하고, 스코틀랜드 북부 핀드혼에서 어둠의 미덕과 괴로움을 인식하는 것의 미덕을 전하고, 캘리포니아주 오클랜드의 창조영성 대학과 산타바버라에서 '우주 그리스도와 불성' 워크숍을 진행했습니다. 이 책을 읽으면서 그 모든 기억이 떠올랐고, 축복과도 같은 용기와 영혼이 의식을 가득 채웠습니다.

조애나의 작업이 특별한 이유가 칼뱅주의 선조에게서 물려받은 듯 열렬히 헌신하기 때문만도, 분석력이 뛰어나기 때문만도 아닙니다. 조애나는 배움이 머리로만 이뤄지는 것이 아니라 마음으로, 모든 차크라를 통해 이뤄짐을 알고 있습니다. 조애나가 경험한 과정은 그 이론만큼이나 값진 것입니다. 세계 곳곳의 해방신학자들과 마찬가지로 이론과 응용을 모아 이 책에 담았습니다. 이 책은 40년 동안 내부와 현장에서 이뤄진 작업이며 동서양 선조들의 지혜에서, 영적 선지자와 생태·사회 정의에 헌신하는 활동가의 마음과 정신에서 나온 결실입니다. 그야말로 우리 시대의 축복입니다.

'생명으로 돌아가기(Coming Back to Life)'라는 원제에는 죽음이 우리를 에워싸고 있으며, 언제든 우리를 덮칠 수 있다는 의미가 담겨 있습니다. 우리가 죽음을 인정하지 않는다면 어떻게 생명으로 돌아갈 수 있을까요? 다시 말해 우리 삶이 죽음에 눌려 꼼짝 못 하는 문화가 되었다고 봐도 지나치지 않습니다. 이 죽음 가운데 일부는 실제 일어나는 일이며 대부분은 우리가 자초한 것입니다. 젊은이들이 길을 잃고, 여러 담배 기업이 중독자를 만들기 위해 13세를 겨냥하고, 아시아의 공장에서 열악한 조건으로 여성과 어린이의 노동을 착취하여 대기업이 부를 쌓고, 대규모로 성을 상품화하고, 기후

온난화를 인정하지 않는 실태와 후쿠시마의 비극을 접할 때면 점점 더 죽음이 실재함을 인식합니다. 도덕의 죽음, 정신의 죽음, 육체의 죽음까지 마주합니다. 그러므로 지금과 같은 시대에 두 저자의 열정과 정성이 담긴 책, 죽음을 벗어나는 길과 소생蘇生을 다룬 이 책을 접하게 되어 무척 기쁩니다.

이렇게 험난한 시기에 우리가 생명, 즉 영혼으로 돌아가려면 무엇을 어떻게 해야 할까요? 조애나와 몰리는 이에 관한 이론과 실습 모두를 제시합니다. 이 책은 영혼이 담긴 작업의 성과입니다. 이로써 우리는 치유되고 희망을 얻어 스스로 치유하는 삶을 살아갈 수 있습니다. 도미니크파派의 위대한 신비주의자이며 선지자인 마이스터 에크하르트는 한때 이런 글을 썼습니다. "치유하는 삶이야말로 좋은 삶이다." 마찬가지로 치유하는 책이야말로 좋은 책입니다.

이 책에는 지혜가 담겨 있습니다. 전 세계 지혜의 전통 속에서 본질인 우주론과 영성, 이 두 관점으로 바라보기 때문입니다. 그런데 지식만으로 만족하지 않습니다. 지혜를 다루는 것은 물론, 이 지혜가 공동의 것임을 보장합니다. 이 책에 담긴 이야기와 여러 가르침은 치유 워크숍에 참가한 세계인 수천 명에게서 비롯되고 검증받았습니다. 책장을 넘길 때마다 공동체의 지혜가 강렬하게 느껴집니다. 더욱이 아직 태어나지 않은 미래세대를 주목하고, 인간을 너머 생명과도 공동체를 이루라는 지상 명령에 힘씀으로써 지혜의 임무가 확장됩니다.

재연결 작업은 치유하는 작업입니다. 고유한 방식으로 치유하는 여성, 성직자, 은혜로운 산파들에게서 비롯된 것입니다. 이는 사회와 제도에, 종교에, 생태 정의를 위해 힘쓰는 모든 이의 마음과 정신에 치유의 바람을 일으킬 것입니다. 조애나 메이시는 우리 시대에 참된 목소리를 지닌 사람입니다. 가난하고, 말 못하고, 어리고, 박탈되고, 생태계에서 위협받는 존재를 대표하여 소리 높여 말하는 선지자입니다. 조애나는 이에 그치지 않고 우리가 두렵지 않도록, 부인하지 않도록 차분히 다독입니다. 우리의 용기를 북돋워 자신만의 선지자적 목소리를 찾도록 하고, 이 시대와 고통에 필요한 치유 작업에 한 팀으로서, 공동체로서 보탬이 되도록 합니다. 조애나의 목소리와 우리 자신의 목소리에 고마워합시다. 다양한 목소리와 역할과 마음을 분명히 하나로 묶어줄 이 책을 반깁시다. 이 책의 가능성이 실현되기를! 우리 모두가 지닌 가능성을 실현하기를!

매튜 폭스Matthew Fox*

---

* 매튜 폭스는 《원복》, 《우주 그리스도의 도래-어머니 땅의 치유와 지구 르네상스의 탄생》, 《영성-자비의 힘》, 《영성을 점거하라(Occupy Spirituality)》, 《힐데가르트 폰 빙겐-우리 시대의 성자 (Hildegard of Bingen: A Saint for Our Times)》, 《마이스터 에크하르트-우리 시대의 신비주의 전사(Meister Eckhart: A Mystic Warrior for Our Times)》 외 30여 권을 집필한 작가이다.

생명의 원천으로 돌아가기

이 책은 안내서입니다. 우리가 타고난 활기를 되찾고 세상의 치유 과정에 참여하도록 결심하는 길로 안내합니다. 이 활동은 1970년대부터 꾸준히 발전했으며, 생태환경과 사회가 급속히 악화되는 과정에서도 전 세계 남성과 여성 수십만이 용기를 얻어 결집하고 행동했습니다.

이 작업은 혼자서도 가능하기 때문에 지금껏 수많은 개인의 삶에 영향을 주었습니다. 그렇지만 아무래도 함께 호흡하며 집단으로 작업이 이루어질 때 효과가 가장 큽니다. 워크숍 기간은 짧게 하루짜리도 있고, 달이 차고 질 때까지 하는 긴 일정 등 천차만별이지만, 놀랍게도 교실이나 교회에서 단시간 실습만으로도 우리가 공동으로 처한 진실에 들어서는 것이 가능합니다. 실습을 통해 세상과 새롭게 관계를 맺을 수 있습니다. 이 과정에서 생명을 지키려는 열정이 생겨남은 물론, 막연한 두려움이나 희망보다 '현실적인' 일체감을 느끼며 균형을 다잡게 됩니다.

'재연결 작업'이 우리 모두의 것임을 잘 압니다. 엄마이자 학자, 활동가로서 나 자신의 삶에 몰두했을 뿐인데, 그 삶이 토양이 되어 재연결 작업의 뿌리가 뻗어나가니 더더욱 감사한 일입니다. 이 토양에 포함된 종교적, 철학적 양분에는 개신교 선조들이 물려준 예수의 삶과 히브리 선지자의 말이 들어있습니다. 지난 50년 동안 선조들의 유산을 철저히 조사했고, 부처님의 가르침(佛法)을 통해 유산을 더욱 분명히 이해했습니다. 도와주신 아시아의 친절하고 고결한 스승님들께 감사드립니다. 미국의 깨어 있는 모 대학원에도 감사드립니다. 그곳에서 나는 시스템이론(systems theory)에 완전히 매료되었습니다. 불교의 가르침과 시스템이론을 결합해 새로운 통찰을 얻었고 자연스레 심층생태주의(Deep Ecology)의 영향을 받아 재연결 작업을 처음부터 만들어 나갔습니다.

실질적이고 전략적인 측면에서도 내 삶은 물줄기처럼 작업 전반으로 흘러들어갔습니다. 50년 넘게 활동가로 살며 참여한 운동에서 많은 교훈을 얻었습니다. 공정주거법을 위해 일하고, 이후 도시 연맹의 연설문 작가가 되었을 때에도 시민권 운동으로 인해 삶은 둥그렇게 퍼져나가는 물결처럼 확장되었습니다. 우리 가족의 삶을 바꿔놓은 신사회운동(Movement for a New Society)과 이곳에서 진행한 거시 분석 세미나는 재연결 작업 곳곳에 흔적으로 남아있습니다. 또한 핵발전 반대 운동을 하며 시브룩과 스리마일섬의 발전소, 체르노빌 사고 이후 오염된 도시들에 이르렀고, 이때 자극을 받아 현재의 딥 타임(Deep Time, 지구의 시간) 작업이 탄생했습니다.

재연결 작업으로 흐르는 또 하나의 물줄기는 스리랑카의 사르보 다야 슈라마다나 운동(Sarvodaya Shramadana Movement)에서 시작됩 니다. 이곳 사람들이 간디와 붓다의 영향을 받아 마을을 만들어갔 고, 나는 수년 간 그 전략에 관해 책을 집필했습니다. 사르보다야에 서 얻은 교훈 중 오래도록 인상에 남는 것은 두 가지, '밑바닥에서 출발하기', '사람들의 지성을 믿기'입니다.

재연결 작업에 참여하는 사람은 누구든 기여할 자산을 지니고 있습니다. 이 책의 공동 저자인 몰리 영 브라운도 그렇습니다. 국립 연구소가 위치한 로스앨러모스에서 어린 시절을 보내고, 정신통합 요법(psychosynthesis)을 공부해 현장에서 활동하고, 시스템이론을 직 관적으로 이해하고, 현재 캘리포니아 마운트샤스타 지역에서 대기 업의 약탈 행위를 막으면서 얻은 바를 재연결 작업에 끌어옵니다. 다른 동료들 역시 자신이 살아온 배경을 바탕으로 예술가, 박물학 자, 목사, 교사, 농부로서 지닌 재능을 보탭니다. 재연결 작업이 이 책을 읽는 독자 여러분만의 경험과 강점을 이끌어내는 데 기여하길 바랍니다.

1978년, 대중을 상대로 처음 워크숍을 진행했을 때부터 지금까 지 재연결 작업의 목표이자 특징은 사람들에게 무엇을 보라거나 생각해야 한다고 가르치는 것이 아니라, 이들 스스로 '눈뜨게끔 돕는 것'입니다. 지금껏 우리의 목표는 사람들이 자신의 경험을 믿고 자신이 보고 느낀 일이 실제로 벌어지고 있다고 말할 수 있도록 '차단된 피드백 고리*를 다시 연결하는 것'입니다. 이 기능은 재연결 작업의 본질로, 언제든 좋은 약이 되겠지만 특히 정부가 대기업의 통제를 받으며 대중의 마음을 휘어잡는 때에 더욱 막대한 가치가 있습니다.

이 책의 개정본을 작업하면서 몰리와 나는 하던 일을 잠시 멈추고 책이 처음 출간된 때부터 돌이켜보았습니다. 미국 연방 대법원이 조지 W. 부시를 백악관에 들여놓은 이래로 변화는 빠르고 깊게 극적으로 일어났습니다. 경제에 모든 것을 걸면서 지구를 훼손하고, 지구인을 빈곤에 빠뜨렸습니다. 그 어느 때보다 대중의 감시와 항의가 절실한 지금, 우리는 진실을 빼앗겨 두려움에 떨고 있습니다. 이렇게 미래가 갈수록 불행해지는 동안에도 우리는 분별하고 선택하는 정신의 능력을 믿습니다. 물론 현실은 날조된 두려움 역시 만연

---

* 피드백 고리(feedback loop) : 어떠한 활동의 영향을 받아 결과가 나오면 그 결과가 원인이 되어 또 다른 결과를 내는 순환적 활동을 뜻한다. 예를 들어 대기업의 독점을 막는 운동을 벌여 A라는 지역에서 어떤 성과를 냈다면, 그 성과를 바탕으로 B라는 지역에서 그 지역의 특수성을 살려 운동을 벌이고, 그 결과에 영향을 받아 다시 A지역에서 새롭게 활동하는 흐름을 들 수 있다. 학술적으로 '되먹임 고리'라는 용어가 쓰이기도 하지만 이 책에서는 독자들이 더욱 직관적으로 이해할 수 있도록 '피드백 고리'라는 용어를 쓴다. 모든 현상은 무수한 조건이 서로 연결되어 성립한다는 불교의 연기론緣起論과 연관해 생각할 수 있겠다.—편집자 주

하고, 파괴가 급속도로 진행되고, 판단을 흐리는 상황이라 해도 우리는 생명의 원천으로 돌아갈 수 있습니다. 우리는 사랑을 느낌으로써 살아 숨 쉬는 지구에 발 딛고 서서 명확히 생각하고, 용기를 얻고, 자신을 존중할 수 있습니다. 그 결과 병적이고 치명적인 경제의 속박에서 벗어납니다.

36년이 지난 지금도 여전히 재연결 작업은 진행 중이지만 그 칼날은 더 예리해졌습니다. 문수보살의 검으로 마음을 얽어매는 혼란과 망상을 잘라낼 준비가 됐습니다. 그 날카로운 도구로 필요치 않고 바라지도 않는 모든 것을 베어내어 우리가 자유로워지는 상상을 즐겁게 해봅니다. 우리가 수련을 통해 진정 무엇을 바라는지 깨닫는 일을 생각합니다. 지혜의 검이 바로 앞에서 우리가 함께 손 뻗기만을 기다리고 있습니다.

조애나 메이시

대전환의 길에서

1987년 인터헬프Interhelp 모임에서 조애나 메이시를 처음 만났습니다. 인터헬프는 조애나의 동료가 설립한 것으로, 공동의 생존이 위협받는 상황에서 자신과 타인이 대응할 수 있도록 돕는 단체입니다. 1991년 겨울, 그다음 만남에서 조애나와 워크숍을 함께했고, 그곳에서 '핵 감시단(nuclear guardianship)'에 대한 구상을 접했습니다. 이 작업에 특히 마음이 끌렸던 이유는 내가 뉴멕시코주 '핵의 도시' 로스앨러모스에서 어린 시절을 보냈기 때문입니다. 방사성물질 문제와 엮이는 것이 왠지 업보라는 생각이 들어 조애나가 발족한 핵 감시단 프로젝트에 함께했습니다. 이듬해 가을, 버클리 신학대학원 연합 소속인 스타 킹 사역학교에 등록하여 조애나가 강의하는 심층생태주의 강좌를 신청했습니다. 이 수업을 들으며 시스템사고(systems thinking)와 심층생태주의와 참여불교의 세계에 심취했고,

이들 사이의 공통된 맥락을 이해하게 되었습니다.

머지않아 조애나와 함께 일하기 시작했습니다. 웬디 오서, 프랜시스 메이시 등과 함께 〈핵 감시단 포럼〉의 세 가지 축약본을 편집했고, 캘리포니아 통합학문연구소(CIIS, California Institute of Integral Studies)에서는 응용 생명시스템 사고(applied living systems thinking) 1년 과정을 조애나와 합동으로 강의했습니다. 그 이후로 나는 이 작업과 정신통합요법 세계를 연결 지어 강연과 워크숍을 지금까지 진행하고 있습니다.

조애나가 이 책의 초판본을 집필하면서 함께하자고 부탁했을 때 덥석 받아들였습니다. 글쓰기를 사랑하고, 이 활동을 사랑하고, 이 여성을 사랑하는 마음을 한데 그러모을 수 있는 좋은 기회였기 때문입니다. 메튜 폭스가 서문에서 조애나의 선지자적 목소리에 관해 언급한 바와 같이 많은 사람들이 이 재능을 전수받습니다. 나 역시 조애나와 함께 책을 쓰며 선지자의 목소리를 계발할 수 있었습니다. 그뿐 아니라 내가 평생 추구한 대로 지구를 대표하여 말하고 쓰고 행동할 용기를 얻게 되었습니다.

이 작업에 참여하기까지 어떤 점이 크게 작용했는지 더욱 명확히 밝히기 위해 살아온 이야기를 조금 나누려 합니다. 로스앨러모스에서 자라는 동안, 정치철학자 한나 아렌트Hannah Arendt가 '악의 평범성(banality of evil)'이라 부른 것을 강렬하게 경험했습니다. 그곳에 팽배한 과학문화, 군사문화가 각 가정에 얼마나 심각한 결함으로 작용했는지, 또 선한 사람들이 어떻게 그런 해악을 끼칠 수 있는지 온전히 파악하는 데 성인 이후의 삶을 쏟아붓다시피 했습니다.

로스앨러모스는 뉴멕시코주의 북부, 숲이 우거진 산속에 자리하여 자연을 놀이터 삼아 어린 시절을 보냈습니다. 야영을 하고 소풍을 다니면서 나무, 산, 냇물, 온갖 동식물과 친밀한 관계를 형성했지요. 그리고 그 지역에 사는 아메리카 선주민과 히스패닉 문화의 영향도 미묘하게 받았습니다. 부모님 모두 과학자는 아니었지만 우리 가족은 과학 공동체의 일원으로서 기독교의 신과 함께 과학의 신을 숭배하게 되었습니다. 어느 날은 가족의 날 행사로 실험실을 개방한다기에 찾아간 적이 있습니다. 평소에는 보안 철책으로 막혀 있기 때문에 안에서 무엇을 하는지 알 길이 없지만, 그날만은 조금이나마 볼 수 있었습니다. 갖가지 기구와 안개상자, 입자가속기, 글로브박스, 현미경에 놓인 조직 등 모든 것에 매료되었습니다. 커서 과학자가 되고 싶을 정도였지요. 신비로운 세계의 내막을 알고 싶었습니다.

나는 올바르게 사고하려면 '논리적'이고 '이성적'이어야 한다고 배웠습니다. 다시 말해 과학적 데이터에 근거하고 측정이 가능해야 한다는 것이지요. 만일 무엇인가 실험실에서 측정하거나 복제할 수 없다면 그것은 아마 실재하지 않을 것입니다. 그럼에도 어떤 과학자는 다른 과학자들의 신랄하고 흔히 적대적인 비평에 반발하며 자신의 해석과 가설을 옹호할 수밖에 없을 것입니다. 또한 과학적 사고에 감정과 공상은 끼어들 틈이 없으며 논외로 해야 한다고 배웠습니다.

감정이나 꿈은 여자 친구들끼리 파자마 파티에서 수다를 떨 때에나 허용되는 것이지 '실제 세계'에 들어설 자리는 없었습니다.

거의 50년이 흘러 1996년이 되었을 때, 홀로 떠난 비전퀘스트(vision quest, 아메리카 선주민의 전통 의식으로, 주로 자연에서 금식하고 침묵하며 지낸다.—역자 주)에서 확실히 알았습니다. 문화인류학자 그레고리 베이트슨Gregory Bateson(1904~1980)의 표현대로 "단순히 목적만 추구하는 합리성" 때문에 로스앨러모스 사람들 내면의 도덕성이 일그러졌고, 그 결과 세상에 극심한 피해를 입히게 된 것이지요. 나고 자란 지역을 단순히 부정하던 생각에서 그제야 벗어났고, 또한 지역사회의 왜곡된 시각이 나의 성장 과정에 얼마나 깊이 영향을 주었는지 알게 되었습니다. 비전퀘스트를 하는 동안 구역질이 날 것 같았고 문득 어릴 적에 배가 자주 아프던 기억이 떠올랐습니다. 1~2학년 때에는 특히 심해서 양호실을 수시로 들락거렸습니다. 그러고 보니 이 불쾌한 기분은 어릴 때 느끼던 통증과 매우 비슷했고, 자연스레 의문이 들었습니다. '도대체 뭐지? 평생 동안 외면하기만 하던 이 트라우마는 대체 정체가 뭘까?' 그리고 불현듯 깨달았습니다.

우리 가족이 로스앨러모스로 이사한 것은 1945년, 히로시마와 나가사키에 폭탄이 떨어지고 몇 달 뒤였습니다. 이제 와 생각해보면 어린 나 또한 뭔가 잘못됐다는 사실을 알았던 것 같습니다. 라디오 뉴스와 사람들의 대화에서 히로시마, 나가사키의 폭탄 이야기를 틀림없이 들었습니다. 두 곳에서 벌어진 일이 로스앨러모스 사람들과 관련이 있음을 어느 정도 알았던 것이 분명합니다. 이 도시가 오로지 원자력 연구 실험실로서 존재하며 주로 핵무기에 집중한다는 사실을 알게 되었고, 그때 본능적으로 이것이 분명히 잘못된 일임을 알았습니다. 1950년대 로스앨러모스에서 이른바 '평화를 위한 원자력'을 적극 홍보했습니다. 이는 교묘한 자기정당화일 뿐, 사실상 실험실의 주요 사업을 진행하기 위함이었습니다. 바로 대량살상무기를 만드는 것이었지요. 혹여 그 실험실에서 좋은 결과를 얻었다 하더라도 악한 행위를 정당화할 수는 없습니다. 어린아이로서 나는 이 모든 것을 무의식 수준에서 '알고' 있었습니다.

그러나 내 삶에서 중요한 사람들은 물론 지역사회 전체에서 들리는 말은 온통 합리화와 정당화와 기만뿐이었습니다. 우리 지역은 울타리와 삼엄한 경비에 둘러싸여 세상과 동떨어졌고, 그 안에서 우리는 그저 중대하고 특별한 일을 하는 사람이었습니다. '핵의 도시'라는 명칭을 자랑스럽게 여기던 때마저도 그것에 함축된 의미 때문에 내심 괴롭고 혼란스러웠습니다. 이렇게 심각한 모순을 의식적으로 생각해본 적은 없을지라도 내 몸이, 주로 소화계가 그 부담을 짊어지고 있었습니다. 견딜 수 없었지만 말을 꺼낼 수도 없었습니다. 사랑하고 존경하는 사람들이 파괴적인 일에 관여한다는 사실을 그들 스스로도 인정하지 못하는데, 어떻게 한낱 어린아이가 스스로 인정할 수 있겠습니까. 지역사회 전체가 믿는 신화에 어떻게 도전할 수 있겠습니까.

그때의 이성적 정당화가 뇌리에 박혀 아직도 혼란스럽습니다. 발언은 강력했습니다. "나치보다 먼저 폭탄을 개발해야 한다." 이후에 독일이 패하자 "일본을 멈춰야 한다." 히로시마, 나가사키에 폭탄을 투하하는 행위를 정당화하는 말이었습니다. 대부분의 사람들은 소위 정당한 행위가 불러온 극심한 고통에 공감하며 마음속 깊이 분노가 치미는 감정을 잘 알고 있습니다. 그러나 로스앨러모스에서 그런 감정은 금기였습니다. 감정을 느끼면 생각으로 이어져서, 너무도 정교하게 합리화된 행위에 의문을 제기할지도 모르기 때문입니다.

이렇게 범죄행위를 은폐하고 부인하며 '이성적 정당화'라는 논리를 꾸며내는 관행이 비단 로스앨러모스에서만 이뤄지는 것은 아닙니다. 기업자본주의의 전체 구조가 이 같은 자기기만에 동참하고 있습니다. 환경, 우리의 벗인 생물, 세계 도처에서 탄압받는 사람들의 막대한 피해 사실을 무시하고 은폐합니다. 극소수의 이익과 일부의 편의를 위한 것이지요. 너무나 많은 사람들이 법을 준수하고, 신앙생활을 하고, 가족을 사랑하고 도덕적으로 살면서 육중한 스포츠형 차를 타고, 휴가철 크루즈 여행을 즐기고, 유전자변형농산물(GMO)이 섞인 음식을 먹습니다. 이렇게 짧은 기쁨을 누리고 치러야 할 대가는 별로 혹은 아예 생각하지 않습니다.

사회가 만들어내는 고통을 부정하며 산다는 것은 우리 내면에 갈등의 골을 깊이 파고 있다는 뜻입니다. 이 사실을 말하거나 볼 수조차 없도록 금기사항은 강력하고 복잡해서 감지하기 어렵습니다.

이 사회에서 멋지고, 심지어 '지성적'인 행동이라 함은 공동의 기만에 동조한다는 뜻입니다. 마치 한 가족이 알코올에 중독되어 모두 혼수상태에 빠진 것과 같습니다. 그렇게 우리는 자신과, 더욱 확장된 세상을 파괴하면서 금기에 순응하고 내면이 아는 진실을 부정합니다. 앞서 밝힌 대로 나 역시 오랫동안 그러했습니다.

이제는 우리가 단순히 부정하는 대신 불량한 경제체제를 면밀히 검토하여 이것이 인간성 상실과 생명유지시스템 파괴의 원인임을 알게 될 것입니다. 자기중심적이고 오만하며 탐욕스럽고 다른 인간과 생명을 업신여기는 것은 우리의 본모습이 아닙니다. 결단코 아닙니다. 광적이고 이질적인 문화에 이용되어 우리 스스로 어리석은 행동을 하게 된 것입니다. 다정하고, 너그럽고, 배려심 있고, 함께 기뻐할 줄 알며, 용감하고, 인내심 강하고, 고통을 삶의 일부로 받아들여 기꺼이 견디며 자신이 무엇을 바라는지 알고, 창의적이고, 현명한 인간 본연의 모습을 되찾읍시다.

이 책에서 제시하는 재연결 작업은 우리가 참된 인간성을 되찾는 데 도움을 줄 것입니다. 사랑하는 친구 조애나와 함께 대전환의 일원이 되어 생명지속사회로 향하게 된 것에 깊은 감사를 표합니다.

몰리 영 브라운

차례

Chapter 06 ● 187

고마움으로 시작하기

Chapter 07 ● 209

세상에 대한 고통 존중하기

Chapter 10 ● 355

앞으로 나아가기

어린이 · 청소년과 함께하는 재연결 작업

Chapter 12 ● 451

유색인 공동체와 함께 배우기

Chapter 13 ● 491

대전환을 위한 명상

Chapter 01

To Choose Life

●

생명을 선택하기

어스름이 짙어지는 이 밤
어떻게 노래를 시작해야 할까?
황홀한 밤 마음은 요동치고
덜컥 어둠이 닥쳐오네
황홀한 밤 마음은 요동치고

파파고 선주민 주술치료사의 기도문

내 오늘 하늘과 땅을 불러 증인으로 삼노라
생명과 죽음, 복과 저주를 네 앞에 두었으니
너와 네 자손이 살고자 한다면
생명을 선택하라

신명기 30장 19절

우리는 지구 역사상 특별한 순간을 살아갑니다. 기술과 지식은 선조들이 꿈꾸던 차원을 넘어섰습니다. 망원경으로 시간을 관통해 우주의 기원을 보고, 현미경으로 유기체 핵의 코드를 들여다봅니다. 인공위성으로 전 세계 기후 패턴을 알아내고 멀리 떨어진 국가의 은밀한 행위를 밝혀냅니다. 더욱이 전자 감시 능력을 말하자면 어느 누구도 기업과 정부의 눈을 피할 수 없습니다. 한 세기 전만 해도 이같이 막대한 정보와 힘을 상상이나 했을까요?

이와 동시에 기록된 역사에서 전례가 없는 규모로 생명이 파괴되고 있습니다. 물론 선조들이 전쟁과 전염병, 기근을 겪었지만 오늘날은 단지 숲 하나, 농지와 어장 일부만의 문제가 아닙니다. 세계적으로 종 전체가 죽어가고 문화와 생태계 전반, 심지어 바다에서 산소를 만들어내는 플랑크톤까지 사라져갑니다.

열대우림과 화석연료를 태우고, 유독성 폐기물을 대기와 토양과 바다에 버리고, 화학물질 사용으로 지구를 보호하는 오존 방어막이 파괴되면 끝내 어떤 위험에 처할까요? 과학자들이 이에 관해 알리고자 노력할 수는 있으나 이들의 경고에 주목하기란 어렵습니다. 우리가 산업성장사회*에 살고 있기 때문입니다. 정치경제학에서 요구하는 자원 추출과 소비는 끝없이 증가합니다. 산업성장사회에서 지구는 각종 도구를 파는 상점이며 하수구인 셈입니다. 지구의 몸을 파헤쳐서 상품으로 판매할 뿐 아니라 지구를 '개수대' 삼아서 대개 유독물질인 산업 부산물을 흘려버립니다. 이런 일이 날로 가속화된다고 느꼈다면, 맞습니다. 기하급수로 성장하는 것이 산업성장사회의 논리이며, 이 사회에서는 '성장'뿐 아니라 성장률과 시장점유율의 증가를 요구하기 때문입니다. 자원과 시장을 끊임없이 확대해야 한다는 논리 때문에 군사 위협, 개입, 점령을 일삼고, 점차 글로벌 기업 제국과 같은 것이 형성됩니다.

> 암이 증식하며 숙주를 죽이고, 결국 생명유지시스템을 파괴하는 것과 같이 글로벌 경제는 계속해서 팽창하며 서서히 숙주를, 즉 지구 생태계를 파괴하고 있다.
> —레스터 브라운(Lester Brown),
> 〈세계 상황 보고서(State of the World), 1998〉

산업성장사회는 전 세계에 큰

＊이 용어에 대하여 노르웨이의 생태철학자 시그문 크발뢰위Sigmund Kvaløy에게 감사를 전합니다. 우리는 이를 자본주의보다 포괄적인 용어로 활용합니다. 이 용어에는 성장을 전제로 정부가 통제하는 산업경제 또한 해당되기 때문입니다.

고통을 안겨줍니다. 이를 두고 불교 사회사상가들은 삼독三毒을 제도화한 결과라고 봅니다. 여기서 세 가지 독이란 인간이 겪는 모든 고통의 근원으로, '탐진치貪瞋癡'를 일컫습니다. 다시 말해 소비주의는 탐욕을 제도화한 것, 군산복합체는 분노를 제도화한 것, 국가와 기업이 통제하는 매체는 어리석음을 제도화한 것이라고 볼 수 있겠지요. 따라서 우리는 악마나 사탄의 기운에 맞서는 것이 아니라 산업성장사회에서 누구나 범하기 쉬운 오류에 빠진 것입니다. 이러한 오류가 제도로 굳어지면, 즉 정치·경제·법률 대리인이 임용되면 일정한 권한을 갖게 됩니다. 그 권한은 실제 관련된 개인이 통제하고 숙고하여 결정하는 범위를 넘어 확대됩니다. 이것을 이해한다면, 단순한 비난을 넘어 그 힘으로 우리 자신과 타인을 해방할 수 있습니다. 제도화된 독을 모두 끊어낼 수 있습니다.

어찌 됐든 현재 우리는 지구의 생명을 유례없이 파괴하고 있습니다. 후대에 무엇이 남을까요? 후손에게 어떤 일이 닥칠까요? 우리는 질주하느라 바빠서 생각할 겨를이 없다고 핑계를 댑니다. 또한 낭비로 오염된 세상에서 그나마 남은 것을 두고 머지않아 투쟁이 벌어진다고 해도 이 악몽 같은 시나리오를 애써 외면합니다.

그래도 여기까지 왔습니다. 우리 안의 생명은 수천 년 동안 온갖 시련을 견뎌내고 수많은 난관을 겪으며 진화했습니다. 아직도 펼쳐질 가능성은 무수합니다. 그런데 생명시스템의 연결망이 끊어지면 우리는 가능성을 송두리째 잃을 것입니다. 모세가 전한 야훼의 말은 이제 영락없이 현실이 되었습니다.

"생명과 죽음을 네 앞에 두었으니 생명을 선택하라."

아직은
생명이 지속되는 세상을
선택할 수 있다

우리는 생명을 선택할 수 있습니다. 세계를 둘러싼 기후변화와 핵오염, 수압파쇄법, 산봉우리 채굴 광산, 오일샌드 추출, 해저 굴착, 식량 공급의 유전 공학 문제에 직면하고 있지만, 그럼에도 생명을 선택할 수 있습니다. 살아갈 수 있는 세상을 만들기 위해 아직도 할 수 있는 일이 있습니다.

"생명유지시스템을 파괴하지 않고도 우리는 부족함 없이 살 수 있다." 이를 아는 것이 매우 중요합니다. 우리에게는 과학 지식과 기술 수단이 있습니다. 변형 없이 참된 먹거리를 넉넉히 생산할 전문가와 자원이 있습니다. 깨끗한 공기와 물을 지키려면 어떻게 해야 하는지 잘 압니다. 필요한 에너지는 태양열과 풍력, 조력, 해조류와 균류로 생성할 수 있습니다. 산아제한법으로 인구증가 속도를 늦추고 결국에는 인구수를 줄일 수 있습니다. 기술과 사회체제가 있기에 무기를 해체하고, 전쟁을 막고, 민주적인 자기통치(self-governance) 아래 누구나 발언권을 얻을 수 있습니다. 도덕적 상상력을 발휘해 생활양식과 소비량이 지구의 생명체계와 조화를 이루도록 할 수 있습니다. 우리에게 필요한 것은 단 하나, 집단적 의지뿐입니다.

생명을 선택한다는 것은 생명이 지속되는 사회를 만들어가겠다는 의미입니다. 지구정책연구소(Earth Policy Institute)의 레스터 브라운이 이같이 말했습니다. "지속 가능한 사회란 미래세대가 위태롭지 않을 선에서 현재의 필요를 충족하는 사회다."[1] 산업성장사회와 달리 생명지속사회에서는 지역은 물론 지구의 생명유지시스템이 스스로 복원 가능한 범위, 즉 환경수용력을 넘지 않도록 자원과 폐기물을 관리합니다.

지금 이 시기에 지구에서 생명을 선택하는 것은 굉장한 모험입니다. 사람들이 이 모험의 실체를 안다면 세계 곳곳에서 어떤 군사행동보다도 용기가 솟고 단결심에 불이 붙을 것입니다. 고등학생들이 연어가 산란하는 것을 돕기 위해 하천을 복원하는 일부터, 도심 지역 주민들이 빈터에 공동 정원을 조성하는 일까지, 캐나다 선주민들이 선조의 토지에서 석유 생산과 송유관 건설을 막는 일부터, 마을 여성들이 지역 공동체에 태양열과 정수 기술을 들여오는 일까지 수많은 사람들이 조직을 이루어 배우며 행동합니다.

오늘날 신문이나 뉴스에서는 이렇게 다방면으로 생명을 대표하는 활동을 다루지 않지만, 우리 자손에게 이런 일은 우리의 어떤 활동보다도 중대할 것입니다. 왜냐하면 후대가 살 만한 세상이 올 경우, 그것은 우리가 산업성장사회에서 생명지속사회로 힘겹게 전환한 결과일 것이기 때문입니다. 지금 보이는 광경은 아직 흐릿하지만, 미래세대가 이 역사적인 순간을 되돌아보면 우리의 행동이 얼마나 혁명적이었는지 보다 명확히 알 것입니다. 이들은 아마 이 시기를 '대전환'이라 부를 것입니다.

후대는 이 시기를 변혁의 시대라고 볼 것입니다. 농업혁명까지 수 세기가 걸리고 산업혁명까지 수 세대를 거쳤지만, 이 생태혁명은 불과 몇 년 사이에 일어나야 합니다. 또한 생태혁명이 발전하기 위해서는 정치, 경제뿐 아니라 인간의 습관, 가치관, 인간이 이해하는 바를 항상 고려해야 합니다.

우리의 이야기
선택하기

여기서 '이야기'란 현실을 바라보는 우리의 견해, 즉 렌즈를 의미합니다. 그 렌즈를 통해 지금 세상에서 일어나는 일을 보고 이해하는 것이지요. 우리는 대체로 이야기를 의식하거나 이에 의문을 품지 않고 그저 현실이라 넘겨짚습니다.

오늘날 산업화된 세계에서 가장 보편적으로 통용되는 이야기는 세 가지로 요약할 수 있습니다. 워크숍에서 세 이야기 모두를 현재 벌어지는 일로 소개했을 때 효과가 좋았습니다. 그런 의미에서 세 이야기는 모두 '사실'입니다. 우리가 지지하고 싶은 이야기, 가장 폭넓고 유용한 관점을 선택할 수 있습니다.

1. 통상적 삶(BAU, Business As Usual)

이것은 산업성장사회의 이야기입니다. 주로 정치가에게서, 경영대학원과 대기업에서, 대기업이 통제하는 매체에서 듣게 됩니다. 여기서는 우리가 사는 방식을 바꿀 필요가 거의 없다고 규정합니다. 주된 내용은 계속 전진하는 것입니다. 경제 불황, 극심한 기상 조건은 일시적인 어려움일 뿐, 반드시 회복될 것이며 심지어 이득이 되리라 여깁니다.

> 우리는 모두 함께 피라미드나 계층으로 조직되는 사회에서 원형인 사회로 옮겨가고 있다. 인간과 환경은 계급으로 나뉘지 않고, 연결되어 있다.　—글로리아 스타이넘(Gloria Steinem)

2. 대붕괴(The Great Unraveling)

보통 환경과학자, 독립언론인, 활동가들이 하는 이야기입니다. 산업성장사회의 통상적 삶이 초래하여 지속되는 재앙에 주목합니다. 증거로써 계속 진행 중인 생물·생태·경제·사회 시스템의 교란과 붕괴를 제시합니다.

3. 대전환(The Great Turning)

대붕괴를 보고 그것이 끝이 아니기를 바라는 사람들이 하는 이야기입니다. 여기에는 산업성장사회에서 생명지속사회로의 전환을 위해 인간이 새롭게 창의적으로 대응하는 방식까지 포함됩니다. 주된 내용은 지구 생명을 위한 행동에 동참하는 것입니다.

대전환*

미래세대의 관점을 빌려, 시간을 더 확장해 생각해봅시다. 수많은 개인과 그룹이 선택한 대전환이 오늘날 어떻게 추진력을 얻는지 살펴봅시다. 대전환은 세 차원에서 동시에 일어나며, 세 가지가 상호 보완한다는 사실을 알 수 있습니다.

1. 지구와 생명체에 가하는 피해를 늦추는 행동
2. 일상의 토대 분석 및 변혁
3. 세계관과 가치관의 근본적인 전환

---

* 대전환은 문화적 밈(meme, 유전자 확산 이론을 문화에 적용한 개념—역자 주)으로서, 1980년 대와 1990년대에 '지구 생명체 생존에 필수적인 변화'라는 혁명성을 나타내기 위해 등장한 용어입니다. 1989년 크레이그 신들러(Craig Schindler)와 게리 래피드(Gary Lapid)가 책 제목으로 쓰면서(《The Great Turning: Personal Peace, Global Victory》, Bear & Co, 1989) 전쟁에서 평화로의 전환을 주장했습니다. 이 용어는 재연결 작업의 '딥 타임(Deep Time, 지구의 시간)' 실습에서 미래의 존재를 대변하는 역할극 활동을 통해 다시금 자연스레 떠올랐습니다.

우리 다수가 세 가지 모두에 참여하고 있으며 각각은 생명지속 사회를 만드는 데 필수적입니다. 보이지 않는 곳에서 묵묵히 참여하며 스스로 활동가라 여기지 않는 사람도 있지만, 개인적 이득이나 이해관계보다 더 큰 목적을 이루고자 행동하는 사람은 누구나 활동가입니다.

제1차원 : 생명보호를 위한 지연전술

아마 대전환에서 가장 눈에 띄는 차원은 산업성장사회 곳곳에서 파괴를 늦추기 위해 벌이는 행동일 것입니다. 직접적인 행동뿐 아니라 정치, 입법, 법률 관련 조치를 취하기도 합니다. 이를 생명보호를 위한 '지연전술'이라고 부르겠습니다. 체제의 변화가 일어나기까지 시간을 벌기 위해 현 상황을 유지하는 데 힘쓰는 것입니다. 이는 다음과 같이 다양한 형태로 나타납니다.

◆ 산업성장사회가 동물과 인간의 건강, 생태계에 미치는 악영향을 상세히 기록
◆ 위법·위헌 행위를 행사한 기업과 정부의 관행 폭로
◆ 탄원서 배포, 담당 기자와 공무원에게 메일 발송, 기사 작성, 책 저술, 블로그 포스팅, 입법자에게 로비 활동
◆ 강연, 영화 상영, 공개 석상에서 안건 건의, 학습·행동 모임 구성

- 집회, 행진, 기타 반대 시위
- 기업, 정부기관 상대로 법적 소송 제기
- 투자 철회 운동
- 불공정하고 위험한 관행을 일삼는 기관, 기업을 대상으로 불매 운동, 피켓 시위
- 영국의 기후행동캠프와 같이 장기간 저항 캠프 지속
- 생태를 파괴하는 군사시설물 건설 저지
- 정부 기관이나 기업 무단 침입 후 상징적 방해 행위, 조세 저항, 이주명령 거부와 같은 시민 불복종
- 부당하게 체포될 위기에 처한 사람들을 위해 보호소 마련
- 단식 투쟁
- 산업성장사회에서 희생된 사람들에게 쉼터, 음식, 진료소, 법률 자문 서비스 제공

이러한 지연전술의 대상이 되는 관행, 정책, 기관은 아래와 같습니다.

- 화석연료 추출, 수송, 정제
- 핵발전, 핵폭탄 생산과 시험
- 수압파쇄법
- 우라늄과 기타 중금속 채굴

◆ 산봉우리 채굴 광산

◆ 삼림 벌채

◆ 유전자변형

◆ 생태계를 파괴하는 저인망, 유망, 공장식 어업

◆ 물 민영화(판매 목적으로 추출하고 병에 담는 행위)

◆ 화학농업과 공장식 축산업

◆ 비밀 국제무역협정(예: 환태평양 경제동반자 협정, 범대서양 무역투자동반
   자 협정)

◆ 동물 학대

◆ 대중 감시로 시민의 자유와 생식권 등 헌법상 권리를 침해하는
   기업과 정부

◆ 군사 침략과 점령

◆ 고문, 용의자 또는 범죄자 인도

◆ 드론 전투

◆ 무기 산업과 무역

◆ 선주민 주권 침해

◆ 아동을 포함한 밀입국자의 구금 연장, 강제 추방

◆ 대량 투옥, 독방 감금, 강제 급식, 교도소 산업 체계

◆ 인신매매와 노예제

◆ 노숙인 문제, 결식, 실업

◆ 조산사, 본초학자 등의 전통의학에 반대 운동을 벌이는 이윤 중

심 의료 서비스와 거대 제약회사

◆ 기업의 정치 자금 제공

◆ 사회보장제도, 노인의료보험제도와 같은 정부 지원 사회·의료 서비스 반대

◆ 약탈적 금융자본주의(신용카드와 학자금대출 부채, 서브프라임 모기지, 헤지펀드, 파생상품)

> 기후변화는 전 지구적인 규모로 모든 곳과 종, 또한 인간을 향하는 폭력이다. 정체를 정확히 파악해야 우선순위와 가치관을 이야기하며 제대로 된 대화를 시작할 수 있다.
>
> ―레베카 솔닛(Rebecca Solnit)

대전환의 첫 번째 차원인 지연전술은 정신적으로나 육체적으로 몹시 지치는 일입니다. 굉장한 용기와 노력이 필요할 수밖에 없습니다. 문제가 무엇인지 아는 사람들은 이런 행동이 주목을 받으면 박수를 보내고 경의를 표할 것입니다. 한편 끊임없이 위기와 패배를 경험하고, 자금 마련을 위해 거듭 노력하고, 위협과 폭력의 정도가 점차 심해지는 탓에 활동가들은 기진맥진할 수 있습니다.

항의와 시민 불복종은 여느 때보다 위험해졌습니다. 집행관 혹은 법 자체가 반대 의견을 억압하고, 시위자를 가혹하게 대하고, 공익 제보자를 처벌하고, 활동가를 테러리스트로 취급합니다. 충격 요법과 불법체포, 경찰의 폭행을 용인하고 심지어 부추깁니다. 기업 제국의 실체를 폭로하고 위협하면 이 거대 제국은 오히려 여론을 신경쓰지 않고 더욱더 폭력을 행사합니다.

이처럼 행동에 나선다는 이유로 다양한 처벌을 받는 경우에는 한발 물러나 숨을 돌릴 여유도 필요합니다. 여유를 갖는다고 해서 대의명분을 저버리는 것은 아니므로 죄책감을 느낄 필요는 없습니다. 맨 앞에서 날던 거위가 지쳐서 무리 틈에 자리를 잡으면 다른 거위가 앞장서는 것처럼, 이제 또 다른 방식으로 대전환 작업을 이어나가면 됩니다.

지연전술을 구사하면 시간을 벌 수 있습니다. 또한 생명과 생태계, 종, 문화뿐 아니라 다가올 생명지속사회에 대비하여 일부 유전자풀(gene pool)까지 지켜낼 수 있습니다. 그러나 그것만으로 사회 변화를 일으키기에는 역부족입니다. 공동의 요구에 보다 적합한 체계와 구조가 필요하기 때문입니다.

제2차원 : 일상의 토대 바꾸기

대전환의 두 번째 차원 역시 중요합니다. 산업성장사회가 미친 악영향에서 우리와 지구가 벗어날 수 있기 때문입니다. 여기에는 크게 분석과 행동, 두 가지 측면이 있습니다.

1. 법인 자본주의를 지탱하는 법과 지배 구조 등 역학관계의 이해
2. 시민이 자기 일을 스스로 다스리고, 일상의 토대를 보호하기 위해 고유 권리를 기반으로 한 구조 구축

과연 무엇을 가정하고 합의했기에 지금처럼 소수가 터무니없이 많은 부를 축적하고 나머지 인간은 점점 가난해지게 되었을까요? 도대체 무엇 때문에 전혀 만족할 줄 모르는 경제에 발이 묶여서 우리의 더욱 큰 몸체인 지구를 공급원이자 하수도로 쓰게 되었을까요? 법의 구조가 어떻기에 지역사회가 지역의 앞날을 결정하거나 기업의 폐해를 막는 것이 불법일까요?

이것이 아름다운 그림은 아닙니다. 상황을 직시하려면 용기가 필요하고 우리의 지성을 믿어야 합니다. 그 대가로 많은 것을 얻을 수 있습니다. 수많은 웹 사이트와 SNS, 출판물을 통해 시민들에게 산업성장사회가 어떻게 돌아가는지 명확히 밝혀낼 수 있습니다. 산업성장사회는 겉으로 더할 수 없이 강력해보이지만 동시에 매우 취약한 점이 있습니다. 이 사회를 유지하기 위해서는 우리가 사회에 복종해야 하며 또한 속임수, 기밀, 감시, 무력을 이용해야 한다는 것입니다.

대전환의 두 번째 차원에서는 세계 위기의 구조적 원인을 찾을 뿐 아니라, 나아가 공공선公共善에 더욱 기여하기 위해 옛 방식과 새 방식을 함께 배웁니다. 이 두 노력은 같은 종류의 정신근육과 지식을 활용하며, 두 가지 모두 현실화에 대한 갈증을 동력으로 삼습니다. 마치 푸른 싹이, 건물이 무너진 자리를 비집고 돋아나듯 세계 각지에서 부정부패를 막기 위해 사회·경제적 협의가 진행되고 있습니다. 이를 매체에서는 거의 다루지 않기 때문에 좀처럼 눈에 띄지 않을 수 있습니다. 하지만 우리는 정치인들이 따라올 때까지 기다릴 것 없이, 결속하여 각 지역사회에 맞게 행동을 취하는 것입니다. 환경운동가 폴 호킨Paul Hawken은 민중의 개혁이 분출하는 듯한 상황을 설명하며 이러한 활동을 "인류 역사상 가장 거대한 사회 운동"이라고 일컬었습니다. 20세기 초반에 세계산업노동자동맹(Industrial Workers of the World)은 "낡은 껍데기 안에 새로운 것을 세우"고자 애썼습니다. 우리의 손과 마음에서 비롯되어 퍼져나가는 활동이 보잘것없어 보일지라도 그것은 미래에 싹틀 씨앗입니다.

다음과 같은 보기가 대전환의 제2차원에 해당하는 활동입니다.

◆ 세계 경제 운영방식을 조사하고 이해하기 위한 연구회, 학술 토론회
◆ 민영화 및 산업재해를 막기 위해 공유재를 보호하고 지역사회의 권리, 자연의 권리, 미래세대의 권리를 공식화하는 법률의 복구 및 제정
◆ LGBTQ(레즈비언, 게이, 양성애자, 트랜스젠더, 퀴어)의 권리를 문화 차원에서 인정하고 법으로 규정
◆ 시민법정 및 진실화해위원회
◆ 소송과 처벌을 대체할 회복적 사법, 분쟁 해결

- 보건환경 정책의 법적 근거로 사전예방원칙* 수립
- 지역 생태계와 미래세대에 필요할 토지 신탁(신탁 운동)
- 현실을 심각하게 호도하는 지표(국내총생산(GDP))를 전체론(holism)
  의 관점에서 부와 번영을 나타내는 척도로 대체(예: 참진보지수
  (GPI), 지속가능경제복지지수(ISEW), 사회진보지수(SPI), 국민총행복지수
  (GNH))
- 풍력, 태양열, 조력과 같이 재생 가능하며 지역 내에서 소비하는
  무공해 에너지 생산
- 코하우징(Co-Housing), 생태마을(eco-village)과 같이 지속 가능한
  계획 공동체 조성
- 퍼머컬처(permaculture, 영속농업) 교육, 가족 또는 지역 단위 텃밭,
  농부시장이나 지역 농산물 조합, 공동체 지원농업(CSA)
- 지역 단위 퇴비화 사업, 재활용과 쓰레기 제로(zero-waste) 프로그램
- 주민이 주도하여 개울과 유역, 습지, 경작 가능한 토지를 복원하
  는 사업

---

*"어떤 활동이 인간의 건강이나 환경에 해가 된다는 위험이 제기될 때, 인과관계가 과학적으로 완전히 입증되지 않더라도 사전예방 조치를 취하여야 한다. 이러한 맥락에서 대중보다는 이 활동의 추진자가 입증의 부담을 진다. 사전예방원칙이 적용되는 과정은 반드시 민주적이어야 하며 이를 공개하고, 통지하여야 한다. 이 과정에는 잠재적 피영향자가 포함되어야 한다. 또한 조치를 취하지 않는 것을 비롯하여 전 범위에 걸친 대안 조사를 수반하여야 한다."((윙스프레드 사전예방원칙 성명문), 1998년 1월 26일 윙스프레드 사전예방원칙 컨퍼런스(Wingspread Conference on the Precautionary Principle) 온라인, 2014년 6월 8일 인용, sehn.org/wing.html.)

- 지역에서 생산한 약초 이용 등 전체론에 기반을 둔 건강과 복지 프로그램
- 지역 내 자원을 순환하는 지역 화폐, 타임뱅크(Time Bank), 도구 공유, 기술 은행
- 식품 협동조합, 노동자 소유 기업, 신용 조합, 지방 은행과 같이 협동조합 형태로 소유
- 세이프캐스트Safecast 단체와 같이 정부 당국의 감시와 보고가 없는 상태에서 후쿠시마 핵 오염도를 측정하는 시민 방사선 감시 네트워크
- 지역 중심에서 점거 운동을 벌여 급진민주주의를 시현, 공공장소를 점유하여 서로 무상으로 음식과 의료 서비스, 교육, 강의를 제공하며 '협의를 통한 의사 결정(consensus decision-making)'을 모색

다음은 2014년에 발표한 미국 지역사회 권리 운동(Community Rights movement)의 성명서[2]로, 캠페인의 독창적이고 실용적인 면이 잘 드러납니다. 이 역시 대전환의 제2차원에 해당합니다.

지역사회 권리: 기업의 지배 종식을 위한 첫 걸음

2000년에 시작된 지역사회 권리 운동은 한 번에 하나씩 마을과 도시, 주에 걸쳐 미국 전역으로 퍼져나갑니다. 지역사회 곳곳에서 아래와 같이 새로운 패러다임에 기초한 법이 통과되고 있습니다.

1) 법인 기업의 이른바 헌법상 '권리' 일체 박탈
2) 합법이라는 이름 아래 사람과 환경에 해를 끼치는 다양한 기업 활동 금지
3) 지역사회가 자기통치할 고유 권리 선언

이같이 새로운 패러다임에 기초한 법을 제시하면서, 지역사회의 보건·복지 보호법 통과를 가로막는 현행법 구조에 저항합니다. 따라서 각 조례는 그 자체로 지방자치단체의 시민 불복종 행위입니다.

다음을 상상해보십시오.

우리는 기본 규칙을 바꿉니다.
- 대기업이 정한 규칙에 더 이상 놀아나지 않습니다.
- 더 이상 대기업의 폐해 하나하나와 투쟁하지 않습니다.
- 대기업이 사람과 자연을 해치는 것을 더 이상 용납할 수 없습니다.

우리는 역사를 배웁니다.
- 지역사회에서 대기업 폐해 저지법이 통과되는 것이 왜 여전히 불법입니까?
- 미국혁명, 노예제 폐지, 참정권 운동에 참여한 사람들을 보며 우리는 무엇을 배울 수 있습니까?

우리가 스스로를 정의하고, 우리가 맡을 책임을 규정합니다.

- 단순히 소비자, 노동자가 아닙니다. 우리는 국민이고, 주권자입니다. 현재와 미래 세대의 생명을 지키는 수호자입니다.
- 대기업은 '선량한 기업 시민'이 아닙니다. 단지 사유재산(법률상 인격체), 사업구조 일 뿐입니다. 우리는 지역사회의 건강과 복지를 보호하기 위해 이같이 규정할 것입니다.
- 이를 위해 우리는 기업문화에 빼앗긴 언어와 사고방식을 되찾을 것입니다.

우리는 우리 스스로 통치합니다.
- 대기업은 정치적 통일체의 암적인 존재가 되었습니다. 모든 정치 참여에서 배제하여야 합니다. 대기업의 정치자금 제공, 로비, 대기업이 후원하는 소위 시민 '교육'을 금지해야 합니다.
- 우리 시민 모두에게 고유한 자치권이 있습니다.

우리는 공동의 필요를 민주적으로 충족합니다.
- 세이프웨이사社에서 식품을 공급할 필요가 없습니다. 각 지역에서 자원을 생산하여 자급할 수 있습니다.
- 폭스사와 MSNBC사에서 뉴스를 제공할 필요가 없고, 디즈니사에서 우리를 즐겁게 할 필요가 없습니다. 지역사회와 시민이 운영하는 매체를 통해 서로 정보를 주고받고, 즐거움을 나눌 수 있습니다.
- 우리 시민 모두는 자치권을 되찾아 지역사회, 시민, 자연에 해를 끼치지 않는 경우에만 사업기관의 설립을 허용할 수 있습니다.

우리는 규제하기보다 규정합니다.
- 규제 대부분을 규제 대상인 산업체가 작성하게 했으므로 '고양이에게 생선을 맡긴' 꼴입니다.
- 우리에게 필요한 것을 규정하고 필요하지 않은 것을 금지합시다.

제3차원 : 인식과 가치관 바꾸기

자신과 세상을 바라보는 방식, 우리 내면 깊숙이 새겨진 가치관을 바꾸지 않는다면 앞서 말한 지연전술이나 일상의 토대 바꾸기 방안을 실천하기 어렵습니다. 우리가 하는 행동과 만드는 체계를 보면 지구를 어떻게 이해하며 서로를 어떻게 바라보는지 여실히 드러납니다. 행동에 나서고, 체계를 구축하기 위해서는 현실 인식을 바꾸어야 합니다. 그 변화가 지금 인지혁명과 정신적 깨달음으로 나타나고 있습니다. 이것이 대전환의 세 번째 차원입니다.

> 풍부한 상상력 또한 중요한 자원이다. 다가올 미래를 인식하고, 가능성을 내다보며 개인과 공동체가 당장 무엇을 창출할 수 있을지 헤아리게 되기 때문이다. … 이는 인간의 모든 창의성을 제대로 발휘하기 위해 반드시 필요한 자산이다.
> —빌 플롯킨(Bill Plotkin)

이 같은 변화를 이루기 위해서는 통찰력과 경험이 필요한데, 이는 세상에 대한 슬픔에서 비롯되기도 합니다. 자신이 세상과 따로 떨어져 독립된 존재라 여겼지만 그것이 착각임을 깨닫고 참담함을 느끼며 통찰하게 되는 것이지요. 혹은 양자물리학이나 시스템이론과 같이 과학계의 위대한 업적에서 얻기도 합니다. 아니면 선주민들 사이에서 예부터 전해오는 지혜나 주요 종교에서 말하는 영적 체험을 통해 영향을 받기도 합니다. 그리하여 우리는 마치 반쯤 잊힌 노래를 기억하려는 듯 그 가르침에 귀를 기울입니다. 그 노래는 세상이 거룩한 완전체이고, 그 속에 사는 우리에게 귀중한 책임이 있다는 사실을 되새겨줍니다.

> 좋은 비전이 나를 사로잡기를
> 자애로운 비전이 나를 잡아 이끌기를
> 심오하고 선명한 비전이 깃들어 내 주변으로 펼쳐지기를…
> 나를 에워싼 이야기에 잠이 깨기를
> 아름다운 이야기에 잠이 깨기를
> —데이비드 아브람(David Abram)

지금 이 시대에는 앞서 말한 세상에 대한 고뇌, 과학계의 위대한 업적, 선조들의 가르침이라는 세 가지 강이 함께 흐릅니다. 이 셋이 합류하는 지점에서 우리는 강물을 마시고 한때 알던 사실을 다시금 깨닫습니다. 살아 숨 쉬는 지구에서 우리 모두가 비롯되었으며, 이 지구를 토대로 살아간다는 것이지요. 지난 두 세기 동안 산업사회에 길들여지고 무뎌졌음에도 다시 한번 이 세상이 거룩하다는 사실을 밝히고자 합니다.

이러한 통찰력과 경험은 산업성장사회의 손아귀에서 벗어나는 데 반드시 필요합니다. 통찰력과 경험을 통해 보다 숭고한 목표를 세우게 되고, 기쁨을 보다 깊이 느낄 수 있습니다. 또한 부와 가치의 정의를 새롭게 내릴 수 있습니다. 인식을 바꾸면 우리가 '무엇을 소유해야만 한다', '사람이 만물 가운데 우월한 위치를 차지한다'는 환상에서 벗어날 수 있습니다. '경쟁하는 개인주의'라는 낡은 개념을 뛰어넘을 때 우리는 서로의 존재를 뼈저리게 느끼고, 살아 숨 쉬는 지구와 상호 일체감을 느낄 수 있습니다.

다음은 새로운 인식과 가치관을 기르기 위한 예시입니다.

- 모든 형태의 인종차별주의에 대한 인식을 높이고 태도를 바꾸며, 무의식중의 추측, 습관, 행동을 바꾸기 위한 풀뿌리 프로그램(예: 인종차별주의 백지화, 깨어 있는 백인)

- 캐나다 선주민 퍼스트네이션족(First Nations)은 오일샌드 추출과 송유관, 노천 채굴법 확산 반대 투쟁 과정에서 선주민의 정신적 메시지를 활용했다. 공공 시위와 단식 투쟁 등을 벌이는 '아이들 노 모어Idle No More' 운동이 전통 춤과 기도문, 유엔에 보내는 탄원서로 더욱 풍성해졌다.

- 퍼스트네이션족 지도자들은 유엔 선주민 상설 포럼을 이끌어냈다.

- 어머니 지구의 권리, 자연의 권리, 미래세대의 권리를 이해하고, 기념하고, 존중·보호해야 한다는 책임감을 다지기 위한 실천 계획

- 지구법(earth jurisprudence) 발전을 위해 아프리카와 아마존강 유역의 성지를 보호하려는 선주민의 가르침을 문서화했다.

- 활동가의 사기를 북돋고, 활동가를 정신적으로 인도하며 지탱하는 스웨트 로지sweat lodge, 트랜스 드러밍trance drumming 등의 무속 전통

- 비전 퀘스트처럼 참가자가 안팎으로 야생과 관계를 더 깊이 맺을 수 있는 체험

- 모든 생명의 신성함을 담아 메시지를 전하는 기독교, 이슬람교의 수피즘Sufism, 유대교의 다양한 카발라Kabbalah에서 전하는 창조 영성

◆ 정신적 수행과 사회 운동 양쪽을 토대로, 지구를 존중하고 모든 생명체의 연기성緣起性을 적극적으로 가르치는 참여불교, 또 이와 흐름을 같이하는 힌두교, 도교, 신도神道 등 동양 전통

◆ 자연 세계와 관계를 깊이 맺고자 하는 욕구와 더불어 산업성장사회가 불러온 심리적 피해 등 정신건강에 대한 이해를 확장하는 생태심리학(ecological psychology)

◆ 정치 비평을 여성 운동과 결합하고, 자연 세계에 우리의 기반을 다시 다지고, 세상과 자신을 새롭게 바라보며, 둘은 근본적으로 상관관계가 있음에 주목하는 에코페미니즘ecofeminism

◆ 산업성장사회로 인해 불균형 피해를 입은 지역사회에서 인종주의와 식민주의 문제가 두드러지는 것에 주목하고 이를 알리는 환경정의 운동(environmental justice movement)

◆ 서로 간의 연결성을 점차 드러내고, 참신함을 수용하여 돌파구가 되어주며 우리의 믿음이 깊어지게 하는 음악과 시각예술, 시, 영적 소설, 무용, 연극, 영화

사람들의 입에 자주 오르내리지는 않더라도 이러한 인지, 인식, 의식의 혁명은 대단히 빠른 속도로 일어나고 있습니다. 미국 시인 로빈슨 제퍼스Robinson Jeffers(1887~1962)가 이 깨달음의 정서를 작품에 담아냈습니다.

...

갈색이 우거진 숲의 삶으로

고대의 산봉우리와 돌이 인내한 삶으로 들어서니

맥이 달라졌음을 느낀다

산의 목구멍에, 수 세기를 지나온 낱알 하나

우리에겐 너희의 시간이 아닌 우리만의 시간이 있다

그리고 나는 물줄기였다

산 나무를 타고 흘러가고, 그리고 나는 물을

마시는 수사슴, 그리고 나는 별이었다

빛에 달구어져 홀로 거닐며

각각 저마다의 정점에서 영장靈長으로,

그리고 나는 어둠이었다

별 밖에서 별을 들이니 내 일부가 되었다

나는 인간이었다

또한 움직이는 이끼

둥그스름한 돌의 뺨에 자리하고,

...

내가 찾은 위대함을 어찌 전하리

색은 없으나 분명하고,

달진 않으나 황홀하다 ...³

이 같은 정체성의 전환을 통해 우리는 사회·정치적, 생태적 충격에도 끝내 살아남을 것입니다. 사실상 제대로 된 관측은 모두 솔직하게 앞날이 험난할 것이라고 예측합니다. 원거리 시장과 비축량이 고갈되면 금융기관이 무너지고, 기후변화가 불러온 재앙이 우리를 덮쳐 두려움과 혼란에 빠질 가능성이 있습니다. 바로 이런 경우에 대전환의 세 번째 차원을 실천하면 극심한 공포나 마비 상태에 무릎 꿇지 않을 수 있습니다. 손바닥으로 하늘을 가리듯 문제를 바로 보지 않으려는 유혹을 이겨낼 수 있습니다. 두려움과 분노를 떠넘길 희생양을 찾다가 느닷없이 서로를 공격하는 충동을 견뎌낼 수 있습니다. 생명의 온전함이란 무엇인지 알고, 그것을 소중히 여기면 의식이 맑은 상태로 안정된 생활을 유지할 수 있습니다. 개인만의 구원이란 없다는 사실을 깨닫고, 세상이 스스로 치유하는 방법을 찾기 위해 손을 잡아야 합니다.

우리가 대전환의 분위기를 알아차리고 갖가지 활동을 통해 용기를 얻을 수는 있지만, 대전환이 충분히 빠른 속도로 펼쳐질 것인가는 미지수입니다. 티핑포인트를 지나서 복잡한 생명유지시스템이 먼저 붕괴하고 말 것인가 또는 생명지속사회의 기본 요소들이 어우러져 먼저 자리를 잡을 것인가, 둘 중 어떤 일이 앞설지는 예측할 수 없습니다.

뜻하지 않게 대전환이 실패한다면 기술 또는 관련 데이터가 부족해서라기보다 정치적 의지가 약한 탓일 것입니다. 집중력이 흐트러지고, 두렵고, 활동이 우리 뜻과 반대로 돌아가면 망연자실하기 마련입니다. 지금 맞닥뜨린 위험은 세계 곳곳에 퍼져 있긴 하지만 쉽게 눈에 띄지 않을 뿐더러 가까스로 직시한다 해도 그 자체만으로 괴롭기 때문에 넋을 잃고 맙니다. 우리 모두 한번쯤 겪게 되는 일이지요. 이 혹독한 상황과 관련하여 온갖 의혹, 부인, 훼방을 접하고도 아무렇지 않을 사람은 없습니다. 우리 힘으로 상황을 바꿀 수 있다는 것에 조금도 의심 없이 동의할 사람은 없습니다. 그런데 기후변화, 핵전쟁을 포함해 지금껏 마주한 위기 중에서도 우리의 반응이 무뎌졌다는 사실만큼 치명적인 것은 없습니다.

우리는 이미 마음과 정신이 마비되는 순간을 경험하고 있습니다. 개인과 국민으로서의 자신을 회피하고, 싸움을 걸고, 목표를 좇고, 물건을 사면서 겪는 일입니다. 그러니 정면으로 마주합시다. 어째서 그런 일이 벌어지는지, 그래서 우리가 깨어날 수 있는지 지켜봅시다. 재연결 작업은 눈과 정신, 가슴을 여는 데 도움이 될 것입니다. 그렇게 가장 절실한 욕구와 다시 연결될 때, 마침내 우리는 생명을 택할 것입니다.

Chapter 02

The Greatest Danger -
The Deadening of Heart and Mind

●

가장 치명적인 위험,
마음과 정신의 마비

우리가 반쯤, 그 이상까지도 미치는 이유는
지금 살아가는 세상이 붕괴하기 때문이다.
우리를 믿고 맡긴 것을 파괴하면
뒷감당은 어떻게 할 셈인가?

웬델 베리(Wendell Berry)

우리는 막연히 기대한다.
이대로 계속 한눈팔기만 하면
우리가 누구인지 들여다볼 필요도 없고,
느껴지는 것을 느낄 필요도 없고,
보이는 것을 볼 필요조차 없으리라고.

주디 리프(Judy Lief)

대전환의 시대를 열기 위해서는 이 세상에 벌어지는 일을 우리가 알고 느껴야 합니다. 또한 위험을 감지하고 이를 해결할 방도를 마련해야 합니다. 우리는 인지 능력과 복합적 감각을 타고난 생명체로서 '반응'할 수밖에 없습니다. 트럭이 다가오면 곧바로 피하고, 불을 끄려 재빨리 움직이고, 아이를 구하고자 물에 뛰어듭니다. 이렇게 반응하는 능력은 인류의 진화 과정을 통틀어 생명의 고유한 속성입니다. 이를 바탕으로 새로운 난관에 적응하고, 능력을 개발하여 집단과 사회 전체가 살아남을 수 있습니다. 이때 중요한 조건 하나는 구성원에게 정보가 충분하며 행동할 자유가 있어야 한다는 것입니다. 시스템이론(체계이론)에서는 위험에 반응하는 것을 '피드백' 기능이라고 합니다. 피드백이란 지각과 행동을 이어주는 정보 회로이며, 적절한 반응은 피드백 고리가 차단되지 않은 상태에서만 나타납니다.

하지만 오늘날의 위험은 너무 거대하며 이전에는 지구 생명체가 맞닥뜨린 바가 없기 때문에 이를 받아들이는 것 자체만으로도 힘겹습니다. 위험 신호를 마주치면 함께 뭉쳐 즉시 반응하는 것이 마땅한데도, 보통은 오히려 이와 반대로 행동합니다. 가림막을 치고, 애꿎은 데로 눈길을 돌리고, 다른 일로 바빠지길 바랍니다. 이렇게 한눈팔면서 대규모 산업을 지원합니다. 이 산업은 이런 자동차나 저런 방향제를 사기만 하면 전부 다 괜찮아질 것이라 말합니다. 우리는 또한 공장식 농장에서 동물의 고기를 얻고, 기업식 농업으로 농산물을 얻습니다. 이런 것을 먹으면서 여기에 포함된 살충제, 호르몬제, 변형된 유전자는 신경 쓰지 않습니다. 옷을 살 때에도 생산지나 노동력 착취 여부는 생각도 하지 않습니다. 투표 따위는 굳이 하지 않고, 투표를 하더라도 선택한 후보자가 우리 주변의 실제 문제를 해결하는 데 힘쓸 사람은 아니라고 생각할 수도 있습니다. 이제까지의 경험과 완전히 반대되는 희망을 품는 것이지요. 그 후보자가 어느 날 갑자기 깨달음을 얻고 용감히 나서서 우리를 구원해주리라 믿는 것입니다. 우리 사회가 냉담해지고 허무주의에 빠진 것일까요? 지구 생명체에 어떤 일이 벌어지는지 관심을 끊은 것일까요?

그렇게 보일 수 있습니다. 개혁가와 혁명가는 사람들의 무관심을 강하게 비판합니다. 마치 세상의 문제를 아직도 모르냐는 듯, 사람들을 자극하기 위해 한층 더 끔찍한 정보를 던집니다. 아직도 관심이 없냐는 듯 도덕적 의무를 외칩니다. 이러한 경고와 설교를 들으면 사람들은 머릿속이 복잡해지고, 도저히 견디거나 받아들일 수 없다는 생각에 가림막을 더욱 단단히 치기 마련입니다.

무관심을 존중하고 연민하는 마음으로 이해하려면 '무관심(apathy)'이 무엇인지 살펴볼 필요가 있습니다. 그리스어 아파테이아(apatheia)는 문자 그대로 고통(pathos)이 없는 상태를 뜻합니다. 다시 말해 무관심은 고통을 느끼지 못하거나 느끼기를 거부하는 것입니다. 지금 이 시기 지구에서 느끼는, 혹은 필사적으로 느끼지 않으려는 고통은 무엇일까요? 고대 그리스인들이 알던 것과는 또 다른 차원의 고통입니다. 단지 부나 건강, 명성, 사랑의 결핍과 관련된 것뿐만이 아니라 그 범위가 너무도 넓어 이해할 수조차 없는 상실감과 관련된 것입니다. 그것이 바로 세상에 대한 고통입니다.

세상에 대한 고통이란 무엇인가?

뉴스 보도와 우리 주변의 삶을 보면 괴롭다는 신호가 쏟아져 나옵니다. 가령 정리해고와 집 잃은 가족, 가까운 곳의 유독성 폐기물, 먼 곳의 기근, 점점 심해지는 허리케인과 홍수와 가뭄, 갈수록 확대되는 군사 공격 등입니다. 이러한 사건을 접하면 남들에게 감정을 드러내지 않을 수는 있어도 내면에는 두려움과 슬픔, 분노가 생깁니다. 이러한 내적 반응을 보이는 이유는 우리가 모든 생명과 이어져 있기 때문입니다. 오늘날 세상을 인식한다는 것은 곧 과거에 없었던 위험을 알고, 세계에 널리 퍼져 있는 고통을 아는 것입니다.

두려움, 분노, 슬픔이라는 단어조차도 우리가 느끼는 감정을 전달하기에는 턱없이 부족합니다. 이 단어에는 인류에게 오래도록 익숙한 감정만 담겨 있기 때문입니다. 우리가 시달리는 감정은 예전과 똑같다고 볼 수 없습니다. 고대에는 언젠가 닥쳐올 죽음을 두려워하고, "심적 괴로움과 육신에 따라붙는 수천 가지 통증"[1]을 느꼈지요. 반면 오늘날은 자신을 걱정하는 데에 그치지 않고 집단의 고통을 생각합니다. 즉 인류, 다른 종, 선조가 남긴 유산, 미래세대, 살아 숨 쉬는 지구의 몸체에 벌어지는 일을 우려하는 것입니다.

여기서 다루는 내용은 동체대비同體大悲의 본뜻, '괴로움을 함께하다'와 비슷합니다. 우리는 더욱 커다란 전체에 일부로서 속해 있으며, 우리의 고통은 전체를 대표하여 느끼는 것입니다. 그것이 바로 각자가 경험한 '세상 그 자체가 느끼는 고통'입니다.

빈 공간에서 자급자족하며 홀로 존재할 수 없듯이 누구도 그 고통과 동떨어질 수 없습니다. 세상에 대해 고통을 느끼는 것은 우리가 음식과 공기에 의지하여 존재하는 것만큼이나 자연스럽습니다. 물질과 에너지, 정보는 서로 이어진 열린계(open systems)로서 우리 사이를 흐르고 동시에 우리를 지탱하는데, 이 흐름에서 고통만을 떼어놓을 수는 없습니다. 우리는 세상과 따로 떨어진 것이 아니라 보다 큰 몸체의 세포처럼 세상을 이루는 데 꼭 필요한 요소입니다. 그 몸체가 엄청난 충격을 받으면 우리 또한 그 충격을 고스란히 느낍니다. 몸체가 불안정해지고 병이 나면 그 사실에 주목하든 하지 않든 우리도 그 고통을 느낍니다.

세상의 위태로움을 인식했으니 고통을 느끼는 것은 자연스러울 뿐 아니라 다 함께 치유하는 과정에서 반드시 요구되는 것입니다. 모든 유기체가 그러하듯 고통에는 목적이 있습니다. 고통은 더 좋은 방향을 찾도록 설계된 경고 신호입니다.

그러므로 문제는 세상에 대한 고통이 아니라 그 고통을 억누르는 행위입니다. 고통을 피해 숨거나 무뎌지려 노력하면 우리는 공허함을 느낄 뿐입니다. 시스템이론에서는 이를 피드백 고리를 끊고 효과적인 대응을 차단한다고 표현합니다.

그럼 두 가지 의문점을 살펴봅시다. 먼저 무엇 때문에 고통을 참게 되는지, 그다음으로는 고통을 피할 때 우리와 세상이 치르는 대가가 무엇인지 알아보겠습니다.

> 많은 사람들이 뒤늦게야 이해하는 사실이 있다. 괴로움을 잊으려 할수록 더욱 괴로워진다는 것이다.
>
> —토마스 머튼(Thomas Merton)

마음과 정신이
마비되는
이유

세상에 대한 고통과 그에 따르는 행동을 억누르게 되는 이유는 무엇일까요? 세상에 무슨 일이 벌어지는지 알고 느끼는 것을 외부에서 힘으로 막을 수는 없으며, 주변으로 향하는 우리의 눈길을 거둘 수도 없습니다. 그렇다면 개인이, 또한 사회적으로 반응을 억제하는 이유는 무엇일까요?

고통에 대한 두려움

우리는 고통을 느끼면 건강하지 않다고 여기는 문화에 길들여졌습니다. 두통, 요통, 신경통, 월경통에는 약이 있지만 세상에 대한 고통에는 약이 없습니다. 터무니없이 값비싼 드링크제나 처방받은 우울증 치료제도 실제로 도움이 되지는 않습니다. 세상에 대한 고통을 받아들이는 것은 괴로울 뿐 아니라 섬뜩하기까지 합니다. 일상생활이 무너지지 않을까 걱정하게 됩니다. 이런 감정에 우리를 내맡기면 모든 것이 허물어지지 않을까, 이도 저도 못 하는 게 아닐까, 고통의 수렁으로 영원히 빠져들지 않을까 두려워합니다.

절망에 대한 두려움

무언가가 우리 삶의 모든 측면과 관계가 있고 삶 전반에 영향을 미친다면 그것은 산소처럼 없어서는 안 될 것입니다. 우리가 존재하는 데에 분명히 목적이 있고, 행동하는 데에 가치가 있다고 생각한다면, 그 어떤 고난이든 용감히 마주하고 견뎌낼 수 있습니다. 그러나 오늘날 지구의 위기는 지금껏 비슷한 사례가 없었고, 그 사실이 무엇을 암시하는지 떠올려보면 굳은 의지마저 흔들릴 정도입니다. 그래서 우리 삶이 의미 없이 메마를지 모른다는 두려움 때문에 고통을 외면하게 됩니다.

용기 내어 자료를 조사해보면 대개 예상보다 놀라운 사실을 마주합니다. 평화와 환경을 지지하는 이들 가운데 많은 사람이 지식에 대해 큰 부담을 느낍니다. 그런 와중에 사람들을 일깨우기 위해 힘겨운 싸움을 이어가면서 의지가 꺾이고 자신감을 잃습니다. 그런데 이들은 좌절과 절망을 그대로 느끼면 모든 노력이 물거품이 된다고 여깁니다. 자신의 감정을 돌아보고 존중하지 않는 것은 물론, 슬퍼할 시간도 거의(또는 전혀) 갖지 않습니다. 대중의 의지를 빨리 모아야 하는 사람으로서 '느긋하게 여유를 즐기는' 모습을 가만히 두고 보기 힘들거나 자신이 느끼는 고통을 드러낼 수 없을지 모릅니다. 이렇게 거듭 감정을 억누르면 결국 힘이 빠져 우울, 탈진, 질병, 울화를 견뎌내기 어려워집니다.

신앙생활을 하는 사람들은 무엇보다도 불길한 징조를 받아들이기 힘들어합니다. 무언가 대규모로 파괴되고 사라질 조짐이 보이면 보통은 '신이 이 일을 내버려두지 않을 것'이라 생각합니다. 심지어 그런 일을 짐작하는 행위 자체가 신의 자애로움과 전능함은 물론, 피조물의 선성善性까지도 부정하는 것이라고 느낄 수 있습니다. 절망을 느끼면 믿음이 부족한 것일까요? 주요 종교에서는 주변의 고통에 눈을 뜨라고 가르치지만 우리는 이를 쉽게 잊어버립니다. 아마 무의식중에 신마저도 나약하거나 한계가 있기 때문에 그런 고통을 아우를 수 없다고, 그런 어둠 속까지 찾아오지는 않을 것이라고 생각하는지도 모릅니다. 그렇게 우리는 믿음이 산산이 깨질까 봐 혹은 얕은 믿음이 탄로 날까 봐 괴로움을 있는 그대로 받아들이지 않으려 합니다.

그 밖의 영적인 함정

일부 영적 구도자들은 세상에 대한 고통이 장애물이며 이를 초월해야 한다고 여깁니다. 현재 사회와 생태 환경에 슬퍼하고 분노하는 것은 '부수적'이라 생각하고, 그보다는 평온을 느끼는 것이 더욱 가치 있다고 판단합니다.

더욱이 어떤 영적 수행자는 개인과 정치에 순서가 있다고 보며 깨달음을 얻거나 구원을 받은 뒤에야 세상에 보탬이 될 수 있다고 믿습니다. "먼저 내 안에서 평화를 찾은 뒤에 내가 할 수 있는 일을 찾아보겠다"는 말은 세상과 자신이 애초에 분리되어 있다는 가정 아래, 세상과 무관하게 자신을 치유할 수 있다고 간주하는 것입니다.

설령 세상의 고통에 주목하더라도 상황은 악화될 뿐이라고 여기는 경우도 있습니다. 이러한 관점은 철학의 '주관적 관념론(subjective idealism)'과 닮아 있습니다. 현상세계보다 의식이 '실재實在'에 가깝다고 보기 때문에 세상의 문제를 깊이 생각하는 것은 바람직하지 않다고 여길 수 있습니다.

반면 이 책의 바탕이 되는 해석은 우리가 세상과 따로 떨어질 수 없는 연기적 관계에 있으며, 아름답거나 끔찍한 사회의 모습은 모두 우리와 함께 발현된다는 것입니다. 우리가 맞닥뜨린 위기는 저마다의 생각이 만들어 낸 결과라기보다 제도화된 삼독三毒, 즉 탐욕과 분노, 어리석음에서 비롯된 것입니다.

적응하지 못하는 것에 대한 두려움

자신감 넘치게 앞일을 낙관하는 태도는 미국인의 자아상이 지닌 특징이자 자부심의 원천입니다. 광고나 선거운동을 보면, 출세한 사람은 뭐든 할 수 있다는 낙천적인 태도로 의문을 품지 않으며 일이 잘 풀릴 것을 확신합니다. 이러한 문화에서 세상일로 괴로워하고 절망감을 느끼면 인격과 능력이 모자란 사람으로 비칩니다. 슬퍼하고 후회하면 나약하다고, 반면에 아무런 감정 없이 초연하면 '멋있다'고 생각합니다. 누구도 마음이 여리다거나 감정적이라는 말을 듣고 싶어 하지 않습니다. 마찬가지로 불길한 예언자나 음모론자로 보이길 바라는 사람도 없습니다.

자신의 지적 능력에 대한 불신

걱정거리를 털어놓았다가 토론에 휘말려서 행여 능력 밖의 사실과 통계가 필요한 순간이 올까 봐 두려워하는 사람이 많습니다. 세계 경제는 소위 전문가에게 의존하라고 부추기고, 전문가들은 핵발전소와 유방암, 농약과 천식, 무역협정과 실업 사이에 아무런 연관성이 없다고 말합니다. 특히 주변 사람들이 그 말을 곧이곧대로 믿는 분위기라면 우리가 자신의 직관을 믿기란 쉽지 않습니다. 이렇게 지적으로 움츠러들면, 권력 있는 자들에게 큰 도움이 될 뿐 아니라 자신만의 인식과 판단을 무시하게 됩니다.

죄의식에 대한 두려움

산업성장사회의 대부분 사람들은 무분별하게 자원을 남용했다는 혐의를 피할 수 없습니다. 있다 하더라도 지극히 소수입니다. 오늘날 세계 경제에서 먹고, 입고, 이동하는 과정은 대개 자연과 다른 이의 행복에 의도치 않게 피해를 입힐 수밖에 없습니다. 피터 마린 Peter Marin은 40년 전 윤리적 고충에 관한 수필을 썼습니다.

우리 가운데 많은 사람이 이런 생각에 시달린다. 왠지 모르게 배신감이 들거나 어쩐지 방향을 잘못 틀었다는 생각, 엉뚱한 시기에 틀린 대답을 했다거나 보편적 책임이 자신에게 있는 것 같다는 생각, 남들은 하나도 없는 외투를 두 개나 가졌다거나 남들은 너무 없이 사는데 나는 가진 게 너무 많다는 생각. 이렇게 생각하면서도 우리 삶은 그대로 계속된다.[2]

또한 우리 이름으로 행한 대규모 폭력에 대해 책임감을 느낍니다. 이 점에서 특히 미국인이 감당해야 할 부담감은 매우 큽니다. 선주민 대량 학살, 아프리카인 노예화와 후손 탄압, 히로시마·나가사키 핵폭격, 베트남 전쟁, 이라크와 아프가니스탄을 비롯한 국가의 군사·경제 파괴, 세계 곳곳의 독립 운동 진압, 드론 전투와 크게 늘어난 무기 수출, 미국 중앙정보국(CIA)이 부추긴 마약 밀매, 재판 없이 행한 고문과 구금, 정부와 시민에 대한 대중 감시 등 끔찍한 목록은 계속됩니다. 우리가 이런 사실을 덮어두고 싶어 하는 이유는 죄책감을 느끼면 자존심이 상하기 때문입니다.

우리는 인내심도 없고, 집단 죄의식에 대처하는 훈련을 받지도 않았지만 배울 수 있습니다. 남아프리카공화국과 독일, 과테말라를 비롯한 국가가 도덕적 수치심을 인정하는 것이 가능함을 용기 있고도 품위 있게 보여주었습니다. 그런 행위 자체가 치유인 셈입니다. 하지만 많은 경우 죄책감을 어찌해야 할지 배우기 전까지는 그 감정을 감춰버리는 편입니다. 그렇게 우리는 세상에 대한 고통을 묻어둡니다.

사랑하는 사람이 괴로워할지도 모른다는 두려움

세상에 대한 고통을 억누르는 이유는 수치심이나 죄책감을 느끼기가 두려워서만은 아닙니다. 사랑하는 사람에게 부담을 주고 싶지 않은 마음에서 비롯되기도 합니다. 우리가 짊어진 고통을 겪지 않도록 그 사람을 보호하려는 것이지요. 부모 또는 조부모에게 이런 심리적 딜레마는 특히나 어렵고 미묘한 문제입니다. 아이들은 배우고 자라나는 것만으로도 벅찰 테니 불안해하거나 겁먹지 않길 바랍니다. 아이가 해를 입지 않도록 지켜내려는 욕구가 커지면, 급기야 세상일을 알지 못하도록 차단하기도 합니다. 그런데 침묵한다면 우리 또한 세상이 어떻게 돌아가는지 모른다는 인상을 심어주게 됩니다. 심한 경우에는 우리가 세상일에 관심이 없다는 생각까지 들겠지요.

자신이 외떨어진 존재라는 가정

세상과 우리가 분리되어 있다고 가정하면 세상에 대해 고통을 느낀다는 사실 자체를 믿기 어렵습니다. 서구문화의 개인주의적인 성향이 이 가정을 뒷받침합니다. 세상에 대해 두려움과 분노, 절망을 느끼는 것을 흔히 개인의 병리 측면에서 해석해버립니다. 세상일에 고통을 느끼는 이유가 무슨 신경증 때문이라고 봅니다. 정신적 외상(trauma)이 원인이거나 혹은 부모와 어떤 문제를 풀지 못한 탓이라면서 우리가 마치 사회 전반에 부모를 투영하기라도 하는 듯 말합니다. 그래서 우리는 생명과 연결될 때 느껴지는 감정을 믿지 못하게 됩니다. 이렇게 개인의 결핍, 욕구와 관련된 감정만을 중요시하다 보면, 사회 또는 다른 생명체를 대표해 고통을 느낀다고 생각하기가 힘듭니다. 또 이러한 괴로움이 실재하고 타당하며, 이를 느끼는 것이 건강함을 증명한다는 사실을 알기도 어렵습니다.

> 세상은 해결해야 할 문제가 아니라
> 우리가 속해 있는 생명체 그 자체다.
> 세상은 우리 자신의 일부이며
> 동시에 우리는 고통받는 전체의 일부다.
> 분리의 진상을 파악해야만
> 치유가 가능하다.
> 우리와 만물을 분리하는 생각은
> 만물의 본성이 거룩함을 망각한 데서 비롯되며
> 만물이 거룩함은
> 곧 우리 자신의 본성이 거룩함을 의미한다.
> ―르웰린 본리(Llewellyn Vaughan-Lee)

빼앗긴 주의력

전자기기는 가는 곳마다 끊임없이 관심을 빼앗습니다. 이처럼 방해받기 쉬운 환경에서는 생각에 깊이 빠지거나 의미 있는 대화를 지속하기 힘듭니다. 스마트폰과 문자 메시지, 이메일, 페이스북, 트위터 등의 전기통신은, 이제 겨우 이해되기 시작한 인간의 정신에 영향을 끼칩니다. 이에 대해 데이비드 오르David Orr는 이렇게 사유했습니다.

긴급한 상황에서 실제 유용하다 해도 대체로는 중요한 것과 사소한 것이 같아졌다. 모든 일이 비상사태가 되어버려 이미 정신없이 돌아가는 문명사회가 한층 더 어수선해진 것이다. 그 결과 우리는 완전히 이해하지도 못한 정보, 대개 세태를 반영하지 않아 의미 없는 정보에 빠져 허우적댄다. 사회문제에서, 또 사생활에서 갈수록 두서없는 사람이 되어가는 것 같다. 정보의 양이 많고 속도가 빠르면, 중요성과 명료성이 높다고 착각하기 때문이다.[3]

이렇게 정신이 산만해지면 감각이 둔해져서 단편적인 소식을 접하더라도 별다른 반응을 하지 않게 됩니다. 그대로 뉴스의 조각이 모여 가상현실을 구성하기 시작하고, 이것이 감정에 미치는 영향은 게임과 다를 바 없습니다. 정보의 파편에 묻혀 자기를 인식하기 어렵고, 우리 주변의 실제 세상과 이어진 고리 또한 느슨해집니다. 그렇게 주의력은 물론, 상상력까지 빼앗기면서 우리가 앞으로 어떤 것을 창조해낼지 그려보는 능력까지 줄어듭니다.

무력감에 대한 두려움

"딱히 제가 할 수 있는 게 없으니까 그 일은 생각도 안 해요." 사회 또는 생태 문제를 이야기할 때마다 늘 이런 반응을 접합니다. 논리적으로 보면 이 말은 모순입니다. 생각하고 느끼는 일과 할 수 있는 일을 혼동한 것이지요. 또한 비극적이기도 합니다. 어떤 세력이 겉보기에 막강하다는 이유로 그것을 의식하고 깊이 생각하거나 진지하게 토의할 수 없다면, 우리는 생각과 행동에 이중으로 방해를 받아 거듭 희생되는 것이기 때문입니다.

불쾌한 정보를 거부하는 이유는 할 수 있는 일이 없어서(변화를 일으킬 능력이 없어서)가 아니라. 실은 무력감을 '느끼는 것'이 두렵기 때문입니다.

"내 운명의 주인은 나이며 오직 나만이 내 정신을 다스린다."[4] 서구문화에 이러한 자아상이 지배적인 탓에 어떤 사안에 당장 해결책이 없을 경우 맞설 의지조차 꺾어버립니다. 무의식중에 우리는 마땅히 먹고사는 일을 책임져야 하고, 모든 답을 쥐고 있어야 한다고

정신과 의사가 산업사회에 돌림병처럼 번진 정신적 고통을 말할 때,
우리가 삶의 터전을 스스로 파괴하고
생태계의 종 전체가 파멸해가면서 받는 충격이 심각하다는 사실을
대부분 언급하지 않는다. 실로 터무니없고 책임감 없지 않은가.

—린다 버젤(Linda Buzzel), 크레이그 찰퀴스트(Craig Chalquist)

생각하게 됩니다. 자연스레 관심의 범위가 좁아지며 우리가 직접 통제할 수 있을 영역에만 몰두하기 쉽습니다. 결국 자기충족예언(self-fulfilling prophecy)이 되는 것이지요. 시야가 좁아질수록 영향력 역시 줄어듭니다.

아는 것, 언급하는 것에 대한 두려움

알코올중독자 가정에서 아이가 겪는 시련은 앞 세대보다 지금 우리 세대에게 더욱 익숙합니다. 흔히 이런 아이는 알코올중독자 부모에게 학대를 받고 방치된 사실을 다른 사람에게 드러내기 어려워하는 것은 물론이고, 본인 스스로도 인정하기를 겁냅니다. 여기에는 다음과 같은 이유가 있습니다.

1. 그 문제에 대해 불만을 토로하거나 말을 꺼내면 부모가 화를 낼 가능성이 크고, 또 학대로 이어질 것이다.
2. 관련 기관에 밝히면 유일한 가족이자 가정을 잃을 수 있다.
3. 착각에 빠져 거짓말을 하고 있다는 말을 듣게 될지 모른다. 아이가 자신의 인지능력을 의심하도록 유도하거나 최소한 그 일을 언급하지 못하게 할 것이다.

유사한 상황이 정치 무대에서도 벌어집니다. 그 예로 9·11테러에 관한 증거가 9·11위원회의 보고서에서 제외된 채 산더미처럼 쌓여 있습니다. 미국 정부와 주류 언론, 대다수 시민단체도 이 문제를 다루지 않습니다. 이 문제를 공개적으로, 심지어 가족과 친구들과도 이야기하지 않는 이유는 무엇일까요? 아마 우리는 알코올중독자 가정의 아이와 비슷한 압박을 받고 있을 것입니다.

1. 직장에서 해고되거나 단체 가입이 거부되거나 구속되고 실종되는 등 권력의 보복이 두려운 것일지 모릅니다.
2. 폭력적인 부모에게 매달리는 아이처럼 지도자의 무능조차 선의에 기초한다는 생각에 집착하는 것일지 모릅니다. "정부가 그런 일이 벌어지는 걸 알면서도 가만있을 리 없어요! 무슨 그런 생각을 다 하세요?"
3. 공인 또는 유명인의 경우 음모론자라는 비웃음을 사서 평판에 금이 가거나 대중의 신뢰를 잃을까 두려워하는 것이 아마 더 일반적일 것입니다.

문제는 미국에서 공개적으로 9·11에 관한 논의를 피할수록 그 주제가 더욱 금기로 여겨진다는 것입니다. 집단 전체가 이 문제에 무지하고 나아가 이를 부정할수록 우리는 온순해지고 복종하는 데 익숙해져 시민으로서의 책무를 다하지 못하게 됩니다.

대중매체의 왜곡

글로벌 경제는 개인과 가정, 지역사회에 갈수록 압박을 가하고 점점 더 정보를 통제하여 세상의 절규가 들리지 않도록 만듭니다.

미국인 대부분은 기업이 통제하는 매체를 통해 뉴스를 접합니다. 이와 동시에 보수 이익단체와 이론가들은 세계 주요 신문사와 라디오, 텔레비전 방송국을 매수하고 특히 사람들이 수년간 균형 잡힌 보도를 기대하던 매체를 겨냥합니다. 한때 신뢰를 받던 매체에서 이제는 잘못된 정보를 전하고, 노골적으로 대중을 기만하고, 사실과 다르게 공포심을 부추기는 일이 수두룩합니다. 이러한 뉴스 조작으로 인해 사람들은 계속해서 실제 벌어지는 일을 알지 못하여 혼란에 빠집니다.

> 명성을 떼어놓고 보면
> 세상은 횡설수설 잡소리로
> 가득하다.
>
> —웬델 베리(Wendell Berry)

더욱이 기업이 통제하는 매체는 주로 오락성이 짙어 최면을 거는 듯한 효과가 있고, 소비 심리를 자극합니다. 경제가 세계화되고 기업이 세계 곳곳의 사회에 깊숙이 끼어들면서 단일화된 문화(monoculture)를 공급하며 헛된 희망을 퍼뜨립니다. 실현 불가능하고 무책임한 생활양식을 꿈꾸게 하는 것이지요. 어느 호주 활동가가 이러한 단일문화사회의 메시지를 더욱 극적으로 표현합니다. 베니 세이블Benny Sable은 대규모 산림 벌채와 우라늄 광업, 그 밖의 기업 약탈을 반대하는 시위에서 (주로 방사능 표식이 붙은 핵연료 저장용기 위에 올라가) 검은 잠수복을 입고 가만히 서있습니다. 이 잠수복에는 해골이 그려져 있고, 아래와 같은 문구가 쓰여 있습니다.

소비하라

복종하라

침묵하라

죽어라

일과 시간의 압박

세계 금융위기로 인해 사람들은 앞다투어 직장을 구하고, 가까스로 얻은 일자리마저 불안정해졌습니다. 생계를 잇기 위해 여러 일자리를 옮겨 다니며 밤에는 부업까지 합니다. 북아메리카의 젊은층 가정 대부분이 공과금을 내려면 맞벌이를 해야 합니다. 그렇게 삶의 속도가 더욱 빨라지면서 여유시간과 관계에 모두 큰 타격을 입습니다. 고용 혜택이 줄고, 노동조합이 해체되고, 보건복지 프로그램이 큰 폭으로 축소되면서 세상을 보는 눈은 좁아지고 자신과 가족의 생존 문제만을 생각하게 됩니다. 세상이 어찌 될 운명인지 알아볼, 혹은 상황을 충분히 인식할 시간이나 기력은 거의 없습니다. 하루 일과를 마치고 시간이 남으면 그냥 멍하니 텔레비전을 보는 것이 편하지요.

사회폭력에 대한 두려움

이러한 경제적 어려움이 사회구조를 갈라놓고 폭력을 낳습니다. 실업청년은 언론에서 잔혹한 현실을 접하고 절망과 배신감을 느껴 이 감정을 행동으로 표출합니다. 그래서 우리는 두려움에 떨며 거리를 다니고, 학교에 무장경찰을 두고, 문을 걸어 잠궈 방어벽을 칩니다. 문이 달린 수용소로 대피하는 것이지요. 민중을 선동하는 정치인은 우리가 느낀 좌절감을 죄 없는 집단의 탓으로 돌립니다. 그렇게 우리는 기업자본주의의 실패에 대한 책임을 서로 떠넘깁니다.

사회의 폭력이 반드시 물리적으로 해를 가하지 않더라도 그것은 우리 일상을 물들입니다. 날마다 하는 생각과 행동, 언어폭력과 운전 중 분노 폭발, 나라 안에서는 경찰의 만행, 나라 밖에서는 군인의 만행으로 나타납니다. 그래서 우리는 마음을 보호하려 방어 장비를 단단히 갖추고, 이로 인해 세상의 고통까지 차단됩니다.

> 세상의 고통을 외면할 수는 있다. 외면하고 말고는 개인의 자유다. … 그러나 외면은 아마 유일하게 모면할 수 있는 고통일 것이다.
> —프란츠 카프카(Franz Kafka)

세상에 대한 고통을
차단하는 대가

세상에 대해 고통을 느끼지 않으려고 노력할 수는 있지만 여기에는 엄청난 비용이 듭니다. 의식 수준이 낮아지고, 이해심과 진정성이 줄어드는 대가를 치러야 합니다.

인지기능 장애

감정을 억누르면 기력에 심각한 타격을 받아 주변 세상에 대한 인식이 흐려집니다. 이는 국소마취 정도의 수준이 아닙니다. 고통을 느끼지 않는다면 그 외의 감정 또한 제대로 느낄 수 없습니다. 사랑이나 상실감을 느끼는 정도가 눈에 띄게 줄고, 선명한 하늘이 흐릿해 보이고, 즐거운 일이 거의 없어질 것입니다. 어느 박사는 베트남 참전 군인들과 작업한 경험을 떠올리며 이렇게 말했습니다. "세계의 상황을 외면하며 정신을 억제하면, 기뻐하고 유연하게 사고하는 능력까지 포기해야 한다."[5]

세상에 대한 괴로움을 억누르면 사고력에도 영향을 미쳐 인지기능이 떨어집니다. 우리는 어떤 정보가 평소 선호하는 의견과 어긋나거나 스트레스가 될 법하면 그것을 외면합니다. 그 결과 타고난 지능을 활용할 일이 줄어듭니다.

무의식 영역에의 접근 장애

자신이 처한 현실을 도피하는 것은 일종의 자기기만입니다. 이렇게 생각지 못한 사이에 자신을 검열하면 방대한 무의식 영역에 접근할 수 있는 가능성이 낮아집니다. 무의식은 직관력과 창의력의 원천이자 천재성의 양식이며, 무의식이야말로 우리가 생명과 분리될 수 없는 존재임을 알고 있습니다.

인식하기를 거부한다고 해서 현실이 사라지지는 않습니다. 개인적으로 감정을 억제하면 그것이 몸에 쌓여 병으로 나타나기도 합니다. 집단 차원에서는 칼 융Carl Jung이 지적한 바와 같이 고통을 배제하면 그것이 역사라는 무대에서 드러납니다.

자기보존 본능 장애

생물학적 관점에서 가장 강력한 욕구로 알려진 자기보존 본능은 우리 종을 보호하고 생명을 지속하기 위해 반드시 필요합니다. 고대 힌두교의 차크라 시스템에서 자기보존 욕구는 기본 차크라인 '물라다라muladhara'에 해당합니다. 물라다라는 우리의 본능, 즉 살고자 하는 욕구의 근원을 상징하며 동시에 이 본능을 충족합니다.

두렵다는 이유로 모든 생명이 위협받는 광경을 보지 않고, 보더라도 반응하지 않으면 물라다라를 가로막는 셈입니다. 생존에 필수적 요건인 원초적 지능과 에너지를 차단하는 것이지요. 이 차크라는 생명을 지키기 위한 마지막 방어선을 상징할 뿐 아니라 성적인 에너지의 흐름이 끊기지 않도록 유지하는 역할을 합니다. 이 기본 차크라를 열어 살고자 하는 의지가 강해질 때, 참았던 눈물과 분노에 마음을 열고 세상에 대한 고통을 접하게 됩니다.

에로스 장애

제1 차크라인 물라다라가 끊어지면 생명의 그물 안에서 깊이 연결되지 못하여 황홀한 유대감을 느낄 권리를 빼앗기게 됩니다. 에로스(Eros)가 없다면 삶은 더욱 무기력해집니다. 우리를 시중드는 로봇을 만들어내면서 스스로 로봇과 다름없어지는 것입니다. 에로스가 사라지면서 포르노물이 걷잡을 수 없이 퍼졌습니다. 이를 통해 우리는 부자연스럽고 하찮은 방식으로 성 본능을 되살리려 한심스레 노력합니다. 아주 기본적인 욕구가 충족되지 못하면 폭력으로도 이어질 수 있습니다.

성적 욕구가 떨어지면 그만큼 생명의 아름다움을 귀중히 여기지 않게 됩니다. 더 이상 예술을 중요시하지 않으며 단지 부를 뽐내는 장식품 정도로 이용하고, 학교와 지역사회에서는 예술, 음악, 연극에 대한 지원과 후원이 줄어듭니다. 동시에 오늘날 문화에서 유흥과 쾌락을 극단적으로 좇는 광경을 마주합니다. 마치 새로운 쾌락주의라도 되는 것처럼 상품, 엔터테인먼트, 성, 알코올을 소비합니다. 이 쾌락주의는 순수한 욕구에서 나온 것이 아닙니다. 그 광적인 특성을 보면 이것이 생명을 향하는 건강한 욕망이 아니라, 오히려 그와 반대임을 알 수 있습니다. 생명과 성적으로 참되게 이어지지 못한 채 그저 동경하는 데 그치는 것입니다.

공감 능력 장애

에로스는 생명의 그물에 내린 뿌리를 살찌우며 공감 능력을 키웁니다. 공감 능력은 우리가 이 세상을 공유하는 존재와 연결되기 위해 반드시 필요합니다. 감정을 이입하지 않는다면, 다른 존재의 기쁨과 고통을 감지하는 능력이 제대로 발휘되지 않습니다. 그래서 억눌린 두려움과 공포를 엉뚱한 대상에게 풀기도 하지요. 칼 융은 이를 '그림자' 투사라고 일컬었습니다.

9·11사건 이후 우리 모두 두려움에 떨었고, 미국인은 적을 설정하여 전 세계의 이슬람교도를 공포의 대상으로 여겼습니다. 이로써 이슬람 국가를 향한 군사행동이 정당화되고, 우리 주변의 이슬람교도에 대한 두려움은 날로 커집니다. 두려워하고 증오하는 사람의 감정에 공감하기는 어렵지만 사실 공감이 가장 절실한 순간이기도 합니다. 지와 우드버리Zhiwa Woodbury가 이런 경우에 벌어질 음울한 상황을 정확히 담아냈습니다.

안타깝지만 미국처럼 자유를 사랑하고, 총을 소지하고, 물질을 남용하고, 개인주의가 팽배한 나라가 파국에 치달으리라는 것은 불 보듯 뻔한 것 같다. 알다시피 반사회적 병리현상이 두드러지면서 생명유지시스템에 이어 사회질서가 붕괴되고, 생존을 위협하는 상황에 다수가 편집증과 적개심으로 반응하게 되고 '자기 일은 각자 알아서'라고 결론짓거나 그것도 아니면 뜻이 맞는 무장집단이나 광적 종교집단에서 안도감을 얻지 않는가.[6]

상상력 장애

상상력을 자유롭게 펼치려면 생명의 힘을 믿어야 하며 길이 없더라도 나아갈 만큼 용감해야 합니다. 그러면 '현재 어떠하다'라는 인식을 뛰어넘어 '앞으로 어떻게 될 수도 있다'를 생각하게 됩니다. 새로운 시각과 새로운 존재방식에 마음이 열리는 것입니다. 이때 정신의 힘이 과거의 숨 막히던 습관에서 자유로워집니다. 현재 우리 시대에 지배적인 이야기에 순응하고 군중심리에 휩쓸리는 것이 아니라 상상력을 발휘하여 대안을 마련할 수 있습니다. 이처럼 상상력은 온갖 창의력의 원천으로서 대단히 중요하지만, 윤리적 고뇌가 따르는 이미지와 생각, 감정을 외면하면 상상력이 차단됩니다.

피드백 장애

　유기체든 사회든 모든 열린계는 피드백 덕분에 행위의 결과를 순간순간 관찰함으로써 자기조절합니다. 감각, 인지, 감정 반응을 통해 행동을 이끌어갈 정보를 얻습니다. 우리가 이 세상에 반드시 필요한 요소임을 고려하면, 세상의 고통에 정신과 마음을 닫는 행위가 생명에 필수적인 피드백을 차단한다는 사실을 알 수 있습니다.

세상의 문제에 대한 반응을 마음속 깊이 파묻으면 공허해지는 것은 물론 내면에 수렁이 생겨납니다. 의식하든 그렇지 못하든, 현실을 부인할 때마다 우리는 반응할 의무를 거부하는 것입니다. 그렇게 무엇을 할 수 있는지, 무엇을 하고 싶은지 알아보기도 전에 희생자의 위치로 떨어집니다.

생명으로 돌아가기

세상에 대한 고통은 물론, 지구 생명체를 대표하여 느끼는 공포와 분노, 슬픔은 널리 퍼져 있습니다. 이는 자연스러운 현상이며 현재

건강한 상태임을 의미합니다. 다만 그러한 감정을 오해해서 참는다면, 그만큼 제대로 기능하지 못할 뿐입니다. 이번 장에서는 오늘날 문화에서 어떻게 감정을 억제하게 되는지, 그로 인해 우리가 어떤 대가를 치르는지 살펴보았습니다.

그런데 감정을 억압하고 부정하는 상태에서 벗어나기 위해 이를 악물며 더욱 고귀하고 용감한 시민이 되고자 애쓸 필요는 없습니다. 생명에 대한 열정과 타고난 창의적 지능을 되찾기 위해 자신을 꾸짖고, 힘든 내색 없이 꿋꿋이 버텨내야 하는 것도 아닙니다. 그렇게 행동하는 사람만이 훌륭한 영웅이라고 보는 것도 산업성장사회에서 주입한 세계관입니다.

지구상 역사적인 이 순간의 가장 두드러진 특징은 우리가 세상을 파괴하고 있다는 점이 아닙니다(사실 파괴는 꽤 오랫동안 계속되었습니다). 바로 우리가 깨어나기 시작한다는 점입니다. 마치 수천 년 동안 이어진 잠에서 깨듯 세상과, 우리 자신과, 또 서로 간에 완전히 새롭게 관계를 맺게 된 것입니다. 이렇게 깨달음으로써 대전환이 가능해집니다. 이를 앞선 장에서 대전환의 제3차원 '인식과 가치관 바꾸기'로 설명했습니다. 이 깨달음은 돌아가는 바퀴의 중심축처럼 생명지속사회로 첫걸음을 내딛는 일에 중추 역할을 합니다.

새로운 세계관을 통해 우리가 자리한 생명의 그물을 이전과 다르게 바라보고 처음부터 다시 경험할 수 있습니다. 또한 '생명의 자기조직화'라는 거대한 지성에 눈뜰 것입니다. 놀랍게도 이 힘으로 인해 우리가 성간 가스와 원시 바다에서부터 탄생했습니다. 그뿐 아니라 새로운 세계관을 통해 정체성이 확장되어서, 자아가 '두려움'이라고 규정한 것을 받아들이고 또 뛰어넘을 것입니다. 세상에 대한 고통이 세상의 자기치유 과정에 깊이 참여하는 관문임을 인정하게 될 것입니다. 이 책에서 다루는 집단 작업은 이러한 세계관을 바탕으로 지난 40년 동안 진행되었습니다.

대전환에서 가장 기본이 되는 발상은 단연 용기와 사랑이며 이는 우리가 함께 세상을 있는 그대로 담대하게 바라볼 때 얻을 수 있는 것입니다.

그리고 나 너와 함께 떠나리
우리에게 수치심을 주는 그곳으로
나무와 마시그라스를 빼앗겨 헐벗은 언덕
넘쳐나는 하수엔 기름이 둥둥 떠다니고
검어진 해안선엔 화학물질로 오염된 물
황량한 곳, 새까만 재가 된 곳
영영 아무것도 자라지 못할 토양, 푹 팬 사막에서 너와 함께하리

몇 달이고 천천히 타들어가는 들판,
지하폭발에 몸부림치는 선인장과 수풀 뿌리
나 손을 들어 네 손에 포개고,

네 손을 잡아 함께 걸으리

정성으로 가꾼 밭에 줄지어 선 잎채소

거기에 떠다니는 방사능 먼지

금빛 붉은 거룩한 산에 숨겨진 우라늄 광산의 어둠

나 너와 함께 찬바람 부는 병동 복도에서 들으리

모국어로 부르짖던 광부의 목소리

고통의 목소리, 그 외침에는

잊어버린 어머니의 이름

숨이 다하는 마지막 순간에,

헬리콥터가 이는 바람 속에 나 네 곁에 서있으리

경찰 사이렌 소리 날카로운 가운데

마지막 순간까지

미세한 빛의 떨림이 잎새 사이로

아! 나는 이 사랑으로

상처 입은 곳곳을 어루만지리

—애니타 배로스(Anita Barrows)[7]

Chapter 03
The Basic Miracle :
Our True Nature and Power

•

토대를 이루는 기적,
우리의 본성과 힘

내 안의 무언가가
세상이 숨 쉬는 그곳에 가 닿았다.

카비르(Kabir)

우리는 상호 관계망에서 빠져나올 수 없다.
운명으로 지은 단 한 벌 옷에 묶여 있기 때문이다.
그래서 무엇이든 한 명에게 직접 영향이 미치면,
모두가 간접적으로 영향을 받는다.

마틴 루터 킹 주니어(Martin Luther King Jr.)

최근 주목받는 실재관은 산업성장사회의 삶을 살아온 우리에게 굉장히 신선합니다. 포스트모던 시대의 과학과 고대 정신의 전통을 기반으로 세상과 우리의 관계를 새로이 이해하고, 세상을 치유하는 힘이 우리 안에 있음을 발견할 수 있습니다. 우리가 누구이며 무엇을 필요로 하는지 정확히 알지 못하는 통념적 사고를 벗어나 우리 본성이 본래 자리로 돌아갑니다. 우주의 맥박을 느끼며 별과 나무와 연결되는 것입니다. 이러한 실재관이 대전환의 기초이자 이 책에서 제시하는 재연결 작업의 기본입니다.

서구 문명의 영향을 받은 우리는 그동안 주변의 자연 세계를 다스리기 위해 몸부림쳤습니다. 지구와 우주를 연구하고, 생명을 구성하는 기본 요소를 밝혀내기로 결심하고, 마치 세상을 다 알고 통제할 수 있다는 듯이 행동했습니다. 인간이 우리 주위의 동식물과 바위, 물보다 뛰어난 물질로 이뤄졌다는 생각에 이르렀습니다. 이로 인해 기술은 환경과 사회에 끔찍한 영향을 미쳤고, 그 정도가 날로 심각해집니다. 이에 관해 인류학자 그레고리 베이트슨은 다음과 같이 견해를 밝혔습니다.

> 만일 당신이 신을 외부에 두고 피조물과 구분 지어 생각한다면, 또한 당신이 신의 형상으로 태어났다고 믿는다면, 논리적이고도 자연스럽게 자신이 주변의 모든 것과 분리되어 있다고 여길 것이다. 온 정신을 자신에게 쏟기 때문에 세상이 대수롭지 않게 보이고, 그래서 세상은 도덕적, 윤리적으로 사유할 대상이 아니라고 생각할 것이다. 환경은 당신의 소유여서 착취할 대상이라고 여길 것이다. 당신이 생존하는 데 필요한 단위는 자신과 가족 또는 같은 부류의 사람들이고, … 그 외에 다른 사회의 구성단위나 다른 인종, 짐승과 식물은 제외할 것이다.
> 당신이 이런 식으로 자연과 관계를 맺으면서 선진 기술을 지녔다면, 생존할 가능성은 지옥에서 눈 뭉치가 살아남을 가능성과 같을 것이다.[1]

어쩌면 세상이 '물질(stuff)'로 이루어졌다는 생각 자체가 애초에 심각한 오류일지 모릅니다. 다행히도(또한 역설적이게도) 과학을 통해 세상을 장악하고자 연구하면서 뜻밖의 상황을 점차 깨닫기 시작했습니다. 이 세계와 우주가 물질로 이루어진 것이 전혀 아닐지도 모른다는 것입니다. 기본 구성단위로 보이는 것을 파악할 때마다 그것은 에너지와 관계의 춤에 녹아들었습니다. 그리고 이제는 새로운 지식에 눈뜹니다. 우리와 우주 만물의 연결성, 나아가 유사성에 대해 이해도가 높아집니다.

생명시스템 이론

근대 과학과 산업성장사회는 함께 번성했습니다. 르네 데카르트와 프랜시스 베이컨의 도움으로 그리스 과학에서 벗어나 세상을 더 이상 유기적 관점(전체론)으로 보지 않고, 분석적 관점(기계론)에서 접근하기 시작했습니다. 감각과 능력을 확장하려고 만든 기계가 우주의 모델이 되었습니다. 기계장치와 그것을 제어하는 사람, 관찰 대상과 관찰자를 분리하면서 '모든 것이 객관적으로 서술 가능하며 모든 것을 외부에서 통제할 수 있다'는 실재관이 자리 잡았습니다. 그로 인해 막대한 기술적 이득을 취하고 산업의 진전에 박차를 가했습니다. 그런데 20세기 생물학자들은 갈수록 좌절감에 휩싸였습니다. 그러한 실재관으로는 생물의 자기재생 과정을 설명할 수 없음을 깨달았기 때문입니다.

이 과학자들은 기본 구성단위를 찾는 대신에 방향을 새롭게 설정했습니다. 부분 대신 전체, 물질 대신 과정을 보기 시작했습니다. 이들은 전체(세포나 몸, 생태계, 심지어 행성 자체가 될 수도 있음)가 단순히 부분의 집합이 아님을 발견했습니다. 이는 오히려 역학적으로 조직을 이루고 복잡하게 균형을 이룬 '여러 체계(systems)'였습니다. 이 과학자들은 요소 각각이 거대한 틀의 일부이며, 틀은 각종 원리에 따라 연결되고 진화한다고 보았습니다. 이 뚜렷한 원리들을 파악하면서 일반시스템이론을 세웠습니다.

'일반시스템이론의 아버지'로 알려진 오스트리아 생물학자 루드비히 폰 베르탈란피Ludwig Von Bertalanffy는 이 이론을 '보는 방식'[2]이라 일컬었습니다. 그러한 통찰이 자연과학과 사회과학 전반에 퍼지는 동안 시스템 관점은 그대로, '보는 방식'으로 남아 있습니다. 인류학자 그레고리 베이트슨은 이를 "지난 2천 년 동안 인류가 지식의 나무에서 취한 결실 가운데 가장 큰 성과"[3]라고 했습니다.

생명의 자기조직화 방법

분리된 개체가 아니라 관계에 중점을 두면서 과학자들은 (적어도 서양인 주류의 사고방식에서) 놀라운 점을 발견했습니다. 자연이 스스로 조직화한다는 사실을 밝혀낸 것입니다. 그리고 자기조직화가 발생하는 원리를 파악하기 시작했습니다. 과학자들은 이 원리 또는 시스템(체계)의 속성이 놀랍도록 명쾌함을 알게 되었습니다. 덜 복잡한 유기체부터 생물과 생태의 시스템, 심리와 사회의 시스템까지, 관측 가능한 우주 전반에 걸쳐 일관성과 불변성이 있었습니다. 열린계의 이러한 특성 덕분에 물질/에너지와 정보가 서로 교류하는 과정에서 생물체의 다양성과 지능이 발현될 수 있습니다. 이 '불변성'은 네 가지로 나뉩니다.

첫째, 원자부터 은하계까지 각 시스템이 하나의 전체입니다. 이는 각각이 구성요소로 축소될 수 없음을 뜻합니다. 각 시스템의 고유한 성질과 능력은 그 시스템을 이루는 부분들 사이의 역학관계에서 나옵니다. 이렇게 상호작용하며 상승효과가 일어나 창발성(emergent properties)이 발현되고 새로운 가능성이 생겨납니다. 각 부분의 특징으로 예측할 수 없었던 특성이 나타나는 것입니다. 예를 들어 산소와 수소가 결합하기 이전에는 습기를 예측할 수 없었습니다. 이처럼 사람들이 집단을 이뤄 서로 지혜를 모으면 어떤 창의적인 해결책이 나올지 누구도 예측할 수 없습니다.

둘째, 물질/에너지와 정보가 끊임없이 흐르는 덕분에 열린계는 스스로 안정화할 수 있고, 베르탈란피가 유동평형(Fliessgleichgewicht)이라 일컬은 상태에서 균형을 유지할 수 있습니다. 이러한 항상성(恒常性, homeostasis) 기능으로 인해 시스템은 자기조절이 가능하여 환경에 따라 상태가 달라집니다. 온도조절장치처럼 스스로 활동한 결과를 주시하고 미리 정해진 기준에 맞추어 행동을 조정하는 것입니다. 이때 차이를 '줄이는' 피드백(음성 피드백)이 작용합니다. 이러한 방식으로 베인 상처가 낫고, 체온을 유지하고, 자전거를 타게 되는 것입니다.

셋째, 열린계는 끊임없이 변화하는 가운데 균형을 유지할 뿐 아니라 복잡성(複雜性, complexity)도 증가합니다. 외부의 자극이 계속되면 열린계가 붕괴하거나 새로운 기준에 맞게 재조직하여 적응합니다. 이때 차이를 '늘이는' 피드백(양성 피드백)이 작용합니다. 이와 같은 방식으로 시스템이 학습하고 진화합니다. 이 피드백은 시스템이 무너질 위험에 처하면 차단되고 무시됩니다.

어떤 시스템이 변화의 정도와 속도 때문에 기준을 조정할 수 없을 때, 양성 피드백 고리는 '예상 범주를 초과(overshoot)'하여 '폭주(runaway)' 상태로 들어갑니다. 그렇게 진동이 끊임없이 증폭하면 서로 연결된 부분들 사이에서 균형이 깨지기 때문에 이 시스템은 일관성과 복잡성을 잃고 붕괴하기 시작합니다.

넷째, 각 시스템이 하나의 전체, 다시 말해 '홀론holon'입니다. 각 시스템은 그 자체가 하위 시스템 여럿으로 구성된 '전체'이면서, 동시에 더 큰 시스템을 구성하는 '일부'입니다. 따라서 여러 홀론이 시스템 속의 시스템, 회로 속의 회로, 즉 '겹겹의 계층구조(nested hierarchies)'를 형성합니다.

예를 들어 원자부터 분자, 세포부터 기관, 개인부터 가족까지 새로운 홀론 층위 각각이 완전히 새로운 특성을 만들어냅니다. 이 특성은 낱낱의 특성으로 돌아갈 수 없습니다. 피라미드형 계층구조에서는 조직 내 규칙을 위에서부터 시행하는 데 익숙하지만 이와 달리 '겹겹의 계층구조'에서는 아래에서 지시하기도 하며, 보다 확장된 맥락에서 요청을 받거나 영향을 받기도 합니다.

시스템은 각 부분에 이롭도록 조정 가능한 협력을 통해 스스로 발전합니다. 각 구성요소가 조화롭게 역할을 분담하고 새로운 대응책을 고안하면서 다양화되고, 그 결과 시스템이 질서를 갖추고 동시에 분화(차별화)됩니다.

물과 불과 그물망

기계론적 실재관에서는 실체와 과정, 자신과 타인, 정신과 물질을 분리했습니다. 시스템적 관점에서 이러한 이분법은 더 이상 효력이 없습니다. 분리되고 독립하여 존재하는 개체들로 보이던 것이 이제는 서로 의존하고 얽힌 관계에 있다고 여깁니다. '타인'으로 보이던 것은 '자신'과 연결되어 영향을 받는 존재로 동등하게 해석할 수 있습니다. 흡사 더 큰 몸체의 신경 패턴 속 동료 세포처럼 생각하는 것입니다. 우리가 배운 대로 단순한 감정이라고 치부하던 것은 세상에 대한 반응이며, 이성적 생각 못지않게 중요합니다. 감각과 감정,

직관, 개념, 이 모든 것이 서로 영향을 미치며, 각각은 세상을 엮는 온갖 관계를 파악하는 방식입니다.

시스템으로서 우리는 끊임없이 교류하는 덕분에 생명망이 진화하는 과정에 참여합니다. 이때 생명망이 온전히 균형을 이루기 위해 피드백을 주고받아야 합니다. 이 역동적인 과정을 표현하고자 이론가들은 물과 불을 비롯해 다양한 이미지를 활용했습니다. 시스템 인공두뇌학자 노버트 위너Norbert Wiener는 이렇게 이야기했습니다. "우리는 어딘가에 머무는 물질(stuff)이 아니다. 그 자체로 계속되는 패턴, 다시 말해 끊임없이 흐르는 강의 소용돌이와 같다."[3a]

또한 초기 시스템이론가 몇몇이 말했듯 우리는 불과 같습니다. 불이 태우는 물질을 변형함으로써 상태를 유지하는 것처럼 열린계도 마찬가지입니다. 열린계는 통과하는 물질을 소모하면서 정보 역시 처리합니다. 다시 말해 끊임없이 허물고 쌓는 과정을 반복하며 새로워집니다. 하나의 시스템은 불처럼 변형을 일으키면서 또한 시스템이 소모한 것에 의해 변형됩니다.

자주 활용하는 또 한 가지 이미지는 신경망입니다. 보다 큰 몸체 속 기본단위(홀론)로서 신경세포는 이들 간 상호작용을 통해 분화하면서 새롭게 신경 집합 여럿을 만들어냅니다. 이로써 다양성이 강화되고 자연스레 복잡성도 심화됩니다. 이들 집합이 훨씬 빠르게 반응하는 망들을 엮으면서 지능을 개발합니다. 시스템 정치과학자 카를 도이치Karl Deutsch는 이 이미지를 사회시스템의 본보기로 삼아 정보의 자유로운 순환이 건전한 자치의 본질임을 밝혔습니다.

열린계의 연결성을 보여주는 이미지는 균류에 대한 이해가 깊어지면서 한 가지 더 추가되었습니다. '균사체'라는 미세한 세포 덩어리(이것의 열매가 버섯)는 거의 보이지 않게 땅속으로 퍼져 방대한 연결망을 형성합니다. 이 연결망이 흙에 침투하여 식물의 뿌리와 하나가 되어서 물과 양분, 생명 유지에 필수적인 정보를 공유합니다.

> 균사체는 자연의 신경망이라고 생각한다. 이는 모자이크처럼 서로 얽혀 정보를 공유하는 막을 형성해 서식지를 뒤덮는다. 이 막은 변화를 인지하고 변화에 반응하며 전체적으로 숙주 환경의 장기간 건강을 꾀한다.
> —폴 스태메츠(Paul Stamets)

가이아 이론

시스템이론은 우리의 보금자리, 지구를 보는 방식을 바꿔놓았습니다. 과학자 제임스 러브록은 대기를 구성하는 화학 성분을 연구하던 중에 성분의 비율이 균형을 이루고, 생명이 살아갈 수 있는 한도 내에서 균형이 유지된다는 사실을 발견했습니다. 또한 이것은 자기조절 과정이 작동한다는 의미이며 생명시스템의 특징임을 알았습니다. 러브록은 지구의 전체 생물권을 하나의 자

> 우리는 역사상 처음으로 지구 전체를 실제로 볼 수 있고, 지구가 살아있는 존재임을 깨닫게 되었다. 따라서 다음의 사실 역시 이해할 수 있다. 우리는 지구를 지배하는 특권을 지닌 것이 아니라 … 단지 지구 몸체의 일부일 뿐이며 심지어 필수적 요소조차도 아니다.
> —엘리자베트 사토리스(Elizabet Sahtouris)

기조직화 시스템으로 보고, 미생물학자 린 마굴리스와 협력하여 이 가설을 이론으로 정식화했습니다.

다행히 러브록은 곧 이론이 될 이 가설에 그럴싸한 이름('생물권의 자기조절 과정 가설' 또는 동료 과학자가 존경할 만한 이름)을 붙이지 않고, 그 대신 친구 소설가 윌리엄 골딩William Golding의 말을 따랐습니다. 골딩은 그리스 신화 속 대지의 여신 이름을 따서 '가이아Gaia'라고 부르면 사람들의 시적 상상력을 자극할 것이라며 제안했습니다. 우주에서 지구를 찍은 아폴로 사진처럼, 지구에 붙인 이 이름 덕분에 이제 많은 사람이 우리의 보금자리, 지구에 대해 생각하는 방식을 바꾸었습니다. 우리는 더 이상 지구를 단순히 바윗덩어리쯤으로 여기지 않고, 지구는 살아있는 과정 자체이며 우리가 그 과정에 참여한다고 생각합니다. 우리 의식 속에서 현재가 되고 미래가 될 근원으로서 자리합니다.

심층생태주의

지구의 모든 생명체가 서로 의존 관계에 있다는 사실이 어떤 의미이며 무엇이 문제라는 것일까요? 이 질문을 탐구하던 중에 철학인 동시에 운동으로서 심층생태주의(근본생태주의, 깊은 생태주의)가 시작됐습니다. 이를 1970년대에 노르웨이 철학자 아르네 네스가 주창했습니다.

환경개량주의(environmental reformism)는 망가진 생태의 부작용을 최소화하자는 사상으로, 이를테면 인간의 편익을 위해 한쪽에서는 쓰레기를 버리고 다른 쪽에서는 강을 청소하는 식입니다. 이와 달리 심층생태주의는 산업성장사회의 기본 전제에 질문을 던집니다. 유대교와 기독교, 마르크스주의 사상 다수가 포함하는 가정, 즉 가치 판단의 기준 가운데 인간이 무엇보다 중요하다는 전제(인간중심주의anthropocentrism)에 이의를 제기합니다. 이러한 관점을 생물중심주의(biocentrism)라고도 하는데, 이 시각에서는 인간뿐 아니라 이웃한 생물체가 모두 위험에 빠지는 이유로써 인간의 오만함을 들며 우리가 이 오만함을 떨쳐내야 한다고 말합니다.

> 심층생태주의 또는 생물중심주의는 인간이 인식하든 인식하지 못하든 엄연히 존재하는 자연의 법칙이다. … 현대사회에서는 이를 인정하지 않고, 인간이 자연을 이용하고자 만물을 업신여기기 때문에 지구의 생명유지시스템이 무너지기 직전인 상황까지 왔다. … 생물중심주의는 고대 원주민의 지혜. … 오늘날 산업사회의 맥락에서 생물중심주의는 완전한 혁명이며 산업사회체계의 핵심에 도전한다.
> —주디 바리(Judi Bari, 숲 활동가)

인간중심주의를 넘어서

우리의 문화와 의식에 인간중심 사고방식이 뿌리 깊게 자리하여 이를 인지하지 못하는 상태라면, 모든 생명과 서로 이어져있음을 느끼기란 어렵습니다. 심층생태주의자이며 오스트레일리아의 열대우림 활동가 존 시드John Seed는 인간중심주의를 뛰어넘을 때 우리가 어떤 식으로 위축되며 어떤 식으로 보상받는지 설명했습니다.

인간중심주의는 인간우월주의를 의미한다. 이는 성차별주의와 유사한데, 다만 남성이 '인류'로, 여성이 '그 밖의 모든 종'으로 대체된다. …

겹겹이 싸인 아집의 층을 스스로 들춰보고 실상을 깨달으면 의식에 극심한 변화가 일기 시작한다. 우선 소외감이 줄어든다. 더 이상 인간은 홀로 떨어진 이방인이 아니다. 그러면 인간의 모습으로 존재하는 현 상태가 그저 당신의 최근 버전일 뿐임을 인식하게 된다. 지금 이 시기만을 배타적으로 이해하는 것을 멈추면 포유동물과 척추동물, 열대우림에서 이제 막 생겨난 하나의 종으로서의 자신을 접하기 시작한다. 기억을 가리던 안개가 걷히면서 다른 종과의 관계, 다른 종에 대한 책임의식에 변화가 일어난다.[4]

존 시드는 이 같은 해방이 일련의 지적 활동을 뛰어넘는 차원이라고 했습니다. 많은 사람들처럼 존 시드 역시 이러한 해방을 거쳐 지구를 대표하는 행동에 참여하게 된 것입니다.

'나는 열대우림을 보호한다'는 말이 '나는 나를 보호해주는 열대우림의 일부다. 나는 열대우림 중에서도 얼마 전 머릿속에 떠오른 바로 그 부분이다'로 발전한다. 이 얼마나 다행인가! 수천 년 동안 따로 떨어져 있다고 여기던 생각을 넘어서 우리의 참된 본성을 기억해낸다. 이는 정신적인 변화이며, 이를 심층생태주의라고 한다.[5]

생태적 자아

인간중심주의에서 벗어나 확장된 정체성을 가리키는 말이 있습니다. 아르네 네스는 이를 '생태적 자아(ecological self)'라 일컬으며 자연스레 성숙하는 과정의 결실이라고 보았습니다. 또한 우리가 자신을 속이 좁고 경쟁심 강한 자아(ego)로 인식하는 이유는 스스로 과소평가하기 때문이라고 했습니다. '모든 면에서 충분히 성숙하면' 자아(ego)는 사회적 자아(social self)로, 또 형이상학적 자아(metaphysical self)로, 더 나아가 생태적 자아로 거듭납니다. 정체성이 점점 더 큰 원을 그리며 확장함으로써 자기 이익의 범위 자체가 확대되고, 기쁨과 생명의 가치 또한 배가됩니다.

이 개념의 반갑고도 의미 있는 특징은 이로 인해 도덕적 책임에 대한 설교가 무색해진다는 점입니다. 우리가 기본적으로 나뉘어 떨어져 있다고 가정했을 때에는 사람들에게 이타적이 되라고, 자신보다 타인에게 호의를 베풀라고 외쳤습니다. 이는 심층생태주의의 철학에서 오류임은 물론 효과도 없습니다.

단순히 의무라서 혹은 누군가 윤리적으로 각성을 촉구한다고 해서 인류가 무언가를 사랑한다면, 안타깝게도 그 사랑의 범위는 매우 제한적일 수밖에 없다. … 생태주의 운동에서 대대적으로 훈계하는 듯한 방식은 잘못된 인상을 남겨주었다. 이를 접한 대중은 마치 더욱더 희생하고, 책임감을 느끼고, 염려하면서 본보기가 되어야 한다고 느끼는 것이다. … 반면 자아가 확장되고 깊어져서 자유로운 본성을 지키며 무엇보다 우리 자신을 보호한다는 생각을 품게 되면, 사람들은 자연스레 관심을 쏟기 시작한다.[6]

더 깊이 있는 의문 제기

아르네 네스와 동료 활동가들은 깊이 있고 장기적인 생태주의운동이 필요했습니다. 그것이 운동으로 인정받든 받지 못하든, 심층생태주의의 발상은 분명히 녹색활동가와 학자들에게 활기를 불어넣으며 널리 퍼져나갔습니다.

이러한 발상에서부터 심층생태주의의 토대가 마련되었습니다. 이에 해당하는 원리로, 생명체는 본래 존재할 권리가 있으며 인구수는 지구의 수용력을 넘어서지 않아야 한다는 인식 등이 있습니다. 그러나 심층생태주의는 신

> 가이아의 영혼에게 청합니다. … 우리가 진정 누구인지 일깨우시기를, 생명이라는 나무에 잠깐 피었다 져버리는 꽃임을 일깨우시기를. 그 나무의 목적과 운명이 곧 우리 자신의 목적과 운명이 되게 하시기를.
>
> —존 시드(John Seed)

넘체계로서의 이데올로기나 교리가 아닙니다. 본질을 탐구하는 것이 특징이며, 아르네 네스의 말대로 사람들이 "더욱 심오한 의문"을 품도록 이끕니다. 자신이 진정으로 바라고 필요로 하는 것은 무엇이고, 지구의 생명과는 어떠한 관계를 맺고 있으며, 미래에 대해 어떤 비전을 갖고 있는지 스스로 질문하게 합니다. 그럼으로써 경직된 사고의 틀을 깨고 새로운 방식으로 생각하며 바라볼 수 있습니다.

옛 시대의 가르침

시스템과학과 심층생태주의의 실재관은 옛 시대의 가르침과 놀랍게도 조화를 이룹니다. 우리는 세상이라는 과정 자체의 본질이 서로 활발하게 영향을 주고받는 '하나의 전체'임을 재발견합니다. 동시에 이러한 해석을 동과 서, 남과 북의 영적 전통에서 대대로 이어왔다는 사실에 감탄하게 됩니다. 도교와 힌두교, 불교의 경전은 물론, 여전히 이 진리를 알고 실천하며 살아가는 선주민 사이에서도 찾아볼 수 있습니다. 기독교와 유대교, 이슬람교의 신비주의적 가르침에도 나타납니다. 어쩌면 산업성장사회의 틀에 맞춰진 우리만이, 더 크고 살아있는 전체에 속해있음을 잊었던 것인지 모릅니다.

역사학자 아널드 토인비가 불교에 관해 주장한 바와 마찬가지

> 예술이나 종교, 꿈과 같은 것의 도움 없이 단순히 목적만 추구하는 합리성은 필연적으로 병을 일으키고 생명을 해친다. … 이 같은 합리성의 병폐는, 생명이 우연이라는 연동회로 다수에 의존하는 가운데 단지 단락短絡 아크(합선이나 혼촉—역자 주)만을 의식하는 상황에서 드러난다.
>
> —그레고리 베이트슨(Gregory Bateson)

로 영적 전통과 서구화된 근현대 정신의 만남은 지난 세기에서 가장 중대한 사건일 것입니다. 이러한 전통은 지금까지 살펴본 해석들에 활기를 불어넣고 이 해석을 구체화합니다. 삶에서 이를 직접 경험하고 효과를 보는 것입니다. 우리는 추상적 관념에 따라 살지 않습니다. 우리는 지팡이 끝에 달린 두뇌가 아니라, 살과 피로 이뤄진 존재이므로 생각은 현실이 됩니다. 이때 감각과 상상력, 즉 이야기, 이미지, 의식儀式을 통해 몰두하는 능력과 눈물과 웃음을 동원합니다.

단지 지적 능력만으로 접근하면 아이디어가 있더라도 삶을 새롭게 바라보거나 새로운 의미를 찾을 힘이 부족합니다. 선조들은 이를 알았기에 지구를 기리는 의식을 거행했고, 몸과 정신을 열기 위해 요가를 했습니다. 더욱이 영적 전통에서 비롯한 수행 활동 덕분에 대붕괴를 맞닥뜨려도 우리는 침착하면서 민첩한 상태를 유지할 수 있습니다.

아브라함의 종교

시스템이론이나 심층생태주의와 비슷한 해석은 서구 세계의 주요 종교 모두에 가득합니다. 이 해석들은 종교계 통설의 좁은 범위를 뛰어넘어 생명 자체의 토대를 이루는 기적을 향합니다. 유대교 쇄신운동은 랍비 잘만 샤흐터, 린 고틀리브, 아서 바스코우, 마이클 러너 등 선지자의 목소리를 통해 성경이 전하는 대로 사회·생태 정의를 위한 일에 더욱 힘씁니다.

광범위하고 각기 다른 상황에 놓인 현대 기독교에서도 이와 비슷한 소명을 받아 모든 생명의 신성함을 칭송합니다. 이는 매튜 폭스가 설파하는 창조영성과 토마스 베리, 브라이언 스위미, 미리엄 맥길리스가 제안하는 신新우주론에서 확인할 수 있습니다. 급진적 가톨릭의 경우 '평화를 위한 증인들(witnesses for peace)'이 이 같은 성향을 띱니다. '창조적 비폭력의 목소리(Voices of Creative Non-Violence)' 소속 캐시 켈리부터 기독교 사회정의 시민운동 단체 소저너스(Sojourners)의 짐 월리스까지, 이들의 증언은 초대 교회의 관례, 예수라는 인물, 예수의 가르침, 생태계의 수호성인 아시시의 성 프란체스코(Francis of Assisi)와 같이 은혜받은 인물에게로 다시 거슬러 올라갑니다.

이슬람교의 경우 수피즘(이슬람 신비주의)의 부흥에서 찾아볼 수 있습니다. 수피즘은 고대의 신비로운 헌신의 강으로서, 우리가 이 세상의 아름다움과 그것을 지킬 용기와 하나가 되도록 이어줍니다. 모든 생명의 신성함을 노래하는 루미Rumi(1207~1273)는 아마 우리 시대 최고의 인기를 누리는 시인일 것입니다. 현대 수피교도 지도자이자 《빛을 뒤덮는 어둠(Darkening of the Light)》[7]의 저자 르웰린 본리는 우리가 생명의 신성함을 잊은 탓에 이제는 고통과 죽음으로써 전 지구를 위협한다고 말합니다.

이러한 움직임은 각자 특유한 종교의 뿌리와 관례에 따라 깊어지면서도, 동시에 전 세계 교회의 연합을 추구하며 함께 행동할 준비를 갖췄습니다. 그 예로 '초종교 힘과 빛(Interfaith Power and Light)'은 기후변화에 대한 실질적 대응으로서 미국 내 신도들을 이어주고, 샬롬 센터(Shalom Center)는 스스로 규정한 바와 같이 "유대교 외 종교인과 미국인의 삶에서 선지자적 목소리" 역할을 합니다.

샬롬 센터
영성에 근거하며 전략에 중점을 둔 기후변화 행동계획

우리는 다음과 같은 사실을 확신합니다.

◆ 일명 '거대 탄소' 혹은 '탄소 파라오'인 글로벌 기업이 인간의 행동을 주도한 결과 모든 지구 생명체는 점차 기후위기에 몰리는 상황입니다. 이 위기의 규모와 심각성은 인류 역사상 전례를 찾을 수 없습니다.

◆ ⋯ 상처받은 지구를 치유하고 '사랑의 공동체(Beloved Community)'로 나아가기 위하여 가르침과 이야기, 수행, 상징이 필요합니다. 이는 사실상 세계 모든 문화의 종교, 영성, 윤리의 전통에서 찾아볼 수 있습니다.

◆ 이러한 가르침과 이야기, 수행, 상징은 성경에 기초한 전통에 있습니다. 성경은 처음부터 인간의 역사를 통찰하는 것으로 시작하여(에덴동산 이야기) 다양한 방식으로 거듭 "지금 당장 시급한 문제"를 마주할 것을 촉구합니다.[8]

동양의 전통

동양문화의 풍부한 종교 유산은 대대로 고유한 통로를 통해 모든 생명의 내재적 연결성을 제시해왔습니다. 도교는 음陰과 양陽처럼 등지고 맞서고 거스르는 것들이 서로 보완하며, 그 작용이 현상세계를 이룬다고 봅니다. 힌두교 전통의 거대한 집합 속에는 이야기와 수행, 음악이 있습니다. 이를 통해 상상력을 단련하여 존재의 핵심에 자리한 생명력을 이해하려고 합니다.

불교는 생태학의 새로운 패러다임을 이해하고, 생명을 위해 이를 실천하는 데 특히 도움이 됩니다. 심리와 윤리에 기초한 불교의 핵심 교리는 '모든 현상이 서로 연관을 맺어 발생한다'는 연기법緣起法입니다. 이는 일반시스템이론에 앞서 상호 인과율을 개념화한 것 가운데 가장 명확합니다. 재연결 작업은 조애나가 바로 이 시스템이론과 불교에 몰두하면서 크게 영향을 받아 시작된 것입니다.

불교의 가르침과 수행은 우리가 모든 생명과 연결되어 있다는 점에 기초합니다. 이를 통해 세상이란 파악하거나 거부할 대상이 아니라 그 자체로 과정임을 깨닫고 경험할 수 있습니다. 또한 고통의 근원인 삼독(탐욕, 분노, 어리석음)에 물든 자신을 마주합니다. 더 나아가 자애심(慈)과 연민심(悲), 동락심(喜) 같은 명상은 서로 의존하는

세상에서 토양과 나침반 역할을 하며 두려움과 경쟁심을 떨쳐냅니다.(자세한 내용은 13장 참고)

불법佛法은 상호 연결되어있다는 실상을 보여주며 실천적 삶의 본보기를 제시합니다. 대승불교에는 부처가 온 세상 구석구석에 머물고 있음을 상징하는 이미지로 '인드라망'이 있습니다. 이는 거대한 그물로서 만물을 품고, 그물코마다 보석이 자리하여 다른 보석을 모두 비춥니다. 현대 과학으로 구현된 홀로그램 모형에서처럼 각 부분이 전체를 포함합니다.

'보살菩薩'은 만물이 서로 의존하는 것을 깊이 깨달은 불교의 성인으로서, 풀잎 하나를 비롯해 모든 생명이 깨달을 때까지 개인적 구원이란 없다고 생각하여 '해탈 열반'을 미루고 고통의 세상을 거듭 '윤회'하는 삶을 선택합니다. 깨달음을 구하고 모든 생명체를 위해 행동하기로 마음먹는 것을 '보리심(菩提心, bodhichitta)'이라고 합니다. 우리가 '관계적 존재(interbeing, 틱낫한 스님이 주창한 용어)'임을 깨닫고 마음을 열 때, 어쩌면 자연스레 보리심이 일어나 보살의 길로 들어서게 될지 모릅니다.

선주민의 영성

이제 더욱 오랜 지혜의 샘에서 가르침을 전합니다. 아메리카와 아프리카, 오스트랄라시아, 고대 유럽, 시베리아, 북극 지역 선주민의 무속 전통은 우리 시대에도 유사한 메시지로 부각됩니다. 이들의 목소리에 귀를 기울이는 이유는 우리가 간절히 알고자하는 바를 또 한 번 알려주기 때문입니다. 우리는 동물과 식물, 바위와 바람의 친족으로서 거룩한 세상의 힘을 빌려 이 세상을 치유하는 데 참여할 수 있다는 것입니다.

> 사방 천지에 있는 존재여, 내 얘기를 들어보시오. 나는 여러분의 형제이니!
> 부드러운 땅을 걸어갈 힘을 주시오. 땅은 모두의 형제이니!
> 내가 여러분과 같을 수 있음을 보고 이해할 눈과 기운을 주시오..
> 여러분의 힘이 있어야만 바람에 맞설 수 있으니.
>
> —검은 고라니(Black Elk)

이와 동시에 고고학적 증거를 통하여 가부장문화가 나 타나기 이전의 여신에게서 지혜를 얻습니다. 이 여신은 대지의 풍요로움, 또 풍요를 위해 필요한 공경과 공정성을 구현했습니다. 수천 년에 걸쳐 전쟁 없이 수렵·채집 사회 를 이끌고, 농업과 고대 예술을 일으켰습니다. 이후 박해와 종교재판의 시련에도 불구하고 대지에 기반한 이 지혜의 유산은 오늘날 여전히 주요 종교의 주변부에서 위카(Wicca)의 관습과 신이교주의(新異敎主義, neo-paganism)로 남아있습니다. 여신의 지혜를 살펴보면, 가부장적 사고 체계로 확립한 이분설(dichotomy, 기독교에서 인간이 육체와 영혼, 즉 물질과 마음 두 부분으로 구성되어 있다는 견해—역자 주)을 허물고, 지구가 자기조직화하는 힘에 주목합니다. 많은 사람들이 여성의 영성 운동은 정의를 구하고 생명을 다시금 신성하게 여기며 여신에게 돌아가려는 움직임으로 인식합니다.

마음의
기적

신경망과 가이아 이론의 이미지는 모두 시스템을 통찰하는 데 중요한 역할을 합니다. 이를 통해 마음이 자연과 분리되어 있지 않고, 오히려 자연에 '속해있음'을 이해할 수 있습니다. 시스템철학자 에르빈 라슬로는 어떤 열린계든(아무리 단순할지라도) 그 내부에서 마음은 주관적 차원으로 자연 세계에 스며있다고 했습니다. 인간의 두뇌는 뉴런(신경세포) 천억 개로 구성되어 있기 때문에 우리가 단세포 생물의 '주관(subjectivity)'을 상상하기란 어렵지만, 그가 지적한 대로 단세포 생물의 주관이 존재하지 않는다고 볼 근거나 논리는 없습니다.

천억 개에 달하는 뉴런이 복잡한 뇌 연결망들을 형성하고(물리적 사건), 이 연결망들이 인간의 심리적 사건과 밀접하게 관련이 있다는 점을 주목한다면, 우리는 인간의 심리적 사건을 더 작은 시스템(원자나 분자 등)의 산물로 여기지 않도록 해야 한다. 더 작은 시스템의 심리적 사건은 인간이 '느끼는' 것과 완전히 다르겠지만, 그럼에도 심리적 사건으로 볼 수 있다(예컨대 감각의 종류). 이

는 물리적 과정과 관계가 깊지만 둘은 서로 다르다.[9]

그레고리 베이트슨은 또 다른 방향을 취하며 자연에 마음이 존재함을 단언했습니다. 마음이 시스템의 내면성(interiority)과 연관이 있다고 생각하는 대신, 생명시스템들을 서로 연결하고 이끌어주는 '정보의 순환'에 있다고 보았습니다.

정보를 처리하여 자기교정하는 전체 단위가 하나의 시스템이다. 이 시스템의 경계는 몸의 경계, 또 흔히들 '자아(self)' 혹은 '의식'이라 칭하는 것의 경계와 판이하게 다르다.[10]

선택하는 주체로서의 '나'

마음은 여느 열린계와 마찬가지로 자기조직화(self-organizing)합니다. 외부에서 마음에 영향을 줄 수는 있지만 마음을 통제할 수는 없습니다. 왜냐하면 외부 압력은 한 시스템의 과거 경험에 따른 내부 코드와 교류할 때에만 작용하기 때문입니다. 시스템이 복잡해지면 바깥 환경의 영향을 덜 받으며 자율성이 높아집니다.

인간을 비롯해 뇌가 큰 포유류는 정신에 뚜렷한 특징이 있습니다. 날 때부터 자기성찰의식(self-reflexive consciousness)을 지니는 것입니다. 이 의식은 시스템 내부의 복잡성이 증가하고 선택지가 매우 다양해져서 더 이상 시행착오만으로 시스템이 생존할 수 없을 때 필연적으로 생겨났습니다. 이제는 여러 행동방침을 따져보기 위해 의식 수준이 한 단계 더 진화해야 했습니다. 다시 말해 선택해야 할 사항이 많아진 것입니다. 그렇게 피드백 고리들의 집합이 끊임없이 복잡해짐에 따라 새로운 수준의 자기점검(self-monitoring) 기능이 발현되었습니다. 이런 과정을 거쳐 자기관찰(self-observant)에 뛰어난 '나'가 발달하기 시작했습니다. 모두 판단하는 행위를 했기 때문에 발달한 것입니다.

따라서 예부터 현인들이 지적한 바와 같이, 상황이 아무리 참혹하다 할지라도 어떻게 대응할지 판단하고 선택하는 것은 항상 우리의 몫입니다. 선택이 지닌 힘은 우리의 고결함을 보여주는 동시에 우리에게 피난처가 됩니다. 시스템이론과 불교에서는 선택하는 행위로 인해 자신이 결정된다고 봅니다. 어떤 선택을 하는가를 바탕으로 우리가 어떤 사람인지 알아가는 것입니다.

긍정적 해체

때로는 허물어지도록 내버려두는 것이 최선입니다. 생명시스템들이 생존에 위협을 느끼면 진화를 촉발합니다. 피드백이 각 생명시스템에 옛 기준과 행동방식이 현 상황에서 더 이상 효과가 없다고 (계속해서) 알려주면, 이에 대한 반응으로 이들은 변화하기 시작합니다. 더욱 적절한 기준을 찾아 적용함으로써 이 같은 고비에 대응합니다. 또한 더욱 다양한 상황에서 길을 찾기 위해 그에 맞는 가치와 목표를 탐색합니다. 이때 향상된 회복탄력성과 연결성을 활용합니다. 이는 중대한 작업입니다. 한 시스템의 기준이란 곧 내부 코드이며, 코드에 따라 시스템 자체가 규정되기 때문입니다. 에르빈 라슬로는 이 과정을 '자기 재조직화를 위한 탐구(exploratory self-reorganization)'라고 했습니다.

인간의 경우 내부 코드와 조직 원리는 자신을 인식하기 위해 반드시 필요한 조건입니다. 그 코드와 원리가 더 이상 적합하지 않다는 것을 깨달으면 방향을 잃고, 자신이 어떤 사람인지 확신을 잃어 두려움에 휩싸일 수 있습니다. 종교 전통에서는 이렇게 길에서 벗어난 느낌을 회개하라는 부름으로 경험할 수 있습니다. 이전에 타당했던 기준을 버려야 하므로 괴롭고 혼란스럽지만, 정신과 전문의 카지미어즈 다브로프스키Kazimierz Dabrowski는 이를 '긍정적 해체(Positive Disintegration)'[11]라 일컬었습니다. 이 상황을 겪으면, 자신과 세상에 대해 이해하는 바를 조절하기가 더욱 수월해지기 때문입니다.

문화가 중대한 전환기를 맞으면 긍정적 해체를 경험하는 사례가 급증합니다. 지금 이 대붕괴 시기도 마찬가지입니다. 곳곳마다 예상을 빗나가는 일이 발생하는데, 이를 시스템이론의 관점에서 말하자면 이전의 코드, 믿음과 어긋나는 것입니다. 평온함, 확신, 오래된 대처 전략을 잃어버려 세상이 무너지는 듯한 느낌을 받을 수 있습니다. 때로 공황 상태에 빠지거나 기계의 작동이 멈추듯 모든 것이 중지되는 지경에 이릅니다. 혹은 악한 마음을 품게 되어 서로 공격하기도 합니다.

21세기 초, 오늘날 우리는, 인류가 15만 년의 여정에서 단 한 번도 마주친 적 없는 고비를 눈앞에 두고 있습니다. 인간이 생태계와 서식지를 파괴하여 벌어진 대규모 멸종은 이전에 볼 수 없었던 광경입니다. 인간이 일으킨 이상기후를 두고 전 지구가 고민한 일이 없었습니다. 핵에너지, 핵무기 생산은 물론 후쿠시마 참사 규모의 재앙들로 인해 상황이 한층 더 심각해지는 가운데 우리를 비롯한 생명체가 현재 수준의 방사선, 방사능 입자에 노출된 바가 없었습니다. 화학물질오염, 유전자조작 등 결코 결과를 돌이킬 수 없는 행위가 비일비재한 상황을 생물권이 버틴 적이 없었습니다.

이같이 생명 폭행의 심각성을 충분히 이해하기란 쉽지 않습니다. 우리는 외면하고 싶기 때문입니다. 애써 반응하면서도 따를 만한 공식이나 본보기는 없습니다. 역사는 우리가 짐작하는 데 참고가 될 뿐, 방법을 일러줄 수도 없습니다. 아무리 노력해도 이전의 낡은 기준은 적용되지 않습니다.

그 대신 오늘날까지 이르는 진화의 과정에서 생명은 낡은 형태, 낡은 방식을 거듭 버려왔다는 사실을 떠올린다면 도움이 될 것입니다. 생명시스템은 긍정적 해체를 거쳐야만 진화가 가능한 것입니다. 예를 들어 초신성(超新星, supernova)이 폭발한 뒤 사라지고, 건조한

땅으로 옮겨가면서 아가미와 지느러미를 포기하고, 흙에 있는 씨앗이 갈라집니다. 또한 식물이 계절에 따라 주기적으로 성장하고, 꽃을 피우고, 분해됩니다. 식물이 한 형태로 생활사生活史를 마치면, 거름으로 분해되어 같은 종이나 다른 생물체에 양분을 공급합니다. 인간의 생애도 이와 같음을 알 수 있습니다. 우리 역시 어린 시절에 의존하며 안전하게 지내던 상황을 넘어섰고, 그 방법을 익혔습니다.

결코 쉬운 일은 아닙니다. 오늘날 인간 행위의 추악한 면 중 일부는 이제 우리가 겪어야만 하는 대규모 변화가 두려워서 나타나는 것입니다. 전 지구적인 재앙에 관심을 갖고, 감정을 그대로 느끼며 괴로워하고 혼란에 빠지는 과정은 정신적 성숙을 위해 반드시 필요합니다. 신비주의자들은 '영혼의 어두운 밤'을 이야기합니다. 이들은 늘 확신하던 바를 용감하게 잊고, 오래도록 위안을 느끼며 순응하던 습관이 사라지도록 내버려 둡니다. 아직 알지 못하는 상황을 맨몸으로 견디는 것입니다. 정신적으로 감당할 수 없는 과정들이 자신을 천천히 지나쳐 가도록 놓아둡니다. 그렇게 어둠에서부터 새로움이 탄생합니다.

> 여타 모든 생물과 마찬가지로 우리도 어둠속으로 추락해 새로운 지혜가 뿌리내리기를 기다려야 한다.
> —발레리 앤드루스(Valerie Andrews)

> 매여 있는 자리, 움츠러드는 자리, 지배 받는 자리, 위협적인 자리를 버리자. 이 대지만이 나를 지탱하게 하자. … 어둠 속을 걸으면 미지를 향해 신뢰가 깊어지고 자신감이 샘솟는다. … 나는 보이지 않는 것이 무한히 펼쳐진 상황에서 담력 기르는 법을 배운다.
> —스테퍼니 카자(Stephanie Kaza)

지구는 하나

이제 지구의 위기로 인해 새로운 의식이 탄생할 수 있음이 명확해졌습니다. 여기서 새로운 의식이란 다음 수준의 전체, 다시 말해 다음 수준의 홀론에서 나타날 자기 성찰입니다. 자기 성찰은 아마 사회시스템 수준에서 집단이 신속하게 결정해야 하기 때문에 발현될 것입니다.

근현대 서양에서 선택은 오로지 개인 수준에서 이뤄진다고 가정했습니다. 선거 역시 개인이 표를 던지고 그 표를 세어 결정합니다. 이러한 의사결정 방식은 너무 느릴 뿐더러 부패하기 쉽기 때문에 현재 부딪힌 생존 문제에 제대로 대응하기가 어렵습니다.

그러나 오늘날 지구 생명체를 대표하여 새로운 방식으로 함께 행동하는 사람들을 보게 됩니다. 보리심이 집단을 이뤄 나타납니다. 사회 각 분야 여러 계층에서 모인 사람들이 사회적 질타, 신체 상해, 구금, 심지어 살해 위협에도 불구하고 행동에 나섭니다. 이토록 적극적인 의지는 단지 사적인 이득을 얻기 위함이라기보다 지구 생명체를 지키고자 집단의식이 나타난 것으로 이해할 수 있습니다.

수직적 계층구조와 달리 이렇게 '겹겹의 계층구조'에서 나타나는 홀론적 변화에는 희생이 없고, 오히려 개개인의 관점과 특수성이 요구됩니다. 이러한 변화의 시작은 대개 감지할 수 없을 정도로 미미하지만, 서로 운명 공동체임을 느끼고 함께 이루려는 목적을 공유기체의 비유를 인류에도 적용한다면, 우리는 유기체가 위협을 견디는 능력을 발휘하여 보호하고, 바로잡고, 회복하는 공동의 움직임을 상상할 수 있다. 구체적으로 말하면 여러 비영리 조직에서 수백 또는 수천 명이 함께 활동하는 것은 정치 부패, 경제적 질병, 환경오염에 대한 인류의 면역반응으로 볼 수 있다.

─폴 호킨(Paul Hawken)

유합니다. 변화는 뜻밖의 행위를 통해 나타납니다. 수없이 다양한 환경에 처한 사람 한 명 한 명이 자신의 세계에서 일어나는 일에 대해 의견을 내고, 대응하기 위해 모일 때 변화가 일어납니다. 또한 예측하지 못했으나 즉흥적 행동들이 하나의 집합을 이룰 때, 다시 말해 각자 개인의 편의에서 한 걸음 물러나 지구와 생명체를 대표하는 일에 시간을 들이고 위험을 무릅쓸 때 변화가 모습을 드러냅니다. 이 홀론적 변화에는 대전환이라 여겨지는 희망과 변화 모두가 포함됩니다. 함께 행동함으로써 기대 이상으로 강한 자신감과 높은 정확성을 지니게 됩니다. 이는 자기조직화하는 시스템이 얼마나 역동적인가를 생각하면 놀랄 일도 아닙니다.

폴 호킨은 저서 《축복받은 불안(Blessed Unrest)》에서 이 현상과 관련하여 놀라운 수치를 언급하고, 흥미롭게도 이 현상을 면역체계에 빗대어 표현했습니다. 또한 어떤 유기체든 그것의 면역체계가 '자기'와 '자기 아닌 것'을 어떻게 구분하는지, 무엇 때문에 생명을 유지하고 잃는지 설명했습니다. 이와 마찬가지로 인류의 면역체계는 "무엇이 인간답고 인간답지 않은지 구분"[12]하고, 혹은 무엇으로 인해 인간의 생명유지시스템이 지속되고 손상되는지 구분합니다.

> 면역체계란 지능으로서, 살아있으며 학습하고 자기조절하는 하나의 시스템이자 또 다른 정신에 가깝다고 이해하는 것이 가장 적절하다. 면역체계의 기능은 자체 동력에 의존하는 것이 아니라 '연결의 질'에 달려있다. … 면역체계는 '회복탄력성을 유지하기 위해' 내부의 '다양성'에 의존하며 이로써 항상성을 유지하고, 의외의 상황에 반응하고, 병원체를 통해 학습하고, 갑작스러운 변화에 적응하는 것이 가능하다. …
> 이와 비슷하게 오늘날 세계에는 여러 조직의 폭넓고 다양한 연결망이 급증한다. 불의에 대비하기에는 이 연결망이 F-16 전투기보다 훌륭한 방어물일지 모른다. 이러한 조직은 '연결성' 덕분에 목적에 맞는 일을 수행하고, 자원을 절약하여 반드시 필요한 곳에 집중할 수 있다(강조 표시는 원문에 없음).[13]

인간 역시 대전환으로 함께 향한다면 지구의 면역체계로서 기능할 수 있다고 생각합니다. 생명 지속에 도움이 되는 것을 구분하고, 그것을 위해 싸우면서 동시에 생명을 파괴하는 것을 막고, 무력화하고, 완전히 바꿔나갈 수 있습니다.

우리 힘의
본성

우리가 세상에 대해 고통을 느끼는 이유가 서로 이어져 있기 때문인 것처럼 우리의 힘 또한 마찬가지입니다. 그런데 열린계 내부에서 혹은 열린계를 거쳐 발현되는 창의성은 기존 힘의 개념과 전혀 다릅니다.

지배형 파워

힘에 대한 낡은 관념은 우리 대부분이 사회화 과정에서 습득한 것입니다. 이는 독립된 개체 각각(바위, 식물, 원자, 사람 등)이 서로 관련 없이 실재를 구성한다고 보는 세계관에서 시작되었습니다. 힘이 이러한 개체들의 한 가지 속성이라 여기게 되었고, 바로 이 속성 때문에 상대를 핍박해도 되는 상황이 벌어집니다. 결국 힘은 지배와 같은 개념이 되었고, 권력을 행사하여 타인의 선택권을 제한하는 것과 동일시하게 되었습니다.

이는 직선적(선형적) 인과관계, 즉 단순히 어떤 원인이 특정 결과를 낳는다고 보는 관점입니다. 힘을 소유하고 쟁취하는 것이 가능하다고 여기므로 이 경우에 힘은 제로섬게임(zero-sum game)으로 나타납니다. 다시 말해 상대가 힘이 많을수록 내 힘은 줄어듭니다. 상대가 이기면 나는 패합니다. 이 관점에서 힘은 막강한 정도와 관련이 있습니다. 다른 이에게 휘둘리지 않으려면 방어해야만 합니다. 방어 장비를 단단히 갖추면 마치 더욱 강해지고, 타인의 영향을 받지 않아 자신이 변할 일도 거의 없을 것처럼 보입니다.

시스템 관점에서 볼 때 이러한 견해는 오류가 있습니다. 매우 강력한 힘을 쓰면 확실히 자신과 다른 사람을 지키는 데 도움이 될 수는 있습니다. 그러나 그 기능은 보호하는 여러 방법 중 하나일 뿐, 새로운 방식과 행동, 잠재력을 만들어내는 힘과 헷갈려서는 안 됩니다. 관계를 통해 나타나고 작용하는 힘을 동반 상승효과(시너지) 또는 동반형 파워(power with)라고 부릅니다.

동반형 파워

생명시스템은 다양성, 회복탄력성, 지능 측면에서 진화합니다. 이 과정은 방어벽을 치거나 주위 환경을 차단하지 않고, 더욱더 개방하여 보다 많은 물질/에너지와 정보를 접합니다. 지속적인 교류를 통해 점차 생명시스템의 연결은 복잡해지고, 전략은 유연해집니다. 이는 시스템이 어떤 영향도 받지 않는다면 불가능하며, 열려있고 민감하게 반응해야만 가능한 일입니다. 진화는 이러한 방향으로 이뤄집니다. 생물체가 복잡성과 지능 측면에서 진화할 때에는 점점 더 예민하고 쉽게 영향을 받기 위해 방어 장비를 버리고, 입술, 혀, 귀,

눈, 코, 손끝처럼 감각 돌기가 발달합니다. 감지하고 반응하는 능력이 뛰어날수록 생명망과 연결되고 더욱 치밀하게 엮입니다.

그런데 지배하는 힘은 왜 그렇게나 효과적으로 느껴질까요? 권력을 휘두르는 다수가 돈, 명성, 통제권 등 원하는 바를 얻는 것처럼 보입니다. 하지만 그것을 얻기 위해 시스템의 확장과 자신의 행복을 매번 포기하는 것입니다. 이런 힘은 사회시스템에 제대로 작용할 수 없습니다. 그 이유는 지배형 파워가 다양성과 피드백을 억제하기 때문이며, 자기조직화 과정을 방해하여 엔트로피가 증가하거나 시스템의 붕괴를 부추기기 때문입니다. 지배형 파워는 권력자에게 마치 갑옷 한 벌과 같습니다. 시야가 가려지고 움직임이 제한됩니다. 이렇게 인지 능력과 기동성에 제약을 받으면 보다 자유롭고 온전하게 생명 활동에 참여하는 것이 불가능해집니다. 행동을 선택할 권리가 급격히 줄고, 기쁨을 느낄 만한 일이 거의 없습니다. 자신이 힘이라 여기는 것을 더 많이 움켜쥘 뿐입니다.

동반형 파워 혹은 시너지 효과는 소유할 수 있는 재산이 아니라 하나의 과정으로서, 누군가 이 힘에 참여하는 것입니다. 이때 효용은 서로 주고받는 것입니다. 신경망에 있는 신경세포 하나를 떠올려봅시다. 이 세포가 방어벽에 둘러싸여 고립되었다고 가정한다면, 다시 말해 자신의 힘을 소유물이라 믿고 이를 지키기 위해 다른 신경세포를 차단한다면, 이 세포는 퇴화하여 죽을 것입니다. 건강상태와 힘은 이 세포가 갑작스러운 상황에 얼마나 열려 있는가, 신호가 잘 통하는가에 달려있습니다. 그래야만 더 큰 시스템, 즉 신경망이 대응하고 사고하는 법을 학습할 수 있습니다.

피드백을 가로막는 지배형 파워

카를 도이치Karl Deutsch가 주장한 것처럼 정치적 통일체는 신경망과 매우 비슷합니다. 사람의 두뇌처럼 사회는 인공두뇌(자기조절) 시스템이므로 정보의 흐름이 방해받지 않아야만 제대로 기능합니다. 이것이 바로 몸과 마음이 작용하는 방식입니다. 예컨대 뜨거운 가스레인지에 손을 얹으면 데었다고 알려주는 피드백 때문에 급히 손을 뗍니다. 만일 신체가 보고하는 바를 검열하고 삭제하기 시작한다면 데었다는 사실을 모를 것입니다. 민주주의에서는 대중의 의사결정을 위해 정보가 자유롭게 순환되어야 합니다. 그러나 현재 산업성장사회가 비대해진 단계에서 민주주의라고 자처하는 정부조차 기업의 이익에 반하는 정보를 감춥니다. 중대한 문제를 은폐하고, 과학 연구 결과의 발표를 금지하고, 연구 프로젝트의 지원을 끊고, 보고서를 검열·삭제하고, 기자를 처벌하고, 공익 제보자를 해고하거나 수감하는 등의 소식을 날마다 접합니다.

우리는 위험요소의 거대 집합에 관한 거짓 정보와 속임수에 익숙해졌습니다. 이를테면 암 등의 질병과 방사능, 식품 첨가물, 가정용품 사이의 관계를 제대로 밝히지 않습니다. 기업이 통제하는 언론은 기록적인 홍수와 태풍, 가뭄, 걷잡을 수 없이 번지는 화재에 휘말릴 때조차 기후변화를 거의 언급하지 않습니다. 이렇게 제도화된 기밀 유지로 기득권 계층을 보호할 수 있을지는 모르나 값비싼 대가를 치르게 됩니다. 어떤 시스템이든 행동이 낳은 결과를 인식하지 못하도록 가로막으면서 피드백을 계속 억제하는 일은 자살행위나 마찬가지입니다.

폭로의 힘

동반형 파워라는 개념을 실현하기 위해서는 공감 능력 외에도 주의력과 자신감을 갖고 더 큰 시스템의 요구에 대응해야 합니다. 우리가 속한 정치적 통일체에 피드백을 주고, 차단된 피드백이 순환하도록 하는 것이 우리의 책무입니다. 이는 산업성장사회에서 생명지속사회로 대전환을 이루는 데 반드시 필요한 활동입니다. 이를 실천한 위인 중에는 첼시 매닝, 에드워드 스노든과 같은 여성과 남성이 있습니다. 이들은 위험을 무릅쓰고 중대한 정보를 대중에게 폭로했습니다.

> 대중은 정부가 자신의 이름으로 어떤 일을 벌이는지 알 필요가 있다. 다시 말해 "국민의 동의"는 아무런 의미가 없음을 알아야 한다. 국민이 동의를 통보하지 않았다면 그것은 동의가 아니다.
>
> —에드워드 스노든(Edward Snowden)

우리가 생명의 그물 안에서 다른 사람과 이어져 있다고 해서 파괴적인 행동을 참고 받아들여야 하는 것은 아닙니다. 집단의 상태와 존립이 위태롭다면 오히려 관여해야 합니다. 예를 들어 권력을 남용하는 사람에게서 그 권력을 빼앗기 위해 입법 로비 활동을 하거나, 보다 직접적으로 개입하여 비폭력 행동을 벌일 수 있습니다. 이는 힘을 '쥐기' 위한 싸움이라기보다 효과적인 자기지배를 위해 힘 자체를 내려놓기 위한 노력입니다. 그러므로 우리 자신과 단체, 정당을 위해서는 물론 망 속 뉴런 모두를 위해 행동합니다. 그러면 망의 수많은 자원이 우리 사이의 차이와 다양성을 전부 아울러 우리를 지지합니다.

산업성장사회의 관습에서 보면 더 큰 시스템을 위해, 공공선을 위해 행동하는 것이 낯설게 느껴집니다. 대기업은 '주주가치'의 원칙대로 단기 이익을 극대화하며, 해를 끼친 사실은 아랑곳하지 않습니다. 갈수록 치열해지는 경쟁 시스템 안에서 저마다 자신의 이익이 타인의 이익과 충돌한다고 인식합니다. 이렇게 흑백 논리에 사로잡힌 사람은 활동가들도 자신과 비슷한 이유에서 행동에 나섰다고 판단하여 이들에게 특수이익집단이라는 꼬리표를 붙입니다.

실제로 시스템이 고비에 처했을 때 공공선을 위해 행동한다면 그것은 시스템에 필요한 피드백을 주는 것입니다. 그로 인해 시스템의 기준은 개개인의 경쟁적 자기이익에서 공동의 자기이익으로 바뀔 수 있습니다.

시너지 효과와 은혜

지구 공동체를 위해 하나가 되어 공공의 목적을 이루고자 함께 노력할 때, 우리는 다른 사람들의 요구뿐 아니라 능력과 재능에도 귀를 기울입니다. 다행히 동반형 파워는 사유재산이 아닙니다. 우리 가운데 대전환에 필요한 용기와 지성, 힘과 인내력 등 그 많은 것을 혼자서 모두 차지한 사람은 아무도 없습니다. 이것들을 모두 지니거나 긁어모아 쌓아둘 이유도 없습니다. 필요한 자원은 우리를 서로 이어주는 생명의 그물 안에 존재합니다.

이것이 바로 생명시스템의 첫 번째 특징이자 '시너지 효과'의 본질입니다. 각 부분이 자기조직화하여 더 큰 전체 하나를 구성하는 동안에 전혀 예측하지 못했으며 각각이 소유하지도 않았던 능력이 생겨납니다. 새로운 관계가 이어지면 새로운 대응 방식과 가능성이 가동됩니다. 이 과정에서 우리가 결속하여 만든 힘의 흐름 때문에 지지받는다고 느끼며, 실제로도 지지를 받습니다.

이 현상은 종교적 관념인 '은혜'와 비슷한데, 어떤 신에 대한 믿음이 필요한 것은 아닙니다. 뜰을 복원하든 무료 급식소에서 요리를 하든 한 개인의 힘 이상으로 무언가의 지지를 받는다고, '소명을 다한다'고 느낄 때가 있습니다. 이러한 권리는 흔히 그 사람이 대표하는 존재들을 거쳐 나오는 것 같습니다. 이는 오늘날 많은 사람에게 익숙합니다. 위기에 처한 자신의 지역사회를 위해, 먼 곳에서 토지와 생계수단을 빼앗긴 농민을 위해, 노동 착취나 매춘의 현장에 갇힌 아이들을 위해 행동하며 경험합니다. 또한 해양 동물을 지키는 데 목숨 걸고, 군사비로 사용되는 세금 납부를 거부하며 구속을 마다않고, 일자리와 목숨을 담보로 부패와 사기 행위를 폭로하는 사람들 역시 생명의 강력한 힘에 의지합니다. 오랜 계급적 관념에서 벗어나 힘을 새롭게 이해하면 어떤 일이 벌어지는가를 수많은 사람들이 보여주고 있습니다. 은혜란 우리가 세상을 위해 다른 사람들과 함께 행동할 때 받는 것입니다.

우리 인간 종이 홀론적 변화를 이뤄 경쟁적 자기이익이 아니라 공동의 자기이익을 추구하기 위해 개인은 어떤 일을 할 수 있을까요? 다음의 지침은 1990년 재연결 작업 중 독일의 동료들과 함께 마련한 것입니다. 더 큰 반향을 일으키고자 공유합니다.

1. **공적 의도에 맞게 조정한다.** 의도는 정확하게 수립할 수 있는 목표나 계획이 아니다. 의도는 결말이 열린 목적이다. 우리는 새로운 방식으로 공동의 요구를 충족하고 협력하기를 바란다.
2. **다양성을 흔쾌히 받아들인다.** 전체가 자기조직화하기 위해서는 부분이 차별화되어야 한다. 앞으로 펼쳐질 여정에서 각 부분의 역할은 유일무이하다.
3. **전체만이 전체를 바로잡을 수 있음을 명심한다.** 직접 세상을 바꿀 수는 없어도 세상의 자기치유 과정에 참여할 수는 있다. 나 자신과의 상처 입은 관계, 다른 사람과의 상처 입은 관계를 치유하는 것은 세상을 치유하기 위해 반드시 필요하다.
4. **나는 신경망 속 신경세포처럼 단지 작은 부분으로서 훨씬 더 큰 과정에 속해있다.** 그러므로 신뢰하는 법을 배워야 한다. 신뢰란 성과를 좌우할 수 없거나 심지

어 성과가 보이지 않더라도 참여하고 위험을 감수하는 것이다.

5. **더 큰 시스템에서 흘러오는 정보에 귀 기울인다.** 세계 상황에 관한 정보가 괴롭다해도 외면하지 않고, 세상일에 고통을 느끼는 이유가 서로 이어져 있기 때문임을 이해한다. 고통을 느끼려는 의지로 인해 지금까지 억눌렸던 피드백이 순환한다. 이는 전체의 행복을 위해 중요한 일이다.

6. **세상에서 경험한 사실을 말한다.** 현 상황에 끊임없이 반응하면 그 내용이 다른 사람과 공유될 것이다. 기꺼이 낡은 해답과 역할을 버리고, 의문을 제기한다.

7. **최종대책이 있다고 주장하는 사람을 믿지 않는다.** 그런 주장은 무지하며 제한된 자기이익을 좇는다는 신호다.

8. **갈수록 공공 목적에 기여하는 팀이나 공동 프로젝트에 더 많이 참여한다.** 업무와 의식儀式을 함께하는 공동체를 조성한다.

9. **내 강점과 기술을 아끼지 않는다.** 이 둘은 사유재산이 아니며, 공유할 때 발달한다. 여기에는 내가 아는 것과 모르는 것 역시 모두 해당되며, 조상과 모든 생명에게서 받은 재능 또한 마찬가지다.

10. **다른 사람을 인정함으로써 그 사람의 강점을 끌어낸다.** 어떤 사람이 무엇에 공헌할지 절대 넘겨짚지 않는다. 그 대신 완전히 새롭게 나타날 시너지효과에 놀랄 각오를 한다.

11. **내가 하는 일의 결실을 확인할 필요가 없다.** 내 행동은 예상 밖으로 지대한 영향을 미칠 것이지만, 그 결과는 평생 볼 수 없을 가능성이 크다.

12. **내 모든 일에 온갖 노력을 다하면서도 평화를 유지한다.** 나는 생명의 그물 안에서 나 자신을 훨씬 뛰어넘는 에너지와 지성의 흐름에 속해있기 때문이다.[14]

●

재연결 작업이란

무엇인가?

우리가 지구의 지성에 굴복할 수 있었다면,
나무처럼 꼿꼿이 서서 뿌리를 내릴 텐데.

라이너 마리아 릴케(Rainer Maria Rilke)

우리는 지금, 의식 있는 생명의 보금자리인 지구가 파괴되는 상황을 눈앞에 두고 있습니다. 이러한 가운데 현대 과학과 고대 정신의 전통을 통해 우리 존재의 기본이 되는 기적을 간파할 수 있습니다. 이 강력한 통찰력으로 기업화된 산업 복합체에서 우리를 해방하고, 생명지속사회를 창출할 수 있습니다. 만일에 이러한 통찰력으로 우리 삶을 형성한다면 가능한 일입니다.

여기서 '만일에'는 그 조건이 반드시 필요하나 가능성이 희박함을 의미합니다. 무수한 강의와 책에서 새로운 패러다임을 다루기는 하지만 주로 지식 제공 수준에 그치기 때문입니다. 마음의 장난감으로서 새 패러다임은 대단히 흥미롭고 희망적이기까지 합니다만, 우리는 삶을 바꿔나갈 방법을 시급히 찾아야 합니다. 그 이유를 시인 릴케가 알려줍니다.

우리가 행하는 중에만 당신을 파악할 수 있습니다.
우리의 손으로만 당신을 밝힐 수 있습니다.
방문자에 불과한 마음은
이 세상 너머를 생각할 뿐입니다.[1]

재연결 작업의 역사

1970년대 후반부터 개인 또는 집단적 작업의 형태로 발전하여, 마음공부를 통해 우리 삶의 가치관을 형성하는 데 기여하는 활동으로 자리 잡았습니다. 이 작업은 북아메리카를 기점으로 서부와 동부 유럽, 오스트랄라시아, 일본으로 뻗어나갔습니다. 인터넷 시대가 오기 전에 배포한 글이 손에 손을 거쳐서, 또한 평화와 정의, 건강한 환경을 추구하는 활동 단체 내외부에서 수십만이 참여한 워크숍을 통해 퍼져나갔습니다. 처음에는 '절망과 자율성 작업'이라고 이름을 붙였고, 조애나가 이 작업에 관해 쓴 첫 책의 제목은《핵시대의 절망과 개인의 힘(Despair and Personal Power in the Nuclear Age)》[2]이었습니다. 몇 년 후에 조애나와 동료들은 심층생태주의 운동에 고취되었고, 자신들의 접근법이 심층생태주의 작업임을 확인했습니다. 독일어권에서는 여전히 예전 이름으로 알려져 있습니다.

1990년대 후반에 첫 책의 원본을 개정하면서 조애나가 몰리에게 도움을 청했습니다. 머지않아 동일한 기본 개념과 실습을 아우르며 둘의 합작으로 완전히 새로운 책이 나왔습니다. 그 책의 제목을《생명으로 돌아가기-삶과 세상을 다시 잇는 연습(Coming Back to Life_ Practices to Reconnect Our Lives, Our World)》[3]이라고 붙였습니다.

수년 동안 워크숍에는 다양한 이름이 붙었습니다. 지구로 깨어나기, 가이아로서 사는 삶, 심층생태주의의 힘, 보살되기, 전 지구적 마음 열기 외에도 여럿 있습니다. 책을 쓸 당시에는 심층생태주의 작업이 아닌 좀 더 포괄적인 이름을 찾고 있었습니다. 프랜시스 메이시와 잊지 못할 대화를 나누던 중에 그 이름이 나왔고, 그것이 바로 '재연결 작업'입니다.

각 공동체에서 아이디어와 실습을 손쉽게 공유할 수 있도록 각종 간행물을 통해 이 작업을 무상으로 배포했습니다. 이는 독일어와 프랑스어, 스페인어, 포르투갈어, 러시아어, 일본어 외에 다양한 언어로 번역되었습니다.

이 작업의 핵심 아이디어 중 많은 부분이 조애나의 책《사랑하는 세상, 나 자신인 세계(World as Lover, World as Self)》[4]와《넓어지는 원-회고록(Widening Circles:A Memoir)》[5]에도 담겨있습니다. 2012년에는 조애나와 영국의 동료 크리스 존스톤이 워크숍에 참여할 수 없는 사람까지 아울러 폭넓은 독자층에 이 작업의 기본 요소들을 소개할 목적으로《액티브 호프Active Hope》[6]를 출간했습니다.

재연결 작업은 웹 사이트*는 물론 교육 DVD와 웹 세미나를 통해 접할 수 있습니다. 무엇보다도 자신이 읽은 내용을 이야기하고 워크숍의 경험담을 다른 사람과 나누면서 재연결 작업은 입소문을 타고 퍼져나갑니다.

재연결 작업의 목적

이 작업의 핵심 목적은 사람들이 세상과 새로운 관계를 맺도록 이끌고, 자율적으로 대전환에 참여하도록 지원하고, 거대 자본의 지배로 빼앗긴 삶을 되찾는 것입니다. 이 목적을 이루기 위해 재연결 작업에서는 다음과 같은 활동을 합니다.

◆ 시공간을 관통해 서로 연결되어 있다는 사실을 밝히는 시스템과학과 심층생태주의, 영적 전통에서 끌어온 관점과 실습을 제공합니다.

---

* www.joannamacy.net, workthatreconnects.org, www.activehope.info, mollyyoungbrown.com

- 세상에 대한 고통을 상호 일체감의 증거로 재규정하고, 그 고통이 곧 생명을 위해 행동할 힘임을 밝힙니다.
- 대붕괴와 대전환을 온전히 받아들이고 불확실성을 수용하기 위해 활력을 불어넣습니다.
- 모든 생명을 위해 행동하려는 의도를 바탕으로 우리 삶을 구성할 수 있다는 사실을 널리 알립니다.
- 세상을 치유하는 데 동원할 강점과 자원을 알아보도록 돕습니다.
- 현재의 난관은 우리 각자가 다른 사람과 협력하여 고유한 방식으로 헤쳐 나갈 수 있습니다. 충분히 넘길 수 있는 고비로서 대전환을 제시합니다.

재연결 작업의 기본 가정

이 작업의 근간이 되는 이론은 앞서 다룬 바와 같습니다. 당면 과제로서 생명을 선택하고, 무엇이 우리를 가로막는가 인식하고, 우주가 자기조직화하는 힘을 이해하는 것에서 시작합니다. 다음 성명서에서 재연결 작업의 기본 원리가 더욱 명확히 드러납니다.

1. **우리가 태어나 존재하는 이 세상은 살아있다.** 세상은 공급원이나

하수도가 아니다. 세상은 우리의 더욱 큰 몸이다. 우리는 지성을 통해 우주먼지에서 진화하였고, 모든 생명과 상호 연결된다. 이 지성으로 충분히 지구 공동체를 치유할 수 있다.

2. **우리의 참된 본성은 훨씬 오래전부터 통합적이었고, 자아를 분리된 개체로서 인식하는 것은 비교적 최근에 형성된 사회 관습에 불과하다.** 우리는 강과 나무처럼 이 세상의 고유한 존재이며, 물질/에너지의 흐름들과 마음이 똑같이 복잡하게 얽혀있다. 우리는 세상을 통해 진화하여 자기성찰 의식을 얻었다. 이제는 우리를 통해 세상 자체를 이해하고, 세상의 장엄함을 바라보며, 세상의 이야기를 들려줄 뿐 아니라 세상의 고통에 반응할 수 있다.

3. **세상에 대해 고통을 느끼는 이유는 모든 생명이 연결되어있기 때문이다. 이 같은 이유에서 우리가 생명을 위해 행동할 힘을 얻는다.** 세상에 대한 고통을 부정하거나 억누르면, 혹은 그 고통을 개인의 질병으로 치부하면 우리는 힘을 잃어 세상의 자기치유 과정에 참여할 수 없다. 이렇게 현실을 벗어나 초연한 상태인 아파테이아apatheia가 회복이 불가능할 때까지 계속될 필요는 없다. 자신과 타인의 고통에 반응하는 능력, 즉 우리를 생명과 엮는 피드백 고리를 회복할 수 있다.

4. **세상에 대한 고통을 인정할 뿐 아니라 경험해야 다시 연결된다.** 우리가 맞닥뜨린 위기 관련 정보나 우리의 심리적 반응 관련 정보를 접하는 것만으로는 충분하지 않다. 세상에 대한 고통을 받아

들이고 그대로 느껴야만 고통
에 대한 두려움에서 해방될
수 있다. 그뿐 아니라 영원히
절망의 수렁에 빠지고 비통함

> 우리 각자의 고통은 모든 생명이 느끼는 고통의 일부임을 알 때 마음의 힘이 발휘된다. 고통이란 그저 '우리'만이 아니라 '전반'이 느끼는 것이며, 이로 인해 동체대비의 마음이 일어남을 깨닫는 것이다.
> —잭 콘필드(Jack Kornfield)

에 무너져버릴 것 같은 두려움을 떨칠 수 있다. 두려움에서 벗어
날 때 비로소 갖가지 감정의 유동적이고 활력 넘치는 특징을 발
견할 수 있다. 두려움에서 벗어날 때 비로소 생명의 그물 내의 상
호 일체감이 본능 차원에서 드러날 것이다.

5. **고통을 감내하기로 결심하고 생명과 다시 연결되면, 본연의 맑고
뚜렷한 정신을 되찾는다.** 우리가 지구 공동체에서 서로 이어져있
음을 경험함과 동시에 이 경험과 새로운 패러다임을 비교하고 싶
은 의욕이 솟는다. 또한 연결성에 초점을 둔 개념들이 명확해진
다. 개인의 시스템이 더욱 폭넓은 정체성과 폭넓은 자기이익에 근
거를 두어 재조직화하고 방향을 재설정하므로 유의미한 것을 많
이 배운다.

6. **지구 공동체와 다시 연결되는 경험을 하면 이를 위해 행동하고 싶은
열망이 생겨난다.** 만물의 행복을 바라는 '보리심'을 경험하면 우리
의 내면에서 지구의 자기치유력이 발휘된다. 이 힘들이 제대로 작
용하려면 이를 믿고 이에 따라 행동해야 한다. 우리의 실천이 그리
대단하지 않을 수는 있으나 현실에 안주하지 않는다면 낡은 한계
를 벗어날 수 있다. 용기는 훌륭한 스승이며 기쁨을 부른다.

재연결 작업의
나선형 순환

수년에 걸친 경험으로 재연결 작업은 나선형 궤도를 그리며 네 가지 단계로 이어진다는 사실을 알게 되었습니다. 고마움으로 시작하기(coming from gratitude), 세상에 대한 고통 존중하기(honoring our pain), 새로운 눈으로 보기(seeing with new eyes), 앞으로 나아가기(going forth), 이 네 단계는 서로 지탱하는 관계에 있으며 순서대로 진행할 때 가장 효과가 큽니다.

나선형 순환의 시작은 **고마움**입니다. 이로 인해 마음이 차분해지며 원점으로 되돌아가고, 공감 능력과 자신감이 높아집니다. 지구 생명에 대해 짤막하지만 구체적으로 사랑을 표현하면 현재 이 순간에 더욱 온전히 집중하게 되어 우리가 짊어진 고통, 세상에 대한 고통을 인정할 준비가 됩니다.

우리가 느끼는 **고통을 존중**하고 용기 내어 고통을 그대로 느끼면, 연민의 참된 의미, '함께 아파하는 것'의 의미를 배웁니다. 마음/정신이 얼마나 크고 넓은지 알기 시작합니다. 개인적인 고뇌에 시달

©Dori Midnight

리며 고립되었던 우리가 이제는 마음의 문을 활짝 열어 집단적 존재로서 더 넓은 인식의 지평을 엽니다.

보다 폭넓은 생명이 우리 안에 있음을 감지하면 **새로운 눈으로 바라볼** 수 있습니다. 이 단계는 재연결 작업의 전환점으로서 우리가 모든 존재와 관련이 있음을 진정으로 이해하게 됩니다. 우리의 변화하는 힘을 맛보고, 형제자매인 생물종은 물론 과거, 미래세대와 끊임없이 이어지며 조화된다는 사실을 느낍니다.

그러면 언제나 다시 **앞으로 나아가** 소명을 실천합니다. 우리를 필요로 하는 곳에서 각자의 상황과 재능에 맞게 행동합니다. 우리 각각이 열린계로서 어떤 시너지 효과를 낼 수 있을지 탐구하고, 이 같은 관점을 사회 변화를 위한 작업에 적용합니다. 각 단계에서 새로운 관점과 기회를 얻게 되므로 뚜렷한 청사진이나 실패 없는 전략은 기대하지 않습니다. 행여 새로운 시도가 성공하지 않더라도 실행할 기회가 주어졌으며 교훈을 얻었다는 사실에 감사할 수 있습니다.

그렇게 나선형 순환은 또다시 시작됩니다. 파괴와 비극을 마주하며 특히 겁이 나거나 지칠 때 고마움을 떠올리면 마음의 중심을 잡게 될 것입니다.

나선형 순환의 본질은 프랙털fractal 구조입니다. 연속되는 사건 자체가 나선형 순환의 어느 단계 내에서 반복될 수 있습니다. 이를테면 새로운 눈으로 보기 단계에서 지구 공동체의 참혹한 광경이 한층 더 뚜렷하게 보이면서 이전에 느끼지 못한 정도의 슬픔과 분노가 일어날 수 있습니다. 이러한 경우 다음 단계로 넘어가기 전에 실습이나 의식을 통해 고통을 받아들이는 시간이 필요할 것입니다.

　나선형 순환이라는 렌즈를 통해 이해도와 역량이 향상되는 패턴을 확인할 수 있습니다. 이 순환을 알아차리기까지는 평생이 걸릴 수도 있고, 프로젝트 하나를 진행한 후에나 하루, 한 시간 만에 인식할 수도 있습니다.

　독립형 실습을 위한 참고 사항:재연결 작업에서 파생된 과정 중 일부에는 나선형 순환의 모든 단계 또는 상당 부분이 포함되어 있습니다. 이 과정들은 한 단계에서, 가령 새로운 눈으로 보기 단계에서 진행하거나 혹은 특정 행사에서 단독으로 체험하기 위한 실습으로 활용할 수 있습니다. 예를 들어 '넓어지는 원'과 '7대 후손과의 대화'는 주로 저녁에 열리는 발표회에서 또는 학회 모임 중 토론하 는 시간에, 학교나 지역 단체의 특강에서 주요 활동으로 진행합니다. 독립형 실습은 왼쪽의 기호로 차례와 각 장에 표시했습니다.

샴발라
예언

고대 티베트에서 열두 세기에 걸쳐 전해오는 이 예언은 우리 시대와 밀접한 관련이 있습니다. 이 예언은 대전환에서 우리가 당면한 과제를 떠올리고, 발휘할 수 있는 힘을 느끼게 합니다. 조애나는 1980년 1월, 인도 북서부의 타시종Tashi Jong(망명한 티베트인이 모여 사는 지역)에서 소중한 친구이자 스승 두구 쵸갤 린포체Dugu Choegyal Rinpoche에게서 이 가르침을 받았습니다.

이 예언 가운데 샴발라 왕국의 출현에 대한 해석이 다양합니다. 어떤 해석은 이 사건을 두고 개인이 주변 세상과 독립되어 단지 내면에서 영적인 여정을 떠나는 것이라 설명합니다. 또 어떤 해석은 그것이 완전히 외부에서 펼쳐질 사건이며 우리가 어떤 행동을 결심하는 것과 아무런 관계가 없다고 말합니다. 조애나가 배운 해석은 내면세계와 외부 세계를 분리할 수 없다는 내용입니다. 이것이 바로 '보살'이 인식하는 방식이며, 보살은 이 예언에서 샴발라 전사라는 인물로 등장합니다. 아래 내용은 조애나가 전해 받은 예언입니다.

지구에 사는 생명이 모두 위험에 빠지는 시기가 옵니다. 잔인무도한 강대국들이 이미 들고일어난 후입니다. 이 세력들은 재산을 쏟아부어 서로 파괴하겠다고 열을 올리는데, 이들 사이에는 공통점이 있습니다. 파괴력을 가늠할 수도 없는 무기와 세상을 초토화할 기술로 무장했다는 사실이지요. 이때, 생명의 앞날이 실낱같이 위태로운 순간에 샴발라 왕국이 모습을 드러냅니다.

특정 지역에 위치하는 것이 아닌 까닭에 그곳을 찾아갈 수는 없습니다. 샴발라 왕국은 샴발라 전사들의 심장에, 마음속에 자리하기 때문입니다. 게다가 이들은 제복을 입거나 계급장을 달지 않는 까닭에 누가 샴발라 전사인지 겉으로는 알아볼 수 없습니다. 또한 깃발을 내걸지 않아서 어느 편인지 알 수 없고, 방어벽을 치지 않아서 높은 곳에 올라 적을 위협할 일도 없으며 뒤에 숨어 쉬거나 재정비할 수도 없습니다. 심지어 근거지 하나 없습니다. 그래서 언제나 잔혹한 무리가 사는 지역을 지나다녀야 합니다.

이제 샴발라 전사들에게 도덕적으로나 육체적으로나 굉장한 용기가 필요한 시점이 다가옵니다. 잔인한 세력들의 가슴속을 비집고 들어가 어떤 의미에서든 무기란 무기는 모조리 해체해야 하기 때문입니다. 이들은 군비가 갖춰지고 무기가 늘어선 곳으로, 또한 중요 사안이 결정되는 정치권력의 중심지로 향해야만 합니다.

샴발라 전사들은 이 무기를 해체할 수 있다는 사실을 압니다. 무기는 모두 '마음으로 지어진' 까닭이지요. 인간의 마음으로 지어냈기에 인간의 마음으로 해체할 수 있습니다. 지구상 생명을 위협하는 것은 외계 세력의 공격이나 마귀의 저주도 아니며 피할 수 없는 운명 또한 아닙니다. 우리가 행한 선택, 관계 맺은 방식,

사고하고 행동하는 습관 때문에 화를 자초한 것입니다.

그러므로 이제는 샴발라 전사들이 훈련에 돌입할 때입니다. 어떻게 훈련하느냐고요? 두 가지 무기를 다뤄야 합니다. 그게 무엇이냐고요? (조애나의 스승은 이 말을 전하며 티베트 승려들이 의식에서 금강저와 금강령을 쥐고 춤을 출 때처럼 두 손을 들어올렸습니다.)

하나는 자비慈悲입니다. 또 하나는 지혜智慧, 즉 모든 현상이 근본적으로 상호 의존함을 이해하는 능력입니다. 두 가지 모두 반드시 필요합니다. 자비심은 연료이자 원동력이 되어 당신을 필요로 하는 곳에서 당신이 해야 할 일을 하도록 이끕니다. 이는 곧 세상에 대한 고통을 두려워하지 않게 된다는 의미입니다. 세상에 대해 고통을 느끼는 것이 두렵지 않다면 그 무엇도 당신을 막을 수 없습니다.

그런데 자비심만으로는 부족합니다. 탈진할 수 있기 때문이지요. 그래서 우리가 서로 맺어져 있음을 아는 지혜 또한 필요합니다. 이러한 지혜가 있다면 이 상황은 선한 자와 악한 자 사이의 전쟁이 아님을 알 것입니다. 그럼에도 선과 악을 가르는 잣대가 모든 이의 마음속 풍경에 심어져 있음을 알 것입니다. 또한 우리는 생명으로 짠 직물에 촘촘하게 엮여있기 때문에, 아주 사소한 행위라도 의도가 분명하다면 그 영향력은 헤아리거나 볼 수도 없을 만큼 크다는 사실을 알 것입니다.

역시 이해력만으로는 부족합니다. 그 자체가 추상적이고 차가운 느낌을 주기 때문에 우리가 계속해서 나아가려면 자비심에 담긴 열정 또한 필요합니다.

샴발라 전사의 두 가지 무기는 재연결 작업의 본질을 상징합니다. 하나는 세상에 대한 고통을 두려움 없이 느끼는 것이고, 다른 하나는 모든 생명이 근본적으로 연결되어 있음을 이해하는 것입니다. 티베트 스님들은 염불할 때 보통 '무드라mudra'라는 손짓을 계속합니다. 이 움직임은 주로 자비와 지혜의 상호작용을 나타냅니다. 우리 모두 자기만의 춤으로 이 상호작용을 구현할 수 있습니다.

대기업에서 행하는 재연결 작업

대기업에 종사하는 사람들이 대전환을 위해 해야 할 역할이 있습니다. 우리가 산업성장사회의 지배 구조를 해체하려면 이들의 접근권과 지식, 요령, 경험, 숙련된 기술, 정신력이 필요합니다.

더 나아가 통신과 운송 능력이 필요할 것입니다. 현재는 다국적 기업의 소유이지만 이를 획득하여 공공선을 위해 조정할 수 있습니다.

대기업에서 재연결 작업을 시행할 경우 이 작업이 기업의 운영

규칙에 어떻게 위협이 되는지 명확히 짚어봅시다.

1. 사람들이 보고, 느끼고, 아는 바가 실제로 자신의 세계에서 벌어진다는 사실을 알리는 데 도움이 됩니다. 이로 인해 피드백 경로가 열리고, 양심적 고뇌에 정당성을 부여합니다.
2. 자신이 생명망과 연결되어있다는 느낌이 강해집니다. 부인하고 외면하던 습관을 버리고, 통상적 삶을 초월하는 세계관에 마음을 엽니다.
3. 대기업과 대자본이 통제하는 정부는 순종적이며 고립된 개인을 양산하는 반면, 이 작업은 참여자들 간에 신뢰와 연대감을 형성하고, 공동 비전을 세우는 데 도움이 됩니다.

이렇게 대기업에서 재연결 작업을 실시하다보면 몇 가지 난처한 문제에 부딪힙니다.

1. 어떻게 하면 대전환에 필요한 시각을 잃지 않으면서 그곳에 들어가 연결성을 높일 수 있을까?
2. 구조적 변화는 이루지 못한 채 의욕만 높아지는 상황을 막고, 그저 기분 좋은 경험에 그치지 않으려면 재연결 작업을 어떻게 이어가야 할까?
3. 안내자로서 우리는 어떻게 대기업의 관심과 금전의 유혹을 뿌

리칠 수 있을까?

4. 우리가 모이는 이 구조로 인해 사람과 지구가 파괴되고 있다
   는 사실, 이 불편한 진실을 어떻게 알려야 할까?

Chapter 05
Guiding The Work That Reconnects

•

재연결 작업의

길잡이

한 사람의 지식은 전체에서 떨어져 나온 파편 하나에 불과하므로
지혜를 성취하려면 각자 배운 여럿을 결합해야 하고
...
세상을 진정으로 지켜내려면 서로 자비심으로 대하며 협력해야만 한다.
...
우리는 함께하고 서로 도우면서 인간이 된 것이다.

폴 호킨(Paul Hawken)

지금 우리의 운명은 역사상 전례가 없을 만큼 뒤엉켰습니다. 눈앞의 위기가 복잡하고 그 범위가 방대해서 누구라도 혼자서는 이를 파악할 수조차 없는데, 이 위기에 제대로 대응할 리 만무합니다. 우리가 하나의 운명 공동체라는 사실에는 굉장한 의미가 담겨있습니다. 함께 마음을 터놓고 겸허하게 운명을 마주하면서 상호 일체감을 다시 느끼고, 행동에 나설 힘을 발견한다는 뜻입니다.

실제로 재연결 작업을 위해 모인 사람들이 이를 체험했습니다. 이 작업의 효과는 시스템이론, 심리학, 영적 가르침으로 설명할 수 있지만 이 작업의 위력, 완전한 변화를 일으키는 힘은 작업을 함께 경험할 때 발휘됩니다.

그룹 활동의
가치

워크숍 기간 동안 내면에 온전히 집중할 수 있습니다. 반복되는 일상에서 글로벌 위기에 대한 소식을 접하다보면 어디서나 문제가 발생하는 것 같고, 또는 너무 끔찍해서 감당할 수 없을 것 같고, 동떨어진 이야기 같아서 대개 사람들과 제대로 논의해보기도 전에 주제를 바꿔버립니다. 워크숍이 진행되는 동안은 마치 섬에 있는 것처럼, 누가 방해하거나 따져 묻지 않기 때문에 함께 집중하여 현실에 대해 내면 깊숙이 숨겨둔 감정을 충분히 들여다봅니다. 그룹으로 모여 진행하면 감정에 휘말리지 않고 그 감정을 가만히 살필 수 있습니다.

그룹 활동 자체가 든든한 버팀목이 됩니다. 대붕괴를 접하고서 자연스레 생겨난 감정을 혼자서 감당하기란 어렵습니다. 이럴 때 워크숍은 피난처이자 연구실이 되어 우리의 반응이 혼자만의 것이 아님을 발견하고, 소중한 공동체 의식을 경험합니다.

개인적인 절망과 괴로움을 되짚어보면 그 끝에는 한 번에 몇 달씩 파괴력을 가늠할 수도 없는 무기 가까이에서 지내던 시절이 항상 떠오릅니다. 그 이후로 끓어오르는 감정을 습관처럼 자제했습니다. 핵무기가 있다는 사실 그 자체, 또 그것을 언제든 사용 가능하다는 생각을 지우려 했습니다. 워크숍은 제게 안식처가 되었고, 이곳에서 매우 뜻깊은 경험을 했습니다. 처음으로 제 감정을 피하지 않고 정면으로 마주한 것입니다. 무감각하던 제 일면이 다시 민감해지기 시작하고, 고통을 밑거름으로 받아들여 진정으로 성숙하고, 삶이 나아갈 방향을 새로 설정할 수 있게 되었습니다. 이런 기회를 주신 것에 깊이 감사드립니다.

　—어느 핵잠수함 사령관

워크숍에서 안정감을 얻습니다. 그룹 단위 실습에서 평소에 하지 않던 활동을 합니다. 지금 이 시기 지구에 대해 강하게 느낀 감정을 서로 부정하거나 바로잡으려는 마음 없이 경청하는 법을 배웁니다. 누군가를 보호하는 입장이라 말 못했던 두려움도 드러내고, 구태여 세세히 설명하지 않고도 자신의 꿈을 말할 수 있습니다.

워크숍에서 마음 편히 진실을 말할 수 있습니다. 여러 실습을 통해 세상에서 보고 느끼고 아는 사실을 털어놓을 수 있습니다. 상세히 설명하거나 자신을 변호할 필요는 없습니다. 우리가 말하는 것들 중에는 반드시 귀 기울여야 하는 내용이 있기 마련입니다.

그룹 활동으로 시너지 효과를 얻습니다. 진행 기간이 아무리 짧더라도 집단을 이루면 창의적인 일이 예측하지 못한 방식으로 발생합니다. 서로 교류함으로써 각 조합마다 독특한 성질을 띠며 연결됩니다. 이렇게 그룹에서 나타나는 시너지 효과를 통해 함께하는 것이 생명의 본성임을 깊이 깨닫습니다.

그룹 활동을 통해 공동체가 생성됩니다. 워크숍 환경에서 앞으로 지속할 관계를 형성하고 함께 새로운 일을 시도할 수 있습니다. 실제로 참가자 다수가 워크숍 이후에도 연락을 주고받으며 서로 지원하고 협력합니다. 다시 만날 일이 없더라도 새로운 사람을 만나면서 차원이 다르게 솔직하고 진실된 자신의 모습을 발견합니다. 이때 경험한 공동체 의식이 일상까지 이어집니다.

함께 활동하며 시스템의 갖가지 속성을 몸소 경험합니다. 참가자들은 시간이 흐를수록 합심하며, 동시에 더욱 차별화된 특성을 드러냅니다. 이런 과정을 거치면서 나날이 화합하고, 돌발 상황에 보다 빠르게 대처하는 모습을 보입니다.

안내자의 임무

그렇다면 워크숍의 진행은 어떻게 해야 할까요? 안내자로서의 책무에는 어떤 것이 있을까요? 근본적으로 우리의 임무는 사람들이 여러 과정을 통해 세상에 대해 자신이 느끼는 고통을 깨닫고, 모든 생명과 상호 연결되어 있음을 알며, 대전환에 참여할 힘을 스스로 찾도록 돕는 것입니다. 이를 실현하기 위해 해야 할 일은 다음과 같습니다.

1. 안정감을 느낄 만한 분위기를 조성하여 사람들이 자신과 타인을 신뢰할 수 있도록 합니다.
2. 워크숍의 목적은 나선형 순환과 연관 지어 설명합니다.
3. 그룹 모두가 진행 중인 이 작업에 집중할 수 있도록 돕습니다.
4. 주어진 시간 안에 활동을 설명하고 진행합니다. 이때 너무 서두르거나 오래 끌지 않습니다.
5. 재연결 작업의 기본 가정과 개념의 토대들을 전합니다. 각자

관심 있는 영역에서 따온 실례를 곁들이세요.

6. 여러분도 가능한 한 실습에 참여합니다. 멀찍이 거리를 두지 마세요.

7. 그룹 전체가 이 시간을 즐길 수 있도록 돕습니다.

이상적인
안내의 기초

워크숍에서 경험한 것이 인상에 남으면, 보통은 곧바로 주변 사람들과 몇 가지 실습을 공유하게 됩니다. 그런데 재연결 작업의 이론과 실습을 제대로 살펴볼 기회가 없었다면, 이를 피상적으로 다루거나 심지어는 오도할 위험이 있습니다. 다음의 지침은 여러분이 기술과 배경지식을 향상하는 데 도움이 될 것입니다.

재연결 작업에 대한 경험과 이해 : 직접 워크숍에 여러 차례 참가했고 특히 이 책 전반부의 내용을 공부했다면 가장 좋습니다. 작업은 이론과 실습이 결합하여 한 몸을 이룹니다. 한 가지 활동이 그 자체로 재연결 작업이 될 수는 없습니다. 나선형 순환의 네 단계(4장 참고) 모두 매우 중요합니다.

이 작업의 안내자가 되기에 앞서 효과적이고 즐겁게 준비하는 방법은, 두 명 이상(6~8명이 최적)이 학습/실습 모임을 만들어 이 책을 함께 공부하는 것입니다. 각 회차마다 교대로 진행을 맡고, 이론 중 한 가지 항목(사전에 읽은 내용)에 대해 논의한 뒤 실습 한 가지를 직접 해봅니다.

안내의 기본 기술 : 어떤 그룹을 지도하든 상호 학습하는 과정에서 기본 기술 몇 가지가 필요합니다.

1. 자신 있게 정보와 이야기를 전하고 활동을 진행합니다.
2. 사람들의 의견이나 질문은 물론 비언어적 신호까지, 피드백을 눈치채고 이해합니다.
3. 참가자가 생각하고 반응하는 바를 진심으로 '적극 경청(active listening)'합니다.
4. 논의하고 활동하는 속도를 유지하며 시간을 맞춥니다.

참여하는 행동주의 : 당면한 과제들의 실상을 있는 그대로 파악하기 위해 대전환의 세 가지 차원 모두에 적극 참여해야 합니다. 이는 기업 자본주의가 당장 세상에 어떤 일을 자행하는지, 활동가가 겪는 고충은 무언인지 실태를 이해하기 위해 반드시 필요합니다. 워크숍을 안내하는 것만으로는 충분하지 않습니다.

> 이 작업을 진행하면서 내가 어찌 개인적인 실패를 두려워하는 등의 사소한 일에 기가 꺾일 수 있겠습니까?
> —폴 윌리엄스(Paul Williams)

훌륭한 안내자의
역량

여러분이 지닌 능력 몇 가지를 발휘하여 사람들이 재연결 작업을 온전히 경험하도록 도움을 줄 수 있습니다. 이러한 능력은 결국 이 작업을 거듭 진행하며 향상됩니다.

워크숍에 참가하는 사람들을 **따뜻하게 존중**하는 마음으로 대하세요. 분명히 이들은 기꺼이 솔직하게 임하며 이 위기의 시대를 받아들일 것입니다. 조애나의 경우 워크숍 공간에 들어서면 각 참가자를 '보살'로 여깁니다. 보살은 온 생명의 행복을 추구하는 불교의 위인입니다.

이 신뢰를 바탕으로 행동할 때 여러분의 **자연스럽고 자발적**인 마음이 묻어납니다. 우리가 세상에 대해 느끼는 고통은 당연하며 피할 수 없는 것입니다. 마치 폭풍우를 만나면 흠뻑 젖는 것처럼 크게 문제될 일이 아닙니다. 그러므로 눈물을 흘리는 것만큼이나 자연스레 웃음도 나오고, 부담 없이 자신을 드러내게 됩니다. 이런 분위기 없이 지나치게 감상적이거나 극적인 어조로 말하면 오히려 이 작업의 기반이 흔들릴 수 있습니다.

물론 안내자에게 **진실한 감정**은 필수 조건입니다. 따라서 안내자가 참여 가능한 실습이라면 모두 함께 하는 것이 중요합니다. 옆에서 지시만 하거나 관찰자처럼 멀찍이 서있지 않도록 합니다. 함께

하지 않으면 여러분이 통제하고 심지어 조종하는 듯한 인상을 줄지 모릅니다. 또한 개인적인 절망감이 있다면 다른 사람을 이끌겠다고 마음먹기 전에 반드시 먼저 해결한 뒤 시작하십시오. 여러분 스스로 '최악의 상황을 받아들이'지 않는다면 두 가지 위험이 따릅니다. 하나는 이러한 감정들이 두려워지는 것이고, 또 하나는 남의 고통을 즐기게 되는 것입니다. 안내자가 주체할 수 없이 슬프고 공허한 자기 마음을 파고들지 않는다면, 타인이 비슷한 감정을 표출하는 모습을 보며 대리 발산할 위험이 있습니다.

작업을 신뢰하고, 편안한 마음으로 작업에 임하면 **돌발 상황에 유연하게 대처**할 수 있습니다. 치밀하게 계획한 워크숍 그 자체는 흠이 없을지 모르지만, 막상 진행하며 예상치 못한 요구를 접하거나 기회가 왔을 때 대응하지 못할 경우에 실패로 끝날 것입니다. 안내자로서 재치 있게 대처하는 능력, '가는 도중에 말을 바꿔 타는' 능력이 발달하려면 우선 재연결 작업의 기본 가정을 충분히 이해해야 합니다. 따로 4장에 표시를 해두고 매 워크숍을 시작하기 전에 다시 읽으면 도움이 될 것입니다.

예상치 못한 상황을 언제 통제하고, 언제 그대로 두어야 하는지 깔끔하게 정리된 공식은 없습니다. 그 대신에 나선형 순환이 있습니다. 워크숍 초반에 나선형 순환을 설명하고 그림 역시 보여주면, 새로운 소재를 추가하더라도 **진로를 벗어나지 않을** 수 있습니다.

여러분이 안내자 역할을 하면서도 작업에 참여하려면 **두 가지**

차원을 의식해야 합니다. 한편으로 그 과정에 100퍼센트 참여하면서도 한편으로는 그룹 전체를 100퍼센트 살피는 것입니다. 이는 다행히 생각만큼 어렵지 않습니다.

완전한
참여 유도

훌륭한 워크숍이란 참여도 높은 모험과 같아서 여기에는 서로 연결하고, 영향을 주고, 활기를 돋는 힘이 있습니다. 안내자가 참가자들에게 줄 수 있는 선물 중 값진 것이라 하면 그것은 바로 자신과 다른 사람의 말을 경청할 기회입니다.

발언권의 표식 : 그룹 전체에서 어떤 사람은 분위기를 주도하려하고, 어떤 사람은 말이 없는 한편 말할 기회를 잡으려고 조바심을 내는 사람도 있습니다. 그러므로 모두 둘러앉아서 발언 기회를 주는 의미로 표식을 이용하면 좋습니다. 발언 막대(talking stick)를 차례로 돌리거나 또는 중심에 두어 누구든 의견이 있다면 막대를 집도록 합니다. 이렇게 진행하면 사람들이 기회를 고루 얻고, 속도가 조절되어 듣는 데에 더욱 집중할 수 있습니다.

시간 나누기 : 워크숍 안내자라면 누구나 시간을 어찌할지 몰라 난처한 순간을 경험합니다. 모두를 존중하고 싶지만, 사람들이 돌

아가며 말하다 보면 내용이 조금씩 길어져서 어느새 다른 활동 시간이 부족해지는 경우가 비일비재합니다. 이런 상황을 막기 위해 처음부터 터놓고 짤막하게 말할 것을 부탁하세요. 돌리는 1/3쯤 돌았을 때 신호를 주겠다고 사전에 주의를 주기도 합니다. 그러면 원에서 어느 지점까지 왔는지 확실히 알 수 있고, 신호를 줬을 때 직전에 말했던 사람도 괜히 주눅 들지 않겠지요.

시간을 알리는 또 한 가지 방법은 손목시계를 활용하는 것입니다. 주어진 시간, 예컨대 1~2분 정도가 지나면 발언 중인 사람에게 조용히 시계를 건넵니다. 시계를 받은 사람은 말을 다 마치고 다음 발표자가 말하는 동안 계속 시계를 쥐고 있습니다. 그러다가 역시 할당된 시간이 지나면 발언자에게 시계를 건넵니다. 이런 식으로 발언 시간이 다 되면 이전 사람에게서 시계를 받는 것입니다. 이 방법을 통해 각 구성원이 공동으로 책임을 지게 됩니다.

물론 여러 소집단으로 나누거나 둘씩 짝을 지으면 좀 더 마음을 터놓고 이야기할 수 있습니다. 각 조의 구성원들끼리 시간을 나누라고 권하세요. 이 경우 활발히 의견을 주고받아 좋지만, 직접 관련 없는 이야기로 새어서 시간을 다 써버릴 가능성이 있습니다. 또한 사람들이 돌아가며 말할 수 있도록 남은 시간을 알려주고 시간이 다 됐을 때에 신호를 주는 것도 좋은 방법입니다. 마지막 몇 분 동안은 정해진 주제 없이 자유롭게 대화를 나눌 수도 있습니다. 각 조는 전체 그룹과 마찬가지로 손목시계를 활용해 자신에게 주어진 시간을 지킬 수 있습니다.

침묵 받아들이기 : 참가자들이 침묵 또한 받아들이도록 합니다. 고요한 가운데 각자 자신에게 집중하여 자기가 했던 말의 이면에는 무엇이 있는지, 앞으로는 어떻게 표현할지 생각할 수 있습니다. 누군가가 깊이 묻어 뒀던 감정을 털어놓자마자 다른 이가 불쑥 끼어들어 말하면 순간의 의미심장하고 강렬한 생각이 사라져버릴 수 있습니다.

> 말을 멈추고
> 그저 바라보기만 하던 순간이
> 삶의 전환점이었다.
> (고이 받들기 실습에서)
> 손을 조심스레 받쳐 든 채
> 난생 처음으로
> 인간이 기적 그 자체임을 깨달았다.
> —워크숍에 참가한 어느 기술자

방식과 속도에 변화주기 : 언어 또는 비언어 활동, 앉아서 또는 움직이며 하는 실습, 그룹 전체 또는 조별 활동 사이에서 균형을 유지합니다. 상황에 따라 다채롭게 변화를 줌으로써 활발한 분위기를 유지하고, 학습 방식의 다양성을 고려합니다.

야외에서 시간 보내기 : 실외에서 수행할 과제를 제시하세요. 실습 활동에 쓸 물건을 각자 찾거나 차분히 걷도록 하고, 또는 밖에서 그룹 실습을 진행합니다. 거울 산책, 온생명회의, 애도의 돌무덤, 시스템 게임은 모두 야외 활동으로 고안된 것입니다.

의향 살피기 : 안내자로서 워크숍 중에 사람들에게 어떤 일이 일어나는지 파악해야 합니다. 이 상황을 견디지 못하는지, 불안한지, 피곤한지를 확실히 알 수 없다면 직접 물어보세요. 확인하는 행동 덕분에 사람들이 더욱 참여하고 책임감을 느낄 것입니다.

브레인스토밍 : 떠오르는 아이디어를 자유롭게 나누면 마치 우리가 신경망 속 신경세포가 되어 교류하는 듯한 기분이 들 수 있습니다. 동반형 파워를 극적으로 표현하는 것입니다. 브레인스토밍을 할 때에는 다음의 기본 규칙을 명심하세요.

1. 자신의 생각을 검열하거나 일일이 설명하지 않고, 또한 내세우지 않는다.
2. 다른 사람의 생각을 평가하거나 비난하지 않는다.
3. 브레인스토밍이 끝날 때까지는 토의하지 않는다.

격한 감정
다루기

우리는 이 작업을 통해 강렬한 감정을 털어놓습니다. 아직은 낯선 사람들 앞에서 그런 감정을 드러내는 것이 대부분 어색할 것입니다. 그러므로 다음의 지침을 반드시 따르도록 합니다.

1. 참가자들의 감정을 존중하세요. 분노, 슬픔, 두려움, 답답함과 같은 감정은 다른 생명체의 고통과 악화되는 세계의 상황을 접한 뒤에 자연스레 일어나는 반응임을 기억합니다. 이런 반응이 과격해

질 경우에 섣불리 위로하지 않습니다. 누군가 나서서 위로하려 한다면 역시 말리세요. 여러분이 그 자리에 있으며, 상황을 받아들이고 무엇보다 견뎌준다는 사실 자체로 충분히 위안이 될 것입니다. 감정을 발산하는 형태는 매우 다양합니다. 눈물을 흘리거나 소리치면 긴장이 풀리고 갖가지 감정이 하나로 합쳐집니다. 재평가 상담 이론(Re-Evaluation Counseling)에서 말하듯 웃거나 하품을 하는 것 또한 표출의 형태이므로 무관심하거나 지루하다는 신호로 여기지 않도록 합니다.

2. 각자 격한 감정을 충분히 다룰 수 있다고 믿으세요. 표출하다가도 언제든 스스로 멈출 수 있습니다. 이러한 감정은 우리가 서로 연결되어 있으며 세상을 염려하기 때문에 느끼는 것이므로, 지구가 공동의 공간임을 일깨우고 상호 일체감을 불러일으킵니다. 이는 자제력을 잃거나 눈을 감은 채 비명을 지르고 끝내 폭행을 저지르는 태도와 분명히 다릅니다. 후자의 경우는 재연결 작업에서 극히 드물게 발생하지만, 만약 조짐이 보인다면 즉시 다가가 눈을 뜨라고 단호하게 말하세요. 그런 뒤에 본인이 누구인지, 지금 이곳이 어디인지 기본적인 질문을 던지며 대처합니다.

3. 방어적이고 저항적인 태도를 존중하세요. 워크숍에 참가한 사람 중 누구도 감정을 드러내야 한다는 압박감을 느끼지 않도록 합니다. 물론 마음을 정화하는 편이 건강상 좋기는 하지만, 이 작업에서 감정 표출 여부는 관심의 정도를 판단하는 기준이 아닙니다.

더그 히트Doug Hitt의 말처럼 흔히 남성은 대단히 방어적입니다.

세상에 벌어지는 일에 대하여 감정을 드러내는 행위가 사회 규범에 어긋난다면, 이 규범은 특히 가혹하며 남성을 몰아세우기에 효과적일 것이다. … 기계적인 기업/산업/전쟁에서는 피드백 고리가 온전한 남성 시민을 결코 용납하지 않을 것이다. 실제로 '감정'이나 '고통'이라는 단어 때문에 사회 규범의 경종이 울리는 상황을 목격했다. … 대안으로 '진실 말하기'를 활용하라. 이 실습은 남성적 에너지를 끌어모으며 '감정 공유'와 관련된 규범을 건너뛰게 한다.[1]

4. 과정에 참여하는 것을 잊지 마세요. 안내자로서 실습을 진행하며 동시에 감정을 남김없이 표현하는 것이 부담스러울 수 있지만 한 번 마음먹으면 어려운 일은 아닙니다.

5. 그룹 구성원 간의 교감을 신뢰하세요. 세상에 대해 고통을 느꼈음에도 묻어뒀던 감정을 터놓고 또한 경청하면 공감과 배려가 피어납니다. 이렇게 서로 지지하는 광경에 주목하세요. 또한 참가자들이 여러분에게서 얻어 가는 만큼 참가자들 사이에도 서로 주고받는다는 사실을 잊지 마세요.

의식 진행을 위한 길잡이

의식으로 간주하는 실습은 다음과 같습니다. 시애틀 추장에게 보고하기, 사라져 가는 벗에게, 애도의 돌무덤, 진실 만다라, 절망 의식, 눈물 그릇, 무아의 춤, 보살의 선택, 온생명회의, 조상의 선물 받기, 7대 후손과의 대화.

◆ 의식의 뚜렷한 특징은 참여하는 사람들이 대표로서 목소리를 내는 것입니다. 다시 말해 거대하고 신성한 전체의 일부로서 말하는 행위입니다. 이러한 인식에 각자의 경험, 욕구, 관점이 담겨있습니다. 이처럼 보다 많은 것을 아울러 인식함으로써 자신을 지나치게 개별적 존재로 이해하는 습관에서 벗어날 수 있습니다.

◆ 태고부터 의식은 일상생활이었습니다. 그러므로 안내자로서의 태도를 그대로 유지하며 자연스럽게 진행하세요. 이 상황을 특별하게 여길 필요도 없고, 목소리를 꾸미거나 경건한 화법을 구사할 필요도 없습니다. 이런 것들은 오히려 거부감만 일으킵니다.

◆ 동료 안내자나 보조자에게 부탁하여 여러분이 그룹을 살피는 것을 돕고, 드물게 별도로 주의를 기울여야 하는 상황이 벌어질 때 보조하도록 하세요.

◆ 의식을 치르는 공간과 시간은 경계를 확실히 구분해야 합니다. 본

격적으로 시작하기 전에 준비를 다 마치고 의식에 대한 지시 사항을 전부 전달합니다. 제 시간에 못 오는 사람이 있다면, 누군가 문 가까이에 앉도록 부탁하여 조용히 대략적인 내용을 알려주도록 하세요.

◆ 의식을 행하는 공동의 목적을 명확히 하기 위해 모든 의식을 짧은 헌사로 시작하세요. 이를테면 "이 의식에 마음을 다해 임하며, 이로써 모든 존재에 이바지하기를. 대전환으로 향하는 우리가 강인해지기를"이라고 말합니다.

◆ 헌사 낭독 후에는 의식에 들어가는 도입의 소리로서 종자 음절 (seed syllable) '아'를 다 함께 소리 내도 좋습니다(30초 정도). 이는 아직 언급되지 않은 것 모두, 목소리 없는 존재 전부를 의미합니다.

◆ 일단 의식이 시작되면 안내자로서 의식에 충분히 참여합니다. 앞서 설명한대로 두 가지 차원을 의식해야 합니다.

◆ 의식을 끝낼 때에도 마찬가지로 분명하고 확실하게 마무리합니다. 종 같은 것을 울려도 좋습니다. 합장 반배 등 예를 갖추는 몸짓을 다 같이 해도 좋습니다. 기운을 돌려주기 위해 지구에 절하고, 선조와 후세대에, 또 서로에게 절합니다. 의식의 의의와 목적을 되짚거나 더 나아가 이 의식을 세상과 분명히 연결 지어도 좋습니다. '회향(廻向, 자신이 쌓은 선근 공덕을 다른 사람과 생명에게 돌려주는 일)'이라는 불교의 관습을 빌려와도 좋습니다.

◆ 사람들이 느긋하게 일상 대화로 돌아갈 수 있도록 시간을 충분

히 확보하세요.

워크숍 장소와
준비

지금까지 워크숍은 교회, 학교, 시청, 거실, 야영장, 강당을 포함하여 핵실험 현장이나 우라늄 광산 앞에서도 진행되었습니다. 시간은 한 시간 반부터 일주일이나 10일까지 다양합니다. 단독 행사로 또는 일정 기간 이어지는 형태로 진행할 수 있습니다. 규모도 단 몇 명부터 백 명 이상까지 다양합니다.

여러분은 외부의 소음이 들리지 않고 사람들이 움직이기 편하도록 넓은 장소를 선호할 것입니다. 하지만 특별히 기억에 남는 워크숍은 작은 호텔 방처럼 비좁은 곳, 고등학교 학생 식당처럼 소란스러운 공공장소에서 이뤄졌습니다.

자연과 가까운 곳에서 몇 가지 활동을 하거나 휴식을 취할 수 있다면, 참가자가 인간을 초월하는 세상과 다시 연결되는 데 도움이 될 것입니다. 인체가 환경에 점점 더 민감하게 반응하고 있으므로 새로 칠한 페인트, 새로 깐 바닥이나 청소용 화학제 등의 유독가스가 적은 장소를 마련하세요. 또한 안내문이나 참가 신청서 등을 통해 향이 나는 물건 사용을 자제하길 부탁합니다. 흡연은 필히 출

입구에서 멀리 떨어진 실외에서만 가능하다고 알립니다. 가급적이면 휠체어로 이동할 수 있는 곳을 알아보세요. 숙식을 포함하는 워크숍이라면 건강한 채식 요리를 적어도 한 가지는 선택할 수 있도록 반드시 준비합니다.

공간의 미적인 측면도 신경을 쓰세요. 어떤 안내자는 불단 같은 것을 만들어 사람들에게 그곳에 놓을 특별한 물건이나 사진을 가져오라고 합니다. 꽃이나 식물은 언제나 공간을 아름답게 꾸며주고 벽 너머에 있는 자연 세상을 떠오르게 합니다. 가능하다면 의자와 방석을 원형으로 놓아두고, 더 큰 규모라면 무지개처럼 원호를 여러 줄 만드세요.

그 외에 더 확인할 품목은 시각 자료, 필기구, 음향 장비, 참가자 명단, 관련 서적과 자료, 미술 용품 등입니다.

비용

이제 비용 문제가 남았습니다. 최고의 경우는 비용이 들지 않는 것이겠지요. 하지만 안내자 다수는 생계비와 갖가지 경비가 필요합니다. 각종 요금도 지불하고 형편이 어려운 사람에게 장학금을 제공해주어야 합니다. 어떤 기관에서 워크숍을 진행하면, 보통 시설이나 숙식 등 추가 요금이 발생하는데 회비 역시 그에 맞춰 조정해야 합니다. 때로는 대의를 위한 기금 모금 행사로서 워크숍을 진행하기도 합니다. 이때 안내자는 봉사로 참여합니다. 동료인 존 시드 같은 경우에는 보통 워크숍 말미에 사람들에게 특정 활동에 대한 기부를 부탁합니다. '선물 경제(gift economy)'를 형성하는 데 기여하고 싶은 사람들이 자신이 속한 공동체에 워크숍을 무료로 제공할 수 있습니다. 그리고 보시를 금전이나 그 외의 물품 또는 재능 기부, 타임뱅크의 시간 등으로 받을 수 있습니다. 회비를 청구할지, 한다면 어떻게 책정할지 결정할 때에는 여러분이 속한 공동체뿐 아니라 여러분의 자산과 자신에게 필요한 정도를 고려하세요.

워크숍의
시작

아래와 같이 분위기를 조성합니다. 참가자들은 이 시점에 기본 규칙이나 분위기를 파악하기 위해 가장 주의 깊게 듣습니다. 다음의 단계를 따르면 개방적이고 안정감 있으며 상호 존중하는 분위기를 만들어갈 수 있습니다.

1. 참가자 한 명 한 명과 아주 잠깐이라도 인사를 나누세요. 조애나는 자신을 소개하고 상대의 이름을 들으면서 습관처럼 모든 사람과 가볍게 스킨십을 합니다. 이로써 사람들은 자신의 존재감을 인

정받는다고 느끼고, 조애나 본인도 긴장을 풀며 유대감을 느낍니다.

2. 참가자들이 긴장을 풀 수 있게 도와주세요. 여러 가지 뒤섞인 감정으로 찾아온 사람도 있고, 처음이라 어색해서 긴장하는 사람도 있습니다. 일어서거나 스트레칭을 하고 크게 호흡하는 등 몸 전체를 조금 움직여서 긴장감을 풀고, 맑은 정신으로 몰두하도록 합니다. 노래를 부르는 것 또한 아주 좋은 방법입니다.

3. 일정을 분명히 알려주세요. 휴식 시간은 언제인지, 화장실은 어디에 있는지 알립니다. 휴식 중에는 음식과 음료를 제한하고, 워크숍에서 강연이 진행되는 시간에는 필기와 녹취를 제한합니다.

4. 동의를 구하세요. 다음의 몇 가지 구체적인 기본 규칙을 수긍하는지 묻습니다. 끝까지 참여할 것, 휴대폰 사용 일절 금지, 시간과 비밀 엄수 등.

5. 사회 전환에 봉헌하세요. 정식으로 재연결 작업의 의도를 밝힙니다. 이 작업을 통해 세상을 치유하는 데 기여하고 생명지속사회로 대전환을 이루는 데 기여하는 것입니다.

6. 참가자들이 온전히 참여할 수 있게 도와주세요. 이 워크숍은 온 정신을 집중해야 합니다. 그래서 다음과 같은 말로 주의를 환기하기도 합니다. "여러분 대다수가 서둘러 이곳에 도착했습니다. 아마 누구는 일을 미처 끝내지 못했을 것이고, 누구는 통화할 일이 남았을 것입니다. 이렇게 끝나지 않은 업무를 마음의 눈으로 바라봅시다…. 그리고 이제 그것을 선반에 올려놓고 다섯 시까지 그 자리

에 둡시다."

7. 워크숍의 목적을 분명히 하세요. 모두 이곳에 모인 목적을 반드시 이해해야 합니다. 세상의 문제에 대한 우리 내면의 반응을 탐구하고, 세상을 치유하는 데 참여하기 위해 준비하는 과정입니다. 전지구적 위기에 관해 토의나 논쟁을 하는 자리도 아니고, 최선의 집단행동이 무엇일지 결정하는 자리도 아닙니다. 이 워크숍이 다양한 체험 활동을 통해 함께 호흡하며 이루어진다는 사실을 모두에게 알리세요.

8. 감정이 존재하며 감정에 힘이 있다는 사실을 긍정하세요. 세상의 문제에 대한 우리의 반응이 감정으로 가득할 수밖에 없음을 처음부터 인정하고, 그 감정을 느껴도 괜찮다고 지지해주세요. 슬픔, 두려움, 분노를 느끼는 것은 모두 마땅하며 이 자리에서는 그런 감정을 표출해도 안전합니다.

9. 서로 소개하는 시간을 가지세요. 약 10분간 여러분의 짧고 명쾌한 첫 발언이 끝나면 각자 자신에 대해 이야기하도록 합니다. 자기소개로 시작하면 대개 더욱 속 깊은 이야기를 나누고 싶어집니다.

10. 워크숍의 지침으로서 나선형 순환을 보여주세요. 신문지나 재생지에 나선형 순환을 '직접 그 자리에서' 그리면 가장 좋습니다. 각 단계를 표시하고 간단히 설명하세요. 워크숍 도중에 몇 번이고 다시 언급해도 좋습니다. 어떤 안내자는 첫 단계(고마움으로 시작하기)를 마친 뒤에 나선형 순환을 소개하기도 합니다.

워크숍의
마무리

집중하여 끝맺는 과정에서는 이 경험의 의의, 워크숍을 통해 연결된 정도를 되새깁니다.

끝나기 전에 자리를 뜨는 사람이 없도록 제 시간에 마칩니다. 여러분이 그룹에 지켜야 하는 약속 중 하나라고 생각하세요. 정식으로 끝이 나면 사람들은 뒷정리를 도우며 가볍게 이야기를 나눌 수 있습니다.

다 함께 크게 하나의 원을 이룬 상태에서 워크숍을 끝낼 경우 참가자들이 지금까지 경험한 상호 연결성을 되돌아볼 수 있습니다. 아울러 다음과 같은 사항을 언급하면 좋습니다.

◆ 이곳에서 경험한 강렬한 감정이 며칠 뒤에 서서히 북받치는 경우가 많습니다. 이때 여유를 갖고 차분하게 호흡하며 이 시간을 되돌아보세요.

◆ 이 특별한 원에서 만난 사람들은 물리적으로 다시 볼 수 없더라도 우리 삶의 일부로 남아있을 것입니다. 주변 사람들을 가만히 바라보며 서로에게서 무엇을 배웠는지, 서로의 앞날을 위해 무엇을 바라는지 떠올려보세요.

이후에는 참가자들이 돌아가며 짧게 한마디씩 해도 좋고, 노래나 시로 끝내거나 아무 말 없이 조용히 마무리해도 좋습니다. 색다르게 끝맺는 방법은 10장 마지막에서 다루겠습니다.

평가

수년간 안내자 역할을 하면서 참가자들의 평가는 언제나 중요한 피드백으로 작용했습니다. 이들의 평가 덕분에 의구심을 가졌던 우리의 힘과 기운을 확신하고, 공들여야 할 기술적인 부분을 알게 되고, 장차 워크숍에 적용할 새로운 아이디어가 떠오릅니다. 또한 참가자는 평가함으로써 재연결 작업에 즉각 기여하는 셈입니다.

평가 방식으로는 양식에 맞춰 각자 써내는 방법도 있고, 마무리 전에 그룹 활동의 하나로서 별도로 시간을 내어 원형으로 모일 수도 있습니다. 전자의 경우에는 참가자에게 다음과 같은 개방형 질문을 합니다. "어떤 것이 가장 유익했나요? 반대로 가장 도움이 되지 않은 것은 무엇인가요? 어떤 점이 바뀌면 좋을까요?"

후자의 경우처럼 다 같이 모여 구두로 평가하면 더 빠르게 진행됩니다(10분이면 충분). 즐겁고 활기 넘치게 브레인스토밍을 진행하기 때문에 보다 많은 사항에 대한 반응을 이끌어낼 수 있습니다. 효과적인 방법 한 가지는 신문지나 재생지, 칠판 등을 크게 세 구역으로 나누는 것입니다. 첫 번째는 플러스 부호(참가자들에게 좋았던 점), 두 번째는 마이너스 부호(별로 효과가 없었던 점), 세 번째는 화살표(바뀌면 좋겠다고 생각하는 부분)를 그립니다. 제대로 된 브레인스토밍 방식으로, 언급하는 사항에 대해 논쟁하거나 논의, 해명하지 않고 다만 의견을 들을 뿐입니다. 그 결과 주로 갖가지 대조적인 반응이 뒤섞여 있습니다. 다양한 사람들의 평가를 확인하면 이와 같은 상황이 플러스와 마이너스 영역 모두에서 나타날 수 있습니다. 이런 방식을 통해 참가자들은 사람마다 반응이 얼마나 다른지 알 수 있고, 자신만의 경험을 일반화할 수 없다는 사실을 확인하게 됩니다.

후속 활동

참가자 대부분은 워크숍이 끝난 뒤에도 관계를 유지하고 싶을 것입니다. 이런 경우 여러 가지 방법으로 지원할 수 있습니다.

1. **참가자 명단.** 워크숍 장소에 도착했을 때 혹은 워크숍이 끝난 뒤에 주소, 전화번호, 이메일을 적은 후 서명하도록 하세요. 공유를 원하는 사람에게 이메일로 이 명단을 보냅니다. 단체 메일을 보낼 때 '숨은 참조'를 활용하세요.
2. **지역의 자원과 활동에 관한 정보.** 워크숍 막바지에는 사람들이

참여할 수 있는 단체나 프로젝트 관련 정보를 나누기 좋습니다. 정보를 제공하되 설득하지 마세요. 관심 있는 참가자들이 자료를 자세히 볼 수 있게 게시판 등에 붙여두세요. 보통은 구두로 설명하는 것보다 이 편을 선호합니다.

3. **후속 모임.** 워크숍 이후 일주일 정도 이내에 저녁 모임을 가지면 그대로 학습/실습 공동체가 만들어질 수 있습니다. 매회 사전에 이론 부분을 읽고 함께 모여 이에 대해 토의한 뒤 연습 활동을 실제로 해보는 것입니다.

안내자를 위한 후속 지원

조애나는 워크숍 이후에 안내자가 되고 싶다는 참가자들을 만나면 둘씩 짝을 지어주고 다음 두 문장의 빈칸을 채우도록 합니다.

◆ 내가 재연결 작업을 안내한다는 발상은 정말이지 어처구니가 없다. 왜냐하면 　　　　　　　　　　　　　　　　.

◆ 내가 재연결 작업의 안내자라는 발상은 세상에서 가장 자연스러운 일이다. 왜냐하면 　　　　　　　　　　　　　.

경력이 많은 안내자들 역시 이 두 문장을 통해 기운을 차립니다. 우리가 워크숍 중에 실제 현실을 바라보면 얼마나 답답할까요. 또 '확실한 해결책'이라는 것은 얼마나 터무니없는 환상인가요. 이를 감안하면 안내자로서 가끔은 무력감이 들 수밖에 없습니다. 하지만 동시에 그 이유를 솔직히 인정하고 받아들일 수 있다면 우리는 재연결 작업의 안내자로서 재능을 충분히 타고난 것입니다.

여러분은 제대로 하고 있음에도 자신이 안내자로서 탁월한가를 의심할 가능성이 많습니다. 그러니 주변의 든든한 버팀목을 거듭 떠올리세요.

◆ **지구라는 고귀한 생명체**. 현재 우리의 모습을 이루는 것과 우리가 아는 것, 또 앞으로 소유할 것은 모두 어머니 지구에서 비롯합니다. 이 사실이 우리의 참된 본질이며 최고의 보안 장치나 다름없으므로 긴장을 푸세요. 이로써 우리는 선조와 후대와 연결되고, 워크숍에 발을 내딛는 사람 한 명 한 명과 연결됩니다. 이에 대한 인식은 이 책에 담긴 실습(사무량심, 생명의 그물 명상, 공덕으로 이뤄진 공, 죽음 명상)을 행할수록 더욱 깊어집니다.

◆ **봉사의 충만함**. 다른 현자들의 말처럼 지금 지구에 봉사하는 우리가 과연 지구생명의 임종을 지키는 호스피스일지, 아니면 새 시대를 맞는 산파일지 알 수 없습니다. 두 가지 소명 모두 유사한 특징이 있습니다. 경외감이 들고, 매 순간마다 최대한 주의를 기

울여야 하며, 삶과 죽음 사이의 경계가 흐려진다는 것입니다. 현재 행하는 일이 동전의 어느 면이든 우리는 기여할 축복을 받았습니다.

◆ **재연결 작업의 안내자들**. 여러분이 이 길에 접어들었으니 앞서서 작업을 이끌고 있는 사람들은 여러분의 자원입니다. workthatreconnects.org에서 관련 정보를 찾아볼 수 있습니다. ActiveHope.info도 참고하세요.

◆ **노래**. 그레천 슬라이커가 특별히 재연결 작업에 어울리는 노래를 웹 사이트 SongsfortheGreatTurning.net에 모아 놓았습니다.

◆ **웹 세미나**. 바버라 포드와 크리스 존스톤의 주도로 재연결 작업 웹 세미나가 ActiveHope.info에서 열립니다.

◆ **영상**. 2005~2006년에 조애나가 재연결 작업을 설명하고 실제로 진행하는 영상을 earthcitizens.net/mentors/joannamacy/와 vimeo.com/channels/workthatreconnects에서 볼 수 있습니다.

◆ **학습모임**의 이점은 10장에서 다룹니다. 친구나 이웃과 모여 이 책《생명으로 돌아가기》나《액티브 호프》를 바탕으로 매회 한 과정에 대한 토의와 실습 진행을 병행합니다. 실제로 안내자가 연습하기에 상당히 효과적인 방법입니다.

◆ 안내자의 역할에 좀 더 익숙해지면, 지금까지 재연결 작업을 **구체적인 목적에 적용**한 사례에서 영감을 얻을 것입니다.

— 캐슬린 설리번은 유엔의 후원을 받아 운영하는 '사이버 스쿨 버스' 수업에서 핵무기 축소를 가르치는 데에 기본 실습을 적용했다.

— 세라 베카시는 '에코 성직자(eco-chaplain)'라는 직업을 개척하여 애팔래치아 산맥 주민들이 산봉우리 석탄 채굴 광산에 맞서 싸우는 것을 전폭으로 지원한다. ecochaplaincy.net

— 바버라 훈트샤머는 재연결 작업과 보디워크를 접목했다(부록 4 참고).

— 루이즈 던랩은 자신이 이끄는 글쓰기 과정과 단체에서 나선형 순환을 토대로 글쓰기 훈련을 진행한다(부록 4 참고).

— 엘리너 헹콕과 크리스틴 바커 등 재연결 작업의 동료들이 인종 관련 이슈와 백인의 특권에 대한 인식을 높이기 위해 단체 '깨어있는 백인(White Awake)'을 만들었다. whiteawake.org

— 군터 함부르거와 바버라 함부르거는 독일 전역의 동료와 함께 재연결 작업(심층생태주의 작업이라고도 함) 교육을 최장 1년까지 다양한 기간에 걸쳐 진행한다. 6~8주간의 주말 합숙 과정에는 개인 프로젝트, 10일 집중 비전 퀘스트가 포함된다. holoninstitut.de

무엇보다도 실습하고 실수한 모든 것을 공유할 때, 재연결 작업이 진화한다는 사실을 기억하세요.

Chapter 06

Coming From Gratitude

●

고마움으로
시작하기

살아감 자체가 신성하고,
존재함 자체가 축복이다.

아브라함 헤셸 랍비(Rabbi Abraham Heschel)

만물이 은총이다. 우주의 모든 것, 다시 말해
내 몸 안의 탄소와 몸 그 자체, 창밖의 빛나는 나무,
꽃가루를 모으느라 날아다니는 벌,
이 모든 것이 깨닫고 보면 은총이다. 우리에게 내려진 은총이다.

미리엄 맥길리스 수녀(Sister Miriam MacGillis)

우리는 헤아릴 수 없을 만큼 귀중한 선물을 받았습니다. 아름답게 자기조직화하는 이 우주에 살아있다는 사실 자체가 놀랍습니다. 말하자면 감각으로 우주를 인지하고, 폐로 우주를 호흡하고, 장기에서 우주의 양분을 얻으며 생명의 춤에 참여한다는 것은 실로 경이롭습니다. 더욱이 인간의 삶이 주어진 것은 굉장한 특혜입니다. 이렇게 자기성찰 의식으로 행동을 자각하고, 선택할 수 있음을 인식하기 때문이지요. 이로써 우리는 세상을 치유하는 데에 참여합니다.

'고마움'의
안내 포인트

1. 모든 종교와 영적 전통은 **삶을 선물처럼 여기며 고마워하는 마음**에서 비롯됩니다. 그러나 우리는 대개 이 선물을 당연시합니다. 아마 이런 이유에서 대부분의 영적 여정이 감사함으로써 시작하지 않나 싶습니다. 그 결과 수많은 고민과 걱정을 내려두고, 우리의 존재 자체가 아무런 노력 없이 얻은 대가임을 떠올리는 것이지요.

   예컨대 티베트 불교에서는 명상 수행을 시작할 때 모든 일을 잠시 멈추고 인간 삶의 고귀함을 깊이 생각합니다. 이는 인간이 다른 존재보다 도덕적으로 우월해서가 아니라 우리 스스로 '업(業, karma)을 바꿀' 수 있기 때문입니다. 다시 말해 자기성찰 의식을 통해 선택하는 능력, 즉 자신의 행위를 면밀히 검토하여 방향을 트는 능력을 갖췄습니다. 우리는 여느 생명체와 마찬가지로 수백억년 동안 생명을 이어나가는 본능에 주로 의존했을지 모르지만, 이제는 마침내 숙고하고 판단하여 선택할 능력을 얻었습니다. 생명은 끊임없이 복잡하게 신경 회로를 엮어 자기인식이라는 기적을 만들어내면서 우리의 능력을 통해 더 큰 전체를 대신하여 알고, 행동하고, 말하기를 갈망한 것입니다. 이제 우리 스스로 결정하여 의식적으로 춤을 시작할 수 있는 때가 되었습니다.

2. 혼돈과 위험이 만연한 시대에 **고마움을 통하여 마음의 중심을 잃**

지 않을 수 있습니다. 고마움을 느끼면서 온전히 현재에 집중하게 됩니다. 어쩌면 이러한 상태는 우리가 세상에 바칠 수 있는 최고의 공물일 것입니다.

앞서 언급한 불교 수행은 처음에 인간 삶의 고귀함을 숙고한 뒤에 바로 이어 덧없음을 사유합니다. "죽음은 확실하나 죽는 시점은 불확실하다." 이런 명상을 통해 지금 이 순간이 선물임을 깨닫고 다시 없을 기회, 살아갈 기회를 잡게 됩니다.

3. 세상이 위기에 빠져, 의식 있는 지구생명체의 생존 여부가 불확실한 지경에 이르렀다고 해서 현재 순간의 경이로움이 조금도 덜하지 않습니다. 잘 알려진 위대한 비밀, **고마움이란 외부 환경의 영향을 받지 않는다**는 사실 때문이지요. 우리가 자리한 곳이나 마주한 상황이 마음에 드는가 들지 않는가에 따라 고마움을 느끼는 것이 아닙니다. 오히려 우리에게는 택하기만 하면 언제든 대전환에 참여할 수 있는 특혜가 주어졌습니다. 이 시대의 고난을 기회로 삼아 우리의 강점과 지혜와 용기를 모두 모아 생명을 이어나갈 수 있습니다.

4. **감사는 산업성장사회를 정치적으로 무너뜨립니다.** 고마움은 기업 자본주의가 의존하는 소비주의를 예방하는 효과가 있습니다. 또한 정치경제적 이유로 심각해진 탐욕과 빈곤이 균형을 이루고, 현재의 자신과 가진 것이 불만인 우리가 균형적 삶을 살도록 합니다.

5. 고마움은 터틀아일랜드(북아메리카) 선주민 문화의 핵심입니다. 특히 이로쿼이Iroquois 족은 **이를 신성한 의무로 여깁니다.** 회의를 하거나 의식을 치를 때면 거의 매번 "그 무엇보다도 우선하는 낱말들이여"라는 말로 시작하여 최고령 어른부터, 태양, 물, 바람, 식물, 동물, 달에 이르기까지 생명을 주는 모두에게 고마움을 표합니다.

어쩌면 고마움을 느끼는 연습을 통하여, 온갖 약속 파기와 문화 학살 속에서도 선주민들이 수 세기 동안 지켜온 자긍심과 위엄을 이해하게 될 것입니다. 고마움, 그리고 이에 따르는 위엄과 자긍심이야말로 이들이 생존하는 데 큰 역할을 했을 것입니다. 대붕괴를 마주하여 고통을 겪는 우리 모두가 여기에서 영감을 얻습니다.

해야 할 일은 너무나 많은데 시간은 매우 부족합니다. 물론 암울하고 울화가 치미는 감정을 뒤로한 채 계속 나아갈 수도 있을 것입니다. 하지만 감사하는 태도로 임할 경우에 과업은 더욱 수월하게, 훨씬 생산적으로 진행됩니다. 한층 강한 힘을 발휘하게 되는 것입니다.

> 우리가 사랑해 마지않는 아름다움이 우리의 행위 자체가 되도록 하자.
> 무릎을 꿇어 대지에 입 맞추는 방법은 수백 가지도 넘는다.
> ─잘랄 앗 딘 알 루미

실행하기

고마움으로 시작하기의 첫 단계는 안내자가 개개인을 따뜻하게 반기는 것입니다. 우리가 공유하는 사랑, 즉 지구생명을 향한 사랑을 처음부터 떠올림으로써 모두 긴장을 풀고 활기를 찾습니다. 또한 무엇을 소중히 여기는지 알면 자연스레 그것이 얼마나 위태로운 상태인지 깨닫기 때문에, 세상에 대한 고통에 눈뜹니다.

설명하고 안내하는 중에는 무엇을 느껴야 한다고 말하지 않도록 주의합니다. 이는 나선형 순환의 모든 단계에 적용되며, 첫 번째 단계에서 고마움을 끊임없이 언급하면 공허하고 따분하게 들릴 가능성이 있습니다. 감정이 자연스레 일도록 두고, 참가자 본인이 그 감정에 이름을 붙이도록 해주세요.

호흡, 움직임, 소리, 침묵을 통해 현재에 집중하기

대부분 우리는 심신이 잔뜩 긴장한 상태입니다. 뉴스에서, 거리에서, 자연 세계에서 줄곧 쇄도하는 위험 신호에 맞서 버티는 것이지요. 이런 긴장 상태가 만성이 된 탓에 활력을 잃고 고마움 또한 느끼지 못합니다. 그러므로 워크숍 첫 부분에서 호흡과 몸, 감각에 주의를 기울입니다. 그래야 긴장을 풀고, 앎과 느낌의 보다 폭넓은 흐름에 주파수를 맞출 수 있습니다.

| **호흡으로 열기** | 호흡은 마치 이 작업의 반려자 역할을 하며 내면과 외부를 연결하고, 이 과정에서 우리가 완전하게 세상에 의존하고 있음이 분명해집니다. 호흡으로 몸과 마음이 이어지면서 공기의 끊임없는 흐름에 주의를 기울이고, 잡담과 회피를 멈추고, 현재 자신의 상태에 더욱 집중하게 됩니다. 그뿐 아니라 우리가 열린계로서 지속적인 흐름 안에 있음을 깨닫게 됩니다. 호흡이 몸을 관통하게 두면, 일정한 감정이나 반응에 매몰되는 것이 아니라 역동적으로 변화하는 상태임을 알게 됩니다.

우선 모두가 잠시 동안 호흡에 주의를 기울이는 것으로 시작하세요. 간단한 호흡 명상을 함께해도 좋습니다.

작업 도중에 세상에 대한 고통을 경험하더라도 호흡은 마치 출산하는 여성에게 그러하듯 계속해서 큰 도움이 됩니다. 호흡을 하면 긴장이 풀리고 또한 정보의 흐름과 호흡으로 인해 발생 가능한 변화에 눈뜰 수 있습니다.(13장의 호흡 명상 참고)

> 숨이여, 보이지 않는 시詩여!
> 현존하는 모든 것과 순수하게
> 끊임없이 주고받으며, 흘러가고 흘러오고
> 나 리듬 타며 현존하게 되는 이곳에서.
> —라이너 마리아 릴케

| **몸으로 열기** | 지금 이 시기 지구에서 맞닥뜨린 수많은 위협, 이를테면 독성 폐기물이나 세계 기근, 지구 온난화 등은 결국 신체

를 공격하는 지경에 이릅니다. 마음이 인식을 거부할지 몰라도 몸은 신호를 알아차립니다. 의식하지 못하고 표현하지 못한 공포는 바로 세포조직(근육, 목과 내장, 난소와 생식선 등)에 독소와 함께 갇혀있습니다. 또한 삶의 기본적인 기쁨은 몸을 통해 느낍니다. 보고, 듣고, 맛보고, 냄새 맡고, 만지고, 움직임으로써 우리가 세상과 확실히 연결되어있음을 감지하는 것입니다. 성 프란체스코가 인간의 몸을 일컬은 대로, 충실한 '당나귀 형제'는 우리가 지구와 또 미래와 연결되는 데 가장 기본이 됩니다.

몸에 주목하기 위해 호흡으로 시작한 안내를 계속 이어갑니다. 여러분의 언어로 다음과 같은 내용을 제안하세요.

몸을 쭉 뻗습니다. 모든 근육을 늘였다가, 힘을 빼세요. 목에 완전히 힘을 뺀 상태에서 천천히 고개를 돌려 원을 그립니다. 어깨에 짊어진 모든 부담과 긴장을 내려놓고 충분히 어깨를 돌리며 풀어주세요. 이제 손을 바라보고 피부를 느껴봅니다. 또한 여러분을 둘러싼 세상의 감촉을 느껴보세요. 옷, 의자, 탁자, 바닥. 여러분의 감각은 현실입니다. 감각으로 세상과 연결되는 것이지요. 그러므로 감각을 믿어도 좋습니다.

| **소리로 열기** | 마음을 열고 주파수를 맞추듯 조정하여 소리에 주목합니다. 우리가 내는 소리, 외부에서 들리는 소리에 귀를 기

울입니다. 고대 힌두교와 근현대 물리학에서 말하는 물리적 우주는 진동으로 엮여있으며 우리 또한 마찬가지입니다. 소리에 집중하면 '자기'라는 좁은 영역을 벗어나 현실을 폭넓게 파악합니다. 멜로디 없는 음악은 우리의 의식을 엮어 더욱 큰 무늬를 만들어낼 수 있습니다. '울림'도 마찬가지입니다. '아', '오'처럼 혀를 최대한 낮추고 입을 크게 벌려 울림소리를 내면, 공기가 몸을 관통해 흐르면서 목소리와 뒤얽힙니다. '옴唵', '샬롬'과 같은 소리 역시 마찬가지입니다.

함께 소리를 냄으로써 공동체를 위한 우리의 역량이 안팎으로 진동하는 것을 느낄 수 있습니다. 또한 목이 개운해져서 현재의 서로에게 더욱 집중하기 수월하므로 말할 준비를 마치게 됩니다.

| **침묵으로 열기** | 퀘이커교를 비롯해 많은 전통에서는 '함께하는 침묵'의 힘을 알기 때문에 여럿이 모여 정적이 흐르는 가운데 내면 깊은 곳의 지혜에 귀를 기울입니다. 지금 이 시기 지구에서 위험이 눈앞에 닥쳤음에도 도저히 받아들일 수 없거나 마땅한 말조차 떠오르지 않을 때에는 침묵만 한 것이 없습니다. 침묵은 소리를 상호 보완하는 목적으로 활용되기는 하지만, 침묵 역시 소리만큼이나 풍요롭습니다. 소리를 통해 지구에 대한 고뇌를 표출하고, 침묵함으로써 그 고뇌를 경청하는 것입니다. 이후 진행할 워크숍 도중에 근심과 두려움을 구체적으로 드러낼 기회가 있다면, 후반부에 더 많은 시간을 들여 함께 침묵해도 좋습니다.

일부 안내자들은 매 과정을 시작할 때마다 차분한 분위기를 만들기 위해 모두 잠시 눈을 감고 침묵합니다. 때로는 침묵에 앞서 사람들에게 질문 하나를 던져서 충분히 생각하도록 한 뒤 대화를 이어가기도 합니다(이 경우 의견을 나눌 준비가 되었다면 침묵을 깨도 좋다고 말하세요). 이렇게 하면 눈을 감고 있는 동안 신뢰가 쌓이고, 긴장이 풀리고, 생각에 잠기는 것은 물론 그룹 전체가 한층 더 깊은 단계로 나아갈 수 있습니다.

고마움으로 소개하기

(소요시간 : 1인당 1~2분)

고마움을 표함으로써 자신을 소개합니다. 잘 보이는 곳에 다음 목록을 게시하고, 모두 간략하게 자기소개를 이어가도록 하세요.

1. 이름과 사는 지역
2. 나에 관해 알아주길 바라는 것 한 가지
3. 지구에 살아있어 좋은 점 한 가지(많은 경우 하나만 선택)

열린 문장

(소요시간 : 30분)

    열린 문장은 자발적 표현을 위한 구조입니다. 이를 통해 참가자가 매우 수용적인 태도로 경청하는 것은 물론, 자신의 생각과 감정 역시 솔직하게 털어놓을 수 있습니다. 둘씩 짝을 이뤄 상대에게 완전히 집중할 만큼 가까이 마주 앉습니다. 실습이 시작되기 전에는 말을 삼가도록 하고, 그 대신 서로 무릎을 가볍게 두드려서 A와 B를 정하게 하세요. 먼저 두드린 사람이 A가 됩니다. 안내자가 미완성 문장 하나를 말하면 A는 똑같이 반복한 뒤 자신의 언어로 문장을 완성하여 B에게 말합니다. 그리고 주어진 시간 동안 자연스레 관련 대화를 이어갑니다. 두 역할은 한 문장이 끝날 때마다 바꿔도 좋고, 한 파트를 마친 뒤에 바꿔도 좋습니다. 이때 듣는 사람은 반드시 침묵해야 합니다. 아무 말 없이 가능한 한 배려하고 응원하는 태도로 상대의 말에 귀를 기울입니다. 이 점을 강조하세요.

    시간은 한 문장당 약 2~3분씩 할애합니다. 다음 문장으로 넘어가기 전에는 항상 "1분간 마무리하세요."라고 하는 등 간단히 시간을 알리세요. 그런 뒤에 작게 종을 울려 모두가 잠시 침묵해도 좋습니다. 이렇게 몇 초 쉰 후 다음 열린 문장으로 넘어갑니다.

고마움에 관한 열린 문장

　매우 즐거운 활동으로, 안내자가 직접 열린 문장을 만들어도 좋습니다. 아니면 아래 문장에서 골라보세요. 마음에 드는 문장을 순서대로 나열한 것입니다(5번 문장이 항상 마지막 순서).

1. 내가 지구에 살아 있어서 좋은 점은 　　　　　 이다.(복수 응답)

2. 어렸을 때 가본 곳 중에서 가장 환상적이거나 경이로웠던 장소는 　　　　　 이다.

3. 내 능력을 믿도록 도와준 한 사람은 　　　　　 이다/였다.

4. 내가 즐겁게 하는 일은 　　　　　 이다.(복수 응답)

5. 나 자신에게 고마운 점은 　　　　　 이다.(복수 응답)

> 오늘 아침 강둑에 서서 기도했다. 그때 난 알았다. 고대인들이 구체적인 선물을 바라지 않고, 평화롭고 아름답기를 빌었던 것은 실로 현명했다. … 그리고 나는 깨달았다. 신이 내린 평화와 아름다움을 받아들일 능력이 미약하다 해도 더 바랄 필요는 없다.
>
> —이디스 워너(Edith Warner)

감사 나누기

(소요시간 : 30~40분)

　우리는 주변의 사물과 생명들이 당연히 존재한다고 여깁니다. 그럴 때엔 살짝 뒤로 물러서서 거리를 두고 보면, 이들이 얼마나 귀중하며 유일무이하게 실재하는지 깨달을 수 있습니다. 재빨리 렌즈를 바꾸고 보면 경험하지 못했던 감동을 맛보게 됩니다.

| **방법** | 대여섯 명씩 원으로 둘러앉아 시공간을 초월해있다고 상상합니다. 잠시 침묵을 지킨 뒤, 지구에 살며 좋은 점은 무엇이었는지 함께 기억을 되살려봅니다. 이 과정은 1차로 10~15분간 이어지며, 두 바퀴 이상 돌아도 좋습니다. 2차는 지구에서 인간으로 살며 마음에 드는 점은 무엇이었는지 생각해봅니다. 3차에서는 각자 자기 자신으로 살며 감사한 것은 무엇이었는지 되돌아봅니다.

거울 산책
(소요시간 : 40분)

거울 산책(Mirror Walk)은 믿음 산책(Trust Walk, 눈을 가린 채 리더를 믿고 장애물 사이를 걷는 활동─역자 주)에서 따온 것으로, 감각 인지를 자극하는 활동입니다. 이를 통해 생명에 새로이 감사하게 되고, 속도와 초점에도 변화가 일어납니다. 또한 세상이 자신의 더욱 큰 몸임을 느낄 수 있어 생태적 자아가 발달하는 데 크게 도움이 됩니다. 특정 순간에 눈을 떴을 때 거울을 본다고 상상하는 것이지요. 이 때문에 거울 산책이라는 이름을 붙였습니다. 워크숍의 어느 시점에 진행해도 좋으며, 참가자들은 이 실습을 통해 서로 신뢰를 쌓고, 언어를 뛰어넘어 즉각 자연 세계를 접합니다.

| 방법 | 야외, 특히 자라나는 무언가가 보이는 곳이라면 가장 좋은데, 도시에 간혹 보이는 나무 곁에서 진행해도 도움이 되었습니다. 우선 둘씩 짝을 이루고, 한 명씩 번갈아가며 눈을 감은 채 아무 말 없이 상대를 따릅니다. 아무것도 보이지 않으면 평소보다 호기심 가득 찬 상태로 다른 감각을 활용하게 됩니다. 또한 자연스레 안전에 대한 책임을 파트너에게 맡기는 연습을 합니다. 파트너는 손이나 팔을 잡고 인도하면서 꽃이나 잎의 냄새, 잔디나 나무의 질감, 새나 아이들의 소리 등 다양한 감각을 느끼도록 아무 말 없이 돕습니다. 속도는 느긋하게, 한 사람 한 사람의 감각적 만남이 마음 깊이 새겨질 만큼 시간을 충분히 줍니다. 인도자는 가끔씩 마치 카메라의 각도를 맞추듯 상대의 머리를 조절한 뒤에 "눈을 뜨고 거울을 보세요."라고 말합니다. 그러면 인도자를 따르던 사람이 두 눈을 떠 잠시 동안 광경을 바라봅니다.

사전 설명 시 자원한 사람과 함께 시범을 보이세요. 또한 주기적으로 거울을 보라고 말할 때를 제외하고는 계속 침묵할 것을 강조합니다. 정해진 시간이 지나면 역할을 바꿉니다. 바꿀 시간이 되면 잘 들릴 만한 신호로 알리세요. 종을 크게 울려도 좋고, 오스트레일리아 선주민이 신호를 주고받을 때 '쿠이coo-ee' 하고 외치는 방법도 아주 먼 거리까지 잘 들려 유용합니다.

교대를 두 번 마치고 돌아옵니다. 이제 각 쌍은 다른 한 쌍과 함께 한 조를 이뤄 경험담을 나눕니다. 10분 정도 후에 그룹 전체가 모여 이야기하는 시간을 가져도 좋습니다. "무엇을 알게 됐습니까?", "무엇 때문에 놀랐나요?", "인도자가 되고 또 인도자를 따르면서 어떤 기분이 들었습니까?"

대전환에 관한 열린 문장

(소요시간 : 20분)

워크숍 중 고마움으로 시작하기 단계는 대전환을 소개하기에 매우 적절한 시점입니다. 1장에서 요약한 세 가지 이야기와 같은 맥락으로 대전환을 설명하면 가장 좋습니다. 그래야 우리가 어떤 버전의 현실을 토대로 살 것인지 선택할 수 있음에 감사하게 됩니다.

대전환을 소개한 뒤에는 종종 다음의 세 열린 문장을 제시합니다.(실습 방법은 위의 '열린 문장' 참고)

1. 글로벌 위기 시대를 살면서 가장 힘든 점은 ⎽⎽⎽⎽⎽ 이다.

2. 글로벌 위기 시대를 살면서 고맙게 여기는 것은 _____이다.

3. 내 삶을 들여다보면 난 이미 대전환에 참여하고 있는 것 같다. 몇 가지 예를 들자면 _____.

대전환의 수레바퀴

(소요시간 : 30분)

활발한 분위기에서 진행되는 과정으로, 이를 통해 대전환을 접하며 사람들이 이미 실천 중인 것들에 감사하게 됩니다.

| **방법** | 먼저 지름 1.5~3미터 규모의 원형 공간을 비우고 그 원을 둘러 가까이 붙어 앉습니다. 참가자가 12명 이상이라면 원 두 개를 따로 만들어 보세요.

원형 공간 하나는 대전환의 수레바퀴 하나가 됩니다. 바퀴마다 대전환의 세 가지 차원을 상징하는 물건 세 개를 놓습니다. 지연전술의 경우 응급처치 재료(붕대 뭉치 등)가 적합합니다. 일상의 토대 바꾸기로서 잎이 많이 달린 식물 줄기처럼 살아 있는 유기체를 이용하세요. 인식과 가치관 바꾸기로는 안경 정도면 될 것입니다.

한 번에 한 명씩 원 안으로 들어가 물건 하나를 집어 들고 사람들에게 자신이 관여하는 일 혹은 직접 접한 일을 보고합니다. 그러면 바퀴가 돌아가는 것입니다. 가령 안경을 들었다면 비전 퀘스트나 학습모임 등 시야가 넓어진 경험을 말할 수 있겠지요. 붕대를 잡으면 무료 급식소에서 자원 봉사를 하거나 기업의 지하수 탈취(추출) 반대 운동에 참여한 일을 이야기할 수 있습니다. 식물 줄기를 잡으면 동네에서 열리기 시작한 농부시장이나 협동조합 보육 프로그램 등을 언급할 수 있습니다.

이 실습을 통해 사기가 높아지고 활기찬 리듬이 유지됩니다. 사람들이 간략하게 말하도록 의식을 치르듯 진행하세요. 예를 들어 한 명이 말하고 나면 "그렇게 대전환은 굴러갑니다!"라고 다 함께 외칩니다.

느릅나무 춤

(소요시간 : 이야기와 방법 전달 포함 30분)

간단하고도 아름다운 실습이 재연결 작업과 함께 퍼져나갑니다. 생명에의 헌신을 기념하고 전 세계 활동가들과의 결속을 기념하기 위해 원으로 모여 손을 잡고 춤을 춥니다.

이예바 아쿠라테레가 부른 라트비아 곡의 잊지 못할 선율에, 아나스타시야 겐의 안무를 더해 느릅나무 춤(Elm Dance)이 1980년대 독일에서 구체화되었습니다. 조애나는 친구 넬로레 비트코프스키에게 그 춤을 배웠고, 체르노빌 원전 폭발로 오염된 지역에서 1992년 당시 러시아어권 팀과 함께 이끌던 워크숍에 느릅나무 춤을 적용했습니다. 여전히 사람이 거주하는 도시 중에서도 가장 오염된 노보집코프Novozybkov에서 이 춤은 살고자 하는 사람들의 의지를 표현하는 방법이었습니다.[1] 바로 이곳에서 이 춤이 독특한 형태로 발전되었습니다. 팔을 높이 들어 좌우로 천천히 흔드는 동작을 하면서 사람들이 정말 사랑했던 나무와 자신과의 연결성을 떠올렸습니다.

지금까지 거의 모든 워크숍과 강의에서 느릅나무 춤을 함께했습니다. 이 춤을 통해 고마움과 슬픔을 마음 깊이 느낄 수 있습니다. 또한 전 세계 형제자매 활동가들의 존재를 느끼고, 그 수많은 사람들이 눈에 보이지 않더라도 모두 이어져있음을 알 수 있습니다. 이를 함께한다는 것은 이 춤을 노보집코프 사람들에게 헌정할 기회가 주어졌다는 의미입니다. 혹은 여러분이 택한 다른 어떤 그룹에게 바쳐도 좋습니다.

대부분 이 춤을 좋아합니다. 그래서 워크숍이 연장된 경우에 매일 이 춤으로 시작하기도 합니다. 어떤 안내자는 항상 진실 만다라를 마치면 이를 진행하기도 합니다. 이 춤은 나선형 순환의 어느 단계에서든 활용할 수 있습니다.

| 방법 |

 ◆ 음원: itunes.apple.com/us/artist/ieva-akuratere/id260647004

◆ 곡명: 카 만 클라야스(Kā Man Klājas)

움직일 수 있는 공간을 충분히 확보해 둥글게 서서 손을 잡으세요. 사람 수가 너무 많아 원 하나를 만들 수 없다면 크게 한 보폭 떨어진 거리에 동심원을 만듭니다.

음악의 어느 부분에서든 다 함께 동시에 춤을 시작하기만 하면 됩니다. 춤의 구성은 두 가지입니다. 네 박자에 움직이고, 네 박자에 제자리에서 좌우로 몸을 흔들기, 이 두 가지 동작을 번갈아 합니다. 제자리에서 몸을 좌우로 움직일 때에는 지구의 심장부에서 오는 기운이 나선형을 그리며 바닥을 뚫고 우리 몸속까지 전해진다고 상상하세요. 그 기운이 심장 차크라에 도달하면 나무를 비롯해 모든 생명체를 치유하기 위해 에너지를 발산하는 것입니다. 이는 의도를 나타내는 행위입니다. 라트비아 노래에 맞춰 춤을 만든 아나스타시야 겐은 이 춤의 목적이 의지를 굳건히 다지는 데 있으며, 바하 플라워 요법(Bach Flower Remedies)에서 강한 의도는 느릅나무의 힘으로 표현한다고 합니다.

원은 시계 반대 방향으로(오른쪽으로) 움직입니다. 항상 오른발부터 시작합니다. ①처음에는 뒤로(오른쪽으로) 네 걸음 걷고, 그다음은 제자리에서 네 박자에 맞춰 몸을 흔듭니다. ②다음 네 걸음은 몸을 앞을 향한 채 반시계 방향으로 걷습니다. ③이제 네 박자에 맞춰 몸을 흔들고 나서 ④원의 중심을 향해 네 걸음을 옮기는데, 이때 걸어가며 팔은 하늘을 향합니다. ⑤잡고 있던 손을 놓고, 하늘로 뻗은 팔을 나뭇가지가 바람에 흔들리듯 네 박자에 맞춰 움직입니다. ⑥ 그런 뒤에 원의 중심에서 뒤로 네 걸음 옮기며 다시 손을 잡고, ⑦ 네 박자에 맞춰 몸을 흔들고 나서 또다시 시작합니다. 이런 식으로 음악이 도중에 끊길 때까지 계속하세요. 음악이 다시 시작되기 전, 조용한 가운데 안내자가 참가자들에게 다음 사항을 다시 한 번 강조합니다. 두 번째로 춤을 추는 동안에는 자신이 치유의 기운을 보내는 존재나 장소의 이름을 크게 외치는 것입니다.

재연결 작업 내내 이어지는 고마움

워크숍 초반에 표현한 이 긍정적인 감정은 계속해서 울려 퍼질 것입니다. 이어지는 단계와 여러 실습을 접하는 중에 고마움이 얼마나 끊임없이 피어오르는가에 주목하세요. 세상에 대한 고통 존중하기에서도 괴로움을 말할 기회가 주어져 감사하다는 생각, 서로에게 고마운 마음이 생겨납니다. 생명의 기적에, 서로에게 감사하고 이 작업에 참가하게 된 계기에 감사하는 마음은 서로 마주하기, 동물에게서 받은 진화의 선물, 조상의 선물 받기, 고이 받들기, 보살의 선택에서 뚜렷해집니다. 또한 딥 타임(Deep Time, 지구의 시간) 작업을 통해 선조들의 선물과 후세대에게서 받는 자극에 감사하는 마음은 더욱 커져갑니다. 이를테면 온생명회의와 같은 실습에서 우리가 다른 생명체와 이어져있음에 기쁨을 느낍니다. 그뿐 아니라 앞으로 나아가기 위해 준비하는 과정에서 구상하고 계획하는 행위를 통해 우리가 의지할 수 있는 자원이 얼마나 방대한가를 인식하고, 더불어 자신의 소중한 강점 역시 주목할 수 있습니다. 우리가 공유하는 생명이 얼마나 큰 축복인지 느끼는 감각은 13장의 명상을 통해 풍부해집니다.

Chapter 07

Honoring Our Pain For The World

●

세상에 대한 고통
존중하기

그대들이 고통스러운 이유는
이해를 에워싼 껍데기를 부수는 과정에 있기 때문입니다.
열매의 씨도 부서져야만
속잎이 태양 아래 설 수 있는 것과 같이
그대들도 고통을 알아야만 합니다.
그리하여 그대들의 속잎인 심장이
날마다 일어나는 기적에 감탄한다면
고통은 기쁨만큼이나 경이로울 것입니다.

칼릴 지브란(Khalil Gibran)

사랑에 빠지느냐 두려움에 빠지느냐는 우리가 선택할 문제입니다.
그런데 사랑에 빠진다는 것은 내 안에 산이 있다는 의미이고,
내 안에 세상의 심장이 있다는 의미이고,
내 몸속에서 다른 이의 괴로움이 느껴질 테니
눈물이 흐를 것이라는 의미입니다.
세상의 고통을 막을 수는 없을 것입니다.
세상의 고통은 곧 나 자신의 고통일 테니.

차이나 갤런드(China Galland)

누군가 틱낫한 스님에게 물었습니다.

"세상을 구하기 위해 가장 먼저 해야 할 일은 무엇입니까?"

아마 질문자는 최선의 전략을 찾길 기대했을 테지만 틱낫한 스님은 이렇게 답했습니다.

"가장 먼저 해야 할 일은 우리 안에서 지구가 울부짖는 소리를 듣는 것입니다."

고통과 파괴에 대한
내면의 반응

재연결 작업의 나선형 순환 중 이 단계에서 하는 일은, 벗과 같은 생명체의 고통과 자연세계의 파괴에 대한 우리 내면의 반응을 알아차리는 것입니다. 공포, 분노, 슬픔, 죄책감 등의 감정은 지극히 정상이며 불가피합니다. 그럼에도 영영 절망의 수렁에 빠질까 두렵다는 등, 2장에서 살펴본 다양한 이유로 대개는 외면합니다. 이제는 수치심이나 죄의식 없이 그러한 감정들을 드러내도 좋습니다.

'드러내도 좋다'는 말에 주목하세요. 사람들에게 이러한 감정을 북돋우거나 주입하는 것이 아닙니다. 연민, 즉 함께 괴로워하는 능력은 땅속을 흐르는 강처럼 이미 우리 내면에 흐르고 있습니다. 여기서 우리가 할 일은 그 강에 볕이 들게 하여 흐름이 잘 어우러지고, 더욱 원활해지도록 하는 것입니다. 교양 있고 도덕적인 사람이

세상의 상황을 있는 그대로 느끼겠다고 마음먹은 뒤에 이어지는 첫 번째 반응은 끝이 보이지 않아 말로 표현할 수도 없는 슬픔이다. 그 슬픔은 이내 분노로 변한다. 내가 감당할 수 있는 슬픔, 억누르던 분노, 이런 것들이 쌓이면 결국 누군가에게 상처를 줄지 모른다. 이제는 도리어 용기를 얻는다. 나는 화가 날 때면 움직여야 한다. 화를 반쯤 누르면 성급하게 포악한 짓을 저지르기 일쑤인 데 반해, 마음의 중심을 잡은 상태에서 화를 온전히 느끼고 그것에 익숙해지면 모든 일을 더 나은 방향으로 이끌겠다는 평생의 다짐에 이를 수 있다.

—도넬라 메도스(Donella Meadows)

라면 어떤 감정을 느껴야 마땅하다고 나무라거나 조종할 필요는 없습니다. 단순히 이미 자리한 마음이 모습을 드러내도록 서로 돕는 것입니다. 솔직하기만 하면 됩니다. 그러면 틱낫한 스님이 연기적(관계적) 존재에 관해 한 말처럼 "고통과 기쁨은 하나"임을 발견합니다.

이른바 부정적인 생각 자체를 두려워하는 마음 때문에 재연결 작업의 이 부분에 거부감을 보이기도 합니다. 상황이 악화될까봐 두려운 것이지요. 이런 염려는 주로 "자신의 현실은 스스로 만들어 나간다."는 뉴에이지의 격언을 오해한 데서 비롯한 것입니다. 그 결과 어떤 일이 실제로 벌어지는지 알아보기를 꺼리게 됩니다. 이렇게 기이한 사고방식 때문에 시스템을 치유하기 위해 반드시 필요한 피드백이 차단됩니다.

그러므로 이 시점에서 아래의 단계를 따릅니다.

- 세상에 대해 느끼는 고통을 인정하기
- 이 고통이 건강한 반응임을 증명하기
- 고통을 그대로 겪어내기
- 고통을 거리낌 없이 표현하기
- 얼마나 많은 사람들이 이 고통을 함께하는지 인식하기
- 우리가 관심을 기울이고, 연결되어있기 때문에 고통이 시작됨을 이해하기

세상에 대한 고통을 표현하는 첫 번째 실습을 마치고 나면 조애나는 주로 다음과 같이 말합니다.

이 점에 주목하시길 바랍니다. 여러분이 방금 나눈 염려와 걱정이 개인적 자아(ego)를 넘어, 개인의 필요와 욕망을 넘어 얼마나 확장되는지 눈여겨보세요. 이를 통해 여러분 자신이 누구이며 어떤 사람인지 알 수 있으므로 매우 중요한 부분입니다. 이는 여러분에게 세상과 함께 괴로워하는 능력이 있음을 의미합니다. 고통을 함께 느끼는 이 능력은 말 그대로 연민이며 어느 영적 전통에서나 핵심이 되는 덕목입니다. 즉 여러분이 자비로운 존재라는 뜻이지요. 이를 불교에서는 '보살'이라 표현합니다.

그러므로 여러분이 세상에 벌어지는 일 때문에 눈물을 흘리고 분노를 느낀다고 해서 미안해할 필요는 없습니다. 단지 여러분이 느끼는 감정의 이면일 뿐이니까요.

이 어둠을 종탑이라 하고 당신을 종이라 하자. 당신을 울릴 때 두드리는 것은 곧 당신의 영향력이 된다.

―라이너 마리아 릴케

물론 이는 조애나의 언어입니다. 여러분 역시 세상에 대한 고통을 일체감과 연결 짓는 방식, 즉 재연결 작업의 위대한 해법을 찾게 될 것입니다.

실행하기

다음 실습을 진행하기 전에 반드시 2장과 3장의 내용을 숙지하고, 이 실습들을 4장에서 설명한 대로 나선형 순환의 맥락과 순서에 따라 활용하고, 이 활용법의 중요성 역시 숙지해야 합니다.

일부 안내자는 나선형 순환의 이번 단계에 접어들 때 샴발라 예언을 언급하기도 합니다. 샴발라 전사의 첫 번째 무기로서 자비심이 세상의 고통을 마주하는 데 필요한 힘과 용기라는 관점에서 설명하는 것이므로 그 방식 또한 좋습니다. 그러나 샴발라 예언에 관해 구두로 직접 가르침을 전해 받은 경우에만 언급하시기 바랍니다.

이 실습에 **인용된 구절**은 오로지 실례를 드는 목적입니다. 그것을 마치 대본처럼 죽 읽어 내려가면 인위적이고 심지어 따분하게 느껴질 것입니다. 그러면 여러분과 참가자 간에 거리감이 생겨 유사시에 대응하기 힘들어질 수 있습니다.

어떤 실습을 진행하고자 준비할 때에는 실습의 얼개와 취지에 대한 감각을 익히기 위해 지침과 인용된 버전을 여러 번 반복해 읽으세요. 그것을 자신만의 언어와 이미지로 옮깁니다. 여러분이 활용하려는 요점과 핵심 구절을 머릿속에 또는 종이 한 장에 기록하세요. 여러분이 편안하고 믿음직하게 느껴질 때까지 연습합니다.

대붕괴에 관한 소그룹 모임

(소요시간 : 30분)

대전환과 대붕괴에 관한 설명에 이어 아는 바를 간단히 공유하는 실습입니다. 여러 소집단으로 무리 지어서 자신이 생활하며 겪은 환경, 경제, 사회 분야의 공동 위기에 대해 이야기합니다. 사람들은 이런 현실을 알리거나 깊이 생각해볼 기회가 좀처럼 없습니다. 있다 하더라도 불평하고 비난한다고 오해를 살 가능성이 높습니다.

| **방법** | 먼저, 서너 명씩 가까이 모여 앉아 한 가지 질문에 차례로 발표하도록 하세요. "여러분은 어떤 방식으로 대붕괴를 경험하고 목격합니까?" 차례가 다 돌아갈 만큼 시간을 충분히 줍니다.

마지막으로, 사람들이 드러낸 우려가 자신만의 욕구와 욕망을 넘어서는 상태임을 확인하도록 합니다. 그것이 세상과 함께 고통을 느끼는 능력, 즉 자비심이며 대전환에 필요한 원동력임을 설명하세요.

사실은 이미 사실이다. 사실을 인정한다고 해서 상황이 악화되지 않는다. 사실에 대해 솔직해지지 않는다고 해서 사실이 없는 일이 되지 않는다. 그것은 사실이기에 교류되어야 한다. 사실이 아닌 것은 사라져야 한다. 사람들은 이미 버티고 있기에 사실을 견뎌낼 수 있다.

—유진 젠들린(Eugene T. Gendlin)

고통을 존중하는 열린 문장

(소요시간 : 30~45분)

이 활동을 통해 세상의 문제에 대한 감정을 빠르고 간단하게 말로 표현합니다. 실습의 구성 덕분에 사람들은 온전히 받아들이는 자세로 경청하게 되고, 평소에는 비판이나 부정적 반응이 두려워 스스로 검열하던 생각과 감정을 이제 가감 없이 드러낼 수 있습니다.

| 방법 | 열린 문장의 절차에 대한 설명은 6장을 참고하세요. 다음은 열린 문장 한 파트의 예시입니다. 여러분만의 열린 문장을 가능한 한 편견 없이 선동적이지 않도록 만들어보세요.

- 오늘날 세상에서 가장 우려되는 것은 _____ 이다.
- 자연 세계에 벌어지는 일 가운데 특히나 마음이 아픈 것은 _____ 이다.
- 우리 사회에 벌어지는 일 가운데 특히나 마음이 아픈 것은 _____ 이다.
- 아이들을 남겨두고 세상을 떠날 것을 상상해보면 그 모습은 마치 _____ 같다.
- 이 모든 것에 대해 항상 느끼는 감정은 _____ 이다.(복수 응답)

- 이러한 감정을 피하는 방법은 ＿＿＿＿＿이다.(복수 응답)
- 이 감정을 활용하는 방법은 ＿＿＿＿＿이다.(복수 응답)

| 변형 | 열린 문장의 형식은 다른 상황에도 쉽게 적용 가능합니다. 조직이나 전문직 종사자 역시 어려움이 있다면 적당히 둘러대는 것이 아니라 열린 문장을 통해 명확히 드러내고 새롭게 영감을 얻을 수 있습니다. 예시 문장은 다음과 같습니다.

- 환경 보호국에서 일하게 된(의사가/선거운동원이 된) 첫 번째 계기는 ＿＿＿＿이다.
- 이 일을 하면서 힘든 부분은 ＿＿＿＿＿이다.
- 이 일을 계속 해나갈 수 있는 이유는 ＿＿＿＿이다.
- 이 일(또는 조직)을 통해 일어날 수 있고, 일어나길 바라는 것은 ＿＿＿＿이다.

커플 대상 워크숍에서는 아래 문장들을 포함해도 좋습니다.

- 나는 때로 세상에 대한 고통을 파트너와 나누기가 꺼려진다. 그 이유는 ＿＿＿＿때문이다.
- 이런 감정들이 파트너와의 관계에 미치는 영향은 ＿＿＿＿이다.

교사나 학부모와 함께할 경우 아래 문장들을 포함해도 좋습니다.

◆ 미래에 대해 염려하는 바를 아이들에게 드러내지 않는다면,

그 이유는 때문이다.

◆ 미래에 대한 염려를 아이들에게 드러내어 이야기한다면,

그 이유는 때문이다.

◆ 아이들과 뉴스에 대해 이야기 할 때,

내가 바라는 것은 이다.

호흡 명상

나선형 순환 중 이번 단계의 초반에 호흡 명상(13장 참고)을 소개하는 편이 좋습니다. 그러면 감당하기 어려운 정보를 더욱 수월하게 받아들일 수 있습니다.

서로 마주하기(Milling)

(소요시간 : 약 20분)

지금까지 앉아서 이야기를 나누었으니 이 실습으로 속도에 변화

를 줍니다. 서로 말없이 바라보며 인간의 공통된 특성에 완전히 집중합니다. 세계의 현실은 다른 사람을 일대일로 대면할 때 훨씬 큰 충격으로 다가옵니다. 실제로 있을 법한 고통과 죽음을 직면하면 자신의 예상보다 심하게 충격을 받을 수 있습니다.

여러분이 안내자로서 발언할 때는 조종하는 듯한 느낌이 들지 않아야 합니다. 무엇을 생각하라든가 느끼라는 말은 절대 하지 않습니다. 무언가 제안할 때에도 그것이 현실과 부합하는지 항상 주의를 기울여야 합니다. 이를테면 "이 사람을 핵 공격의 희생자라고 봅시다."가 아니라 "이 사람이 ~일 가능성을 헤아려보세요."라는 식으로 말합니다. 목소리는 극적이거나 감상적이지 않게 평범한 톤을 유지하세요. 이 실습의 분위기를 느낄 수 있도록 다음의 예를 제시합니다.

| **방법** | 의자와 방석을 뒤로 옮겨 실내에 넓은 공간을 만들고, 그곳에서 돌아다니도록 합니다. 말없이, 하지만 활기차게 공간을 배회합니다. 실습하는 내내 반드시 침묵해야 함을 강조하세요.

눈에 힘을 빼세요. 서로 부딪치지 않을 것입니다. 도중에 뒤엉키지 않도록 공간 전체를 활용하세요. 흐릿하게 보여도 충돌하지 않을 것입니다. 모두 같은 방향으로 가고 있다면 돌아서서 다른 쪽으로 갑니다.

1. 첫 번째 파트에서 사람들은 번잡한 도시 거리를 오가듯 바삐 움직입니다. 서두르세요. 여기는 산업성장사회입니다. 시간이 금인 곳입니다. 계속해서 움직이세요. 말은 하지 않습니다. **이런 식으로 시간이 촉박함을 알리세요.** 여러분은 중대한 일을 맡은 인물입니다. 이렇게나 많은 장해물 사이로 여러분이 갈 길을 만들어야 합니다. 이에 따르는 긴장감을 온몸으로 느껴 보세요.

2. 다음은 속도가 느려지면서 참가자들이 서로의 존재를 인식하게 **됩니다.** 이제 속도를 조금 늦춥니다. 주변에 보이는 얼굴을 바라보세요. "아, 여기에 나 혼자 있는 게 아니었구나." 지나갈 때 서로 눈길이 마주칩니다.

   이제 일대일로 여러 사람을 마주치기 시작합니다. 이때 꼭 눈을 응시해야 하는 것은 아닙니다. 그저 느긋하게 앞에 있는 사람 그 자체를 인식하면 됩니다. 긴장을 풀고 이 경험을 충분히 이해할 수 있도록 반드시 만나는 시간을 넉넉히 주세요.

3. 첫 번째 만남에서는 순전히 상대의 존재, 상대가 이곳에 온 선택에 주의를 기울입니다. 여러분 앞에 누군가가 있다면 멈추세요. 그리고 상대방의 오른손을 잡습니다. 이 사람은 여러분과 똑같이 위험한 시대, 위기의 시대, 속도의 시대에 태어나 이 지구에 살아있습니다. 이 사람은 오늘 이 자리에 오기로 마음먹었습니다. 여기 오지 않았더라도 할 수 있는 일은 무수히 많았습니다. 밀린 일을 마저 하거나 가족과 친구와 어울릴 수도 있었습니다. 하지만 이 세상에 무슨

일이 벌어지는지 함께 알아보기 위해 이곳을 택했습니다. 여러분은 이 사람이 내린 선택에 대해 어떤 기분이 드는지 생각해보세요. 이제 이 사람을 떠나 어디든 원하는 방향으로 가세요.

4. 다음 만남에서는 상대의 알 수 없는 기운과 힘에 집중합니다. 또 여러분 앞에 누군가 있다면 손을 잡으세요. 이 형제자매는 오늘 이 자리에서 무엇을 좋아하는지 말했습니다. 그것을 떠올리며 바라보세요. 마음을 열고 이 사람이 대전환에 보탬을 줄 수 있는 강점과 재능에 주목하세요. 예를 들면 인내심, 모험심, 문제 해결 능력, 다정함 등이 있겠지요.

5. 이번 만남에서는 현 상황에 대한 상대의 지식, 현 상황을 직면하려는 상대의 의지에 주목합니다. 여러분이 지금 들여다보는 얼굴은 세상의 일을 잘 아는 사람의 얼굴입니다. (다음과 같은 예를 둘 이상 제시하세요. 삼림 벌채, 소규모 농장 강제 폐업, 유전자 조작 농작물, 수압 파쇄법, 산정제거채굴, 기업화된 군사 복합체와 전쟁, 후쿠시마 등의 발전소에서 유출되는 방사능, 기후 변화의 막대한 위험…) 이 사람은 이런 일이 벌어지는 사실을 알면서도 외면하거나 돌아서지 않았습니다. 이 사람의 용기를 존중하세요.

6. 이어지는 만남에서는 촉각을 활용해 의식과 상상력을 높입니다. 다시 한 번 여러분 앞에 다른 사람이 있다면 오른손을 잡으세요. 이번에는 서로 닿자마자 눈을 감습니다. 눈을 감아야 온 신경을 촉감에 집중할 수 있습니다. 여러분이 쥐고 있는 이 물체는 무엇인가요?

그 안에는 생명이 있습니다. … (여기에 포함될 내용은 8장의 '고이 받들기'를 참고하세요. 한 워크숍에서 이 실습과 '고이 받들기'를 모두 진행한다면 이번 만남은 생략합니다.)

7. **마지막 만남에서는 지금 이 시기 지구에 위험이 닥쳤음을 인정하고 각자 기여할 재능을 인정합니다.** 마지막 만남까지 왔습니다. 서로 마주보고 어깨 높이에서 손바닥을 맞대세요…. 눈앞에 선 사람은 여러분과 함께 이 아름답고 섬세하지만 오염되어버린 지구를 살아가고 있습니다. 이 사람의 몸에는 여러분과 마찬가지로 암이나 면역 질환을 일으킬 수 있는 유독 물질이 있습니다. 이 사람은 여러분과 마찬가지로 핵 사고나 핵 공격으로 또는 기후 변화로 인한 유행병 때문에 죽을 수도 있습니다. 우리는 이런 상황을 함께 마주할 수 있습니다. 우리가 공동으로 처한 위험 때문에 갈라져서는 안 됩니다. 오히려 연대합시다. 계속 호흡하세요….

이제 이 얼굴에서 또 한 가지가 보입니다. 생명지속 문명으로 향하는 대전환에서 이 사람이 중추 역할을 하리라는 실제 가능성을 인식해보세요. 이 사람에게는 재능과 강점과 의욕이 있습니다. 그 가능성을 마음으로 받아들이고 어떤 기분이 들었는지 상대에게 알려주세요.

일부 안내자는 모두 앉아서 마지막 파트너와 몇 분간 이야기를 나누도록 합니다.

시애틀 추장에게 보고하기

(소요시간 : 30분)

이 과정에서는 산업성장사회, 그리고 자연 세계를 공경한 선주민 선조들, 이 두 가지 사고방식의 차이가 사용된 언어를 통해 가슴 저미도록 명확해집니다. 생명망을 존중하는 것이 우리가 날 때부터 지니는 권리임을 되새기고, 이로써 권리를 잃었다는 사실에 슬픔을 느낌과 동시에 이를 되찾으려는 열망이 고조됩니다.

이 실습은 현재 시애틀이라고 알려진 세알트Sealth 추장이 1854년 부족 집회에서 연설한 내용을 바탕으로 합니다. 이 연설의 구절과 이미지는 많은 사람들에게 친숙합니다. 가장 잘 알려진 버전은, 연설을 직접 들은 정착민의 메모를 시나리오 작가 테드 페리가 1970년에 각색한 것입니다. 이를 역사적 사료로서 다루는 것은 아닙니다. 이 연설문을 통해 아메리카 선주민이 지구를 숭상하는 마음을 강력히 환기하고, 경외심이 부족한 백인에게 초래될 것이라 예견한 상황을 살펴봅니다.

| **방법** | 둥글게 앉아서 차례대로 시애틀 추장의 연설문 중 의미 있는 부분을 큰 소리로 읽습니다(부록 1 참고). 원 가운데에 촛불 하나를 켜두거나, 혹은 바구니 하나에 자연물 여러 개를 넣어두면 이 과정에 몰입하는 데 더욱더 도움이 됩니다. 참가자는 조용히 사

색하며 위대한 추장이 한 세기 반 이전에 전한 메시지를 듣습니다. 미국 정부가 자기 부족 사람들의 땅을 사겠다는, 결국 빼앗겠다는 결정에 답한 메시지입니다. 다음은 잘 알려진 내용의 일부입니다.

어찌 하늘과 땅의 온기를 사고팔 수 있소? 우리에게는 이런 발상이 생소하오. 신선한 공기와 반짝이는 물은 우리의 소유물이 아닌데 어찌 그것을 사겠다는 것이오? 우리 종족은 이 땅의 한 자락 한 자락을 신성하게 여길 따름이오. 윤기 나는 솔잎이며 모래 쌓인 기슭이며 짙은 숲에 내리는 안개며 숲속의 빈터며 세차게 날갯짓하는 벌레며 우리 종족이 경험하고 기억하는 하나하나가 모두 성스럽습니다. … 만물이 같은 숨을 나누는 까닭입니다.

땅을 사겠다는 당신의 제안을 고려해보겠소. 그런데 한 가지 조건이 있습니다. 당신들 백인은 반드시 이 땅의 짐승을 형제처럼 대해야 합니다. … 짐승이 없다면 무슨 의미가 있겠소? 이 많은 짐승이 사라지면 인간은 크나큰 고독에 빠져 죽고 말 것입니다. 짐승에게 어떤 일이 벌어지든 그 일은 머지않아 인간에게도 벌어집니다. 만물이 서로 이어져있는 까닭입니다. …

우리는 압니다. 이 땅은 인간의 소유물이 아니라 오히려 인간이 이 땅의 소유물입니다. 우리는 압니다. 가족이 한 핏줄로 묶이듯 만물은 하나로 이어져있습니다. 대지에 무슨 일이 닥치든 그것은 대지의 자식에게도 닥치는 법이오. 생명의 그물을 엮는 것은 인간이 아니오. 인간은 그저 생명의 그물에서 한 가닥일 뿐입니다.
인간이 생명의 그물에 무엇을 행하든 그것은 곧 자기 자신에게
행하는 것입니다. …

다 읽고 나면 잠시 멈춘 뒤에 시애틀 추장의 영혼이 지금 원의
중심에 있다고 함께 상상해봅니다. 그리고 정해진 순서 없이 자발적
으로 지금까지 이 땅에 벌어진 일을 추장에게 보고합니다. 우리가
어떤 태도로 지구를 대하고, 서로를 대하는지 그리고 현재 우리에
게 생명이란 어떤 의미인지 알립니다. 모든 사람의 말에 무게를 싣
기 위해 한 명이 끝날 때마다 다 함께 짧게 "네, 그렇습니다."라고 말
해도 좋습니다.

이 이상 지도할 필요는 없습니다. 사람들이 시애틀 추장에게 삼
림 벌채, 공장식 농업, 유독성 폐기물 투기, 대기오염, 노숙인 문제를
알리기로 마음먹든 그렇지 않든, 확장되고 포괄적인 맥락에서 생명
에 현재 일어나는 사실을 말할 기회가 주어져 기쁠 것입니다. 시애
틀 추장이 숭앙하던 생명의 그물에서는 이렇게 사실을 고하면 구원
받습니다. 이 그물에는 슬픔도 있지만, 우리가 변화하고 치유할 가
능성 또한 있기 때문입니다. 안내자는 사람들이 말하거나 잠시 멈
춰 깊이 생각할 시간을 충분히 준 후에 다음과 같은 말로 마무리합
니다. "시애틀 추장의 말이 우리 마음에 남아있는 것처럼 우리가 추
장에게 전한 말 역시 세상을 치유하는 데 함께하기를 바랍니다."

사라져가는 벗에게

(소요시간 : 30분)

이 과정은 산업성장사회가 우리의 벗인 생물 종에게 범하는 잘못을 되새겨보는 의식입니다. 무엇으로 대신할 수 없을 만큼 특별함에도 우리를 스쳐가는 생명체들을 추모합니다. 이 의식은 1981년 미네소타에서 한밤중에 수백 명이 모여 멸종 위기에 놓인 생물 종의 목록을 단순히 읽으면서 시작되었습니다. 목록을 다 읽고 난 뒤 우리 주변에서 위협받는 생명을 하나씩 외쳐보자고 제안했습니다. 그러자 사람들은 곡을 하듯 절규하며 슬픔을 표현했습니다. 조애나는 바로 이런 경험을 토대로 (식물을 제외한 여러 동물을 부를 뿐이지만) 시 〈사라져가는 벗에게〉를 썼습니다.

이름을 읽어 내려가면 인간으로서 죄책감을 느끼기 쉽기 때문에 이 활동의 핵심은 책망이 아님을 사전에 분명히 말해두세요. 보통 죄책감을 느끼면 마음을 닫아버립니다. 그러므로 이름을 하나씩 부를 때마다 사람들이 유일무이한 종의 아름다움과 지혜를 조용히 기릴 수 있도록 틈을 주세요. 내면의 슬픔을 해소하는 데 도움이 될 것입니다.

│ 방법 │ 모두 원 하나로 모여 앉아 큰 소리로 낭독되는 〈사라져가는 벗에게〉(부록 2 참고)를 듣습니다. 원 주변에서 여러 목소리(네 가

지가 적당함)로 읽으세요. 속도는 장례식에 어울리는 정도로, 목소리에는 힘이 있어야 합니다. 생물종의 이름을 부를 때마다 죽비를 치거나 북을 한 번 강하게 두드립니다. 북은 장례식과 연관이 있는 악기이고, 죽비 소리는 단두대와 같이 최후를 의미합니다. 〈사라져 가는 벗에게〉에 나오는 여러 종의 이름과 반추하는 단락 모두 한 사람이 낭독합니다.

시를 마무리하며 안내자는 사람들에게 세상에서 사라져가는 것들을 호명하도록 권합니다. 멸종 위기에 놓인 종을 부르는 것과 의도는 동일합니다. 사라지고 있음을 공개적으로 밝히고 그것을 기억하기 위함입니다. 깨끗한 해변, 지저귀는 새소리, 안전한 먹거리, 도시를 뒤덮은 별, 희망 같은 것을 외칠 때마다 북 등을 울립니다. 이 역시 느린 속도로 침착하게 진행합니다. 안내자는 모두가 외친 희생물을 추모하고, 이름을 부름으로써 우리가 진솔하게 연대하여 대전환 작업에 참여하게 되었음을 인정하면서 마무리합니다.

우리가 누구인지 잊어버렸습니다

13장의 발원문(520쪽)은 세상에 대한 고통 존중하기 단계의 일부로써, 강도 높은 실습 전후에 활용하면 특히 효과적입니다.

"관심 없다"

(소요시간 : 10~15분)

이 짤막한 실습을 통해 뜻밖의 생각이나 감정을 표현하며 활력
이 넘치게 됩니다. 대중문화를 접하면서 외부와 단절된 기분, 심지
어 무관심을 떨치기란 어렵습니다. 이를 과장함으로써 더욱 솔직해
지고 전체성(sense of wholeness)이 보다 뚜렷해질 수 있습니다.

현재 세상에서 벌어지는 일에 공감한다고 해서 걱정만 하거나 동
정심만 느끼지는 않습니다. 넌더리가 날 때도 있으며 심지어 냉담하
게 방관하기도 합니다. 우리는 온전하기 위해, 현재 상태에 집중하
기 위해, 또한 진실되기 위해 이러한 감정까지도 인정해야 합니다.
단정 짓거나 독선에 빠지는 대신 인정함으로써 타인의 감정을 상상
하고 이해하는 것이 한결 수월해집니다.

한번은 컬럼비아 대학에서 워크숍을 진행하는데 톰이 이런 말을
했습니다.

"나는 절망을 느끼지 못한다는 사실에 절망한다. 심장이 마치 돌
덩이 같다. 다른 사람들이 신경 쓰는 것에 관심이 없는 나 자신이
두렵다."

이를 듣고 모두 톰에게 감사할 수밖에 없었습니다. 그 고백 덕분
에 이 과정을 고안했기 때문입니다. 또한 한바탕 웃음이 터졌고, 한
동안 이 활동이 '나는 돌덩이'로 불리기도 했습니다.

이 실습은 나선형 순환 중 이번 단계에서 집중을 요하는 과정 이전에 진행하면 좋습니다.

| **방법** | 열린 문장과 유사한 방식으로 둘씩 짝을 지어 앉아서 번갈아 이야기하고 듣습니다. 신호에 맞춰 역할을 바꿉니다.

조애나는 주로 첫 번째 신호를 주기 전에 또는 첫 번째 열린 문장을 제시하기 전에 참가자들에게 지나치게 진지한 태도를 허물라고 권합니다. 조금 민망하다는 이유로 누군가는 '여기서 정말 이런 말을 해도 될까?' 하는 의문을 가집니다. 그러므로 조애나처럼 과장과 풍자 등 자신만의 농담 섞인 표현으로 운을 떼어도 좋습니다. 그러면 곧 긴장을 풀고 더욱 솔직해집니다.

첫 번째 열린 문장을 통해 테러부터 표토 유실 문제까지, 나쁜 소식은 쉴 새 없이 들리고 시급한 사안은 감당하기 어려울 만큼 연이어 쏟아지는 통에 우리가 얼마나 염증을 느끼는지 표현할 수 있습니다.

- ◆ 나는 ＿＿＿＿＿ 관련 소식을 듣는 데 진절머리가 난다.
- ◆ ＿＿＿＿＿ 에 관한 이야기는 나한테 하지 말았으면 한다.

위와 같은 문장 하나로 충분합니다. 곧 좌중이 시끌벅적해지며 곳곳에서 웃음이 터져 나올 것입니다. 두 번째이자 마지막 열린 문장은 아래와 같습니다.

◆ 나는 이 모든 것을 듣고/생각하고 싶지 않다.

왜냐하면   한 기분이 들기 때문이다.

이 부분에서 분위기가 전환됩니다. 자신이 느낄 리 없다고 생각했던, 혹은 느끼기 두렵다고 생각했던 바로 그 감정을 드러내기 때문입니다. 시간은 한 사람 당 2분 이상 할애합니다.

애도의 돌무덤

(소요시간 : 30분)

이 의식은 사라져 가는 벗에게와 기능이 비슷하지만, 세상일에 대한 슬픔을 보다 직접적으로 드러내는 시간입니다. 이런 슬픔을 인지함으로써 일체감을 느낄 수 있으며, 일체감 덕분에 힘을 얻어 고난을 견디고 생명을 위해 행동하게 됩니다.

│ **방법** │ 대개 실외에서 진행하지만 실내에서도 가능합니다. 모두 밖에서 혼자 돌아다니면서 이제는 사라지고 없는 장소라든지 자신에게 소중한 존재를 떠올리도록 하세요. 그리고 자신이 애도하

는 것을 상징하는 물건 하나를 찾습니다. 돌이나 나무 막대, 잎이 달린 가지 등을 갖고 다시 모입니다.

모두 원형으로 앉아 간단히 의식을 시작합니다. 정해진 순서 없이 한 명씩 중심으로 걸어가 물건을 놓으며 말합니다. 그 물건이 의미하는 바가 무엇인지 설명하는 것입니다. 예를 들어 가족이 운영하는 농장, 콘크리트로 메워서 사라진 개울, 동네 상점 등이 있겠지요. 이에 덧붙여 그것을 상실했다는 사실에 어떤 기분이 드는지 말합니다. 그렇게 정식으로 고별합니다. 하나씩 물건을 놓으면 작은 돌무덤 형태가 만들어집니다. 물건이 놓일 때마다 모두 화자의 증인이 되어 "당신의 말을 들었습니다"라고 말합니다.

의식의 마무리로 두세 명씩 앉아서 각자 돌무덤에 물건을 쌓을 때 느낀 슬픔을 조금 더 구체적으로 표현해도 좋습니다. 아니면 함께 손을 잡고 소리를 내며 끝을 맺어도 좋습니다.

| 변형 | 실내에서 진행해 자연물을 가져올 수 없는 경우에는 정사각형 종이로 대신할 수 있습니다. 종이 서너 조각에 자신이 추모하고 싶은 것을 단어로 적거나 그림으로 그립니다. 원의 중심에 바구니를 두고, 한 번에 한 조각씩 바구니에 넣으며 그것이 의미하는 바를 설명합니다. 새파란 하늘, 아끼던 나무, 새소리 등이 될 수 있겠지요. 더욱 다양하고 독창적인 표현도 가능합니다. 어떤 사람은 짧은 시를 쓰고 그림을 그리기도 합니다.

진실 만다라

(소요시간 : 90분)

이 의식을 통해 집단 전반에 세상에 대한 고통을 인정하고 존중하는 구조가 형성됩니다. 1990년 동독과 서독이 통일한 날, 프랑크푸르트 인근에서 대규모 워크숍이 열렸습니다. 긴장감 가득한 그곳에서 이 실습이 처음 시작되었습니다. 이후로 전 세계 수많은 워크숍에서 특색 있고 신뢰 가는 활동으로 자리 잡았습니다.

어느 참가자는 주말 대학 워크숍에서 접한 진실 만다라를 이렇게 묘사했습니다.

우리가 느끼는 두려움과 슬픔, 분노, 공허함을 하나씩 공유했다. 손길이 닿지 않은 채 내 안에 고여 있던 자비심과 용기를 느꼈고, 점차 마음이 열려 진정으로 개개인의 고통을 함께 느끼면서 각자 드러낸 근심에 공감할 수 있었다. 괴로움을 부정하거나 방어하며 물러서지 않고 그대로 받아들이는 힘은 누구나 마음만 먹으면 발휘할 수 있다. 기쁘고 즐거운 일뿐만 아니라 어렵고 괴로운 일까지 삶의 모든 경험을 수용할 만큼 마음을 넓힐 수 있다. 그러면 기막힌 역설을 경험하게 된다. 고통에 마음을 열면 결국 더 많은 활력과 기쁨, 사랑, 자비심에 마음이 열린다.

ㅣ 방법 ㅣ 모두 원으로 둘러앉았습니다. 진실을 담는 그릇을 만드는 과정이므로 최대한 가까이 붙어 앉습니다. 이 원을 사분면으로 나누어(경계선은 불필요) 각 영역에 상징적인 물건을 놓습니다. 돌, 낙엽, 굵은 막대, 빈 그릇을 하나씩 배치하고, 원의 중앙에는 작은 천 조각 하나를 둡니다. 그런 뒤에 안내자가 차례로 집어 들며 각 물건의 의미를 설명합니다. 예시는 다음과 같습니다.

이 돌은 두려움을 나타냅니다. 우리가 두려울 때 심장이 느끼는 그대로이지요. 수축되어 딱딱하고 뻑뻑합니다. 이 돌을 쥐면 우리가 느끼는 두려움을 말할 수 있습니다.

여기 메마른 낙엽은 우리가 느끼는 슬픔을 상징합니다. 우리는 세상일을 지켜보며 내면에 슬픔이 수북이 쌓여갑니다. 이것을 잡으면 슬픔을 말할 수 있습니다.

이 막대는 우리가 느끼는 분노, 화를 나타냅니다. 정신을 가다듬고 목적을 분명히 하기 위해서는 분노를 표출해야 합니다. 분노를 드러내려면 이 막대를 양손으로 단단히 쥐세요. 두드리거나 휘두르는 용도가 아닙니다.

그리고 빈 그릇은 우리가 느끼는 결핍, 이미 사라진 것에 대한 욕구, 갈망, 즉 공허감을 의미합니다.

어쩌면 여러분이 말하고 싶은 것이 이 사분면에 해당되지 않을 수도 있습니다. 그럴 때 만다라의 중심에 있는 천에 서거나 앉아서 목소리를 내세요. 노래나 기도, 시구절로 표현해도 좋습니다. 그렇다면 희망은 어디에 있나 궁금하신 분도 있겠지요? 바로 이 만다라가 희망입니다. 우리에게 희망이 없었다면 이 자리에 오지 않았을 것입니다.

물건의 의미를 모두 설명한 뒤에 진실 만다라의 지침을 제시합니다. 원의 내부는 신성한 공간이며 우리가 진실을 말함으로써 신성해진다는 점을 강조하세요.

1. 원의 중심 쪽으로 발을 뻗지 않도록 합니다. 중심에는 물병이나 휴지 등도 없어야 합니다.
2. 의식이 시작되면 한 번에 한 명씩, 정해진 순서 없이 자발적으로 원 안에 들어가 물건 하나를 집어 들고 말합니다. 한 사분면에서 말한 뒤에 제자리로 가도 좋고, 다른 사분면으로 이동해도 됩니다. 물건만 든 채 말하지 않아도 괜찮습니다. 두 번 이상 들어가도 되고 아예 들어가지 않을 수도 있습니다. 누구도 들어가라고 강요하지 않습니다.
3. 간결한 표현의 힘을 강조하세요. 진실 만다라는 강연이나 발표를 하는 자리가 아닙니다. 세상에 대한 고통을 직접적으로, 간략하게 표현하는 자리입니다. 각 물건이 자기 마음에 집중하는 데에 도움이 될 것입니다.

4. 진실 말하기를 응원하기 위해 어떤 말이 좋을지 함께 정하세요. 한 사람이 만다라 안에서 이야기하는 도중이나 끝난 뒤에 "맞습니다" 또는 "공감합니다"와 같은 말을 외칩니다(제창을 하는 것은 아님).

5. 반드시 비밀을 지킵니다. 이곳에서 한 말은 이곳에 남습니다. 만다라에서 한 말은 이 시간 이후에 언급하지 않습니다.

6. 이 자리에 있는 사람에 대해 개인적 발언을 삼가고, 다른 사람의 말에 언성을 높이거나 대응하지 않습니다.

7. 건강이나 가족 문제 등 각자 개인의 삶에 대한 근심도 세상에 대한 염려만큼이나 중요합니다. 둘은 본질적으로 세상의 상태와 연관이 있습니다.

8. 모국어로 자유롭게 이야기해도 좋습니다.

9. 다른 생명체나 다른 사람이 되어 말해도 좋습니다. 그럴 경우 그게 무엇인지, 누구인지 모두에게 알려주세요.

10. 지나친 위로는 삼가세요. 격한 감정을 드러낼 때 섣불리 위로하면 그만두라는 신호로 받아들일 수 있습니다.

11. 이 의식이 얼마나 걸릴지 예상 시간을 알려주세요(보통 한 시간 반). 필요에 따라 화장실에 가도 좋다고 미리 알립니다.

지침을 전한 뒤에 만다라 각 사분면의 의미(근원적 혹은 밀교 측면에서의 의미)를 좀 더 심도 있게 설명합니다. 물건을 하나씩 가리키며 다음의 예시와 같이 말합니다.

우리가 느끼는 슬픔의 정도는 사랑과 똑같습니다. 우리는 애정이 각별한 대상만을 애도합니다. "슬퍼하는 자에게 복이 있나니."

두려움 자체를 두려워하는 이 사회에서 두려움을 이야기하려면 믿음과 용기 또한 필요합니다. 이는 자연스레 말하는 사람의 태도에 묻어납니다.

우리가 드러내는 분노의 근원은 정의를 향한 열망입니다.

이 그릇의 공허함 또한 존중해야 합니다. 비어있어야만 새로운 것이 생겨날 수 있습니다.

의식 자체는 모든 생명체의 행복과 세상의 치유를 위해 진실 만다라를 봉헌하는 것으로 시작합니다. 뒤이어 간단한 구호나 소리를 냅니다. 산스크리트어에서 종자 음절 '아'는 아직 말하지 않은 내용, 아직 들리지 않은 목소리 전부를 의미합니다.

여러분 자신을 믿고 의식을 끝맺을 순간을 예측하세요. 마칠 준비를 할 때에는 미리 알려서 망설이는 사람이 말할 기회를 잡을 수 있도록 합니다. 다음과 같이 말하세요.

진실 말하기는 우리 삶에서 이어질 테지만 이 장은 곧 끝이 납니다. 만다라에 아직 들어가지 않았으나 들어가고 싶다면 지금이 기회입니다.

진실 만다라를 공식적으로 마무리하는 순간 역시 중요합니다. 먼저 각자가 말한 진실에 경의를 표하고, 모두의 진심 어린 응원을 받아들입니다. 진실 말하기는 산소와 같아서 활기를 불어넣습니다. 진실을 말하지 않는다면 혼란이 가중되어 무감각해질 것입니다. 진실을 말함으로써 우리 자신에게 그럴 권리가 있음을 느낍니다.

다음으로 '밀교'에서 의미하는 바를 간단히 반복합니다. 물건을 하나씩 가리키며 다음 예시와 같이 말합니다.

낙엽을 두고 말한 슬픔의 정도는 사랑과 똑같았습니다.
두려움에 귀 기울일 때 우리는 믿음과 용기 또한 들었습니다.
분노에 귀 기울일 때 우리는 정의를 향한 열망을 들었습니다.
빈 그릇을 통해 새로운 것이 생겨날 공간이 만들어짐을 확인했습니다.

그런 다음 함께 '아' 하고 다시 한 번 소리 내며 마무리합니다. 소리가 끝나면 모두 삼배를 합니다. 첫 번째로 머리와 양손으로 바닥을 짚으며 지구에 기운을 돌려줍니다. 두 번째로 양손을 가슴에 얹고 이 시간에 온전히 참여한 자신에게 고마움을 표합니다. 세 번째로 합장하며 다른 사람들의 용기와 응원에 고마움을 표합니다.

이제 모두 어우러져 대화를 나누거나 조용히 교감하고, 노래를 불러도 좋습니다. 무엇이든 자연스럽게 이뤄지도록 하세요.

◆ 12명이 안 되거나 100명이 넘으면 대체로 진행하지 않습니다. 20~40명이 가장 수월한데, 네 명 정도의 적은 인원으로도 진실만다라를 훌륭히 진행한 사례가 있습니다.

◆ 봉헌식과 공식적인 시작에 앞서 20~30분간 준비하세요. 인원이 많은 경우에도 의식 자체는 한 시간 반이 지나면 마무리합니다. 이 과정은 온 신경을 집중해야 하기 때문에 사람들이 당장은 몰입한 상태일지라도 생각보다 심하게 피로를 느낄 것입니다.

◆ 진실 만다라 이전에 열린 문장 등에서 이미 세상에 대한 고통을 인정할 기회가 있었는지 반드시 확인하세요. 의식은 정오 전후로 진행하고 이후에는 휴식을 취합니다. 시간을 갖고 쉬거나 글을 쓰면 경험을 소화하는 데 도움이 됩니다. 다른 활동을 한 가지 더 진행한 뒤에 당일 일정을 마치세요.

◆ 격한 감정을 다루는 법은 5장의 내용(170쪽)을 복습하세요.

◆ 거리를 두지 말고 참여하세요. 그룹 전체의 흐름을 주시하면서도 가능한 한 솔직하게 의식에 참여합니다.

◆ 참가자의 필요에 맞춰 준비하세요. 노년층 대상 워크숍에서는 바닥이 아닌 탁자에 만다라를 설치합니다. 그래야 지팡이나 보행기, 휠체어로 접근할 수 있습니다. 정신과 병동에서는 돌과 막대기를 덩굴 식물, 그림 같은 물건으로 대체합니다.

절망 의식

(소요시간 : 60~90분)

절망 의식은 재연결 작업의 가장 오래된 형태 중 하나로서, 진실 만다라와 목적이 거의 같지만 강도는 더 높습니다. 또한 한 번에 더 많은 사람이 적극 참여할 수 있고, 자유롭게 돌아다닐 수 있다는 이점이 있습니다. 반면 꽤 소란스럽고 무질서한 상태가 될 수 있으며, 진실 만다라는 강렬한 감정 각각을 밀교적 관점에서 다루어 속죄의 성격이 있는데 반해 이 의식은 속죄의 성격이 약합니다.

이는 스리마일 섬(Three Mile Island) 원전 사고 이후 첼리스 글렌디닝이 창안한 의식으로, 꿈에서 영감을 받았습니다. 의식의 기능은 '쓰라림 말하기(speaking bitterness)'의 영향을 받았습니다. '쓰라림 말하기'란 중국에서 혁명의 고통으로 인한 무관심과 마비 현상을 완화하기 위해 행한 활동입니다.

사람들은 자신의 죄가 아니라 슬픔을 고백했다. 이 영향으로 정서적 연대가 형성되었다. 자신의 슬픔을 서로에게 쏟아내면서 모두 이 슬픔을 평생 같이할 관계임을 깨달았기 때문이다. 이로써 서로 더욱 가까워졌고, 공통된 정서를 이끌어냈으며, 삶을 이어가고, 희망도 얻게 되었다.[2]

절망 의식도 이와 유사한 효과가 있습니다. 더욱이 사람들은 이

의식을 통해 세상에 대한 고통을 겪고 표현하면서 '바닥을 칠' 기회를 얻습니다. 그렇게 최악의 상태를 경험하면서 고통에 대한 두려움이 사라집니다. 그리고 그 바닥은 공동의 기반이 됩니다.

| **방법** | 세 개의 동심원을 만들어 진행합니다. 처음에는 가장 바깥쪽의 '보고하는 원'에서 모두 서있거나 움직입니다. 그다음은 '분노와 공포의 원'(마구 두드릴 수 있는 베개 두 개 준비)이며, 가장 안쪽 원은 '슬픔의 원'(방석 여러 개 준비)입니다. 원 바깥의 구석진 공간에는 식물이나 나뭇가지를 두어 안식처임을 표시합니다.

초반에 안내자가 아래의 조언을 참고해 설명을 마치면, 진실 만다라처럼 목적을 선언하는 것으로 의식을 시작합니다.

이 의식이 세상을 치유하는 데 도움이 되기를….

그리고 또렷하고 길게 '아' 하고 소리를 냅니다. 이 소리는 그동안 언급되지 않고 침묵 속에 있던 것 모두를 상징합니다. 이제 사람들이 각자의 속도로 바깥 원을 따라 시계 반대 방향으로 움직입니다. 자연스레 세상의 상태에 대해 생각하던 바를 짤막하게 털어놓기 시작합니다. 사실과 감정 모두 단순하고 간략하게, 긴 설명 없이 보고합니다.

제가 사는 도시에서 지금 노숙인들이 체포되고, 보호소가 문을 닫습니다.

대기 오염 때문에 딸이 천식을 앓고 있습니다.

암에 걸릴까 봐 겁이 납니다.

한 명이 보고할 때마다 다 함께 "정말로 그렇습니다", "당신의 말을 듣습니다"와 같은 말로 반응합니다.

감정이 고조되고 마음이 움직여서 단순히 보고하기보다 표현하고 싶어지면 내부에 있는 원 둘 중 하나로 들어갑니다. 두 번째 원에서는 발을 쿵쿵 구르거나 베개를 내리치며 큰소리로 분노와 공포를 표출합니다. 아니면 곧장 슬픔의 원으로 이동해서 방석에 무릎을 꿇거나 주저앉아 슬픔을 발산하고, 때로는 서로 부둥켜안고 울기도 합니다. 어느 원이든 자신이 바라는 만큼 머물고, 자리를 옮기고 싶은 대로 돌아다닐 수 있습니다. 어떤 경우에는 보고가 계속되는 중에 참가자 거의 절반이 원 안쪽에 있는 상황이 벌어지기도 합니다. 이렇게 감정이 격해지고 소음이 심해지면 쉬고 싶을 것입니다. 그럴 때 안식처에서 잠시 쉽니다. 살짝 떨어진 그곳에 조용히 앉아서 여전히 이 과정을 따르고 응원할 수 있습니다.

무엇보다 이 과정의 큰 이점은 원 세 개와 안식처가 있기 때문에 감정의 차원이 서로 달라도 동시에 참여가 가능하다는 것입니다. 왔다갔다 움직이면서 자기 감정의 깊이는 물론 유동성에 주목하게 됩니다. 감정에 쉽게 휩쓸리지 않는 사람 역시 가만히 지켜보는 것만으로 다른 사람에게 힘이 되어 줄 수 있습니다.

고통스러운 사실과 감정을 한참 동안 드러내면 아마 상황이 최고조에 달했거나 혹은 그 상황이 여러 번 반복된 상태일 것입니다. 이때 대체로 분위기가 달라집니다. 어둠과 괴로움으로 치닫던 역동성이 그대로 긍정적인 방향을 향합니다. 각자가 염려하는 바의 이면에는 결국 공통성이 있음을 깨닫는 것입니다. "동생이 에이즈로 죽어 갑니다"와 같은 말 사이사이에 "텃밭을 가꿉니다", "동네 사람들이 협동조합을 만들고 있습니다"와 같은 말이 점점 늘어납니다. 이러한 변화를 설정하는 것은 불가능하지만 거의 매번 일어납니다. 몇몇이 여전히 슬픔의 원에서 울고 있더라도 전반적인 분위기는 바뀌기 시작합니다. 대개 슬픔의 원에서 무리를 이루기 시작해 서로의 감정에 공감하고 고마움을 느껴 팔이며 어깨를 토닥이고 눈을 마주칩니다. 누군가 노래를 시작해 이내 다 같이 부르는 일도 있습니다.

결말은 매번 다릅니다. 가끔은 그룹의 상당수가 비교적 오랫동안 분노에 차있는 경우도 있는데, 그럴 때에도 기세가 누그러지고 분위기가 바뀌어 일시적이나마 완료되는 시점을 감지할 수 있습니다. 이때 여러분은 안내자로서 잠시 멈춘 뒤에 함께한 시간의 가치를 인정하고 참가자가 서로 존중하도록 권하면서 점차 의식을 마무리 짓습니다. 다시 모두 그룹 전체에 주목하도록 하여 의식을 시작할 때처럼 '아' 하고 소리를 냅니다.

때로 마무리가 순조롭지 않은 경우도 있습니다. 내면 깊숙이 있던 감정을 방출하면 박장대소하는 상황이 펼쳐지기도 하는데, 그 감정이 우리 세상과 관련된 것이라면 더욱 그렇습니다. 바로 이럴 때 새삼스레 느낀 연대감이 북을 치듯 두드리고 춤을 추면서 폭발적으로 번져나갑니다.

| 안내자를 위한 조언 | 절망 의식은 안내자에게 신뢰와 진정성을 요하며 잠시도 경계를 늦춰서는 안 되므로 결코 쉽지 않은 과제입니다. 안내자, 혹은 첼리스의 말대로 '길잡이' 역할을 하려면, 누구든 5장의 격한 감정 다루기(170쪽)를 반복해 읽어야 하며 다음의 조언 역시 주의를 기울여야 합니다.

- 이 과정을 직접 경험하지 않았다면 이끌지 않는 것이 가장 좋습니다.
- 참가자가 12명 미만이거나 50명을 초과하면 이 과정을 진행할 수 없습니다. 20~30명이 가장 적당합니다.
- 20명이 넘으면 사전 설명 시간, 끝나고 긴장을 푸는 시간까지 포함하여 한두 시간 정도로 일정을 잡습니다.
- 사전 설명 시 감정을 느끼는 방식과 시점은 사람마다 천차만별이라는 점을 강조하세요. 참가자가 특정 방식으로 행동해야 한다는 압박감을 느끼지 않도록 합니다. 또한 감정을 얼마나 느끼고

얼마나 드러낼지는 언제나 자신이 결정할 문제임을 강조하세요.

◆ 이 의식만의 독특한 본질을 다시 한 번 알리세요. 참가자는 공동체를 대표하여 말할 기회를 얻습니다. 이곳에서 드러내는 공포와 분노, 슬픔은 단지 우리만의 것이 아닙니다. 생명망 안에서 상호 연결되어있음을 고려하면 우리가 흘리는 눈물은 아프가니스탄의 어느 어머니, 거리를 떠도는 아이, 사냥감이 된 고래의 눈물일 수 있습니다. 또한 의식 진행 중에 누군가가 격한 감정을 표출하고, 그것에 공감한다면 누구든 조용히 곁에 있어줌으로써 연대감을 표해도 좋습니다.

◆ 참여하세요. 여러분이 마치 관찰자나 사제가 된 듯 의식과 거리를 두지 마세요. 온전히 참여하되 두 가지 차원에서 집중합니다. 하나는 평범한 참가자로서 참여하고, 또 하나는 지속적이고 전체적으로 사람들의 행동을 살피면서 개입이 필요한 순간을 알아차려야 합니다.

◆ 가장 바깥 원에서 보고하는 사람들이 대화나 토론을 하려 한다면 개입하세요. 여러분이 이 의식의 특징을 분명히 밝힌다면 이런 일이 자주 발생하지는 않을 것입니다.

◆ 누군가 사사로운 감정 문제를 행동에 옮김으로써 다른 사람을 방해한다면 개입하세요. 드문 일이긴 하지만 발생한다 해도 충분히 해결할 수 있습니다. 단순히 그 사람에게 다가가 팔이나 어깨 등을 잡고 정신을 차릴 수 있도록 여러분과 주변을 보라고 말하

세요. 그런 뒤에 안식처에서 동료 안내자와 함께 잠시 쉴 것을 권합니다.

◆ 극도로 격한 감정을 내보이는 사람에게 도움을 주어도 좋습니다. 토닥이거나 그저 곁에 있어주는 것만으로 힘이 될 것입니다.

◆ 아무런 일도 일어나지 않는다면 가만히 호흡하며 기다립니다. 사람들에게 충분히 시간을 주세요.

◆ 모든 일이 한꺼번에 벌어지는 듯하고, 일그러진 표정과 흐느끼는 소리가 마치 며칠이고 계속될 것 같은 상황이라면, 여러분은 그룹을 '정상으로 되돌리는' 방법이 있기는 할까 염려될 것입니다. 이에 대한 조언도 동일합니다. 가만히 호흡하며 기다리세요. 여러분이 할 일은 구조 활동이 아니라 이 드문 기회를 활용하여 세상에 대한 고통을 완전히 공유하도록 하는 것입니다. 이 과정을 신뢰하세요.

◆ 진실 만다라와 마찬가지로 정오 전후에 진행하고 이후에는 휴식을 취합니다. 경험한 바를 조용히 받아들일 시간이 필요한데, 가급적 함께하는 편이 좋습니다. 그러므로 의식이 끝난 뒤에 고이 받들기나 즉흥 글쓰기, 색과 점토로 형상화하기 등의 실습을 진행하세요. 자연에서 시간을 보낼 수 있다면 더욱 좋습니다. 결코 이 의식으로 일정을 마무리해서는 안 됩니다.

◆ 나중에 소집단으로 모여 이 의식에서 경험한 것을 나누도록 권하세요. 그런 뒤에 종합 토의로 그룹 전체에 말할 기회를 주며 끝을

맺습니다.

◆ 물론 한 워크숍에서 절망 의식과 진실 만다라를 병행해서는 안됩니다.

눈물 그릇

(소요시간 : 30~60분)

간단한 의식으로, 몇 안 되는 인원부터 대규모 집회까지 규모에 상관없이 진행할 수 있습니다. 이 실습은 2005년 호주 웨스턴오스트레일리아주에서 조애나와 프랜시스 메이시가 60명을 대상으로 30일 집중 과정을 이끌면서 처음 시작되었습니다. 그곳에서 모두 원으로 둘러앉아 물 한 그릇을 차례로 돌렸습니다. 순서가 되면 하나같이 손으로 물을 떠서 흘려보낸 뒤 "내 눈물은 _____ 을 위한 것입니다"라고 말하며 세상에 대한 슬픔을 나눴습니다. 그러고는 제단에 그릇을 놓았습니다.

그다음으로 미국 오리건 해안에서 30일 집중 과정을 진행하였는데, 이때 전 세계 선주민의 고통을 기억하고 의식을 끝맺기 위해 눈물 그릇을 진행했습니다. 당시 그룹은 의식의 연장선으로서 다 함께 해변까지 천천히 걸어갔습니다. 그러고는 어느 스페인 젊은이가 그릇을 들고 걸음을 옮겨 파도치는 바다에 물을 쏟아부었습니다.

1년 반이 흘러 스코틀랜드 핀드혼에서 250명과 함께한 행사는 시 낭송으로 시작하여, 공동으로 슬픔을 느낄 때 자연히 따르는 힘, 자유, 연대에 관해 함께 사유했습니다. 그런 뒤에 네 명씩 모여 대붕괴에 대한 경험담을 나눴습니다. 뒤이어 함께 부른 노래는 기도문처럼 계속 이어졌습니다. 애드리엔 리치의 글에 캐럴린 맥데이드가 곡을 붙인 노래[3]입니다.

구원할 수 없는 모든 것에 가슴이 미어져

너무도 참혹한 광경

내 운명은 그대와 함께해야 해

후세대와 함께, 올곧게

특별한 힘은 없지만

세상을 되돌려야 해[4]

그때 조명이 어두워지고 세상의 온갖 비참하고 우울한 모습을 담은 이미지가 커다란 화면에 비쳤습니다. 고요한 가운데 애통한 합창(캐럴린 맥데이드 앨범의 수록곡 〈My Heart is Moved〉)만이 반복해서 재생됐습니다. 바다 중앙의 넓은 공간에는 큼직한 그릇 세 개가 놓여 있고 그 안에 물이 반쯤 차 있었습니다. 사람들은 정해진 순서 없이, 천천히 자리에서 나와 그릇 옆에 무릎을 꿇고 앉아서는 세상에 대한 슬픔을 이야기하며 ("내 눈물은 _____ 을 위한 것입니다.") 손가락 사이로 물을 흘려보냈습니다. 제법 어둑한 가운데 모두 이리저리 움직이면서 음악에, 그릇 주변에서 소곤대는 소리에, 물이 찰랑이는 소리에 심취한 듯했습니다. 곧이어 세 사람이 그릇을 들고 이동하고, 전부 천천히 회장을 빠져나와 정원의 연못 주위에 모였습니다. 그곳에서 그릇을 하나씩 비우며 세상에 대한 고통은 개인만의 질병이 아님을 되새기는 말이 이어졌습니다. 우리는 그 고통으로 인해 지구와 연결되고 서로 연결되는 것입니다. "기억합시다. 우리가 세상에 대해 흘리는 눈물은 곧 대지의 여신 가이아의 눈물입니다."

| **방법** | 아무 무늬 없는 유리그릇 하나에 물을 1/3가량 담아 원 중앙의 바닥 또는 탁자에 놓습니다. 물은 우리가 세상에 대해 흘리는 눈물을 상징합니다. 사람들을 모두 그릇 쪽으로 불러 모읍니다. 한 명씩 한 손으로 물을 뜬 후 손가락 사이로 흘려보내며 말합니다. "내 눈물은 _____을 위한 것입니다"라고 말합니다. 구체적인 생명체나 장소를 말할 수 있습니다.

모두 마치면 인근의 물가나 뜰 같은 자연으로 다 함께 가서 그곳에 물을 쏟아냅니다. 이때 다음과 같이 말합니다.

우리가 세상에 대해 흘리는 눈물은 곧 대지의 여신 가이아의 눈물입니다.

| 변형 | 작은 사기그릇 하나에 소금을 담아 물이 담긴 그릇 옆에 놓으세요. 그리고 다음과 같이 말합니다.

염분은 생명에 없어서는 안 될 성분입니다. 바다에도 있고 우리 눈물에도 있지요. 그러므로 물에 소금을 아주 조금 타세요. 이제 한 손으로 물을 뜬 후 손가락 사이로 흘려보내며 말합니다. "내 눈물은 을 위한 것입니다." 여러분이 애도하는 생명체나 장소를 이야기하세요.

즉흥 글쓰기

(소요시간 : 20~30분)

어느 시점에 진행해도 좋은 실습이지만, 모두 자유롭게 드러낸 감정을 탐구하는 활동이므로 특히 애도하는 의식 바로 다음에 이어지면 효과가 큽니다.

| 방법 | 단어나 주제, 구절 하나를 함께 정하세요. 이전의 실습 중에 언급했던 것도 좋습니다. 정해지면 그것을 게시하여 모두가 편히 읽습니다. 그런 뒤에 펜이나 연필을 쥐고 무엇이든 떠오르는 대로 적도록 하세요. 맞춤법이나 문법이 틀려도 괜찮고 심지어 '말이

안 되는' 것이어도 상관없습니다. 다른 이에게 읽어주지 않아도 됩니다. 아무 생각이 나지 않더라도 펜이나 연필을 멈추지 말고 방금 쓴 단어를 거듭 적거나 원을 그리는 등 무엇이든 끄적입니다.

이 까마득하고 고통스러운 일을 앞에 두고

우리가 할 일은 이다.

이는 포스터 아티스트 코리타 수녀의 미완성 문장으로, 세상에 대한 고통을 공유한 뒤에 더욱 강력한 힘을 발휘합니다. 이 문장을 통해 마음 깊은 곳의 이야기를 말하도록 돕고, 여전히 그룹의 지지를 느끼면서 이제는 홀로 자신만의 고유한 진실을 찾아 나서게 됩니다. 10~15분 정도 글을 쓰고 나면 보통 다른 사람들과 나누고 싶어집니다. 두세 개 정도를 공유하도록 합니다.

색과 점토로 형상화하기

(소요시간 : 30~40분)

언어로 세상에 대한 근심을 표현하는 데에는 한계가 있습니다. 드러내는 만큼 숨기는 것도 가능하기 때문입니다. 우리는 소통하기 위해서는 물론, 자신을 보호하기 위해서도 언어를 사용합니다. 타인과 자신의 관심을 엉뚱한 곳으로 돌려 고통을 외면하는 것이지요. 세상의 문제와 우리 내면의 반응을 잇기 위해서는 언어의 차원을 뛰어넘거나 언어의 심층으로 뛰어들어야 합니다. 우리는 잠재의식 수준에서 이 시대의 위험과 장래성 모두를 이제 막 인식하기 시작했습니다. 이런 차원에서 에너지와 창의성의 원천을 자극할 수 있습니다. 바로 이미지와 미술로 접근하면 가능한 일입니다.

종이에 색을 칠하거나 점토로 무언가를 빚으면 이미지가 표면화됩니다. 촉각, 시각을 동원하여 쌓아 뒀던 이미지를 표출합니다. 신경 과학자들은 미술 행위를 통해 정신 활동의 중심을 우뇌로 이동하여 덜 연속적으로, 보다 공간적으로 사고할 수 있다고 말합니다. 그렇게 우리는 마음을 열어 생명망을 인식하고, 생명망과 서로 주고받는 혜택의 지대한 영향력을 깨달으며 선형적 인과관계를 뛰어넘습니다. 워크숍 참가자들은 대개 자기 손으로 빚어낸 결과물을 보고 놀라워합니다. 감정의 힘과 근심의 범위가 자신의 삶에서 부차적인 것에 불과하다고 넘겨짚었기 때문이지요. 말로 표현하는 언어와 달리 이미지는 그 자체가 실재인 것처럼 보입니다. 그렇기에 설명하거나 변명할 필요도 없습니다. 한번 생겨난 이미지는 어찌할 수 없는 현실처럼 그대로 남아 그 자체로서 존재합니다. 또한 이미지를 마주하면 속을 드러낸 기분과 동시에 보호받는 느낌이 듭니다.

주저하는 사람들이 있다면 받아들이세요. 미술 활동을 권하면 다수가, 특히 성인들이 거부반응을 보입니다. 이 활동의 핵심은 묘사나 창작으로써 예술의 경지에 이르는 것이 아님을 분명히 밝히세요. 참가자가 새로운 방향에 가능성을 열어두고 어떤 형태나 이미지가 탄생하든, 어떤 변화가 일어나든 그것을 믿도록 돕습니다. 종이나 점토는 필요한 만큼 사용할 수 있게 합니다.

조용한 분위기를 유지하세요. 이미지를 떠올리기 위해 생각하고 말하는 것을 잠시 멈춰야 합니다. 가사가 없는 부드러운 음악이 도움이 됩니다. 주어진 시간을 일러주고 끝나기 2~3분 전에 알려줍니다.

| **색**(colors) | 재료를 펼쳐 놓고 참가자에게 색과 도형을 이용해 어떤 감정이든 표현하라고 하세요. 자신이 편한 손으로 그리면 상대적으로 만족스러운 결과물이 나옵니다. 이 경우 대체로 떠오른 것을 몰두하여 완성하길 바라므로 시간을 많이(15~20분 정도) 할애하세요. 잘 쓰지 않는 손으로 그리는 시간도 가끔 가져보세요. 색과 움직임, 감정에 집중하면서 마음을 검열하지 않게 되어 한결 자유로워진 느낌을 받습니다.

혹은 바깥에서 눈길이 가는 나뭇잎이나 돌, 나무껍질과 같이 작은 자연물 하나를 가져오라고 하세요. 그것을 종이의 중앙에 놓고 마치 자연물이 표현하는 듯, 자연물을 예술가라 상상하며 물체에서 선과 도형과 색이 뻗어나가는 그림을 그립니다.

후반에는 조용히 토의하는 시간을 갖습니다. 형상화 작업은 다른 사람과 공유하고, 다른 사람의 심오한 생각에 귀 기울일 때 더욱

가치 있습니다. 여러 소집단으로 또는 큰 원 하나로 모이고 그림을
뒤집어 놓습니다. 그런 뒤에 모두가 지목한 한 명이 자신의 그림을
보여주고, 나머지 사람들이 그 그림에 대해, 종이에 그려진 선과 색
에 대해 묘사합니다. 이때 심리를 해석하려 들지 말고, 그림에 드러
난 것을 보다 깊이 이해하기 위해 확인하는 질문을 하거나 관찰한
바를 말하도록 합니다. 간혹 그림 두세 개가 공명하는 것처럼 보이
는 경우도 있습니다. 마지막에는 그림을 벽에 붙여 두세요. 자유롭
게 음미하길 바라는 사람도 있습니다.

| **벽화**(mural) | 여럿이 함께하는 형상화 작업의 또 다른 형태로
그룹 벽화 그리기가 있습니다. 재생지를 벽이나 바닥에 길게 펼쳐
놓고 그림을 그리는 것입니다. 여러 세대가 모인 그룹에서는 어른과
어린이가 (차례로 혹은 동시에) 각자 자신이 무엇을 사랑하는지 또는
무엇 때문에 '세상에 대해 슬픔을 느끼는지' 그 대상을 그립니다. 아
이들이 어른들 앞에서 좀 더 편하게 자신을 표현하려면, 먼저 아무
말 없이 그린 뒤에 각자의 그림에 대해 이야기를 나누는 편이 좋습
니다. 어린이는 특히 성인에 비해 색과 이미지에 구애받지 않기 때
문에 품고 있던 생각을 막힘없이 표현합니다.

| **콜라주**(collage) | 비슷한 방법으로 오래된 잡지에서 잘라낸 이
미지를 활용해 각자 또는 그룹이 모여 콜라주를 만들 수 있습니다.

환경 잡지나 내셔널 지오그래픽에는 콜라주하기 좋은 이미지가 가득합니다. 그룹 콜라주는 참가자가 자연스레 유사한 이미지를 함께 배치하여 주제가 명확해지는 경우도 많습니다.

┃ **점토 빚기**(clay work) ┃ 종이에 형상화하는 활동이 점토 빚기보다 정리하기는 수월합니다. 그럼에도 점토 작업은 촉각을 더 많이 이용하고 더 큰 근육을 쓰기 때문에 감정을 발산하고 잠재의식을 자극해 지혜를 얻을 수 있습니다. 조애나는 이를 베트남 전쟁 기간에 체험했는데 허무감에 마음이 차츰 무너지던 시기였습니다. 나중에 이 경험을 퀘이커교의 심층 심리학 관련 학회에서 설명했으며 내용은 다음과 같습니다.

감정에 형태를 부여하기 위해, 또 말과 글에 지쳐서 점토를 빚기 시작했습니다. 제 안의 슬픔으로 가라앉는 기분을 느끼며 점토 덩어리로 절벽이며 내리막 모양을 여러 개 만들었습니다. 그것은 깊은 수렁으로, 굽이쳐 흐르는 협곡으로 깊이깊이 떨어지는 형태였습니다. 점토를 손과 주먹으로 누르면서 눈물이 났지만 절망감이 명백해지는 느낌은 좋았습니다. 점토가 뒤틀리고 곤두박질치는 광경은 고요한 외침 같았고 또 격렬히 저항하는 마음으로 받아들인 도전, 아무것도 없는 밑바닥까지 내려가리라는 용기 같았습니다.

작업이 끝나자 탈진하여 텅 빈 기분에 마음이 돌아서는 듯했지만, 바로 그때 저도 모르게 손에 쥐고 있던 것을 다듬기 시작했습니다. 점토로 만든 절벽을 이리저리 구부리고 위쪽으로 누른 것이 뿌리가 되었습니다. 모양이 갖춰지자 괴로움과 확고함이 어떻게 서로 영향을 주어 급상승하는 모습이 되는지 이해하게 되었습니다. 절망감 속으로 가라앉던 바로 그 여정이 이제는 뜻밖에도 회복되어 위를 향해 뻗어 나가는 뿌리를 만들어 낸 것입니다.

Chapter 08

Seeing With New Eyes

●

새로운 눈으로 보기

갈리브, 피어나는 장미가
보고픈 욕구를 부르는 법이지

미르자 갈리브(Mirza Ghalib)

세상에 대한 고통이 우리가 서로 이어져 있음에서 비롯된 것임을 몸소 겪고 깨달으면 나선형 순환의 다음 단계로 나아갑니다. 고통을 감출수록 고립되었다고 느꼈지만, 이제는 바로 그 고통으로 인해 우리가 연결되어있음을 깨닫습니다. 이러한 깨달음이 불현듯 깨친 통찰(頓悟돈오)이든 차츰 이해되는 과정(漸修점수)이든 이는 분명 전환점입니다. 자신을 바라보는 방식을 바꾸어 세상과 새롭게 관계 맺고, 우리가 지닌 힘을 새롭게 이해합니다.

이러한 전환을 비유하자면 마치 밀물과 썰물 사이, 들숨과 날숨 사이의 순간과 같습니다. 세상의 고통을 받아들이면 우리 내면의 구조는 재배열됩니다. 그런 뒤에 반응이라는 선물을 세상에 내보냅니다. 또한 이 전환은 지렛대의 중심점과 같아서 우리는 절망의 무게로 새로운 시각을 얻을 수 있습니다. '위기危機'라는 단어는 위험과 기회를 뜻하는 두 한자가 합쳐진 것입니다. 이 중심점에서 위험은 기회로 바뀝니다.

또 달리 표현하자면, 이 전환은 일종의 관문입니다. 옛 사찰의 입구로 가다보면 사천왕상이 사나운 얼굴로 우리를 지켜봅니다. 그 문을 용기 있게 지나치면, 다시 말해 두려움과 슬픔을 헤쳐 나가면 진리의 길에 들어서게 됩니다. 그곳에서 상호 일체감을 체험하고, 자신만의 심층생태주의를 찾고, 우리의 가능성을 발견합니다. 이제는 세상에 대한 고뇌에서 희망이 보입니다. 보다 큰 의식의 작용을 깨닫기 때문이지요. 바로 우주가 우리를 통해 스스로를 파악한다는 것입니다. 이 지혜는 시스템의 해묵은 규칙과 구조가 무너진 것, 즉 '긍정적 해체(122쪽)'에 대한 대가로 얻게 됩니다. 칼 융은 이렇게 말했습니다. "고통 없이 의식이 탄생할 수는 없다."

이 같은 인식의 전환은 내면의 혁명으로, 종교 전통에서는 이를 '메타노이아metanoia' 또는 회심回心이라 합니다. 대승 불교에서는 '파리나마나parinamana' 또는 회향廻向이라 하며, 환희에 차서 만물의 행복을 위해 헌신하는 마음이라 설명합니다.[1] 우리는 회심하거나 회향하면서 우리가 누구이고 어떤 존재인지 한층 폭넓게 이해합니다. 우리는 인드라망에 달려 있는 보석이며, 그리스도의 지체肢體이며, 크리슈나에게 사랑받는 존재이며, 하느님 마음 안의 시냅스입니다.

동시에 이 전환은 전체론적(holistic) 과학에 기반을 둔 새 패러다임으로 나타납니다. 이 같은 사고체계를 통해 성장주도 산업화 경제의 본질은 결국 자멸에 이르는 길임을 이해할 수 있습니다.

기본적 인식

두 번째 단계에서 감정적 작업을 마쳤으니 이제 우리 마음에 양분을 공급하는 지적 활동 시간입니다. 이 단계에서는 지금껏 우리가 알아낸 바로 인해 어떤 결과가 나타날지 헤아리기 위해, 또 앞으로 이어질 작업의 토대를 마련하기 위해 현 시대 패러다임 전환의 기본 개념을 다룹니다.

우선 일부 문화권에서는 이론의 기초를 처음에 제시해야 진행이 수월하다는 점을 알아두세요. 재연결 작업은 앵글로색슨 성향으로 경험주의와 귀납적 사고에 길들여진 사회에서 발생했습니다. 따라서 직접 경험한 후에 설명과 결론이 따르는 방식을 선호합니다. 반면, 예컨대 유럽 대륙에서는 인식의 틀을 처음에 제공할 때 작업을 더욱 신뢰하는 경우가 많습니다. 이 같은 환경이라면 4장에서 제시한 이론의 전제를 간략히 설명하고, 일부 개념을 가볍게 언급합니다. 그리고 더 자세한 사항은 세상에 대한 고통 존중하기 단계 이후에 다룹니다.

안내의 핵심 포인트

산업성장사회에서 생명지속사회로의 전환을 이해하려면 몇 가지 기본 개념을 반드시 알아야 합니다. 구체적인 보기로 무엇을 활용하든 다음의 요점을 명확히 전달하도록 노력하세요. 3장과 4장에도 포함된 내용입니다.

1. **산업성장사회는 결코 지속될 수 없습니다.** 모든 생명체가 생물·생태 시스템에 의존함에도 불구하고 산업성장사회는 이 시스템을 파괴하기 때문입니다. 아래의 특징을 참고하면 마땅히 알 수 있습니다.

   a. 제한 없는 경제 성장 : 우주 만물 가운데 한계 없이 영원히 성장하는 것은 존재하지 않는다.

   b. 수익 극대화 : 어떤 시스템 내 한 가지 변수, 이를테면 수익에 최우선을 두고 그 상태가 지속되면 시스템은 균형을 잃고 예상 범주를 초과하여 결국 붕괴된다.

   c. 비용 외부화 및 피드백 차단 : 수익을 극대화하기 위해 생산에 따르는 환경훼손과 인명피해 비용은 제삼자(납세자, 자연 세계 등)에게 떠넘긴다. 이로써 대기업의 영향에 대한 인식과 비용 계산이 모두 왜곡되고, 피드백이 차단된다. 어느 시스템이든 자

기 행위의 결과를 파악하
기 위해 반드시 피드백이
필요한데, 이를 받아들이

> 경제란 절도, 고리대금, 유혹, 낭비, 파산이 아
> 니라 절약, 형편 돌보기에 기초해야 마땅하다고
> 본다.　　　　　　　　　　　　—웬델 베리

고 인식하는 능력이 없다면 결국 자멸에 이를 뿐이다.

　d. 하향식 권력 : 산업성장사회의 기본 세계관에서 현실은 분리
　　된 개체들이 서로 직선적, 위계적, 경쟁적 관계에 있다고 본다.
　　따라서 힘을 지배형 파워, 승패, 장악의 개념(권력)으로 이해하
　　며, 이 가치관은 만족을 모르는 욕망을 부른다(3장 참고).

2. 이제 대전환의 시기에 **우리는 만물이 서로 의존함을 다시 한 번
　인식**하고, 이러한 이해를 토대로 생명지속사회를 만들어나갑니
　다. 이때 인식의 전환은 '전경前景과 배경背景의 반전(사람의 지각에
　서 중요한 부분과 덜 중요한 부분의 형세가 뒤집히는 상태)'입니다. 다시 말
　해 분리된 개체에서 관계의 흐름으로, 물질에서 과정으로, 명사
　에서 동사로 옮겨갑니다.

　a. 힘이란 공유하는 것이며, 상호작용을 통해 발생하고, 상승효과
　　를 내는 것으로 이해한다. 이로 인해 생물권의 한계 내에서 새
　　로운 가능성과 역량이 발현된다.
　b. 생명지속경제는 기술혁신(유전자공학, 지구공학 등)을 통해 균형
　　잡힌 자연 시스템을 변형하지 않는다.

c. 경제활동의 목표는 소수의 이익이 아니라 현재와 미래 모두의 필요를 충족하는 것이다.

d. 우리의 행위로 발생된 실제 비용과 피해를 파악하고 책임지기 위해 피드백은 반드시 필요하다.

e. 모든 사람은 각각 고유하면서도 우리의 기반인 생명망에서 분리될 수 없다. 진정한 자기이익은 다른 생명체와 지구 몸체의 이익까지 포함하는 것이다.

3. **세계 위기의 뿌리에는 인식의 위기가 있습니다.** 이를 과학 기술로 해결할 수는 없습니다.

> 양심 있는 사람은 기후 변화라는 부정의에 자금을 대는 대기업과 관계를 끊어야 한다. … 우리의 미래를 좀먹는 회사에 투자하는 것은 이치에 맞지 않다.
> —데즈먼드 투투(Desmond Tutu)

이 개념들을 전하는 데 필요한 도움말

◆ 참가자들에게 시간을 충분히 주세요. 이 개념들은 실습에 포함되어 있으므로 명확히 이해하는 데 큰 어려움이 없을 것입니다. 토막 강의 시간을 따로 마련해 각 개념에 집중하는 것도 좋은 방법입니다. 판서로만 진행할 때에는 시각 자료를 활용하면 도움이 될 것입니다.

◆ 간단히 설명하세요. 인식의 전환을 설명하기 위해 비유를 들되 몇 가지만 제시합니다.

◆ 듣는 사람을 낮잡아 보지 마세요. 모두 관심이 많고 진지하며 지혜롭다고 생각하세요. 첫인상으로 판단하지 않습니다.

◆ 이 개념들 중 다수는 1장의 세 이야기(통상적 삶, 대붕괴, 대전환)를 통해 명확해질 것입니다.

◆ 만일 안내자가 개인적인 경험 때문에 지식 담론을 이끄는 것이 불편하다면, 스스로 이해하는 데 큰 도움이 되었던 인용문이나 짧은 단락들을 모아 하나로 이어보세요. 이 책의 앞부분에서 골라도 좋습니다. 그런 다음 대본처럼 그대로 읽는 대신, 복사본을 나눠주고 참가자들이 돌아가며 소리 내어 읽도록 하세요. 중간 중간 잠시 멈추어 참가자들이 생각해보거나 의견을 말할 수 있도록 시간을 줍니다.

◆ 설득하려 애쓰는 시간이 아님을 명심하세요. 그보다는 누군가 여러분이 이미 설명한 바를 좀 더 명확히 이해하기 위해 질문한다면 이에 충실히 답변하려 노력합니다. 안내자의 역할은 사람들의 의심을 푸는 것이 아니라 생각할 거리를 던져주고, 통찰한 바를 공유할 수 있게 기회를 제공하는 것입니다.

◆ 세계관의 뚜렷한 차이를 소개할 때 하나는 틀렸고 다른 것이 옳음을 입증하는 것이 아니라 각 세계관이 심리와 행동에 어떤 영향을 미치는가에 초점을 둡니다.

◆ 시간제한을 두세요. 지식 토론은 과열되기 마련입니다. 시간이 다 되면 모두 일어나 스트레칭을 하도록 하세요. 그런 뒤에 이 개념들에 기반을 둔 실습 하나를 이어갑니다.

◆ 안내자는 모두 각자 경험한 세계에서 아이디어를 얻을 수 있습니다. 모든 생명이 서로 이어져있음을 설명할 때 독특한 개념이나 이미지를 제시하세요. 어떤 안내자는 자연에서 사례를 얻고, 또 영적 전통에서 얻기도 합니다. 여러분이 음악가라면 여러 진동이 잔물결처럼 퍼지고 동시에 서로 교차하며 공명하는 세계를 이야기할 수 있겠지요. 철학에 유독 관심이 많다면 심층생태주의나 백 번째 원숭이 효과, 형태형성장(形態形成場, morphogenetic field) 가설을 언급할 수 있습니다. 시스템 이론에 흥미가 있다면 공진화(共進化, co-evolution)와 창발성을 설명해도 좋습니다. 공동체 운영자라면 사람들이 자신의 삶을 책임지도록 도울 때 어떤 시너지 효과가 나타나는지 이야기하고, 인류학자나 작가라면 생명망내 공동 창조에 대한 고대 신화를 설명할 수 있겠지요. 구체적인 보기로 들 수 있는 자료는 제한이 없습니다.

실행하기

앞서 살펴본 개념들은 몸소 체험하는 활동을 통해 현실이 됩니다.

개념에 관해 토의한 직후에 안내 명상(13장의 사무량심, 공덕으로 이루어진 위대한 공)을 진행하면 가장 좋습니다. 또한 합기도 등의 운동을 하면 힘이 서로 관계를 맺을 때의 특징, 상대의 기운을 받아들이고 방어 태세를 거둘 때 시너지 효과가 발생하는 것을 극적으로 보여줄 수 있습니다.

이번 장에서 다루는 상호 교류 실습을 통해 우리 삶을 한층 더 큰 맥락에서 바라보는 것이 가능해집니다. 우리가 타고난 힘, 상상하고 공감하는 힘을 활용해 '분리'에서 '연결'로 관점을 전환합니다. 새로운 눈으로 보기 단계에는 이번 장의 실습뿐 아니라 딥 타임(Deep Time, 지구의 시간) 작업 또한 포함됩니다. 딥 타임은 과거와 미래와 우리를 생생하게 연결하는 작업으로, 다음 장에서 다루겠습니다.

시스템 게임
(소요시간 : 30분)

활기차고 흥미진진한 과정으로서 열린계의 역동적인 특성을 몸소 체험할 수 있습니다. 현실을 바라보는 새 패러다임의 두 가지 특징을 극적으로 표현합니다.

◆ 생명은 홀로 떨어진 개체들로 구성된 것이 아니라, 이들 사이의 관계로 이뤄져 있다.

◆ 생명은 이 수많은 관계를 통해 자기조직화가 가능하다.

| 방법 | 사람들이 자유롭게 돌아다닐 만큼 넓은 공간에 원으로 둘러서도록 합니다. 그리고 다음 두 가지 사항을 지시하세요.

"마음속으로만 두 사람을 고르세요."

"그 두 사람과 여러분 사이의 거리를 항상 일정하게 유지할 수 있도록 움직이세요."

두 사람 가운데에 가만히 서있으라는 의미가 아님을 직접 행동으로 보여주세요.

안내자의 신호에 따라 참가자가 돌아다닙니다. 한 번 움직일 때마다 많은 사람들이 활발하게, 서로 영향을 주고받는 상태에서 이동합니다. 사람들은 이 과정을 거듭하며 어느새 필요에 의해 폭넓은 시야를 유지하고, 계속해서 재빨리 반응한다는 사실을 자각합니다. 이 과정은 목적의식이 명확할뿐더러 긴장감 넘치고 웃음까지 자아내는 활동입니다. 속도는 얼마간 빨라지다가 잦아들고, 또다시 빨라지다가 모두 평정을 찾을 테지만 멈추는 일은 거의 없습니다. 이 상태를 몇 분 동안 반복한 뒤 멈추고 함께 생각하는 시간을 갖습니다.

"무엇을 경험했습니까?"와 같은 간단한 질문을 시작으로 유익한 의견이 오갈 것입니다.

- 되짚어보는 시간을 가짐으로써 자기조절 시스템의 주요 특징 몇 가지를 이끌어낼 수 있습니다. 예컨대 시스템의 모든 부분이 서로 의지하고, 시스템이 균형을 유지하기 위해 끊임없이 활동한다는 점 등입니다.

- 이 게임의 목적이 움직임을 멈추는 것이라고 미루어 짐작한 사람도 있을 것입니다. 안내자가 그러한 생각을 끄집어내어 이의를 제기합니다. 열린계가 자기조절하기 위해서는 반드시 내부 활동을 지속해야 함을 일러주세요.

- 한편 게임을 하며 인식과 심리의 전환을 경험했다고 분명히 표현하는 사람도 있을 것입니다. 이때 전환이란 맥락에 대한 감각이 급격히 확장되고, 자의식이 더욱 확장되며 점차 허물어진다는 의미일 수 있습니다. 자신보다 다른 사람의 행동에, 즉 분리된 개체들이 아니라 그 사이의 관계에 초점을 두면서 일시적으로 자기를 의식하지 못한 것일 수 있습니다.

- "이 상황은 닫힌계인가요, 아니면 열린계인가요?"와 같은 질문을 던져도 좋습니다. 외부에서 들어온 사람이 없었으므로 닫힌계라는 대답이 나온다면, 이 자리에 있는 모두가 태양에서 발생하는 에너지 덕분에 움직인다는 사실을 짚어주세요. 우리가 방금 만들었던 시스템 밖에서 음식이나 음료를 얻지 않았다면 시스템은 그리 오래가지 못했을 것입니다. 우리는 개인으로서든 집단으로서든 물질/에너지와 정보라는 자원에 기대어 존재하는 열린계입

니다. 자연에는 닫힌계가 존재하지 않습니다.

◆ "우리는 어떤 피드백으로 인해 역할(다른 두 사람과 같은 거리 유지)을 다할 수 있었을까요?" 이 질문에 대답이 없다면 이렇게 물어보세요. "눈을 감고 진행하면 해낼 수 있을까요?" 우리가 눈으로 인식하는 것뿐만이 아니라 온갖 종류의 피드백 덕분에 일상을 이어간다는 사실을 언급해도 좋습니다.

◆ 마지막으로 "이 과정을 체계화해보실 분 있습니까?"라고 질문을 던져보세요. 외부의 단체나 개인이 움직임을 지시한다고 해서 이 시스템의 균형이 유지될 수 없음은 자명합니다.

| 변형 |

◉ 위기에 빠진 생태계 ◉

앞선 과정을 되풀이하되 이번에는 안내자가 참가자들 사이를 다니며 남몰래 한 사람의 어깨를 가볍게 칠 것이라고 미리 알리세요. 선택된 사람은 조용히 다섯까지 센 뒤 바닥에 주저앉습니다. 그러면 이 사람과 관계해 움직이던 사람도 조용히 다섯까지 센 후 앉습니다. 이에 영향을 받는 사람 역시 똑같이 행동하면 결국 모두가 앉게 될 것입니다. 처음에는 천천히 시작하여 점점 속도가 붙고, 마지막에는 캐스케이드 효과(cascade effect)가 나타나 사태의 심각성을 인지하며 정보를 얻습니다.

만일 안내자가 처음 정한 사람이 앉고 나서 아무 일도 벌어지지 않는다면 누구도 이 사람을 선택하지 않은 것이므로 또 다른 사람에게 신호를 주세요.

◉ 사회 혁신 ◉

위기에 빠진 생태계에 이어 진행하는 활동으로 모두 앉은 상태에서 시작합니다. 안내자가 남몰래 한 사람을 가볍게 치면 이 사람은 조용히 다섯까지 센 뒤에 일어납니다. 앞선 활동과 반대로 진행되는 것입니다. 이를 통해 새로운 아이디어나 행동이 사회 시스템 전체에 퍼지면서 촉진 효과(accelerating effect)가 나타나는 모습을 확인하게 됩니다.

◉ 사회적 제약 ◉

이 활동 역시 본 게임과 같은 관계를 유지한 상태로 뒤이어 시작하되 두 명 이상을 움직이지 못하게 한 뒤에 진행합니다. 참가자는 이후에 토의를 통해 그룹 전체의 유동성이 약화된 점에 대해 생각해봅니다. 그리고 자신의 짝 중에 한 명이 움직이지 않았다면 그 상황을 되짚어볼 수 있습니다. 민감성이 감소하면 보통 시스템 내의 기능에 장애가 발생합니다. 참가자가 새로운 통찰을 얻을 수 있도록 이 사실을 언급하세요.

◉ 대규모 연습 ◉

이는 마크 호로위츠가 활용한 방식으로서 75명 이상이 참여할 수 있습니다. 이 가운데 자원자 20명이 직접 게임을 하고 나머지는 지켜봅니다. 관중은 게임이 진행되는 공간의 중심부에 앉으면 가장 효과적입니다.

안내자는 자원한 사람들을 한쪽으로 데려갑니다. 그러는 사이 관중에게는 자세한 설명 없이, 앞으로 보게 될 행동을 관찰하며 무슨 일이 벌어지는지 알아내라고 임무를 전달합니다. 공간이 충분하다면 관중이 다양한 각도에서 관찰할 수 있도록 돌아다니게 합니다. 관중이 어리둥절하게 지켜보는 가운데 게임을 시작합니다.

몇 분 뒤 안내자가 관중 네다섯 명에게 이 '조직'의 컨설턴트 역할을 맡아달라고 요청합니다. 이들의 임무는 게임에 참가하는 선수를 키순으로 세우는 것입니다. 선수들은 가만히 있지 않을 테니 머지않아 이 임무가 불가능하다는 사실을 깨달을 것입니다.

또 몇 분이 흐른 뒤 선수들에게 제자리에 멈추라는 신호를 보내고, 관중에게는 무엇을 발견했으며 무슨 일이 벌어졌다고 생각하는지 묻습니다. 이때 이어지는 설명은 대개 창의적이며 아주 재미있기까지 합니다.

이제 컨설턴트들에게 느낀 점(주로 답답함)을 묻습니다. 이로써 어느 시스템이 어떤 일을 하며 작동 규칙은 무엇인지 알아보지 않은 채, 그 시스템(사람 등)에 개입하려는 시도가 얼마나 터무니없는 행동

인지 분명하게 알게 될 것입니다.

마지막으로 관중 가운데 누구도 무슨 일이 벌어졌는지 파악하지 못했다면 선수들이 게임 규칙을 설명하고 이 과정에서 느낀 점과 배운 점을 공유합니다.

공유재의 수수께끼[2] 게임(땅콩 게임)

(소요 시간 : 20~30분)

개릿 하딘의 '공유지의 비극(Tragedy of the Commons)'은 공동체가 공유자원을 지나치게 빨리 소비하여 재생이 불가능할 때 일어납니다. 사람들은 이런 상황에서 공동체의 이익을 위해 자신의 소비를 제한하는 것, 아니면 결국에 모두 해를 입더라도 당장 자기이익을 채우며 소비를 지속하는 것, 이 둘 중 하나를 선택해야만 합니다.

이 게임은 공유지의 비극을 구체화한 활동입니다. 참가자는 게임의 규칙에 따라 개인의 자기이익과 공동의 자기이익 사이에서 동적으로 균형을 유지하는 문제를 탐구할 수 있습니다. 두 가지 자기이익은 모두 공공선公共善을 위해 반드시 필요한 요소입니다.

| **방법** | 얇고 깨지지 않는 그릇(지름 약 30㎝)을 그룹당 하나씩 준비하고, 세 명 이상이 한 그룹이 되어 그릇 주위에 둘러앉습니다. 처

음에는 그릇 안에 견과류(지름 1㎝ 이상) 열 개를 넣어둡니다. 각 그룹마다 한 명은 따로 견과류가 넉넉히 담긴 용기를 곁에 두고 앉아 '보충하는 역할'을 맡습니다.

안내자는 다음의 규칙을 설명합니다.

◆ 각 참가자의 목표는 견과류를 가능한 한 많이 얻는 것이다.(개인의 자기이익)

◆ 참가자들은 게임이 시작되면 각자 몇 개든 원하는 만큼 그릇에 든 견과류를 가져간다.

◆ 10초마다 종을 울려 신호를 주면 견과류를 보충하는 사람이 그릇에 남은 개수만큼 추가해준다(3개가 남으면 3개 추가). 단, 그릇 속 견과류의 최대 개수는 10개로 제한한다(6개가 남으면 4개만 추가).

◆ 그릇이 비거나 미리 정해진 시간(약 5분)이 지나면 게임은 끝이 난다.

◆ 참가자는 게임 중에 소통하지 않는다.

여기서 그릇은 공유재(예:고래들이 사는 바다), 견과류는 자원 자체, 보충하는 주기는 천연자원이 복원되는 속도를 상징합니다.

게임이 한 차례 끝나면 5분간 시간을 주고 두 번째 게임부터 수확량을 늘리기 위해 각 그룹 내 규칙을 만들도록 합니다.(공동의 자기

이익) 해결책의 유형은 대개 두 가지로 간추려집니다. 첫 번째는 '수치 해법'입니다. 이를테면 10초가 지날 때마다 한 명당 견과류를 한두 개씩 가져가는 것으로 합의하는 것입니다. 이 경우 꽤 효과적으로 공유재를 보존할 수 있습니다. 두 번째 유형은 '비수치 해법'입니다. 예를 들어 그룹 안에서 조금 복잡한 수확 체계를 따르기로 정합니다. 각 참가자가 견과류 하나를 얻으려면 연필 한 자루를 코에 얹은 상태로 가까운 칠판까지 걸어가야 합니다. 돌아오는 길에 또 하나를 취하려면 처음 얻은 견과류 하나를 맡겨둬야 합니다. 이 경우 수확 속도가 느려져 공유재의 고갈을 막을 수 있고, 개인이 얻는 양은 늘어나며, 더욱 즐겁게 게임을 이어갈 수 있습니다.

변화를 일으키는 힘의 발견

(소요시간 : 30분)

각자 살면서 겪었던 일을 이야기하며 우리에게 긍정적 변화를 일으킬 역량이 있음을 인식합니다. 이런 경험을 함께 나눌 기회가 좀처럼 없고, 보통은 변화를 일으키는 것 자체를 힘이라고 이해하지 못하기 때문에 더욱 값진 활동입니다.

| **방법** | 여러분의 말이나 행동으로 인해 중요하거나 좋은 일이 일어

난 순간을 떠올려보세요. 그 장면을 포착해 머릿속에서 재생해봅니다.

안내자는 이후에 이어질 종합 토의 전까지 '힘'이라는 단어를 쓰지 않도록 주의하세요.

이제 서너 명이 모여 한 명씩 자신의 이야기를 할 차례입니다. 안내자는 이야기에 앞서 제안합니다. 하나씩 이야기를 들으며 그 사람의 성격을 파악해보세요.

- ◆ 학교에서 재활용 프로그램을 시작해도 좋다는 허가를 받아냈습니다.
- ◆ 핵발전소에서 경호원이 다가와도 물러서지 않고 그 자리를 지키며 말을 건넸습니다.
- ◆ 이사회를 주재하면서 몹시 난처했는데 리더 역할을 포기하기로 결정하고 나니 각자 할 일을 정할 수 있었습니다.

소집단 활동이 끝나면 사람들이 각 이야기를 들으며 파악한 성격을 발표하도록 하고, 안내자는 그 내용을 재생지에 받아 적습니다. '공감을 잘한다', '잘 믿는 편이다', '집착하지 않는다', '융통성 있다'와 같은 내용이 나올 것입니다. 그러면 안내자는 이 특징들 가운데 새 패러다임에서 '힘'이라고 볼 수 있는 것을 참가자들에게 지목하도록 하세요(3장 '우리 힘의 본성' 참고).

어느 워크숍에서 한 남성이 자신은 한 번도 힘을 발휘한 적이 없다고 계속 고집한 일이 있었습니다.

안내자가 물었습니다.

"어떤 일을 할 때 즐거우세요?"

"글쎄요, 잘 모르겠어요. 자전거 탈 때는 기분 좋아요."

"그때 기분이 구체적으로 어떤가요?"

"음, 생각해보니 퇴근할 때 도로가 꽉 막혀 있는데 저는 자전거를 타고 가니까 기분이 좋았네요. 차 옆을 아무렇지 않게 쌩 지나가거든요. 다들 거의 꼼짝도 못하고 죽 늘어서있는데 저는 가고 싶은 대로 가는 거죠."

"굉장히 강렬한 감정인 것 같네요."

"정말 그래요! 그것도 일종의 힘인 것 같은데, 맞죠?"

남자는 활짝 웃으며 말했습니다. 그렇게 자신감에 차서 자율성과 탄력성을 지닌 힘, 전혀 예상치 못한 힘을 인식했습니다.

넓어지는 원 : 네 가지 목소리

(소요시간 : 약 60분)

활동가는 어떤 사안에 대해 자신의 의견을 분명히, 심지어 열렬히 표현하고 싶어 합니다. 이와 더불어 자기 나름의 이해와 전문성을 높이기 위해 한 사안에 대해 다양한 견해, 자신

내가 살아가는 원은 점점 넓어져간다
그렇게 원은 온 누리로 뻗어나간다
이 마지막 원은 끝내 완성하지 못할지언정
이 일에 내 전부를 바치리라

나는 하느님을, 태고의 탑을 맴돈다
이제껏 수천 년을 맴돌았다
그럼에도 알 길이 없다
나는 매인가, 폭풍우인가
아니면 위대한 노래인가
—라이너 마리아 릴케

과 반대되는 견해를 파악할 필요가 있습니다. 이 실습은 견해를 표현하고 파악하는 데 모두 도움이 됩니다. 또한 이 과정에서 독선적인 면이 누그러지고, 열린 마음으로 계속해서 더 넓은 맥락을 이해하게 됩니다. 연못에 물방울 하나가 떨어지면 둥그렇게 파문이 일듯 정체성이 확장됩니다.

| 방법 | 서너 명씩 그룹을 이뤄 앉습니다. 각자 관심 있는 특정 사안이나 상황을 하나 선택하도록 하세요. 1분간 침묵한 뒤에 차례로 자신이 선택한 사안에 대해 아래의 네 가지 관점에서 이야기합니다.

1. 사안에 대한 느낌을 포함해 자신의 관점에서 의견을 말한다.
2. 이 사안에 반대하는 사람을 소개하고, 그 사람이 '되어' 1인칭을 사용해 반대 의견을 말한다.
3. 이 상황에 영향을 받는 인간 외의 생명체가 되어 말한다.
4. 지금 이 사안을 결정함으로써 삶에 영향을 받게 될 미래 인간의 목소리로 말한다.

안내자는 처음에 이 네 가지 관점을 설명하고, 발표자의 관점이 차례로 바뀔 때마다 신호를 줍니다. 언제나 1인칭으로 말해야 함을 강조하세요. 하나의 관점을 발표할 때마다 시간은 2~3분 정도(첫 번째 관점은 조금 더 오래) 걸릴 것입니다. 발표는 서서 하되 다음 관점으로 넘어갈 때마다 그 자리에서 한 바퀴씩 돌면 몰입하는 데 도움이 될 것입니다.

자신이 아닌 다른 존재의 의견을 내고, 잠시나마 그 존재의 경험과 관점에 감정을 이입함으로써 도덕적 상상력을 활용합니다. 그리 어렵지는 않습니다. 어릴 적 하던 놀이처럼 연기를 하면 됩니다. 여러분이 지시할 때에도 목소리는 차분하게, 보통 때와 비슷한 말투를 유지하세요.

이 활동은 참가자가 접신接神하거나 전능해지는 것이 아니라 단지 다른 존재의 견해를 상상하는 것입니다. 각자 누구를, 무엇을 대신해 말할지 선택하고 그 존재의 입장을 상상하는 동안에는 조용한 분위기를 유지합니다. 그 존재를 우스꽝스레 여기지 않고 존중할 수 있도록 하는 것입니다. 다른 존재의 경험을 이해하기 위해 마음속에 자리를 만들고 잠시 목소리를 내어주는 일은 용감하고 너그러운 행동입니다. 모두 자신과 사람들 내면의 관용을 인식하도록 도와주세요.

마지막으로 소집단 여럿으로 모여 서로 무엇을 느끼고 배웠는지 공유하는 시간을 갖습니다.

고이 받들기

(소요시간 : 20~60분)

고이 받들기는 몸에 대한 안내 명상(guided meditation, 유도 명상)으로서 여러 목적에 유용합니다. 우선 긴장을 완전히 풀 수 있으므로 끔찍한 사안을 마주한 다음에 진행하면 더욱 좋습니다. 또한 참가자 사이에 신뢰를 쌓고 서로 소중히 여기는 마음을 가질 수 있습니다. 그뿐 아니라 오염, 생태 붕괴, 기근, 전쟁 등으로 인한 글로벌 위기 시대에 과연 무엇이 위험에 빠진 것인지, 다름 아닌 우리 몸이 위험해졌음을 보다 폭넓게 인식합니다. 한층 더 깊이 알게 되어 생명을 경외하는 마음이 생겨납니다. 갈수록 상태가 악화되는 세상에서 우리는 보통 현실을 외면하려 합니다. 마치 우리가 지팡이 끝에 달린 두뇌라도 되는 듯 그저 정보 차원에서 처리해버립니다. 고이 받들기를 통해 기계적인 사고를 잠시 멈추고 생명의 지혜에 조용히 마음을 엽니다.

| **방법** | 이 명상은 둘씩 짝을 이뤄 번갈아 진행합니다. 먼저 안내자가 자원자 한 명과 함께 시범을 보입니다. 파트너 A가 바닥에 눕고, 파트너 B는 A의 팔, 다리, 머리를 두 손으로 고이 들어 올립니다.

존중하는 마음으로 조심스레 받들어야 합니다. 다른 사람의 몸에 손을 댄다는 것은 주의가 필요한 일이며 이따금 문제가 되기도

합니다. 일부 문화권에서는 사실상 금기로 여기기도 합니다. 미국 캘리포니아 주에서도 신체 접촉을 인격 침해라고 해석할 수 있습니다. 특히 신체적, 성적 학대를 겪은 사람이라면 더욱 그렇습니다. 그러므로 실습 진행에 앞서 팔과 다리, 머리를 상대가 받드는 과정이 포함된다고 알리세요. 각자 자신이 편하게 느끼는 상대를 고를 수 있도록 합니다.

이제 A는 안경이나 신발을 벗고, 넥타이나 허리띠를 풀고, 바닥에 누워 눈을 감은 채 긴장을 풉니다. 누울 때는 공간을 충분히 남겨두어 B가 돌아다닐 수 있도록 합니다. 긴장을 풀기 위해 스트레칭, 호흡에 집중하기, 온몸에 힘 빼기 등 간단한 동작을 합니다. 이때 플루트 연주 같이 부드러운 음악이 흐르면 도움이 되지만 반드시 필요하지는 않습니다.

실습에 대한 참가자들의 신뢰감을 존중하며, 어느 정도 감정이 배제된 태도로 임하세요. 거창하거나 감상적인 어조는 피합니다. 가급적 느리게 말하고, 사이사이에 잠깐씩 침묵합니다. 마치 하늘의 별자리, 해변의 소라 껍데기를 관찰하듯 별다른 규칙 없이 사색할 수 있도록 해주세요.

어떤 말이나 이미지를 사용하든 해당 주제를 간단히 언급하는 것이 좋습니다. 다음의 주제를 통해 역사상 지금 이 시대를 살아간다는 사실이 어떤 의미인지 새롭고 명확하게 인식합니다.

- 우주 내 인간 종의 특수성
- 우리의 오랜 진화 여정
- 개개인의 고유성과 인생의 발자취
- 인간 유기체의 복잡성과 아름다움
- 전 세계 사람들과 우리를 잇는 보편성
- 인간 유기체의 취약성

다음은 조애나 메이시가 안내하는 과정을 기록한 것입니다. 이 대로 진행할 필요는 없습니다. 자신의 방식으로 자신의 경험을 활용하세요. 하지만 지금은 이 과정 자체와 속도, 전개 등을 파악하기 위해 곱씹어 생각하며 읽어보세요. 잠시 멈추는 부분은 말줄임표로 표시했습니다.

조심스레 파트너의 한쪽 팔을 들어 올리세요. 팔을 잘 받치고 무게를 느낍니다⋯. 팔꿈치와 손목을 풀어주며 관절 덕분에 다양하게 움직일 수 있다는 사실에 주목하세요. 마치 이 팔을 한 번도 본 적이 없는 것처럼, 여러분이 외계에서 온 것처럼 바라봅니다⋯. 뼈와 근육의 연결 부위를 관찰하세요⋯. 손을 뒤집어 손바닥과 손가락의 복잡한 구조를 눈여겨봅니다.
지금 여러분이 잡고 있는 것은 우주에서 보기 힘든 희귀한 물체입니다. 지구 행성에서 온 인간의 손입니다. 아득한 옛날, 한때 우리가 헤엄쳤던 원시 바다에서 이 손은 지느러미였습니다. 어머니의 자궁 안에서도 마찬가지였지요. 이 손에 담긴 기운과 지성을 느껴보세요. 진화의 기나긴 여정 끝에 맺은 결실이며, 헤엄치고 밀고 기어오르고 움켜잡은 노력의 결실입니다. 엄지손을 눈여겨보세요. 손바닥이 다른 네 손가락과 마주할 수 있다니 얼마나 효율적이고 능숙한가요⋯. 도구나 총, 펜을 쥐기 편하니 말입니다.

열린 마음으로 이 손이 현생에서 거쳐 온 여정을 의식해보세요⋯. 꽃이 피어나듯 어머니의 자궁에서 모습을 드러내고⋯ 무언가를 만져보고 무언가를 하기 위해 이 손을 뻗었지요. 그렇게 손으로 숟가락 잡는 법을 익히고⋯ 공을 던지고⋯ 자기 이름을 쓰고⋯ 눈물을 닦고⋯ 기쁨을 주는 법을 배웠습니다. 우주 만물 가운데 손만 한 것이 없습니다.

조심스레 손을 내려놓고, 이제 파트너의 다리 쪽으로 가서 천천히 다리를 들어 올리세요. 다리의 무게를 느끼고 견고함을 느낍니다. 인간 종은 수직으로 곧게 섭니다. 무릎과 발목을 굽히며 뼈와 근육의 움직임에 주목하세요. 이렇게 움직일 수 있는 덕분에 이 생명체는 걷고 뛰고 오르막을 오를 수 있습니다. 발을 들고 발바닥을 만져보세요. 발굽이나 완충재는 없습니다⋯. 이 존재는 이렇게 무른 발바닥으로 땅을 디딥니다⋯.

발뒤꿈치를 만져보세요. 자궁벽을 발로 찰 때 부모는 이것이 배에 닿는 느낌을 처음으로 느꼈습니다⋯. "여기서 태아 발꿈치가 느껴져." 그때부터 이 다리는 여정을 이어왔습니다…. 한 발짝 또 한 발짝 내딛는 법을 배우고… 걷고 넘어지고 다시 일어서고… 그다음에는 달리고 오르고 공을 차고 자전거 페달을 밟고… 이 다리에는 온갖 모험담이 가득합니다…. 또한 여러분의 파트너는 이 다리로 많은 곳을 다녔습니다…. 직장, 성지, 산비탈, 도시의 거리… 피곤에 지치고… 욱신거리지만… 그래도 멈추지 않고 계속해서 나아갔습니다. 이제 조심스레 다리를 내려놓고, 반대편으로 가서 반대쪽 다리도 받쳐 듭니다.

앞서 본 것과 한 쌍을 이루는 다리와 발 역시 관찰하세요…. 지금까지의 여정을 함께했고… 앞으로도 많은 날을 함께할 것입니다. 이렇게 무겁고 견고하지만 얼마든지 부서지고 짓밟힐 수 있습니다…. 무장하지 않았기에… 피부가 찢어질 수도, 뼈가 부스러질 수도 있습니다. 그 다리를 잡고서 여러분의 파트너가 앞으로 가게 될 수많은 장소를 떠올려보세요…. 어쩌면 고통스러운 곳… 분쟁과 저항이 있는 곳에서… 지금은 알지 못하는 임무를 맡을 것입니다…. 다리를 다시 내려놓으며 강건하고 무사하기를 기원해주세요.

이제 파트너의 반대쪽 팔을 들어 올립니다…. 앞서 본 쌍둥이 팔과 미묘하게 다른 점을 관찰하세요…. 이 손은 유일무이하므로 이와 같은 손은 어디에도 없습니다…. 여러분의 손에 올려놓고 이 손 안의 생명을 느끼세요…. 또한 얼마나 무르고 약한지 살펴봅니다…. 딱딱한 껍데기로 둘러싸여 있지도 않습니다. 이 손끝과 손바닥으로 세상을 감지하고, 또 행동해야 하기 때문입니다…. 약하고 부드러워서 부러지거나 불에 타기 쉽지요…. 곧 다가올 시기에 이 손이 무사하고 온전하기를 여러분이 얼마나 바라는지 인식하세요…. 이 손은 해야 할 일이 많습니다. 지금 여러분의 파트너는 짐작도 할 수 없지요…. 혼돈과 괴로움에 빠진 사람들에게 손을 뻗어 돕고 위로하고 길을 보여주어야 합니다. 여러분이 죽어가는 순간에 이 손이 여러분을 잡아주고 물을 건네거나 마지막으로 이 손 덕분에 안심하게 될지 모를 일입니다…. 이 같은 손이 여럿 모여 앞으로 펼쳐질 온전하고 윤리적인 세상을 만들어갈 것입니다. 이것이 존재함에 감사하며 조심스레 내려놓으세요.

이번에는 파트너의 머리 위쪽으로 이동합니다. 한쪽 손으로 파트너의 목을 받치고 다른 손으로 뒤통수를 받쳐서 천천히 조심스레 머리를 들어 올리세요…. A는 목과 머리에 완전히 힘을 뺍니다. B는 각별히 주의하여 머리를 경건한 마음으로 받쳐 듭니다. 지금 두 손에 있는 것이 알려진 세계에서 가장 복잡한 물체이기 때문입니다…. 지구 행성에 사는 인간의 머리… 이 속에서 신경세포 천억 개가 발화합니다…. 발현 가능한 지성이 무궁무진하지요…. 지금은 단지 인식하고 알고 예견하는 능력 중 일부만을 사용하고 있습니다.

파트너의 머리를 받치고 있는 여러분의 손, 그것이 바로 파트너가 이번 생에서 처음으로 느꼈던 감촉입니다. 자궁에서 나오자 의사나 조산사가 두 손으로 받았을 때, 지금 여러분의 손과 같은 감촉을 느꼈습니다… 이제 이 머릿속에는 온전한 세상 하나가 자리합니다. 그 안에는 경험, 갖가지 장면과 노래에 대한 기억과 사랑하는 사람들의 얼굴이 가득합니다… 일부는 세상을 떠나버렸지만 마음속 커다란 집에 여전히 살고 있습니다… 한 사람이 경험한 세계란 그야말로 유일무이하기 때문에 완전히 공유하기란 결코 불가능합니다… 이 머릿속에는 실현 가능한 꿈도 있고, 우리 세상의 발전에 큰 영향을 줄지 모를 비전도 있습니다.

잠시 눈을 감고 두 손으로 받친 머리의 무게를 느껴보세요. 이 머리는 중국인 노동자나 니카라과공화국에 사는 어머니의 머리일 수도 있고, 미국 장군이나 아프리카 의사의 머리일 수도 있습니다. 거의 비슷한 크기와 무게에, 약한 정도도 같고, 꿈을 꾸는 능력도 같습니다. 바로 이런 점들이 우리를 이 시대까지 이끌어왔습니다. 머리를 내려다보며 이 사람은 곧 다가올 시기에 무엇을 바라봐야 할지 생각해보세요… 선택해야 할 것이 많고… 용기와 인내가 필요할 것입니다… 여러분 나름의 지성이 담긴 두 손으로 이 머릿속 모든 것이 온전하기를 바라며 마음을 표현하세요. 여러분이 파트너에게 해주고 싶은 말이 있을 수도 있겠지요. 이 고통과 분노의 시대에 명심하길 바라는 것… 그런 것이 있다면 머리를 내려놓으며 조용히 말해주세요.

누워 있던 파트너가 스트레칭을 하고 천천히 몸을 일으킬 시간을 줍니다. 이번에는 A와 B의 역할을 바꿔 또 다른 표현으로 안내합니다. 과정 전체가 끝나면 새로운 방향에 적응하는 시간이 중요합니다. 잠시 동안 짝과 함께 조용히 얘기를 나누거나 혹은 침묵을 지킵니다.

워크숍 참가자가 짝이 맞지 않고, 공동으로 안내하는 사람이 없을 경우에는 안내자가 나머지 한 명과 짝이 되어 B의 역할을 하면서 활동을 주도하세요. 이때는 역할을 바꾸지 않습니다.

| **시간 및 변형** | 가능한 시간과 공간에 따라 두 가지 형태로 나뉩니다. 위에서 설명한 전 과정은 약 45~60분간 이어집니다. 시간과 공간이 마땅치 않다면 10~20분 동안 둘씩 마주앉아 진행할 수 있습니다. 이 경우 명상은 손과 팔에 집중합니다.

이 몸이 아는 바를 믿는다
숨을 들이쉬고 내쉬며
보금자리로 가는 길

내가 설 수 있는 땅을 믿는다
이 발에 닿으려 솟은 지구를
가만히 내게 무게를 준 지구를

내가 설 수 없는 땅도 믿는다
사라진 자리에 모든 것이 돌아오리라
─오렌 소퍼(Oren Sofer)

파트너 뒤로 움직일 공간이 있다면 추가로 어깨와 머리에 대해 명상합니다. 이때 우리가 짊어진 부담, 주로 어깨와 목에 뭉치는 긴장감과 압박감에 주목하며, 머리에 대한 명상은 상황에 맞게 조정합니다. 만일 이렇게 진행하는 것이 난감하거나 어색하더라도 걱정하지 마세요. 손길이 닿고 집중할 기회만 주어지면 아무리 간단한 형태라도 좋은 기운을 불러일으켜 효과가 매우 좋습니다.

당신은 누구입니까?

(소요시간 : 60분)

경직된 사고를 뛰어넘어 우리가 누구인지, 우리가 어떤 일을 할 수 있는지 생각해봅니다. 이 실습은 힌두교 현자 스리 라마나 마하르쉬Sri Ramana Maharshi를 믿고 따르며 형이상학적 신념을 지닌 사람들에게서 영감을 얻은 것입니다. 참가자는 집요한 물음을 통해 사회적으로 형성된 자기평가에서 벗어나고, 본래 의식이란 무한한 특성을 타고난다는 것을 깨닫습니다. 워크숍에서는 이 과정을 간소하게 진행합니다. 우리는 자신을 단지 사회적 역할 또는 '피부 속에 갇힌 자아(skin-encapsulated ego)'로서 인식하는 것이 아니라 보다 확장된 의식意識의 참여자, 즉 지구를 의식하기 시작하는 존재로 인식하기 위해 이 실습을 활용합니다.

| 방법 | 둘씩 짝을 이루고, 파트너에게만 집중할 수 있도록 서로 가까이, 다른 조와는 거리를 두고 앉습니다. 둘은 각자 30분씩 번갈아 비판 없이 질문합니다.

이는 정신적으로 많이 지치는 활동입니다. 이로써 놀라운 통찰력이 생겨날 수도 있고 때로는 웃음이 터지기도 하는데, 매정하다는 느낌을 받기도 합니다. 그러므로 상대를 존중하며 부드럽게 질문해야 합니다.

다음은 실습 과정을 안내하는 내용입니다. 처음에 A에게 설명하고, 나중에 B에게도 반복합니다.

A가 "당신은 누구입니까?"라고 물으며 시작합니다. B의 말을 들은 후에 다시 물으세요. "당신은 누구입니까?" 또 듣고 나서 질문합니다. "당신은 누구입니까?" 답은 모두 다를 것입니다. 질문을 약간 다르게 하고 싶다면 "당신은 어떤 사람입니까?"라고 물어도 좋습니다. 이 외에는 아무 말도 하지 마세요. 종이 울릴 때까지 이렇게 약 10분 동안 계속합니다.

다음 몇 가지를 기억하세요. 여러분은 상대를 괴롭히는 것이 아닙니다. 상대의 대답이 틀렸다는 의미에서 묻는 것도 아닙니다. 여러분은 파트너가 더 깊이 생각할 수 있도록 돕는 것입니다. 파트너에게 봉사하는 것이지요. 질문을 하다 보면 속도와 목소리의 높낮이가 조금씩 달라질 텐데, 언제 빨리 질문하고 언제 뜸을 들여야 하는지 직감할 것입니다. 이제 시작에 앞서 파트너에게, 이 존재의 핵심에 자리한 근원적 신비에 고개 숙여 인사하세요.

종을 울린 후 다음과 같이 안내합니다.

두 번째 질문으로 넘어갑니다. "당신은 어떤 일을 하십니까?"라고 물으세요. 이제 10분 동안 여러분은 대답을 듣고 나서 질문을 되풀이합니다. 또한 "당신으로 인해 어떤 일이 일어납니까?"와 같이 표현해도 좋습니다.

종을 울린 후 세 번째 내용을 안내합니다.

이제 첫 번째 질문으로 돌아가 "당신은 누구입니까?/당신은 어떤 사람입니까?"라고 묻습니다.

질문이 모두 끝나면 A는 B에게 한 번 더 고개 숙여 인사합니다. 역할을 바꿀 때에는 말없이 서서 스트레칭을 하도록 합니다. 그리고 같은 과정을 반복해 B가 A에게 묻습니다.

총 실습은 한 시간이 걸립니다. 참가자가 경험한 바를 소화할 수 있도록 충분히 시간을 주세요. 아마 각자 글로 남기거나 파트너와 조용히 이야기를 나누고 싶을 것입니다. 그런 경우에 시간이 있다면 모든 그룹이 모여 이 과정을 되새깁니다.

자아를 버리는 춤

(소요시간 : 60분 이상)

상상에 기반을 둔 과정으로, 티베트의 라마 춤(Lama dance)에서 유래되었습니다. 인도의 북서부 타시종으로 망명한 승려들은 매년 봄이면 사흘간 고대 불교 전통을 기리는 자리에서 장엄하게 탈을 쓰고 의식을 치릅니다. 타시종과 인연이 깊은 사람으로서 조애나에게 인상적이었던 점 중 하나가 바로 자아(ego)를 허무는 춤입니다. 춤추는 자리의 중앙에는 작은 점토 인형 하나가 놓여있고, 인형 주위에 삼면으로 되어 열린 상자가 있습니다. 상자의 세 면은 자아를 옭아매는 세 가지 번뇌 탐진치貪瞋癡를 상징합니다. 승려들이 의복을 갖추고 의식 용구를 든 채 상자 주위에서 움직이고 뛰어오르며 타고난 내면의 힘을 구현합니다. 이렇게 함으로써 누구나 자기중심주의를 벗어나 자유로워질 수 있습니다. 절정으로 치닫는 마지막 부분에서 무용수들은 인형을 '먹어치우'는데, 갈기갈기 찢어서 입 가까이에 대고 바람에 날려버립니다.

이후 미국에서 불교도와 퀘이커교도 친구 십여 명은 조애나의 설명을 듣고 그 춤을 직접 춰보고 싶어 했습니다. 그뿐 아니라 자기만의 자아 인형을 만들어 이론상으로 아는 바를 구현하고자 했습니다. 고통을 유발하는 자기중심주의는 실체가 없으며(공성空性) 영속되지 않음(무상無常)을 확인하고 싶었던 것입니다. 우리는 자기중심주의에 빠져들기 전에 이것이 무엇인지 분명히 이해하고 알 필요가 있습니다. 자기중심주의로 인한 두려움과 무지 역시 마찬가지입니다.

그렇게 즉흥으로 매사추세츠 주의 테메노스 수련원에서 춤추었던 경험을 되살려 조애나는 이를 재연결 작업에 적용했습니다. 이 과정의 목표는 '자아상에 대한 집착(아상我相)'에서 우리가 조금이라도 자유로워지는 것입니다. 그 결과 삶의 기쁨과 행동의 효율이 높아집니다. 실습 의도는 이토록 진지하지만 그렇다고 해서 도덕적으로 엄격하게 판단하는 활동은 아닙니다. 단지 우리가 먼저 받아들이고 제대로 인식하지 않는다면 그 어떤 것에서도 자유로울 수 없음을 경쾌한 마음으로 배우는 과정입니다.

| **방법** | 먼저 이 춤의 기원인 티베트 라마 춤에 고마움을 표한 후에, 모두 종이에 색을 칠하거나 점토를 빚어 자신의 자아 인형을 만듭니다.

"우리 마음속에는 자기중심주의가 어느 정도 자리하고 있습니다. 여러분의 자기중심주의는 어떤 형태이길 바랄까요? 여러분의 특별한 자부심이나 자아상自像은 지금 이 순간 어떻게 모습을 드

러내고 싶어 하나요?"

　모두 조용한 가운데 작업한 뒤 앞으로 벌어질 일을 지켜봅니다. 이 과정에서 자신이 수년 동안 쌓아 올린 모습, 남들에게 비치는 모습(persona)이 드러날지 모릅니다. 이제 이 모습을 객관화하고 과장하여 바라보면 안도감을 느낄 수 있습니다.

　10~20분 뒤에 모두 자신의 작품을 들고 원으로 모입니다. 춤을 출 시간입니다. 엄밀히 말하면 각자 물건을 보여주고 발표하는 축하 자리입니다. 한 번에 한 명씩 자발적으로 일어나 원을 따라 돌면서 모두에게 자랑하듯 자아 인형을 내보입니다.

　"짜잔! 그 누구보다도 똑똑하고 건방진 내 자아를 최초로 공개합
　니다. 수많은 손과 입으로 텅 빈 마음을 숨깁니다."
　"이 민감한 영혼을 맘껏 보시죠. 세상에 대해 고민하면서도 손에
　흙 묻힐까 겁낸 탓에 몸이 굽었습니다."
　"모르는 게 없는 이 위인은 침착하게 수수방관하며 멋대로 재단
　하기를 좋아한답니다."

　자아 인형의 특징을 알리고 자화자찬하는 동안 나머지 사람들은 극찬해줍니다. 모든 자아는 존경받고 칭찬받기를 바라 마지않기 때문에 이 역시 중요합니다. 그런 뒤에 엄숙하게 자신의 자아를 원

의 중앙에 놓습니다.

중앙에 자아 인형이 전부 모이면 모두 일어나 예를 갖추고 인형 주위를 걷습니다. 고별식 기도문을 읊조리려도 좋습니다. 불교에 익숙한 그룹이라면 《반야심경般若心經》의 진언을 웁니다. '아제 아제 바라아제 바라승아제 모지사바하(가자, 가자, 저 피안의 세계로 가자. 모두 함께 저 피안의 세계로 가자. 오, 깨달음이여, 축복이어라)'라는 진언처럼 날조된 마음은 이제 쓸모가 없어졌으니 이별을 고합니다. 또는 적어도 결별할 준비를 시작합니다.

그대로 의식을 끝내도 좋고, 아니면 인형을 부수거나 불 또는 물가에 던지며 서로 응원하고 기쁨을 나누는 의미에서 함성을 지르기도 합니다. 이렇게 극적으로 결말을 맺을 경우 사전에 참가자가 자신의 자아 인형을 버릴 준비가 되었는지 반드시 확인하세요. 물론 좀 더 간직하고 싶다면 인형을 가져가도 좋습니다.

보살의 선택:자신의 삶 인정하기

(소요시간 : 60분)

도덕적 상상력을 활용하고 기르는 동시에 자신의 삶에 집중하는 활동입니다. 우리 삶의 기본적 특징과 조건이 세상을 치유하는 일에 얼마나 도움이 되는지를 깨달을 수 있습니다. 마치 이 목적을 이루기 위해 스스로 삶을 선택한 것처럼 느끼게 됩니다. 이로써 지금 이 시기를 살아갈 기회가 주어진 것에 새로이 감사하게 됩니다. 이 실습은 마치 등산을 하다가 뒤를 돌아 아래에 펼쳐진 풍경을 조망할 때처럼 무언가를 새롭게 바라보기 좋은 지점입니다. 우리는 모든 것이 보이는 위치에서 예상치 못한 연관성이나 이점을 발견하고, 고통과 한계마저도 나름의 가치가 있어 이 작업을 수행하는 데에 도움이 된다는 사실을 깨닫습니다.

이 실습은 예부터 불교에서 숭앙하는 인물의 영향을 받았기 때문에 '보살의 선택'이라는 이름을 붙였습니다. '보살'은 중생을 위해 헌신하는 마음을 상징하는 존재로서 이 세상을 벗어나고자 깨달음을 구하는 것이 아니라, 오히려 '열반'에 드는 문 앞에서 세상의 모든 중생을 구제하기 위해 몇 번이고 중생계로 돌아가겠노라 서원한 분입니다. 이 과정은 환생을 믿는 것과 관계없이 효과적인 실습이라는 점에 주목해야 합니다. 보살의 전형은 모든 종교, 심지어 모든 사회 운동에서 고난의 종, 노동사제, 샤먼, 예언자, 이상적 혁명, 이상적 지역사회 조직가의 모습으로 존재합니다.

영적 전통에서는 우리가 삶의 세세한 부분까지 완전히 인정하고, 자신의 현재 모습을 형성한 모두를 있는 그대로 바라보고 받아들일 때 진정으로 해탈할 수 있음을 강조합니다. 다시 말해 보살의 눈으로 우리 삶을 바라볼 것입니다. 빌 존스톤은 이렇게 자신의 삶을 수용하면 어떤 변화가 일어나는지를 다음 시에 잘 담아냈습니다.

내게 마음을 보낸다[3]

내게 마음을 보낸다
무너진 나 자신에게
내 안의 죄책감, 평정심
어리석음과 기쁨
아픔, 건강에 보낸다
웃고 괴로워하며
증오하고 사랑하며
내 안의 두려움 그리고 출산…
비로소 나는 온전해진다

내게 마음을 보낸다
나의 이웃인 너
내 두 손으로
감싼 너의 생명에 보낸다
무너진 너 자신은
내게 티 없는 선물
내가 너에게 그렇듯
짐이 아닌, 선물…
비로소 나는 온전해진다

내게 마음을 보낸다
무너진 지구, 당신께 보낸다
헐벗기고 학대받으며
뒤덮이고 오염되며
어머니 당신은 너그러이
품위를 잃지 않으시니
자비로 끌어안으시니
놀라움은 눈물이 되어…
비로소 나는 온전해진다

내게 마음을 보낸다
무너진 당신께
사랑해 마지않는 하느님께 보낸다
무너지고 상실하고
소진한 이를 위해 무너진 당신.
온화하신 하느님 당신은
산산이 부서진 사랑과
생명의 넥타르로 다가오시니…
비로소 나는 온전해진다[3]

–빌 존스톤(Bill Johnston)

| **방법** | 본 활동에 앞서 다음 세 가지 단계를 거칩니다.

첫째, 여러 보살에 대해 이야기하고, 중생의 괴로움을 덜어주기

위해 계속해서 세상으로 다시 돌아오겠다는 보살의 다짐을 설명합니다.

둘째, 우리 지구 생명체가 파노라마처럼 길게 펼쳐온 여정을 함께 되새겨봅니다.(9장의 '동물에게서 받은 진화의 선물' 참고)

셋째, 현생에 태어나기 직전의 상황을 상상해봅니다. 시간을 초월하여 지구라는 확장된 몸체의 어딘가에 우리가 함께 모여 있는 것입니다. 이제 막 들어온 정보에 따르면 20세기 내내 지구 생명체에 위험이 닥치고, 세 번째 천년이 시작되며 최악의 고비에 이르렀다고 합니다.

지구에 닥친 난관은 핵무기와 기후 변화부터 대량 멸종, 빈곤에 허덕이는 수십억 인구까지 다양합니다. 그런데 한 가지는 분명합니다. 지구에 생명이 지속되려면 의식의 비약적 발전이 필요하다는 점입니다.

이 말을 들은 이상 인간계로 돌아가지 않을 것인지, 아니면 용기와 공동체 의식 등 한때 배웠던 모든 것을 지니고 다시 돌아가 인간으로 태어날 것인지 고민할 수밖에 없습니다. 이는 중대하고 어려운 결정입니다. 우리가 왜 돌아왔는지 기억하리란 보장도 없고, 후회하지 않으리란 보장도 없으며, 임무를 완수하리란 보장도 없기 때문입니다. 더욱이 외로울 것입니다. 우리는 각자 다른 시대와 장소에, 다른 피부색으로, 다른 상황에 이를 테니 말입니다. 아마 서로 알아볼 수도 없을 것입니다.

이제 이 과정의 핵심적인 순간입니다.

혹시라도 이 시대의 인간으로 태어나길 선택하신 분은 일어서세
요.*

모두 일어서기로 결정했음을 확인한 뒤에 다음을 알립니다.

여러분은 평범한 인간으로 태어날 수 없습니다. 유일무이한 인간
으로 태어나 특별한 상황을 마주합니다. 여러분은 이러한 상황
덕분에 앞으로 수행할 임무를 대비하게 됩니다. 이 사실을 의식
하며 이제 그 상황에 발을 들이세요.

모두 천천히 방 안을 걸으면서 현재 자신의 삶이 처한 주요 상황
을 하나씩 인정합니다. 한 발 한 발 내딛을 때 환상이 아닌 자신의
실제 삶과 관련지어 생각해야 합니다. 이 점을 강조하세요. 다음은

---

* 태어나지 않기를 선택하거나 일어서지 않은 사람이 있다면 안내자는 그 사람이 여전히
그룹의 일원임을 느끼고 안심할 수 있도록 가까이 다가서도 좋습니다. 나머지 사람들이
둘씩 짝을 이뤄 보고할 시간이 되면 안내자는 그 사람 곁에 앉아 그 사람의 경험과 어려
움에 대해 이야기를 나눌 수 있습니다.

각 걸음을 안내하는 내용입니다. 한 걸음을 내딛은 뒤에 각자 되새길 시간을 충분히 주세요.

여러분이 **태어난 해**로 한발 들어섭니다. 출생 시기 자체는 여러분의 삶에 역사적인 맥락을 부여하므로 중요합니다. 출생 시기를 받아들이세요.

여러분이 **태어난 곳**으로 한발 들어섭니다. 어떤 나라에서 태어났습니까? 소도시나 대도시, 아니면 시골에서 태어났나요? 지구 몸체의 어느 부분이 처음으로 눈에 들어왔나요? 이제 그곳을 받아들이세요.

여러분은 **피부색**이 어떠하며 어떤 **인종**입니까? 또 **사회·경제적 여건**은 어떻습니까? 이 두 가지 여건에서 발생하는 특혜나 결핍은 모두 여러분의 작업을 대비하는 데 도움이 됩니다. 이 상태와 상황을 받아들이세요.

이번에는 어떤 **종교**를 믿는 환경에서 태어났습니까? 아니면 믿지 않는 환경에 태어났습니까? 어린 시절에 종교 이야기를 접하거나 접하지 않은 것은 여러분 인생의 목적을 이해하는 데 영향을 줍니다. 이 환경을 받아들이세요.

이번에는 어떤 **성별**로 태어났습니까? 그리고 어떤 **성적 지향성**을 타고났습니까? 모두 받아들이세요.

그리고 여러분의 **가족**에 한발 들어섭니다. 아버지는 어떤 분인가요? 어머니는 어떤 분인가요? 친부모는 물론 양부모일 수도 있습니다. 부모님의 장단점은 무엇인가요? 여러분을 사랑으로 보살피거나 방임하거나 학대했을지도 모르지만, 어떻게 대했든 여러분이 수행할 작업을 대비하는 데 도움이 될 것입니다. 모두 받아들이세요.

이번 생에서 여러분은 **외동**입니까, 아니면 **형제자매**가 있습니까? 각 환경에 따르는 우애나 경쟁이나 외로움이 고유한 조합을 이뤄 여러분의 강점이 되고 세상에 보탬이 될 것입니다. 모두 받아들이세요.

이번 생에는 어떤 **장애**를 지니고 왔습니까? 몸이나 마음의 역경은 그 자체가 강인함과 회복력을 키웁니다. 모두 받아들이세요.

이번 생에는 **내면에 어떤 소질과 재능**을 품고 태어났습니까? 모두 받아들이세요.

마지막으로 무언가 눈앞에 잠시 동안 선명하게 보인다고 상상해보세요. 바로 여러분이 앞으로 수행할, **특정한 임무**입니다. 어떤 임무를 맡았나요?

이제 주위를 둘러보세요. 새로운 몸, 다른 몸으로 태어나 서로 알아보지 못할 것이라 예상했지만, 우리는 이 자리에 있습니다! 이제 한 사람과 짝을 이뤄 자리에 앉으세요. 서로 번갈아가며 자신의 이번 삶에 대해 이야기합니다. 이것이 바로 '보살의 선택'입니다.

참가자가 보고하는 과정이 수월하도록 앞서 언급한 상황(출생 시기, 출생지 등)의 목록을 게시하세요.

| **변형** | 안내자가 본 실습에 익숙해지면 보살이 보고하는 내용에 주제를 추가해보세요. 교육 관련 선택, 영적 여정, 핵심 관계, 직업 탐구, 직업 관련 책무 등을 추가할 수 있습니다. 기억을 되살리기 위해 다음과 같은 질문도 좋습니다. "여러분은 처음 어떤 일로 마음에 상처를 받았습니까?"

온생명회의[1]

(소요시간 : 2~3시간)

다채롭고 때로는 엄숙하며 활기차기도 한 의식을 통해 인간이라는 정체성에서 한발 물러나 다른 생명체를 대신해 말할 수 있습니다. 또한 모든 생명체와의 연대감을 다지며 오만한 생물종 하나가 일으킨 피해를 새로 인식할 수 있기 때문에 생태적 자아의 성장에 큰 도움이 되는 활동입니다.

개회식이 끝나면 참가자들은 다른 생명체에게 선택받는 시간을 갖습니다. 이후 온생명회의에서 이 생명체를 대신해 의견을 내야 하므로 이를 준비하는 과정을 거칩니다. 이때 주로 특정 생명체에 대해 충분히 생각하고, 이따금 그것을 본떠 가면을 만들거나 움직임과 말투까지 연습하기도 합니다. 그리고 드디어 정식으로 온생명회의를 열어 오늘날 생명체가 맞닥뜨린, 심각한 위험에 대해 의논합니다.

참가자들이 즉흥으로 표현하기 때문에 온생명회의는 매번 다를 수밖에 없습니다. 어떤 경우에는 강렬한 감정이 마구 쏟아지고, 혹은 가벼운 분위기가 계속되거나 비교적 따분한 경우도 있습니다. 하지만 겉으로 보이는 모습이 전부가 아님을 기억하세요. 자신의 역할을 어색해 하거나 상대적으로 조용하고 관심이 없는 듯한 참가자 역시 이 회의의 영향을 깊이 받을 수 있습니다.

> 우리는 자연이다.
> 오랜 세월 부재하였으나,
> 이제 다시 돌아간다.
> ─월트 휘트먼(Walt Whitman)

| 방법 |

◉ 기도 ◉

안내자는 이 과정을 시작하기 위해 삼세(9장 '삼세의 존재에 호소하기 (321쪽)' 참고)와 사방에 존재하는 생명체를 불러냅니다. 사방의 축복을 비는 기도는 여러 토속 전통에서 찾아볼 수 있으므로 여러분에게 익숙하고 편한 방식으로 진행하세요. 이 외에도 샐비어 잎을 태우거나 향을 피우고 기도문을 외는 것으로 개회식을 진행할 수 있습니다.

◉ 선택받기 ◉

이 과정에서는 인간이 아닌 다른 존재, 생명체가 회의에서 발언하고자 하는 상황을 상상합니다. 참가자는 각자 시간을 충분히 보내며 다른 존재의 선택을 기다립니다. 시간과 장소가 충분하다면 15~20분간 밖에서 산책을 해도 좋습니다. 실내라면 3~5분 정도 시간을 주세요. 참가자가 마음을 활짝 열고 내면 깊이 긴장을 풀 수 있도록 돕습니다.

처음에 떠오른 존재를 대표하라고 권하세요. 이것은 잘 아는 종을 고르는 문제가 아니라 식물이든 동물이든, 습지나 산처럼 생태계의 일부이든 인간이 아닌 뜻밖의 존재와 마주치는 것입니다. 또한 이 존재를 머릿속에서 완벽히 그려보도록 하세요. 크기나 형태, 움직이는 방식 등 모든 각도에서 상상해봅니다. 그런 뒤에 이 존재에게 허락을 구합니다. 그래야 내면에서부터 수월하게 이 존재를 떠올리고 느낄 수 있습니다. 마지막으로 이 존재를 대표하려면 어떤 모습이 좋을지, 가면을 사용한다면 어떤 형태가 좋을지 스스로 질문해봅니다.

◉ 가면 만들기 ◉

탁자나 바닥에 천을 깔고 그곳에 판지, 여러 색깔의 매직펜, 풀, 테이프, 가위, 끈, 천 조각 등 재료를 펼쳐놓으세요. 각자 자연에서 재료를 직접 수집해도 좋습니다. 30분이면 충분할 것입니다. 끝나기

5분 전에 미리 알려주세요. 가면을 만드는 중에는 침묵합니다. 가면에는 끈이나 고무를 달아도 좋고, 막대 하나를 테이프로 붙여 얼굴 가까이 대고 있어도 됩니다. 가면의 눈과 입 부분에 구멍을 내어 소통에 무리가 없도록 합니다.

◉ 움직임과 말투 연습하기 ◉

시간이 충분하다면 연습을 통해 최대한 자신을 생명체와 동일시할 수 있도록 합니다. 다음의 활동 중 어느 것이든 자의식이 약해지는 데 도움이 될 것입니다.

1. 참가자는 눈을 감은 채 자신이 대변하는 생명체처럼 움직여봅니다.

편안히 호흡하며 새롭게 이 생명체가 되는 것은 어떤 기분인지 몸으로 느껴보세요…. 여러분은 어떤 모양입니까? 크기는 얼마나 되나요…? 여러분의 피부 또는 겉표면은 어떤가요…? 어떤 방식으로 주변을 인지하나요…? 어떻게 움직이나요? 만일 외부의 힘으로 이동한다면 어떤 과정을 거칩니까…? 소리를 내는 생명체인가요? 그렇다면 소리를 내보세요.

2. 서너 사람씩 소집단을 이뤄서 가면을 쓰고 인간의 목소리로 생

명체를 대신해 말하는 연습을 합니다. 각 존재는 차례로 3~5분 동안 자신을 소개하고, 그 존재가 되어보니 어떤 기분이 드는지, 자신만의 강점과 특징은 무엇인지 이야기합니다. 이 시점에는 먼 옛날부터 지녀온 물리적 본성이나 삶의 방식에 초점을 둡니다(현재 상황에 대한 내용은 이후 진행할 회의에서 언급합니다).

◉ 온생명회의에 모이기 ◉

북소리나 동물을 부르는 소리를 내면, 모두 가면을 쓰고 저마다 '역할에 맞게' 회의가 열리는 자리로 둥글게 모입니다. 안내자도 자신이 대변하는 생명체의 모습으로 지구와 각자의 삶에 닥친 문제를 이야기하는 자리에서 이들을 맞이합니다. 원으로 둘러선 상태에서 이제 의식에 걸맞은 방식으로 한 명씩 자신을 소개합니다. "나는 늑대요. 늑대 종족을 대표합니다.""저는 기러기입니다. 철새를 대표해서 나왔지요.""저는 콜로라도 강입니다. 전 세계 강을 대변합니다." 더 구체적인 진술에 앞서 초반에 이렇게 자신을 소개하는 시간을 갖는 것이 중요합니다.

> 나는 화창한 하늘을 떠도는 깃털 하나
> 나는 평야를 달리는 푸른 말
> 나는 물속에서 반짝이며 휘도는 물고기
> 나는 바람 타고 노는 독수리
> 보라! 나는 살아있다, 살아있다
> —나바르 스콧 모마데이(Navarre Scott Momaday)

◉ 온생명 회의의 세 단계 ◉

1. 정해진 순서 없이 각 존재가 걱정하는 바를 밝힙니다. 다음의

예시를 참고하세요.

나는 기러기로서, 습지가 사라지는 탓에 철에 따라 멀리 이동하기가 힘들어졌다는 사실을 알리고 싶습니다. 또 알껍데기가 너무 얇아져서 부서지기 일쑤입니다. 새끼가 부화할 준비가 되기도 전에 알이 깨져버립니다. 우리 뼈에 오염물질이 있는 것은 아닌지 걱정입니다.

참석한 사람들은 화답합니다.

"기러기여, 당신의 말을 들었습니다."

산으로서 나는 아주 오래전부터 이 지구에 있었고 강하며 단단하고 앞으로도 자리를 지킬 테지만, 지금은 내 피부인 숲이 찢겨나가 겉흙이 떠내려가는 까닭에 강이 숨을 쉬지 못하는 형편입니다. 또 몸은 다이너마이트 폭발로 산산이 부서집니다. 나를 은신처로 여기는 존재들을 더 이상 보살필 수가 없습니다.

참석한 사람들은 화답합니다.

"산이여, 당신의 말을 들었습니다."

이와 같이 열대우림, 강, 토양, 밀, 오소리, 쥐 등도 한 명씩 발언합니다.

2. 여러 존재의 진술이 십여 차례 이어진 뒤 안내자가 발언합니다. 지금까지 이야기를 들어보면 이 존재들의 고통은 모두 사춘기를 겪는 한 생물종의 행동에서 비롯된 것이므로 의견을 제시하는 것입니다.

우리가 꼭 해야 할 말을 인간들이 듣는다면 좋겠지요. 단지 듣기만 해도 좋으니 우리 온생명회의에 인간을 불러냅시다. 여러분 중에 대여섯 사람이 가면을 벗고 인간이 되어 중앙으로 나와주시겠습니까?

안내자가 북을 치면 인간들은 중앙으로 나와 서로 등을 맞대고 바깥쪽을 향해 둘러앉습니다. 이제부터 인간에게 직접 고합니다.

인간들이여, 우리 얘기를 들어보시오. 이 세상은 우리 세상이기도 합니다. 당신들보다 훨씬 오래전부터 자리를 잡았지요. 그러나 당신들의 행위 때문에 이제 우리가 살날도 얼마 남지 않았습니다. 이번 한 번만이라도 가만히 귀 기울여보십시오.

회의가 이어지면 인간들은 조용히 듣습니다.

아, 인간들이여, 나 다뉴브 강은 생명의 전달자였소. 그런데 지금 내가 나르는 것이 무엇인지 좀 보시오. 당신들이 나에게 쏟아버린 폐기물이며 유독물질이오. 이제 병과 죽음을 옮기는 매개체가 되었으니 참으로 수치스럽고 더 이상 흐르고 싶지도 않소.

참석한 사람들은 화답합니다.

"다뉴브 강이여, 당신의 말을 들었습니다."

발언이 몇 차례 더 이어진 뒤 안내자가 다시 북을 울리면 중앙에 있던 인간들은 자리로 돌아가 가면을 쓰고 다른 인간들이 교대로 중앙에 앉습니다. 모든 사람이 이렇게 차례로 인간이 되어 경청합니다.

3. 모든 존재가 인간에게 직접 발언하고 책임을 물을 기회를 가졌다면 이때 중대한 변화가 일어납니다. 안내자가 다음과 같이 운을 떼도 좋습니다.

인간은 온갖 기계를 만들어내고 겉보기에 힘처럼 보이는 것을 지녔음에도 지금 겁에 질려있습니다. 자신들이 촉발한 힘의 가속도에 기가 눌려 어쩔 줄 몰라 합니다. 이들이 공포에 휩싸이거나 전부 포기한다고 해서 우리가 살아남는 데 도움이 되는 것은 아닙니다. 그야말로 이들 손에 우리 생명이 달렸으니까요. 이들도 생명의 그물망 안에서 자신의 위치가 어디인지 깨달으면 달라질 것입니다. 우리의 힘과 재능 중 어떤 것이 이들에게 보탬이 될 수 있을까요?

이제 각 존재가 인간에게 제안할 기회입니다. 또한 인간으로서 세상의 파괴를 멈추는 데 필요한 힘과 각 존재가 지닌 강점과 재능을 전해 받습니다. 중앙에서 조용히 듣기만 하던 인간들은 이따금 침묵을 깨고 "고맙습니다"라고 말하기도 합니다.

산으로서 나는 당신들에게 내 마음 깊이 자리한 평화를 주겠습니다. 언제든 내게 와서 쉬고 꿈꾸세요. 꿈꾸지 않는다면 상상력과 희망을 잃을지도 모릅니다. 또 내 힘과 굳건함이 필요하다면 언제든 오세요.

나 독수리는 먼 곳도 볼 수 있는 예리한 시력을 주겠소. 그 힘으로 바쁜 나날 너머를 내다보고 근시안적인 사고를 넘어서시오.

들꽃으로서 당신들이 아름다움을 잊지 않도록 은은한 향기와 더불어 다정한 얼굴을 보여주겠습니다. 여유를 갖고 관심을 기울여보세요. 그러면 다시 생명과 사랑에 빠질 것입니다. 이것이 나의 선물입니다.

◉ 마무리 ◉

회의를 마무리할 때에도 매번 분위기가 조금씩 달라집니다. 어떤 경우에는 말없이 이 시간을 되새기며 끝이 납니다. 또 어떤 경우에는 모두 한 번씩 중앙에서 인간이 되어 여러 생명의 선물을 받고 난 뒤 사이가 가까워져서 어느새 서로 부둥켜안고 함께 어울리며 마무리됩니다. 한번은 갑작스레 격렬한 북소리와 춤으로 이어져 폭소와 환호, 그 밖에 야생에서 주고받는 신호 등으로 활기가 넘쳤습니다.

어떤 식으로 끝이 나든 반드시 공식적인 해제와 감사 인사는 잊지 말아야 합니다. 자신이 선택했던 생명에게, 대신해 말할 영광을 주어 고맙다고 마음을 전하며 그 배역에서 빠져나옵니다. 그리고 두 손과 이마를 바닥에 붙여 절하고 만물이 치유되길 기원하며 자신의 몸에 흐르는 기운을 지구에 돌려줍니다.

가면은 경건한 마음가짐으로 함께 태우거나 퇴비로 만들 수 있습니다. 혹은 각자 간직하기도 합니다. 존 시드와 조애나는 의식을 마무리 지을 때 가끔 추가로 한 가지를 제안합니다. 자신이 대변했던 존재를 자신의 진짜 정체성으로서 유지하고, 인간의 가면(자신의 얼굴)을 쓴 채 세상으로 돌아가면 어떨까요?

1. 시간이 부족하거나 재료를 준비하지 못했다면 가면 만들기는 생략합니다. 그래도 이 과정이 필요하다면 도형이나 상징을 그릴 수 있는 스티커로 대체하세요. 참가자가 소수라면 움직임과 말투 연습을 모두 또는 둘 중 하나를 생략합니다.

2. 주어진 시간이 얼마 없다면, 예를 들어 한 시간뿐이라면 온생명 회의의 핵심만 전할 수 있습니다. 인간이라는 정체성을 잠시 내려놓고 다른 종을 대신하여 말할 기회를 주는 것입니다.

   축약된 방식의 경우 네 사람씩 모입니다. 눈을 감은 채 안내자가 이끄는 대로 다른 생명체에게 선택받기를 기다립니다. 그런 뒤에 자기가 속한 소집단 내에서 한 사람씩 '그 존재처럼' 발언하기 시작합니다. 모두 몸을 숙여 머리를 맞대고 눈을 반쯤 감으면 보다 수월하게 진행할 수 있습니다.

   한 사람당 약 10분간 다음 세 가지에 대해 말합니다. 안내자는 이 내용을 사전에 설명하세요. 재생지에 적어두어도 좋습니다.

   a. 이 생명체가 되어보니 어떤 생각이 드는지, 이 존재의 관점이나 장점 가운데 어떤 점이 흥미로운지 이야기하고, 또한 서로 자양분이 되어주는 관계란 어떠한 것인지 말해봅니다.

   b. 서식지 파괴, 오염, 독성물질 투기, 유자망 어업, 대규모 산림벌채, 공장식 농축수산업 등으로 인해 지금 겪는 혼란과 어려움

을 이야기하세요.

c. 인간이 이러한 문제와 폐단을 일으키며, 오직 인간만이 이 상황을 바로잡을 수 있습니다. 여러분이, 지구생명체가 생존하려면 인간이 변화를 이뤄내야 합니다. 그러므로 여러분은 이에 보탬이 되기 위해 어떤 강점을 전해줄지 생각해보세요.

안내자는 10분마다 신호를 주어 다음 사람이 발언하도록 합니다. 활동을 마무리할 때에는 각 생명체가 전해준 재능이 이미 우리 안에 자리하며, 그것이 바로 생명망 덕분임을 환기해도 좋습니다. 생명망이 아니었다면 그런 재능을 떠올리지도 못했을 것입니다. 끝으로 그룹 전체를 한자리에 모아 어떤 생명체를 대신해 발언하고, 어떤 재능을 전해주고, 그 과정에서 무엇을 깨달았는지 함께 대화를 나눌 수 있습니다.

앨런 스타인버그는 점토를 활용한 어느 학회 워크숍에서 아주 짧지만 효과적인 방식으로 온생명회의를 진행했습니다. 수많은 점토 작업을 마친 뒤 앨런은 안내 명상을 통해 각 회원이 다른 생명체 하나와 마주칠 수 있도록 도왔습니다. 모두 그 생명체를 표현하기 위해 5분 동안 점토를 빚은 뒤에 둥글게 모여 차례로 각자 그 존재가 된 것처럼 앞선 세 가지 사항을 이야기했습니다. 이 과정은 매우 간단하지만 가슴 뭉클하고 기억에 남을 시간이 되었습니다.

도움이 필요한 이여, 나는 당신과 함께합니다

이 시점에, 베풀어야 할 은혜를 서로 내어줍시다.
서로에게서 우리 자신을 보고 또 봅시다.

지금껏 거울 속 얼굴을 보던 길고 긴 시간은
더 늘어나야 했습니다, 자신의 얼굴은 물론, 연상되는 무언가까지

우리는 눈에 보이는 것 그 이상
그 눈으로 저 멀리 은세계銀世界를 내다보며, 아는 만큼, 또 그 너머까지.

거울 속을, 유리창을, 호수를 들여다볼 때면
사진 하나, 우리는 이곳에도 저곳에도 있습니다. 바로 그 순간

모든 것의 가능성은 더 커집니다. 우리, 당신과 나,
어느 한쪽이 더 강한 이 시점에 대등하게, 분명하게 말합시다.

지금껏 우리를 지탱한 희망을. 우리 자신을 넓혀서
자신을 넘어 은빛으로, 더 크게, 더 멀리 나아가

만 개의 몸이 돌연 거울 속에, 그중 우리에게
필요한 것은 단 하나, 그렇게 문제는 다시 간단해집니다.

—앨버토 리오스(Alberto Rios)[5]

Chapter 09

Deep Time — Reconnecting with

Past and Future Generations

●

딥 타임 :

과거 세대, 미래세대와

다시 연결하기

내가 자란 부족의 풍습은
말하고 노래하는 것이었다.
이때 현재하는 숨결과 광경을 함께 나눌 뿐 아니라
이를 태어나지 않은 생명에게도 전했다.
여전히, 지금까지도 우리는
생존자를 향해 손을 내민다.
그렇게 희망을 약속하는 것이다.

데니즈 레버타프(Denise Levertov)

오늘날 사람들은 확실히 독특한 방식으로 시간과 관계를 맺습니다. 산업성장사회가 과학 기술과 경제력을 촉발했고, 이로 인해 시간을 경험하는 방식은 급격히 달라졌습니다. 우리는 속도주의에 광적으로 얽매여서 과거 세대, 미래세대와의 연결성이 단절되었습니다.

산업성장사회는 물론 이 사회에서 요구하는 과학 기술은 단기 목표를 달성하기 위해 어떤 결정이든 벼락같이 해치워버립니다. 더 이상 자연의 리듬을 느낄 수도 없습니다. 무언가를 체험하거나 가치를 창출하는 시간이 모두 부족해졌습니다. 역사상 어떤 문화보다 시간 절약형 장치가 넘쳐남에도 가장 시간에 시달리고 쫓기는 현실이라니 참으로 쓰라린 모순이지요. 하지만 겉보기에만 모순일 뿐입니다. 시간이 부족한 이유는 바로 과학 기술의 시간 효율성과 관계가 있습니다. 시간을 재는 기준은 한때 계절의 변화와 태양 둘레를 도는 갖가지 별이었지만, 한참 후에 째깍대는 시계가 등장했고 이제는 시간을 나노초(nanoseconds) 단위로 나눕니다. 우리는 생물체로서 몸소 시간을 헤아리는 능력을 잃어버렸습니다.

우리는 현재에 갇혀서 시간의 연속성을 온전히 느끼지 못합니다. 선조가 남긴 유산과 미래세대가 누릴 권리는 모두 줄어들고 현실과도 멀어집니다. 우리는 거리낌 없이 유서 깊은 보물을 부수려 하고, 미래세대가 써야 할 지하수층에 언제든 독성물질을 흘려보내 영구적으로 더럽히려 합니다. 이러한 문화에서는 장대한 시간의 지속성을 병적으로 부정하고, 시간 감각은 한심할 정도로 쪼그라듭니다.

정신과 전문의 로버트 리프턴은 핵무기 개발 및 사용으로 인해 장기적 미래를 상상하는 능력이 퇴화되어간다고 주장합니다. 기후변화의 의미 또한 비슷한 영향을 미칩니다. 리프턴은 이를 '연결이 끊어진 상태'라고 표현하면서, "우리는 … 생물학적 단절을 반복해서 느끼고 이를 감수하며 살아가는 최초의 존재다."[1]라고 했습니다.

이처럼 시간과 기이한 관계를 맺으면 자연스레 우리 삶의 질과 가치, 살아있는 지구 몸체의 질과 가치는 떨어질 수밖에 없습니다.

그런데 문명의 본질은 '속도'인가? 아니면 '성찰'인가? … 인간은 자신이 옳은 일을 하는지, 올바른 방식으로 하는지, 아니면 사실상 다른 일을 해야 하는지 등을 숙고하기 위해 의식적으로 느리게 행동하는 것이 가능하다. … 속도와 효율성 자체가 지성이나 능력, 적합성의 지표는 아니다.

—존 랠스턴 솔(John Ralston Saul)

갈수록 상황은 심각해질 것입니다. 시스템 관점에서 보자면 산업성장사회는 자멸을 향해 '폭주'하는 상태이기 때문입니다.

시간에 다시
자리 잡기 위하여

시간과의 왜곡된 관계는 결과만 보더라도 알 수 있듯이 우리가 본래 지닌 특성이 아닙니다. 인간은 보다 온전한 방식으로 시간을 몸소 체험할 능력과 권리를 타고났습니다. 역사를 통틀어 볼 때, 인류는 기념비적인 예술과 학문이 개인적 삶을 뛰어넘어 훨씬 오래 지속될 수 있도록 자신의 삶을 희생하면서까지 이를 미래세대에 물려주려 노력했습니다. 또한 제사와 설화를 통해 선조를 공경했습니다.

생명지속사회로의 대전환에 참여하면서 미래세대의 조상답게

> 모두 다시 힘을 얻게 될 것입니다.
> 갈라진 들판은 하나가 되고 물은 막힘없이 흐르고
> 나무는 우뚝 솟으며 벽은 낮아지고
> 골짜기에는 대지만큼이나
> 강하고 다채로운 사람들이
> 신이여, 당신도 힘을 찾을 것입니다.
> 이 시간을 살아야만 하는 우리는
> 당신이 얼마나 강해질지 상상조차 할 수 없습니다.
> ─라이너 마리아 릴케, 《시도서(Book of Hours)》

행동해야 함을 깨닫습니다. 보다 긴 생태 흐름에 우리 자신을 맞추고, 과거와 미래의 생명체와 이어져있음을 점차 강하게 느낍니다. 그런데 우리가 변화의 주도자로서 이를 실천하기란 쉽지 않습니다. 산업성장사회에 개입하려면 속도에 휘말릴 수밖에 없기 때문입니다. 이곳의 숲을 지키고 저곳의 무기 개발을 막기 위해, 때를 놓치기 전에 밸브를 찾아 잠그느라 동분서주합니다. 이런 와중에도 우리는 더 깊은 샘물을 마시는 법을 다시 배울 수 있습니다.

'**딥 타임**(Deep Time, 지구의 시간)' **작업**은 분명한 목적을 위해 생겨 났습니다. 훨씬 확장된 시간의 맥락에서 현재의 삶을 경험함으로써 정신의 활력을 되찾고 우리의 마음을 제대로 알기 위함입니다. 다음 몰리 영 브라운의 시에 나타난 바와 같이 우리는 이 작업을 통해 안도감과 영구적인 회복력을 얻습니다.

이 숲에 사는

고대의 존재여,

말을 걸어주소서.

당신의 야생성으로 채워주소서

변치 않고 '지금' 이 순간에 머무르는

당신의 지혜로 채워주소서.

내가 날마다 수행하는

활동과 과업 전부를

당신의 너른 시각으로 보게 하소서.

나와 하나가 된 듯 보게 하소서

솔방울이 여물어가고

잎과 줄기가 새싹을 틔우고

회색 다람쥐가 재잘대고

박새가 포드닥 날고

개울이 졸졸 흐르는 모습

모두 생명을 끌어안은 자리에서 일어나는 일,

모두 사랑 안에서 일어나는 일.

― 몰리 브라운[2]

실행하기

삼세의 존재에 호소하기

(소요시간 : 5~10분)

이 기도의식을 통하여 현재를 살아가는 사람은 물론, 먼저 간 사람과 앞으로 올 사람과 연결되어있음을 분명히 인식합니다. 이로써 시간을 초월하여 모든 존재와 결속을 다지고,

마음을 열어 이 존재들에게서 자극을 받습니다. 고마움과 책임감을 한층 강하게 느끼므로 의지가 굳건해집니다.

기도는 워크숍을 시작할 때, 또는 딥 타임 실습의 일부로서 진행하거나 대중 강연, 법문 혹은 설교를 할 때에도 활용할 수 있습니다. 어떤 활동이든 시작 전에 진행하기 좋은 실습입니다.

| **방법** | 모두 둥글게 모여 서도록 합니다. 안내자가 엄숙하고 확신에 찬 목소리로 과거의 존재를 불러냅니다. 그런 뒤에 잠시 멈추고 사람들은 과거의 여러 조상과 스승의 이름을 속삭입니다. 다음 예시를 참고하여 자신만의 언어로 진행하세요.

> 앞서가신 모든 존재여, 조상님과 스승님이여, 지금 우리와 함께 해주십시오. 이 지구를 걸고 사랑하고 정성으로 보살폈던 존재여, 지금 우리와 함께하시어 물려주신 유산이 계속 전해지기를 바랍니다. 소리 내어, 또 마음속으로 여러분의 이름을 말하며 얼굴을 떠올립니다…

사람들이 이름을 부르는 동안 잠시 멈춘 다음, 현재의 존재에게 청합니다.

> 우리와 함께 살아가며 이 위험에 처한 지구를 구해보려 애쓰는

모든 이여, 지금 우리와 함께해주십시오. 다른 종의 형제자매는 물론, 같은 종족인 인간까지 우리 공동의 의지와 지혜를 불러 모읍시다. 소리 내어, 또 마음속으로 여러분의 이름을 말하며 얼굴을 떠올립니다….

역시 잠시 멈춘 뒤, 끝으로 미래의 존재를 불러냅니다.

우리 다음으로 이 지구에 올 모든 존재여, 지금 우리와 함께해주십시오. 우리가 세상을 치유하려는 것은 여러분을 위한 것이기도 합니다. 아직 여러분의 얼굴을 떠올리거나 이름을 말할 수 없지만, 여러분이 살아갈 권리는 현실임을 느낍니다. 우리는 이 작업을 마땅히 수행해야 함을 알기에 충실히 임합니다. 그래야만 우리 조상에게 주어졌던 파란 하늘, 비옥한 땅, 깨끗한 물이 여러분과도 함께할 것입니다.

이번에는 모두 침묵하며 마무리합니다.

| **변형** | 안내자가 아래와 같은 구호 두 가지를 정하여 의식을 시작하기 전에 참가자에게 알려주세요.
"지금 이 시간을 우리와 함께해주십시오."
"지금 이곳에서 우리와 같이해주십시오."

기도가 끝날 때마다 다 함께 구호를 세 번씩 외칩니다. 준비시간이 충분하다면 자원자 세 명이 차례로 기도합니다. 이때 나머지 사람들은 구호를 외칩니다.

시간에 대한 열린 문장

(소요시간 : 30~50분)

6장에서 설명한 '열린 문장'(198쪽)의 진행 방법대로 다음의 문장 혹은 비슷한 문장들을 제시합니다.

◆ 급히 서두르면 내 몸은 ＿＿＿ 을 느낀다.

◆ 급히 서두르면 내 마음은 ＿＿＿ 같다.

◆ 요즘 ＿＿＿ 할 시간이 없다.

◆ 시간이 부족한 탓에 인간관계에 영향을 받는다.
　예를 들면 ＿＿＿＿＿＿＿＿＿＿＿.

◆ 내가 세상의 시간을 전부 가졌다면 ＿＿＿ 할 것이다.

동물에게서 받은 진화의 선물 : 생태적으로 마주하기

(소요시간 : 15~20분)

우리 몸을 이용해 다른 생명체와 친족 관계임을 알고, 인체 구조의 주요 특징을 고안해낸 이들의 은혜에 고마움을 느낍니다.

| **방법** | 이 과정은 '서로 마주하기(the Milling, 7장 참조)'와 비슷하게 진행하여 활기찰 뿐만 아니라 유익한 활동입니다. 참가자는 상대를 만날 때마다 멈춰서서 안내에 따라 공통된 생물학적 특징 중 한 가지에 집중하면서 서로 말없이 교감합니다. 안내자는, 참가자가 상대방을 바라보며 선물과도 같은 존재의 경이로움을 느끼고, 이처럼 작품을 빚어낸 동물 조상에게 경의를 표할 기회를 줍니다. 우리는 다음의 특징을 당연히 '우리 자신의 것'이라고 여기기 쉽지만 실은 모두 다른 생명체, 고대의 생명체에게서 받은 선물입니다.

◉ 혈액의 흐름 ◉

상대방의 손목에서 맥박이 느껴지십니까? 혈액이 돌고 있습니다. 이 능력은 모든 생명체가 공통으로 지녔으며, 최초의 다세포생물이 영양소를 몸속 세포로 옮기고자 생각해낸 것입니다. 이들 중 일부가 진화 과정에서 근육 펌프, 즉 심장을 만들었습니다. 여러분이 느끼는 맥박은 아주 먼 옛날, 벌레 조상에게서 받은 선물입니다.

◉ 척추 ◉

상대방의 목과 등을 만지며 뼈를 느껴보세요. 척추뼈들은 하나하나 분리되어있으면서도 절묘하게 연결되어있습니다. 이로 인해 중심의 척수를 보호하는 동시에 유연하게 움직이는 것이 가능해집니다. 이 작품 또한 먼 옛날 물고기 조상이 고안한 것입니다. 등뼈가 한 덩어리였다면 헤엄칠 수 없었을 테니까요. 지금 우리는 물고기 조상 덕분에 똑바로 서고 걷고 춤출 수 있게 되었으니 고마움을 표합시다.

◉ 귀 ◉

상대방의 귀에 대고 입을 다문 채 코로 소리를 내어보세요. 아, 서로의 소리가 들리는군요! 그것은 속귀의 작은 뼈들이 진동하기 때문이며, 이 또한 물고기 조상에게서 받은 선물입니다. 이 뼈들은 한때 물고기의 턱뼈였는데 소리를 전달하기 위해 포유류의 귀로 이동한 것입니다.

◉ 파충류의 뇌 ◉

두개골 안쪽 가장 아래에 파충류의 뇌라는 부위가 있습니다. 처음으로 땅에 올라선 동물 조상의 선물이지요. 이 덕분에 싸우거나 도망치거나 꼼짝 않고 멈추는 것이 가능해 우리 자신을 지킬 수 있습니다.

◉ 포유류의 뇌 ◉

파충류의 뇌를 둘러싼 부분에는 포유류의 뇌가 남아있습니다. 초기 포유류 조상의 선물입니다. 우리는 이 선물 덕분에 마음 깊이 기쁨을 느끼고 원시적 감각, 즉 가족·부족과의 유대감을 느낄 수 있습니다.

◉ 두 눈의 위치 ◉

인간의 눈은 물고기나 파충류, 대부분의 조류, 일부 포유류와 달리, 더 이상 머리의 양옆에 위치하지 않습니다. 나무를 오르던 영장류 조상은 사물을 3차원으로 보기 위해 두 눈을 앞쪽으로 옮겼습니다. 그래야 나뭇가지의 정확한 위치와 거리를 가늠하여 뛰어오를 수 있기 때문이지요. 이 선물을 준 영장류 조상에게 고마움을 전합니다..

◉ 손 ◉

엄지손과 나머지 손가락 끝이 서로 어떻게 맞닿는지 눈여겨보세요. 그리고 다섯 손가락이 둘러싸는 공간의 크기를 보세요. 그것이 바로 나뭇가지를 쥘 때 흔들리는 몸을 버틸 수 있는 크기입니다. 먼 옛날 원숭이 조상이 이 손을 고안했지요. 또한 나뭇가지는 태양과 바람과 중력이 만들었으며, 나무 조상 역시 자랄 때 빛을 향해 가지를 높이 뻗었고 바람이 쉽게 지나가도록 가지를 휘었습니다. 그러므로 이 손을 지닌 우리 또한 나무와 태양과 바람의 후손입니다.

| 변형 | 이와 비슷하게 명상을 진행할 경우 모두 강당 같은 곳에 앉아 자신의 몸에 집중하여도 좋습니다.

조상의 선물 받기

(소요시간 : 60분)

시야를 넓히는 연습을 통해 지구상 인간의 과거와 생생하게 연결되고, 과거에서 얻는 힘을 조금 더 깊이 인식합니다. 우리는 유구한 시간 속에서 산업성장사회가 단지 짧은 순간의 사건임을 떠올리고, 이를 넘어서기 위해 훨씬 거대하며 뿌리 깊은 유산에 의지할 수 있음을 되새깁니다.

이 과정을 통해 수많은 세대의 발자취를 따라가면서 선조들이 어려움을 헤쳐 나갔다는 사실, 어떠한 난관도 독창적으로 함께 극복했다는 사실에 존경심과 고마움을 느끼게 됩니다. 또한 이 같은 대처 능력이 퇴화하지 않았으며 현재 지구 생명이 처한 위기 상황에서도 보탬이 되리라 확신할 수 있습니다.

| 방법 | 실습은 시간을 관통해 천천히 걷는 것으로 구성되어있습니다. 먼저 인간의 이야기가 시작된 지점을 향해 뒤로 걸은 후 다시 현재를 향해 앞으로 걷습니다. 준비하는 데 5분, 걷는 데 40분

정도가 걸리고, 이후 여러 소집단으로 모여 15분간 성찰하는 시간을 갖습니다.

저음의 차분한 음악을 배경으로 안내를 시작함으로써 집단 무의식 속 인간의 오랜 여정에 대한 이미지와 기억을 자극합니다. 이때 주로 방겔리스Vangelis의 〈이그나시오Ignacio〉 중 일부를 여러 차례 재녹음해 한 시간짜리 배경음악으로 사용합니다.[3]

벽에 부딪히지 않고 계속 걷기 위해 둥그렇게 둘러섭니다. 걷는 도중에도 원을 유지하도록 중앙에 의자 따위를 놓아두세요. 모두 자기 주변의 공간을 충분히 확보하고 오른쪽 어깨가 중앙을 향한 상태에서 안내자의 설명을 듣습니다. 음악이 시작되고 안내자가 신호를 보내면 아주 천천히 뒤로 걷습니다. 눈은 움직임만 확인할 수 있을 정도로 반쯤 감고 감정과 이미지를 떠올립니다. 사람들이 함께 움직이는 것이 느껴지긴 해도 각자 속도가 다르므로 가끔 부딪치거나 발을 밟는 일도 생깁니다. 이는 충분히 예상 가능하며 이해할 수 있는 일입니다. 홀로 떠나는 여정이 아니라 함께 만들어가는 것이기 때문이지요. 서로 충돌하거나 진로에 방해가 된다면 잠깐

우리는 수천 년에 걸친 하나의 세대
어머니와 아버지는 다가올 자식들로 인해 빚어지고
이들 차례가 되면 부모를 능가할 것이니.
우리는 끝도 없이 생명에 바쳐지므로, 모든 시간이 우리 것이다.
—라이너 마리아 릴케

눈을 떠서 빈 공간에 다시 자리를 잡도록 합니다.

계속해서 걷다보면 인간 여정의 출발점에 이를 것입니다. 안내자가 신호를 보내 이를 분명히 알리면 참가자는 그대로 멈춰섭니다. 그다음에는 앞을 향해 시계 방향으로 걸으면서 조상의 선물을 받습니다. 위아래에서 퍼 담고 줍는 몸짓을 하며 선물을 모으세요.

안내자는 사전 설명을 마친 뒤 모든 생명체에게 이롭기를 바라며 의식을 봉헌합니다. 이제 음악을 배경으로 안내자의 말을 들으며 걷기 시작합니다. 안내자의 역할은 구두로 계속해서 신호를 주는 것입니다. 참가자는 안내에 따라 시간을 관통하며 개인의 기억과 집단 무의식 속 기억을 모두 되살립니다. 안내자의 말투는 침착하고 확신에 차있으면서도 조금 무심하게 유지합니다. 말하는 '내용'은 그룹이 속한 역사와 문화에 따라 달라집니다. 내용의 '분량'은 안내자마다 다릅니다. 너무 많이 말하기보다는 적게 하는 편이 낫습니다. 여러분은 역사 수업을 하는 것이 아니라 상상의 나래를 펼치도록 돕는 것이기 때문입니다. 필수적인 지식은 모두 이미 알고 있습니다.

안내자의 말에 따라 명상하며 시야를 넓히는 활동은, 고이 받들기와 마찬가지로 원고를 그대로 읽어 내려가면 부자연스럽고 심지어 기계처럼 느껴져서 실습에 집중하기가 더욱 힘들어집니다. 그럼에도 기억해야 할 내용이 상당히 많으므로 필요하다면 언제든 자신의 언어로 작성한 메모를 참고하세요.

다음의 예시에서 잠시 멈추는 부분은 말줄임표로 표시했습니다. 너무 많은 이야기를 하지 않는 것이 좋습니다.

○월 ○일, 이 장소에 있는 지금 이 순간부터 천천히 시간을 거슬러 거꾸로 걷기 시작하세요. 오늘 있었던 일을 지나쳐… 잠에서 깬 순간까지… 지난주, 지난달… 집에서, 직장에서, 더 넓은 공동체에서 보낸 시간들을 거쳐 과거로 걸어갑니다…. 몇 달을 거슬러 해가 바뀝니다. 이제 지난해의 계절과 지난해에 만났던 사람들을 지나쳐 갑니다….

계속해서 여러분이 성인으로 지낸 몇 해를 거슬러 올라가세요. 어떤 분은 수십 년일 테고 또 어떤 분은 더 짧은 시간일 테지만 모두 자신이 지나온 여정을, 살았던 장소를, 맡았던 일을 지나쳐 되돌아갑니다. 어쩌면 가까운 사람을 잃거나 아이가 태어나는 순간도 보이겠지요…. 지난날의 열정과 모험심, 좌절감과 성취감을 다시 만나세요….

여러분의 십대, 희망과 고민으로 가득했던 그 시절로 들어섭니다…. 사춘기에 놀라고 괴로워하던 순간을 지나쳐… 어린 시절로 돌아가세요. 여러분이 알던 장소와 얼굴들이 보이고 학교 수업, 놀이, 외로이 지내던 시간을 지나갑니다…. 여러분의 키가 점점 줄어들고, 곧 어른들의 키가 너무 커져서 함께 손을 잡으려면 팔을 위로 뻗어야만 합니다. 이내 몸집이 더 작아져 품에 안겨야만 하고…

또 더욱 작아져서 여러분은 자궁 속에서 어머니의 심장 소리를 듣습니다. 여러분의 몸이 단순해지고 세포가 줄고 줄어서… 단 하나의 세포가 되고, 마침내 수정되는 순간까지 왔습니다.

하지만 여러분 안에 있는 생명은 수정되는 그 순간에 시작된 것이 아닙니다. 그 생명은 여러분의 어머니와 아버지에게도 있었습니다. 어쩌면 생모와 생부를 모른다고 할지라도 이제 여러분은 부모님의 삶으로 걸어 들어갈 수 있습니다… 이제 부모님의 청년 시절로 접어듭니다. 선택해야 했던 순간, 품고 있던 꿈을 지나쳐 청소년기로, 어린 시절로, 유아기로 돌아갑니다….

계속 거슬러 올라가세요. 여러분의 조부모, 증조부모의 삶으로… 자동차와 전화기, 전기가 없던 시절로 갑니다. 가스등의 그림자에서 이제 더 이상 이름도 알지 못하는 조상들의 삶으로 들어서세요. 이름을 모르긴 해도 몸짓이나 웃음은 여러분 안에 남아있습니다.

이 끝없이 이어지는 생명의 강을 따라 산업혁명으로, 어둑한 공장과 북적이는 도시 거리를 지나 조상들의 삶으로 돌아갑니다…. 여러분이 걸음을 옮기면 보다 빠르게 세대를 거슬러, 세기를 거슬러 갑니다…. 여러 차례의 전쟁과 격변을 거쳐, 꾸준히 대지를 일구는 리듬….

여러분은 조상들의 삶으로 접어듭니다. 소작농, 치안판사, 학자, 기능공, 도둑, 부랑자, 노예 또는 노예주, 장군과 보병… 이때에도 조상들은 여러분을 씨앗처럼 품고 있었습니다….

옛 시대의 제국으로 들어섭니다. 고대 문명의 흥망성쇠를 거쳐 역사의 뒤안길로… 이제 여러분은 인간의 여정에서 가장 긴 시기에 다다랐습니다. 여러 소규모 그룹이 가이아의 얼굴을 가로지릅니다. 채취할 수 있는 것을 채취하고, 사냥할 수 있는 것을 사냥합니다. 필요 이상으로 얻지 않습니다…. 계속해서 수천 년을 거슬러 우리가 유목민이었을 때로 돌아갑니다. 한 발 한 발 디딜 때마다 우리의 보금자리인 지구의 흙과 바위, 사막과 숲으로, 전쟁의 흔적이 없는 시대에 닿습니다.

우리가 시작된 그때로, 3만 세대 전쯤으로 돌아갑니다. 여러분은 그때 아프리카의 심장부에 있었다는 사실을 기억하시나요…?

자, 이제 멈추세요. 태초의 사람들과 함께 숲 가장자리에 서서 드넓은 초원을 바라보세요. 이들의 여정이 눈앞에 펼쳐져있습니다. 이들은 물론 여러분에게는 다른 동물이 지닌 힘과 속도가 없습니다. 송곳니나 날카로운 발톱도 없고, 추위나 더위를 막아줄 두꺼운 가죽도 없습니다. 여러분은 벌거숭이입니다. 여러분에게는 친족뿐입니다. 그리고 서로를 큰소리로 부를 목청도 있지요.

여러분은 앞으로 함께할 여정에서 어떤 일이 벌어질지, 어떤 난관에 부딪칠지 상상도 할 수 없습니다….

이제 앞으로 걸어 나가세요. 여러분의 조상이 빙하기의 기나긴 행군을 시작하여 오래도록 대륙을 가로질러 걷고, 뗏목을 타고 바다를 건넙니다. 여러분은 생존자들의 대를 이은 것입니다. 손과 팔을 벌려 이들이 주는 선물을 받으세요. 한데 모으세요. 육체적인 인내를 받으세요….

용기 내어 이끌고, 정찰대를 보내고, 갈 길을 택하고, 어린이와 노인과 임신부를 안전하게 돌보며 무리가 언제나 함께하도록 힘쓰는 조상에게서 선물을 받으세요.

밤마다 불가에 있는 이야기꾼들…

이들이 주는 선물을 받으세요….

또렷하고 신비로운 별들이 어떻게 움직이는지 지켜보던 사람들입니다.

함께 걸으며 조상의 예리한 감각을 한데 모으세요. 관찰력이 날카로운 눈의 감각, 모르는 게 없는 듯한 손의 감각, 누군가 열병이 나거나 출산할 때 도움이 되고자 잎과 뿌리를 채취하는 치료사와 산파의 지식을 받으세요….

주술사의 자연적 지혜를 모으세요. 이들은 실재하는 것들 사이에서, 보이는 세계와 보이지 않는 세계 사이에서 춤을 추며 사람들에게 지시를 전합니다…. 죽은 이를 묻고 태어난 이를 환영할 때 북을 울리고 기도문을 읍니다. 이러한 행위를 한데 모으세요….

여러 세기를 지나며 어린이의 눈에서 믿음을, 젊은이의 눈에서 열정을 보세요…. 어르신의 눈에서는 지혜를 보세요….

개울에서 두 여자아이가 물장구치며 웃는 소리를 들어보세요….

다른 동물과의 동질감과 친밀감을 모으세요. 동물들의 방식을 지켜보고 배웁니다. 동물은 우리의 스승이자 신성한 상징입니다…. 조상의 창조적 재능을 받으세요. 도구를 만들고, 옷감을 짜고, 집을 만듭니다…. 아름다움을 추구하는 마음을 이해하세요. 언덕에서 피리 연주 소리가 들려오고, 손으로 장신구를 조각하고, 단단한 흙바닥에서 발을 구르며 춤을 춥니다….

우리가 정착하기 시작한 때로 접어듭니다. 씨를 심고 다시 그곳으로 돌아가 수확합니다. 이후에는 땅을 일구고 농사짓기 위해 아마 두 강이 만나는 지점에 머무르겠지요….

수확물이 늘자 인구수가 늘고 정착지가 확대되어 곡물창고와 사원을 짓습니다….

우리 가운데 일부는 땅을 소유하게 되어 벽을 세우고 경계를 표시합니다. 또 일부는 땅이 없어서 노동력을 팔아 아이들을 먹여 살립니다….

육지는 대상隊商으로, 바다는 배로 머나먼 거리를 오가며 교역에 삶을 바친 조상들과 함께 걷습니다….

이제 기록된 역사로 걸음을 옮깁니다. 정부 기구와 교회 권력…그리고 황제 권력으로 도시가 확대됩니다. 제국은 방대한 영토에서 군대를 거느리고… 그 가운데 여러분의 조상은 군사를 지휘하거나 보병으로 참전하여 전쟁의 공포와 피비린내를 잘 압니다…. 그리고 토지뿐 아니라 사람까지 소유하게 됩니다…. 여러분의 조상이 노예주일 수도 있고 노예일 수도 있겠지요…. 이들 모두 여러분에게 줄 선물이 있습니다. 인내, 책임, 비통함이라는 선물입니다….

이들 중에는 인간의 존엄성과 식량에 대한 권리를 주장하며 봉기를 일으키는 사람들이 있습니다…. 자유를 노래하고 정의를 위해 싸우는 조상들의 선물을 한데 모으세요…. 농촌에 머무는 조상들과 함께 걷습니다. 대대로 밭을 갈았기에 땅을 잘 알고, 성장의 계절과 풍요 또는 빈곤의 시기를 잘 압니다. 이들이 주는 선물을 받으세요….

시간을 지나 앞으로 나아가서 신앙 운동과 집단 학살, 종교재판과 마녀사냥에 휘말린 조상들과 함께 걸으세요…. 이들 모두 여러분에게 줄 선물이 있습니다. 탐욕과 공포심으로 인해 인간의 심사가 어찌 뒤틀리는지 아는 것, 그리고 변함없는 믿음이라는 선물입니다….

이제 여러분은 대항해 시대로 향합니다. 조상들은 낯익은 세상을 뒤로하고 새로운 세상을 찾아 떠납니다. 어떤 이는 부를 좇아, 어떤 이는 종교의 자유를 좇아 떠나고, 또 어떤 이는 족쇄로 묶여 끌려갑니다…. 이 조상들도 여러분에게 줄 선물이 있습니다. 담력과 결의를 받으세요. 쓰라린 선물도 있습니다. 애통함, 불굴의 정신과 용기를 받으세요….

새롭게 발견한 대륙의 선주민인 조상에게서도 지혜를 받으세요… 숲과 들판, 강, 자기통치에 대해 깊이 체득한 지식을 한데 모읍니다….

여러분은 조상과 함께 기계의 시대로 걸어갑니다. 조면기, 증기기관, 철도… 농장과 목초지를 빼앗긴 조상은 공장으로, 광산으로 이주합니다…. 이들 중에는 어두컴컴한 새벽까지 일하는 어린이도 있습니다…. 공정한 임금과 노동조합 결성을 위해 목청을 높인 사람들에게서 용기를 받으세요.

이제 여러분이 이름을 알 수도 있는 조상들의 삶으로 들어섭니다. 이들과 함께 20세기로 나아가 세계대전과 기술혁신을 접합니다. 비행 장치, 자동차, 전자 기술… 쓰디쓴 결실을 맺은 세기입니다…. 원자핵 분열, 죽음의 수용소, 핵폭탄, 난민 수용소, 핵발전, 무기 확산… 여러분의 친척 중에는 죽음의 수용소로 끌려간 사람 혹은 그곳의 책임자인 사람도 있을 것입니다. 이들 모두 여러분에게 줄 선물이 있습니다. 가슴 찢어지는 고통과 기억되기를 간절히 바라는 마음입니다….

이제 부모님의 삶으로 옮겨갑니다. 여러분의 어머니가 될 여자아이, 아버지가 될 남자아이, 이 둘은 여러분에게 삶 자체를 주었습니다. 여러분 자신의 삶, 이 선물을 받으세요. 그 삶에 들어섭니다….

한 어린이가 발하는 아름답고 찬란한 빛을 향해 걸어가세요. 이 어린이가 바로 여러분입니다. 이 세상을 새로이 맞으세요. 꿈과 배반의 십대 시절로 발을 들입니다. 가능성이 엿보이는 세계로 접어듭니다…. 이제 성년기를 거쳐, 여러분이 했던 수많은 선택과 사랑했던 사람들, 도맡았던 일을 모두 거쳐 갑니다….

여러분은 세상의 고통에 눈뜨고 고뇌를 받아들임으로써 성숙해집니다…. 전쟁이 나고, 기근이 확산되고, 온갖 생물이 멸종됩니다. 이를 마주보며 여러분의 강한 열망, 우리 세상을 치유하리라는 의지를 한데 모으세요….

이제 최근의 해로 접어듭니다. 지나온 달을 거쳐… 지난주를 거쳐… 오늘 이날의 새벽녘까지 왔습니다…. 지금 이 순간에 이르면 멈추세요.

이제, 이곳에서 한 치 앞이 어둠입니다…. 앞으로 어떤 일이 펼쳐질지, 여러분에게 또는 오늘날 사람들에게 어떤 것이 요구될지 상상하기는 어렵습니다. 하지만 한 가지는 확실히 알고 있습니다. 빈손으로 가지 않는다는 점이지요. 여러분은 조상에게서 받은 선물을 품고 나아갑니다.

| **변형** | 치료사나 교사, 과학자, 예술가, 사회정의를 위한 활동가 등 특정 직업에 초점을 맞추어 실습을 조정해도 좋습니다. 그럴 경우 선조의 유전적 내력을 되짚기보다는 해당 분야의 계보를 따라 거슬러 올라가도록 합니다. 그리하여 자신의 소명에 헌신한 역사 속 사람들이 우리 모두에게 길이 전하는 선물을 기억합니다.

이 실습은 강당이나 교회에 앉아 명상하며 진행해도 좋습니다. 앉은 상태에서도 각자 손과 팔로 선물 모으는 동작을 표현할 수 있습니다.

미래에 전하는 목소리 녹음하기

(소요시간 : 15~30분)

특정 상황이나 문제에 부딪쳤을 때, 그것을 소리 내어 미래세대에 설명함으로써 이 위험이 오랜 기간 이어진다는 사실을 더욱 분명히 인식하게 됩니다. 이렇게 보다 넓은 틀에서 시간을 바라보며 책임감을 절실히 느끼고 창의성에 자극을 받으며 결의를 다질 수 있습니다.

이 실습은 자연전술을 지지하는 의미로 대규모 산림 벌채, 유독물질 투기, 수압 파쇄 등과 관련된 장소에서 진행하면 좋습니다. 모두 한 번에 한 명씩 돌아가며 소형 녹음기에 대고 말합니다. 이때 녹음하는 메시지를 다음 세대나 다음 세기 사람들이 그 장소에서 발견할 것이라 상상하며 말합니다. 당장 눈앞에 닥친 상황, 선택해야 할 사항들을 이야기하며 개인적으로 미래세대에 보내고 싶은 메시지를 직접 남깁니다.

이 과정은 뉴멕시코주에 있을 때 갑작스레 열린 시민협의회에서 시작되었습니다. 현장에 있던 활동가들은 방사성 폐기물을 매립하겠다는 정부의 계획에 대하여 방사성 물질 누출을 염려하고, 결국 인간의 침해 행위가 될 것을 걱정했습니다. 주민들은 그 시점까지 자기 지역만 아니면 그만이라는(NIMBY, 님비) 입장이었습니다. 대체로 지역사회를 보호해야 한다고 생각할 뿐, 폐기물이 자신의 책임이라고 여기지는 않았습니다.

조애나는 소형 녹음기를 꺼내 들고 말했습니다.

"상상해봅시다. 이곳에 폐기물이 매립되는 것을 우리가 끝내 막지 못한다면, 하다못해 이 녹음이라도 남길 수 있지 않겠습니까? 우리는 미래세대에 어떤 말을 하고 싶을까요?"

원으로 둘러선 사람들에게 녹음기를 건넸고 한 명씩 발언할수록 긴박감이 감돌았습니다.

"저는 조지라고 합니다. 지금은 1988년이고, 이곳에 방사성 폐기물이 매립되는 것을 막기 위해 노력하고 있습니다. 만일 폐기물이 매립된다면, 그리고 여러분이 이것을 듣게 된다면, 명심하세요. 이곳에서는 땅을 파지 말고, 물도 쓰지 말고, 멀리 떠나세요! 이 물질은 치명적이며 무엇이든 닿기만 하면 오염됩니다. 조심하세요!"

우리가 떠난 뒤에 이 땅을 걸어갈 이여, 깨우쳐주오. 우리의 눈으로 이 세상의 아름다움을 바라보시오. 폐에서 당신의 숨결이, 목구멍에서 당신의 외침이 느껴지게 해주시오. 가난하고 집 없고 병든 사람들에게서 당신이 보이도록 해주시오. 당신의 굶주림과 당신의 권리가 뇌리에서 떠나지 않도록 해주시오. 그리하여 우리가 우리와 연결된 삶을 존중하기를.

—조애나 메이시

말을 쏟아낼수록 미래세대는 점차 현실이 되었고, 참여한 사람들은 자신의 세대가 이 폐기물을 만들어냈다는 사실에 더욱 책임감을 느끼기 시작했습니다. 미래의 생명을 보호하겠다고 비장하게 각오를 다졌고, 매립보다는 감시와 회수가 가능한 저장법 등 더욱 안전한 대안을 마련해야 한다는 생각에 이르렀습니다. 이제는 시민 활동가들도 이 같은 전략을 선호합니다.

미래에서 온 편지

(소요시간 : 40분)

글쓰기 활동을 통해 지금부터 한두 세기 이후의 인간이 되어봅니다. 이러한 관점에서 오늘날 우리의 노력을 돌아보고, 조언과 격려를 받습니다. 이 실습은 홀로 수행할 때, 혹은 '앞으로 나아가기 (10장 참조)' 단계에서 진행해도 좋습니다. 몰리 브라운은 미래세대의 권리에 중점을 두어 수행을 시작할 때 이를 활용하여 사명감이 고취된 경험이 있습니다.

│ **방법** │ 모두 눈을 감은 채 다음 세대를 향해 떠납니다. 지금부터 100년, 200년 후에 살고 있을 인간이 되어봅니다. 이 사람의 상황을 알 필요는 없습니다. 단지 이 사람이 현재 우리의 삶을 되돌아

본다고 상상하는 것입니다.

이 존재가 여러분에게 어떤 말을 하고 싶을지 생각해보세요. 마음을 열고 귀를 기울입니다. 이제 그것을 종이에 옮겨 적으며 미래인이 여러분에게만 편지를 쓴다고 상상해보세요.

글 쓰는 시간을 충분히 주세요. 10~15분 후에 여러 소집단으로 모여서, 혹은 그룹 전체가 모여서 저마다 쓴 편지를 소리 내어 읽습니다. 이렇게 간단한 편지로 인해 앞으로 나아갈 의욕이 생기는 등 놀랍고도 지속적인 효과를 얻을 수 있습니다. 발표자뿐 아니라 듣는 입장에서도 매우 의미 있는 활동입니다.

7대 후손과의 대화(두 개의 동심원)

(소요시간 : 60분)

딥 타임 의식을 통해 7대 후손(약 2세기 이후의 인간)이 되어 보고 한층 넓은 시간의 틀에서 대전환을 바라보게 됩니다. 이 의식에서는 널리 알려진 방사선학자 로잘리 버텔 수녀(Sister Rosalie Bertell)의 말을 진지하게 받아들입니다.

"앞으로 지구에 살게 될 존재가 모두 지금 이곳에 있습니다. 어디에 있느냐고요? 우리의 고환과 난소에, DNA에 있습니다."[4]

이 실습은 짤막한 워크숍이나 저녁 모임에서 체험하는 용도로 활용해도 좋습니다.

| 방법 | 먼저 중심축을 기준으로 둘씩 서로 마주보고(동서 또는 남북의 형태로) 앉습니다. 한쪽 방향, 예를 들어 서쪽을 향한 사람들은 현재의 우리입니다. 반대로 동쪽을 향한 사람들은 우리의 7대 후손이 됩니다. 역할은 교대하지 않으며 신속하고 명확하게 정해야 합니다. 시작 전에 모두 자신이 맡은 역할을 제대로 파악했는지 확인하세요.

이 의식을 진행하기 위해서는 다음의 두 가지 사항을 가정해야 합니다. 참가자에게 협조를 구하세요.

첫째, 지금부터 200년 뒤, 인간이 지구에 살고 있다는 가정입니다. 혹시 동의하지 않더라도 의식의 목적을 위해 이를 인정해주세요.

둘째, 미래인이 우리 시대, 즉 21세기 초반에 일어나는 일을 대학에서 배우든, 책에서 접하든 문화로서 기억한다는 가정입니다. 이는 인간이 모두 따로 흩어져있지 않으며 공통의 문화가 있다는 의미입니다. 산업성장사회는 앞으로 200년을 이어갈 수 없기 때문에 미래인은 분명 생명지속사회에서 살고 있을 것입니다.

이제 현재와 미래의 존재가 두 세기를 뛰어넘어 만나기 위해 우리는 시간을 벗어난 지점으로 가야 합니다.

우리의 의도가 지닌 힘과 도덕적 상상력을 동원하여 함께 그 지점으로 향합니다. 종자 음절 '아'를 길고 힘차게 외치세요. 이 음절은 아직 언급되지 않은 모든 존재를 의미합니다.

함께 소리 내어 시간을 넘어선 지점에 이르면, 다음과 같이 두 가지 역할을 설명하세요.

현대인 여러분은 자기 앞에 있는 사람이 7대 후손이라고 생각하세요. 그리고 미래인 여러분은 자기 앞에 있는 사람이 과거(올해 연도)에 살고 있는 사람임을 압니다. 현대인에게 하고 싶은 말, 묻고 싶은 것이 있습니다. 이 내용은 '안내자'의 목소리로 전해질 테지만, 미래인 여러분 자신의 마음에서 우러나온 것으로 여기세요. 그러면 앞에 있는 현대인이 소리 내어 대답할 것입니다. 미래인은 그 말에 조용히 귀 기울이세요. 참고로 여기서 말하는 '조상'이란 앞선 세대 모두를 뜻하며, 집안의 혈통에 한정된 의미가 아닙니다.

◉ 미래세대의 질문 ◉

안내자는 미래인을 대신하여 세 번, 각기 다른 내용을 발언합니다. 현대인은 3~5분간 각 질문에 답하도록 하세요. 첫 번째 답을 마치면 미래인은 말없이 수긍한 뒤에 다른 현대인 앞으로 가서 앉습니다. 두 번째 답을 들은 뒤에도 마찬가지입니다. 이렇게 모두 새로운 사람을 만납니다.

다음의 세 가지 내용을 연달아 질문합니다. 이를 그대로 읽기보다는 가급적 여러분 자신만의 언어로 이야기하세요.

1. 조상님, 반갑습니다. 이렇게 직접 만나다니 놀라울 따름입니다. 그도 그럴 것이 선생님과 조부모님이 해주시는 이야기 속에서만 조상님의 시대를 접했기 때문입니다. 들었던 이야기 중에 믿기 힘든 점이 있어 직접 확인하고 싶습니다. 그 시대에는 몇 안 되는 소수가 고대의 가장 부유했던 왕보다도 재산이 많은 반면, 한편에서는 수십억 명이 굶주리며 집과 깨끗한 물도 없이 지낸다고 들었습니다. 그 시대에는 폭탄을 제조하며, 그 위력은 도시 전체를 날려버릴 정도라고 들었습니다. 우리가 그 시대를 익히 들어 아는 것처럼, 조상님들도 이를 알고 있다고 들었습니다. 동식물 종 전체가 멸종되는 과정에 있다고 들었습니다. 우리는 그 사실 역시 압니다. 이미 엎질러진 물이니까요. 그런데 조상님들은 일이 벌어지는 도중에도 그 사실을 알고 있다고 들었습니다. 이 모든

게 사실입니까…? 사실이라면, 그런 세상에 사는 경험이란 어떤 것입니까?

현대인이 답하는 데 5분 정도 시간을 주세요. 그런 뒤에 미래인이 말없이 수긍하고 다른 현대인 앞으로 걸어가 앉도록 합니다.

2. 조상님, 반갑습니다. 우리 세대가 마실 물이 있고, 작물을 심을 만큼 안전한 토양이 있는 것은 조상님들이 우리를 위해 수행한 노력 덕분입니다. 만난 적도 없고 만날 일도 없는 존재의 입장을 대변하려니 힘드셨겠지요. 특히 초반에는 말입니다. 그래서 이런 질문을 드리고 싶습니다. 이러한 길에 접어든 계기가 무엇인가요? 처음으로 행한 일은 어떤 것인가요?

현대인이 답하는 데 3분 정도 시간을 주세요. 미래인은 역시 답을 수긍하고 새로운 현대인을 찾아 자리를 옮깁니다.

3. 조상님, 반갑습니다. 우리는 조상님이 처음으로 행했던 일이 마지막이 아니었음을 압니다. 조상님들이 우리에게 살 만한 세상을 남겨주기 위해 행하는 일이, 갖가지 이야기와 노래에 담겨있기 때문이지요. 그런데 한 번도 듣지 못한 이야기, 그래서 제가 정말 궁금한 이야기는 바로 조상님들이 어디에서 그런 힘을 얻는가

하는 것입니다. 그 많은 장해물과 절망에도 불구하고 생명을 위해 행동을 이어나가는 힘은 어디에서 찾으십니까? 알려주실 수 있나요?

◉ 미래세대의 대답 ◉

현대인이 세 번째 질문에 답하고 나면 미래인은 그 자리에 앉은 상태에서 안내자의 말을 따릅니다.

이제 7대 후손 여러분이 말할 차례입니다. 여러분은 앞선 세대의 세 사람이 경험한 대전환을 들으며 여러 가지 생각이나 감정이 일었을 것입니다. 이제, 그것을 말할 기회입니다. 여러분 앞에 있는 조상에게 진심으로 하고 싶은 말은 무엇인가요? 이 사람은 잠시 뒤면 어둡고 위험한 시대의 한복판으로 곧장 돌아갈 것입니다. 조상에게 어떤 말을 건네시겠습니까?

이번에는 현대인이 말없이 듣기만 합니다.

◉ 마무리 ◉

마주한 상대에게 서로 조용히 감사를 표하면서 의식을 끝맺습니다. 그런 뒤에 다시 한 번 종자 음절 '아'를 외치며 현실로 돌아옵니다.

다 함께 '아' 하고 소리를 내며 다시 현실로 돌아가겠습니다. 7대 후손을 대신한 분들도 그 역할에서 벗어날 것입니다. 실제로는 여러분 또한 대전환의 일원이니까요.

이렇게 특별한 실습의 경우, 진행 과정에서 얻는 보람은 의식 자체에서 얻는 것만큼이나 값질 것입니다. 전체 그룹이 모여 함께 나누고 싶은 생각을 이야기합니다. 발언에 앞서 자신이 맡았던 역할을 밝히도록 하세요.

┃ 변형 ┃

1. 초기에 이 의식은 동심원 두 개를 만들어 진행했습니다. 바깥쪽 원과 안쪽 원이 서로 마주보는 형태로, 바깥쪽에 현대인, 안쪽에 7대 후손인 미래인이 앉았습니다. 현대인이 답을 마치면 미래인은 일어나 오른쪽으로 한 자리씩 이동합니다. 이렇게 안쪽 원이 시계 방향으로 움직이고 바깥쪽 원은 고정된 상태를 유지합니다.

2. 시간이 넉넉하다면 첫 번째 질문 후에 다음과 같은 질문을 추가하세요.

조상님, 산업성장사회가 파멸로 끝날 수밖에 없음을 언제 처음으로 깨달으셨습니까? 복잡한 생태계가 지속되려면 인간의 생활방

식이 근본적으로 달라져야 한다는 생각은 어떤 계기로 확신하게
되었나요?

대전환 현장 조사

(소요시간 : 45분)

이 실습은 대전환의 세 가지 차원을 설명한 직후에 진행합니다.
집단 토의와 상상 역할극을 결합한 활동으로, 미래세대의 관점에서
생명지속사회로의 전환을 살펴봅니다. 같은 워크숍에서 6장 '대전
환의 수레바퀴'(203쪽)와 병행하지 않도록 하세요.

| **방법** | 이 과정은 참가자가 대전환의 세 가지 차원(1장 참고)을
잘 아는 상태에서, 두 부분으로 나누어 진행합니다.

1부에서는 참가자를 세 그룹으로 나누고 각 그룹에 재생지, 매직
펜, 이야기 나눌 공간을 제공합니다. 그룹별로 각기 다른 차원(지연
전술, 일상의 토대 바꾸기, 인식과 가치관 바꾸기)에 집중합니다. 15
분간, 해당 차원을 개인적으로 접하며 알게 된 요소를 모두 떠올려
목록을 적습니다.

2부는 안내자가 목록을 갖고 모이라고 외치며 시작됩니다. 이제
부터 놀랍고 극적인 변화가 일어납니다. 이 시점 전까지는 참가자가

미래로 이동한다는 사실을 눈치 채지 못하도록 주의하세요.

안내자는 칠판 등에 다음과 같이 특정 시간과 장소를 적습니다.

◆ 생명 대학교(지어낸 이름)

◆ 21○○년 1학기(약 100년 후의 날짜)

◆ 대학원 과정 : 대전환의 역사

이제 안내자는 교수 역할을 맡아, 몇 주 동안 현장 조사를 마치고 강의실에 모인 학생들을 맞이합니다. 상황은 교수가 발언함으로써 분명해집니다. 학생들의 이번 연구는, 흔히 대전환을 '끝내 성공한 인류의 세 번째 혁명'이라고 표현하면서도 잘 알지 못하는 요인을 밝히기 위함이었다고 말하세요. 또한 산업성장사회가 무너지는 과정에서 기록이 거의 사라진 것을 언급하며 학생들이 겪었을 고충을 인정해주세요.

각 그룹을 대표하는 학생 두세 명이 연구 결과에 대한 발표와 논의를 진행합니다. 미래의 학생이 되어 인류 역사상 중요한 시기를 되돌아보는 즐거움이 있습니다.

스토리텔러 모임

(소요시간 : 20~30분)

절대 바뀌지 않을 것이라는 생각을 스스로 주입하지만 않는다면, 세계관은 바뀔 수 있습니다. 우리가 바라는 미래를 생생하게 그려봄으로서 실현 가능하다는 믿음이 생겨납니다. 이런 구상을 할 때에 모든 감각을 동원하면, 예를 들어 색상, 형태, 소리, 냄새, 맛, 표정, 가능한 미래에 대한 '느낌'을 상상하면, 창의적이고 직관적인 능력을 더욱 수월하게 발휘할 수 있습니다.

연구 결과에 따르면 어떤 과제가 이미 해결되었다고 상상하며 접근할 경우, 보다 창의적으로 실현 가능한 해결책을 떠올린다고 합니다. 이렇게 사후事後에야 얻는 '때늦은 깨달음'을 가상으로 체험하는 방법은 바로 24시간 이후 또는 다음 세기의 일에도 적용할 수 있습니다. 스토리텔러 모임은 크리스 존스톤이 창안한 것으로, 조애나의 책 《액티브 호프》[5]에서도 다루었습니다. 이 실습은 깨달은 상황을 미리 상상함으로서 생명이 지속되는 미래를 위한 구상과 작업에 힘을 보태는 활동입니다.

| 방법 | 안내자의 도움으로 지금부터 수백 년 후, 자신이 바라는 미래를 향해 시간여행을 떠납니다. 미래의 어느 시점에 작가·역사가 모임에 참석한 상황을 상상하도록 하세요. 둘씩 혹은 서너 명씩 모여 자신이 이 미래 시대에 자라면서 들었을 법한 21세기 초반의 이야기, 즉 인간 사회가 집단 자멸로 향하는 듯하던 시대에 시작된 대전환 이야기를 차례로 해봅니다. "초반에 별로 가망이 없어 보

이긴 했지만, 깨달음이 널리 전파되면서 수많은 사람들이 능력을 발휘하여 난관을 극복했습니다. 그 결과 현재 우리 작가들에게 익숙한 생명지속사회가 창출되었지요."[6]

이야기를 나눈 뒤, 이 장대한 모험에 우리 모두가 일조한다는 감각을 간직한 채 현재로 돌아옵니다.

천 년의 치유

이 희망이 어디서 왔는지, 나는 말할 수 없다
다만 피부 세포에서 자라나며
수수께끼 같은 봉투 속에서 흥얼거릴 뿐
지구 표면을 닮은 이 칼집 속에서 속삭인다
세상의 우짖고 맞부딪는 소음 아래서
희망의 노래가 자라난다. 그 순간까지
우리가 이 전환으로써
무너진 시대를 잠재울 때까지
두 곡선의 극점에 살아있는 우리가
이제는 인도한다
천 년에 걸치는 치유를!

날개 달린 것과 네 발 달린 것
풀과 산과 나무마다
헤엄치는 모든 생물

심지어 우리, 경계심 많은 두 발 달린 것도
흥얼거린다, 또 외치고 만들어낸다
변화의 노래를, 다시금 만들어낸다
모든 관계를 전부 다 개조한다

지구를 향한 마음을 전환하는 이 시대에
끝내 우리는 목소리를 울리고 섞이고
조율하는 법을 익혀서 비전을 노래한다
그 위대한 마법 속에서 우리가 움직인다

우리가 시작한다
새로운 습관을, 기꺼이 몸을 일으켜
천 년의 치유를 반기며

—수사 실버마리(Susa Silvermarie)[7]

Chapter 10

Going Forth

●

앞으로 나아가기

길을 떠나라
많은 사람들의 이익을 위하여
많은 사람들의 기쁨을 위하여
자비심으로 이 세상 모든 존재의
안녕과 이익과 기쁨을 위하여

석가모니(Gautama the Buddha)

벌써 내 눈길은 햇볕이 드는 언덕에 가있다
그곳에 가는 길, 가까스로 시작된 길이 눈앞에 펼쳐있다
그렇게 우리는 사로잡을 수 없는 것에 사로잡힌다
저 멀리서 빛나는 가능성에
이르지 않았음에도 그것이 우리를 바꾼다
간신히 느껴지는 무언가로,
우리가 움직이니 어떤 움직임이 손짓한다…
그러나 바람만이 맞불어칠 뿐

라이너 마리아 릴케

워크숍의 정점은 함께 작업하는 경험(4~7장의 내용)과 곧 다시 시작될 일상을 잇는 다리 역할을 합니다. 지금까지 새로운 눈을 통해 우리가 생명망에서 중요한 위치에 있고, 시공간을 뛰어넘어 모든 생명체와 이어져있으며, 생명이 지속되는 문화를 만들어갈 힘이 우리에게 있음을 확인했습니다. 이제 이렇게 새로운 시각으로 대전환에서 저마다의 고유한 역할을 보다 명확히 알게 될 것입니다.

이번 장에서는 이를 위한 실습을 다룹니다. 설명에 앞서 먼저 재연결 작업에 무엇이 있고, 무엇이 없는지 확실히 짚어보겠습니다. 재연결 작업에는 교리나 이념이 없으며, 사회 병폐를 고칠 만병통치약이나 세계 위기를 해결할 청사진도 없고, 심지어 지구 생명을 때맞춰 구할 수 있으리라는 확실성마저 없습니다. 그런 보장이 가능했다면 군이 노력할 필요도 없었을 것입니다. 하지만 우리는 지금 최대한 용기를 내고 창의력을 발휘해야 합니다.

나선형 순환에서
지금까지 발견한 것들

우리는 세상으로, 저마다의 삶으로 앞을 향해 나아가면서 어떤 변화를 겪게 될까요?

- 세상을 덮치는 고통과 위험에 대한 인식이 높아지며, 이를 외면하고 부정하거나 망연자실하지 않고 마주하는 능력을 더욱 소중히 여긴다.
- 세상에 대해 느끼는 괴로움을 받아들이고, 이것을 자비심으로 바꾸어 생각함으로써 차단되었던 피드백 고리가 다시 제대로 연결되며 에너지가 솟구친다.
- 자신의 정체성이 한층 더 확장되어, 살아있는 지구 몸체에서 자신이 유일무이하며 반드시 필요한 일부임을 깨닫는다.
- 형제자매 종, 선조, 후대와 함께인 공동체에 감사하는 마음이 깊어진다. 이들의 지지를 받음과 동시에 이들에 대해 책임감을 느낀다.
- 사람들과 함께 생명살림의 의욕이 강해지고 결속력에 대한 신뢰

> 우리가 어떻게 하면 나아갈 수 있을까요? 이것은 무슨 거창한 지식이 있어야 풀리는 문제가 아닙니다. 더 중요한 행동을 해야 한다는 강박관념에 시달리기보다 무엇이든 우리가 할 수 있는 일을 하는 데 주의를 기울이면 됩니다. 맹렬히 전진하는 데 익숙한 사람은 자신이 말하는 만큼 듣는 법을 배워야 하고, 무기력한 사람은 자신이 듣는 만큼 말하는 법을 배워야 합니다. 사실 우리는 현재의 어떤 행동이 미래에 가장 큰 변화를 일으킬지 알 수 없습니다. 다만 우리가 행하는 일 하나하나를 중요히 여길 뿐입니다.
> ─글로리아 스타이넘(Gloria Steinem)

가 깊어진다.

◆ 우리의 재능이 다양하고, 대전환에서 맡을 역할이 매우 많으며, 그래서 서로 의지할 수 있다는 사실을 새로이 깨닫는다.

◆ 위와 같은 이유로 한 개인으로서 자신의 강점과 한계, 상처까지도 포함하여 우리가 어떤 사람인가에 대해 감사하게 된다. 또한 우리의 열망이 쓸모 있다는 사실에 감사한다.

◆ 여러 목표의 범위가 확장되어 개인의 일생을 넘어선다. 이러한 목표에 집중함으로써 즉각적인 결과, 측정 가능한 결과에 의존하던 습관에서 벗어난다.

◆ 지구 역사상 이 획기적인 순간을 살아간다는 사실에 기뻐하며, 대전환에 참여할 수 있음을 영광으로 여긴다.

이제 워크숍의 막바지에 다다랐습니다. 이 선물과도 같은 배움을 자기 것으로 소화하면서 우리의 삶과 행동을 어떻게 만들어나갈 수 있는지 구체적으로 살펴보겠습니다.

실행하기

정보망 만들기(Networking)

워크숍 참가자가 지속적으로 혜택을 누릴 수 있도록 정보망을 서로 형성할 기회를 주세요. 대전환을 위해 저마다 참여하고 있거나 참여하고 싶은 활동 등 관심사와 아이디어, 희망을 공유할 수 있습니다. 워크숍 초반에 이런 시간을 가지면 더욱 좋지만 기회가 없었다면 지금 하세요.

┃ **방법** ┃ 정보망 만들기는 자유분방한 과정으로, 사람들이 편하게 이야기를 이어갈 수 있도록 보통 식사시간 직전에 진행합니다. 먼저 정해진 순서 없이 누구든 자신이 참여할 주제와 활동을 밝히도록 하세요. 그러면 모두 어우러져 주제별로 모일 수 있습니다.

혹은 재생지를 벽에 붙이는 방법도 있습니다. 참가자가 자신의 관심 분야를 게시하도록 하세요. 예를 들어 학교, 공장식 축산업, 기후변화, 핵폐기물, 유전자변형 생물, 노숙인 문제 등이 있겠지요. 게시하는 과정 중에 집단이 만들어지기도 합니다. 이렇게 관심사가 같은 사람끼리 모여 아이디어와 정보를 나눌 수 있습니다.

우리의 염려와 희망 알리기

(소요시간 : 30~45분)

세상을 위한 행동의 단계마다 다양한 사람과 관계를 맺습니다. 많은 사람들이 우리가 걱정하는 일에 공감하지는 않을 것입니다. 그럼에도 우리는 이들과 관계를 맺고 있기 때문에, 혹은 이들이 책임감을 느껴야 할 위치에 있기 때문에 동참해주기를 바라고, 하다 못해 이해라도 해주기를 바랍니다. 하지만 이들이 우리의 견해에 반대할 것이라는 두려움에 괜히 주눅 들기 쉽습니다. 다음의 지침에 따라 역할극을 진행하여 자신감을 얻고 비슷한 상황에 능숙히 대처할 수 있습니다.

| **방법** | 둘씩 짝을 이뤄 모이게 한 뒤 다음과 같은 내용을 전하세요.

여러분이 세상에 대해 느끼는 걱정, 세상을 위해 행동하고 싶은 일에 관해 대화하기 어려운 사람을 떠올려보세요. 아버지나 동생, 고용주나 연인, 심지어는 대통령이나 국방부 장관일 수도 있습니다. 그 역할을 여러분의 짝이 맡습니다. 그 사람을 어떻게 연기해야 하고, 그 사람이 어떻게 반응할지 정보를 상대에게 알려주세요. 상대역을 맡은 분도 그 역할을 분명히 파악하기 위해 적

극적으로 물어보세요. 여러분의 직감을 따라도 좋습니다.

이제 역할극을 시작합니다.

여러분은 상대에게 자신이 무엇을 봤는지, 어떤 기분이 들었는지, 그래서 무엇을 해야 한다고 생각하는지 이야기하세요. 도중에 어색하고 쑥스럽거나 무기력한 기분이 들더라도 계속 이어갑니다. 상대역은 대화를 시도하는 사람이 불편하게 느낄 정도로 짤막하게 대답하세요.

몇 분 뒤에 그대로 역할을 바꾸어 다시 한 번 진행합니다. 이렇게 상대의 입장이 되어봄으로써 흥미로운 사실을 깨닫고 성과도 얻게 됩니다. 우리가 오래도록 무의식중에 그 사람에 대해 지레짐작으로 생각했던 바를 벗어나는 것이지요. 그 사람이 느꼈을 혼란스러움과 두려움을 체험할 수도 있고, 우리 자신을 새로운 시각으로 보게 될 수도 있습니다. 대개 우리가 추측이나 이전의 경험을 바탕으로 사람들을 적대적인 위치에 가둔다는 사실을 알아차립니다. 이제 다시 역할을 되돌립니다. 대화를 시도하는 사람은 상대역의 내적 경험을 조금 더 알게 된 상태이므로 보통 거리낌 없이 자신을 드러냅니다.

일반적으로 역할극은 두 차례 진행합니다. 그래야 한 명도 빠짐없이 자신이 선택한 사람에게 의견 말하기 연습을 할 수 있습니다.

역할극에 이어 종합 토의에서는 다음 두 가지 질문에 대한 답을 모아 목록을 작성하세요.

1. 세상에 대한 걱정을 나누는 것이 왜 그렇게 어려운가요?
2. 특히 우리와 의견이 다른 사람에게 견해를 알리는 데 지침이 될 만한 사항은 어떤 것이 있을까요?

다음은 첫 번째 질문에 대한 답으로 흔히 언급되는 내용입니다.

◆ 사람들과, 특히 정말 소중한 사람들과 논쟁하고 싶지 않다.
◆ 우리 때문에 다른 사람들이 분노나 두려움에 휩싸일까 불안하다.
◆ 의견을 뒷받침할 사실을 충분히 알지 못하는 게 아닐까 걱정된다.
◆ 독선적이거나 극단적인 사람으로 비칠까 두렵다.
◆ 격한 감정이나 생각이 들 만한 이야기를 꺼내면 보통 무례하다고 생각하기 때문에 망설여진다.
◆ 누군가를 언짢게 하고 싶지 않다.
◆ 득이 될 것 하나 없는 열띤 논쟁에 휘말리고 싶지 않다.

다음은 공동체의 노력이 대단히 중요한 이 시대에 생산적인 토의를 이어가기 위한 몇 가지 지침 사항입니다.

◆ 나이나 옷차림, 종교, 사회계층, 민족성, 직업 등을 바탕으로 그 사람의 생각을 **함부로 넘겨짚지 않도록 주의하세요.**

◆ **차이를 알아보기 전에 공통분모를 먼저 찾으세요.** 동의하는 부분(이를 테면 "핵전쟁은 일어날 수 있는 일이다", "우리 아이들에게 맑은 공기와 물이 필요하다")을 확인하는 것으로 시작하면, 서로 더욱 신뢰하게 되고, 어느 지점에서 의견이 갈리는지 파악하기 위해 대화를 이어갈 수 있습니다. 그런 뒤에 여러분이 현재의 생각에 이른 계기(정보)를 알려주면, 상대가 알던 것의 틈이 메워져 오래 이어온 생각을 다시 검토할 기회가 될 수 있습니다. 어떤 사람은 태평양 북서부에서 행해지는 대규모 산림 벌채의 심각성이나 현재 핵무기에 지출되는 비용이 어느 정도인지를 단순히 모를 수도 있습니다.

◆ **사실뿐 아니라 감정을 나누세요.** 실제 상황은 논란의 여지가 있지만 감정은 그렇지 않습니다. 우리 스스로 느끼는 감정들을 다양한 정도로 명료하게, 솔직하게 전할 수 있습니다. 그것에 의문을 제기할 여지는 없습니다. 여러분의 감정을 털어놓으면 상대 역시 자신의 감정을 말하기 쉬울 것입니다. 그렇게 대화는 논쟁에서 멀어져 서로 경청하는 방향으로 흐릅니다.

◆ **개인적인 경험을 나누세요.** 우리가 결정적으로 어떠한 이유에서 이러한 견해를 갖게 되었는지 설명한 후에 사실과 수치를 인용하면 듣는 사람도 현실이 더욱 와닿을 것입니다. 감정 등의 개인적인 경험은 논란의 여지가 없습니다.

- **상대방 역시 시간이 지남에 따라 배우고 변화할 수 있음을 믿으세요.** 상대가 강경하게 반대 입장을 보이더라도 내면에서는 변화가 일고 있을지 모릅니다. 아니면 여러분과 토의한 결과로, 혹은 익히 들었던 내용에 여러분이 제공한 정보까지 더해져서 이미 변화가 일어났는지도 모릅니다.
- **자신과 상대방을 더 큰 맥락에서 바라보세요.** 다른 사람도 여러분과 같이 인간이며, 산업성장사회에서 스트레스를 받고, 생명이 지속되는 문화로 가기 위해 길고 험한 여정을 함께해야 합니다. 이런 관점으로 보면 인내심과 호의를 갖게 됩니다.
- 공통분모가 없는 것 같더라도 **상대방과 여러분 자신을 자비심으로 대해야 합니다.** 좀처럼 영향을 받지 않을 듯한 태도의 밑바탕에는 어떤 괴로움과 시련이 자리할지 모릅니다. 적당히 침착함을 유지하며 '의견 차이를 인정'해도 좋습니다.

인생 지도 그리기

(소요시간 : 20~30분)

간단하면서도 집중하게 되는 활동으로, 새로운 관점을 이끌어내어 한 사람의 삶을 다시금 바라볼 수 있습니다. 이 과정에서 뜻밖의 용기와 결단력을 발견하고 이해합니다.

지도자들이 혼란에 빠졌습니다.
그러므로 이제 우리 모두가 지도자입니다.
저들은 우리가 할 수 있는 일이 아무것도 없다고
했습니다.
그 말은 틀렸습니다.
우리가 할 수 있는 일은 아무것도 없어.
스스로 이렇게 말한다면, 그 말은 틀렸습니다.
…
우리는 모두 수프를 만들고
우리는 모두 먹습니다.
우리는 모두 옷감을 짜고
우리는 모두 입습니다.
—앤 허버트, 팔로마 파벨

| 방법 | 안내자가 지시할 사항은 다음과 같습니다.

펜과 종이를 써서 여러분이 지금까지 이어온 인생 여정을 그려보세요. 이번 생에 태어난 순간부터 현 시점까지, 지면에 물줄기가 굽이치듯 선을 그립니다. 그 선을 따라 중요한 사건을 상징하는 기호나 그림을 그리세요. 중요한 사건이란 삶의 방향과 목적의식이 뚜렷해지거나 바뀌었던 시기가 될 수 있습니다. 현재 시점까지 완성하면 여러분이 앞으로 나아가리라 다짐한 경로를 다양하게 떠올려보고, 그것을 점선 여러 개로 표시하세요. 각 점선을 상징하는 기호를 함께 그려도 좋습니다.

15분 후에 여러 소집단으로 모여 자신의 인생 지도에 대해 이야기하는 시간을 갖습니다.

힘 형상화하기

(소요시간 : 40분)

색을 활용해 무언가를 구체적으로 종이에 표현하면서 직관적인 지혜에 접근하는 활동입니다. 이 시간에는 우리가 인지하지 못했던 잠재력을 그림의 형태로 마음껏 드러냅니다. 이 실습은 특히 인생지도 그리기에 이어 진행하면 더욱 좋습니다.

| **방법** | 이 과정은 7장의 '색과 점토로 형상화하기'와 비슷하므로 해당 실습의 내용을 다시 한 번 살펴보면 도움이 될 것입니다. 참가자에게 종이와 색칠 도구를 나눠준 후 다음과 같이 제안하세요.

우리에게 힘이 있다는 느낌을 말로 표현하기는 어려울 수 있습니다. 잠시 동안 눈을 감고 심호흡해보세요…. 그런 뒤에 여러분의 힘이란 어떤 것일까 느껴보세요… 여러 가지 이미지와 느낌을 떠올려봅시다…. 이제 종이와 색을 이용해 그 힘은 지금 이 순간 어떤 느낌인지, 혹은 어떤 모습인지 그리기 시작하세요. 너무 많이 생각하지 말고 곧바로 그려보세요.

5분 정도가 흐르면 여러 소집단으로 모여 그림에 대해 이야기를 나눕니다. 색의 소용돌이나 명암을 강조한 그림도 있고, 해를 품은 하트, 깊이 뿌리 내린 나무의 가지에 온갖 생명체가 자리하는 등 상징적인 그림도 있습니다. 어떤 여성은 굽이쳐 흐르는 강의 풍경을 그렸는데, 강물 속에는 차례로 핵미사일과 냉각탑, 간단히 선으로 표현한 군인 여럿과 굶주린 아이들이 보였습니다. 강물이 흘러간 곳에는 나무와 꽃, 음표가 만발했습니다.

"더 이상 저 자신을 가두는 데 힘쓰지 않을 거예요. 공포스럽고 끔찍한 일을 열린 자세로 대하고, 그런 일이 모두 저를 통과해 흐르면서 바뀌도록, 제가 결심한 방향으로 변화를 일으켜야죠. 여기에 흐르는 지류들은 모두 같은 일을 하는 사람들이에요. 그러니까 저는 이 강이 저만의 강, 저만의 힘이 아니라 모두의 것이라 생각해요."

엔지니어인 어느 남성의 그림은 거대한 그물처럼 보였습니다.

"처음에는 제가 느낀 분노를 그리기 시작했어요. 여기, 이 부분에 총 보이시죠? 이걸 그리고 나서는 다른 사람들이 느끼는 분노와 연결되기 시작했어요. 그다음에는 사람들의 욕구, 사람들의 희망과 연결됐어요. 이제는 제가 그물의 어떤 부분인지 잘 모르겠어요. 그물 전체의 일부임은 분명하죠. 그게 제 힘인 것 같아요."

> 작업이란 예배를 올리는 것의 또 다른 방식이며, 경청과 작업은 매한가지임을 알았다.
> —아름답게 물든 화살(Beautiful Painted Arrow)

바위에 박힌 검

(소요시간 : 30분)

T. H. 화이트는 소설 《바위에 박힌 검(The Sword in the Stone)》에서 아서 왕의 어린 시절을 이야기합니다. 여기에는 우리가 서로 이어진 열린계로서 발휘할 수 있는 힘의 차원이 잘 묘사되어있기 때문에, 조애나는 워크숍에서 이 이야기를 들려주기 시작했습니다.

마법사 멀린은 아서가 지혜를 얻기 바라면서 아서를 갖가지 생물로 바꾸어 잠시 동안 살도록 했습니다. 그렇게 아서는 매부터 개미, 기러기, 오소리, 궁전 연못에 사는 잉어까지 직접 이들의 삶을 살아보았습니다.

어느덧 브리튼에는 새로운 왕이 필요했습니다. 왕이 되기 위해서는 어느 바위에 박힌 검을 뽑을 수 있어야만 했지요. 시합을 치르려고 모였던 기사들은 이야기를 듣고 모두 신비한 바위가 있는 교회로 향했습니다. 다들 검을 뽑겠다고 숨이 차고 진땀이 날 만큼 힘껏 잡아당겼지만 검은 꿈쩍도 하지 않았습니다. 이들은 자기가 누구보다도 힘이 세다는 것을 증명하려 들었지만 모두 실패로 끝났지요. 아무리 악담을 퍼붓고 검을 잡아당겨도 끝내 검을 뽑지는 못했습니다. 이내 기사들은 마음이 언짢아져서 길을 떠났습니다.

당시 십대에 불과했던 아서는 뒤편에서 가만히 지켜보다가 운을 시험해보려고 바위 가까이 다가갔습니다. 검 손잡이를 움켜쥐고는 온 힘을 다해 당겼습니다. 기운이 빠지고 땀으로 흠뻑 젖었지만 검은 조금도 움직이지 않고 그대로였습니다. 아서는 주위를 돌아보다가 교회를 둘러싼 떨기나무 수풀에서 무언가를 발견합니다. 바로 자신이 살아보고 배움을 얻은 오소리, 매, 개미 따위였지요. 아서는 이들에게 눈짓으로 인사를 건네며 이들에게서 감지했던 힘을 다시 떠올립니다. 부지런하고 정교하고 민첩하고 대담하고 인내하는 힘이지요. 아서는 이들의 힘이 자신과 함께함을 의식하면서 다시 바위로 걸어가 침착하게, 버터에서 칼을 뽑듯 검을 쑥 뽑아들었습니다.

이야기를 마친 뒤에 모두 눈을 감고 앉아서 다음과 같이 안내에 따라 함께 여정을 떠납니다. 여러분만의 언어로 다듬어보세요.

여러분은 우리의 세상을 치유하기 위해 할 일이 있습니다. 그 임무를 해내는 것이 불가능해보일지도 모릅니다. 바위에 박힌 검을 뽑는 것이 여러분의 임무라고 생각해봅시다. 바위가 얼마나 거칠고 딱딱한지 그 결을 느껴보세요. 또한 바위에 단단히 꽂혀 곧게 뻗은 칼자루를 떠올려보세요. 안간힘을 써서 당겨보아도 검은 꼼짝도 하지 않습니다….

아서가 그랬던 것처럼 주위를 둘러보세요. 삶의 주변을 살펴서 어떤 식으로든 여러분에게 스승이 되었던 존재를 생각합니다. 지금 함께 살거나 오래전에 함께 살았던, 혹은 같이 일하는 사람일 수도 있습니다. 아니면 현재 곁에 없더라도 그 사람의 특성은 사라지지 않고 계속 영향을 미칩니다. 여러분에게 긍정적으로 영향을 주고 자극을 주었던 존재, 사랑했던 사람을 떠올려보세요. 선생님, 성자, 지도자, 동물들의 모습이 보이겠지요. 여러분이 사랑하고 존경하는 그들의 특성, 용기와 지성과 선량함 같은 것들을 호흡과 함께 들이마십니다…

이제 이들의 삶을 통해 여러분에게 흘러 들어온 힘을 쓸 수 있습니다. 이 힘을 모두 들이마시며 천천히, 침착하게 손을 뻗어 검의 손잡이를 잡으세요… 이제 검을 뽑아듭니다. 여러분의 개별 자아만이 노력했을 때에는 검이 반응하지 않았지만, 마음을 열고 여러 존재에게서 힘을 받자(가피加被) 반응했습니다.

수풀에서 나타나 바위에 박힌 검을 뽑는 데 힘이 되어준 존재, 여러분의 인생을 둘러싼 존재는 누구인가요? 어떤 존재가 여러분에게 통찰력과 용기를 주었습니까? 그 존재가 생명의 그물망을 통해 재능을 얻었듯 여러분도 그 재능을 발휘할 수 있습니다.

길잡이 여정까지 마친 뒤, 자신에게 힘을 준 사람에 대해 서로 이야기를 나눠도 좋습니다.

소명과 자원

(소요시간 : 60~90분)

    대전환에서 각자 맡을 역할을 명확히 파악하여 앞으로 구체적인 방향이나 프로젝트에 집중할 수 있습니다. 이로 인해 우리가 활용 가능한 자원이 상당수 드러나고, 즉각 취할 수 있는 조치를 찾아냅니다. 또한 둘씩 짝을 이뤄 진행하기 때문에 서로 큰 힘이 된다는 것을 절감하게 됩니다. 이 실습은 여러 해 동안 꾸준히 참가자 모두에게 매우 효과적이었으며 이 효과는 대개 오래 지속됩니다.

    | 방법 | 둘씩 짝을 이뤄 번갈아 진행합니다. 안내자가 연이어 질문하면 한 사람이 답하고, 나머지 한 사람이 그 내용을 받아 적습니다. 발표자의 수첩에 기록해도 좋습니다. 발표자는 긴장을 풀고 기록자가 있다는 점을 최대한 활용합니다. 마음이 더욱 편해지도록 스트레칭을 하는 것도 방법입니다. 안내자의 질문이 모두 끝나면 발표자가 기록자의 손을 안마해준 뒤에 서로 역할을 바꿉니다.

    다음은 이 실습에서 자주 사용하는 질문입니다. 첫 번째 질문은 안내자가 둘 중 하나를 택하세요.

1. 여러분이 (실패할 가능성이 전혀 없다면 / 두려움을 전혀 느끼지 않고 더욱이 생명망 안에 있는 힘을 모두 이용할 수 있다면) 지

구상 생명을 위해 어떤 일을 하시겠습니까? '만일'이나 '하지만'과 같은 장애물이 없으니 주저 말고 생각해보세요. 지금이 바로 최대한 넓게 생각할 수 있는 기회입니다.

2. 첫 번째 질문과 같은 상황이라면, 구체적으로 어떤 프로젝트를 시작해야겠다는 생각이 드시나요? 여러분이 이미 진행 중인 작업의 새로운 방향이 될 수도 있고, 아니면 완전히 새로운 무언가일 수도 있습니다. 지금이 바로 자세히 따져볼 기회입니다. 1년 동안 어떤 것을 이뤄낼 수 있을지, 또는 순조롭게 진행되는 단계로 접어들 수 있을지 생각해보세요.

3. 그 일을 하는 데 보탬이 될 만한 내면 및 외부 자원 가운데 현재 여러분이 지닌 것은 무엇인가요? 내면 자원에는 기술과 지식뿐 아니라 재능, 성격의 장점까지 포함됩니다. 외부 자원에는 여러분의 지역, 고용 상태, 실제 재화와 금전뿐 아니라 의지할 수 있는 관계, 연줄, 인맥도 포함됩니다. 육아 도우미나 부유한 친척, 컴퓨터에 능한 친구들도 잊지 마세요.

4. 이제 여러분에게 필요한 내면 및 외부 자원은 무엇인가요? 소명을 다하기 위해 어떤 것을 배우고 얻어야 합니까? 이를테면 적극성 훈련, 보조금, 여러 조직과 접촉해 지원받기 등이 해당될 것입니다.

5. 어떤 경우에 하던 일을 그만두게 될까요? 어떤 장애물이 여러분을 가로막을까요? 누군가 고의로 방해하거나 스스로 회의감에 빠지

는 상황은 누구나 한 번쯤 겪는 일입니다.

6. 이러한 장애물을 어떻게 헤쳐 나가거나 피해갈 생각입니까?

7. 아무리 사소한 조치일지라도, 이를테면 전화 한 통이더라도 그것이 추구하는 방향을 따라 한 발 내딛는 일이라면, 여러분은 다음 주부터 어떤 일을 행할 수 있을까요?

두 차례의 기록(서로 안마해주는 시간 포함)을 모두 마치면, 차례로 자기가 기록한 것을 상대에게 읽어줍니다. 이때 상대를 이인칭으로 부릅니다. '당신'이 바라고, '당신'이 지녔으며, '당신'이 스스로 그만두는 경우가 되는 것이지요. 상대방은 우주에서 마침내 명령이 떨어졌다는 듯이 귀 기울여 듣습니다. 그런 뒤에 기록한 것을 서로 돌려주며 자신의 소명과 자원을 받아들입니다.

｜ 변형 ｜ 과정 전체를 진행할 시간이 부족하다면 서로 기록해주는 부분을 생략하세요. 각자 질문에 대한 답을 간단히 적고 상대방에게 이 내용을 단호하게 알립니다. "저는 … 하겠습니다", "저는 … 와 같은 자원들을 활용할 수 있습니다"와 같은 식으로 선언하세요.

> 우리는 위기 상황에서 강점을 총동원한다. 그리하여 운이 좋으면, 잠시 잊었던 이미지를 통해 즉각 사기가 높아진다든지, 어떤 기억을 떠올려 우리의 힘을 새삼 깨닫게 되는 등 자원이란 자원은 모두 끌어모을 수 있다. 이 경우에 운은 사실 흔히 생각하는 것과 차원이 다르다. 이러한 운은 자기 자신을 활용하기 위해 얼마나 오랫동안 준비했느냐에 달려있다.
>
> —뮤리엘 루카이저(Muriel Rukeyser)

상담 모임

(소요시간 : 60분)

    소명과 자원에 이어지는 실습으로, 각자의 구상과 계획을 현실적으로 바라보기 위해 네 명씩 모여 상담을 진행합니다. 서로 피드백과 조언을 해주고 인맥과 자원에 대해 제안을 하기도 합니다.

    | 방법 | 소명과 자원에서 함께한 한 쌍이 또 다른 쌍과 한 조가 됩니다. 이때 앞서 기록한 것을 모두 지니고 있어야 합니다.

    이제 여러분은 더없이 좋은 기회를 잡았습니다. 돈으로도 살 수 없는 기회이지요. 바로 여러분의 구상을 지지하는 일류 컨설턴트들을 만난 것입니다. 잠시 시간을 들여 지금껏 세운 계획을 깊이 생각해보세요. 어떤 부분에 조언이 필요할까요? 예를 들어 여러분의 프로젝트를 좀 더 구체화해서 어떤 성과를 얻게 될지 알고 싶다거나 필요한 자원은 어떻게 구하고, 특정 장애물은 어떻게 처리하면 좋을지 물어볼 수 있습니다.

    답변을 듣는 시간까지 포함하여 한 사람당 15분이 주어집니다. 답변 듣는 시간이 충분하도록, 하고 싶은 질문을 먼저 마음속으로 간략하게 정리한 뒤에 물어보세요.

이 활동은 마무리하기 쉽지 않으므로 끝나기 2분 전에 미리 시간을 알리고, 워크숍 이후에 마저 상의할 수 있다는 점을 일러주세요.

코베트: 의도의 힘

(소요시간 : 45~60분)

재연결 작업에서는 의도(intention)에 고유한 힘이 있음을 인정합니다. 바로 조직하는 힘입니다. 우리는 불확실한 세계에 살면서도 무엇을 위해 전심전력을 다할지, 다양한 상황과 사건에 어떻게 대응할지 스스로 선택할 수 있습니다. 저스틴 톰스와 마이클 톰스 (Justine and Michael Thoms)는 '의도의 우수성'에 대해 다음과 같이 설명합니다.

> 분명한 의도 아래 마음이 평안하고 고요한 상태로 작업의 목적에 맞게 스스로 행동한다면 마법 같은 일이 벌어질 것이다. 사람들이 모습을 드러내고, 관련 프로젝트가 눈에 들어오며, 갑자기 상상도 못했던 지원을 받게 된다.[1]

이 실습은 미국 포틀랜드의 작은 마을 코베트Corbett 근처에서 탄생한 것으로, 의도하는 능력을 시험하고 단련하기 위해 다음과 같이 다양한 관점에서 의견을 듣습니다.

- ◆ 의도를 지닌 사람
- ◆ 의심의 목소리
- ◆ 인간 조상의 목소리
- ◆ 미래인의 목소리

| **방법** | 네 명씩 한 조를 이뤄 앉도록 하세요. 시작에 앞서 잠시 동안 조용히 생각하는 시간을 갖습니다. 자신의 여러 의도 가운데 더 깊이 탐구하고 싶은 것을 선택하는 것입니다. 그런 뒤에 네 명이 순서대로 이야기합니다. 첫 번째 사람이 자신의 의도를 설명하면, 나머지 세 사람은 이를 경청한 다음 차례로 각자 맡은 관점에서 의견을 말합니다. 순서는 시계 방향으로 의심의 목소리, 인간 조상의 목소리, 미래인의 목소리입니다.

세 가지 목소리는 모두 의도를 지닌 사람에게 도움을 주기 위한 것임을 설명하세요. 의심의 목소리는 불안감과 두려움을 끄집어내어 이것들을 똑바로 마주하지 않았을 때 발생할 수 있는 상황, 다시 말해 본래의 의도에서 벗어나거나 흐지부지되는 일을 막는 역할입니다. 조상의 목소리를 통해 과거의 지혜를 떠올리고, 미래인의 목소리를 통해 이 의도가 후세대에 어떤 의미일지 생각해보는 계기가 됩니다. 의견을 말하는 시간은 한 사람당 2분씩이며, 이때 의도를

발표한 사람은 조용히 듣기만 합니다. 이러한 방식으로 전 참가자가 네 가지 목소리를 한 번씩 내는 것입니다.

한 차례가 끝날 때마다 의도를 말했던 발표자에게 시간을 주세요. 다양한 목소리를 들으며 새로 알아차린 것을 정리할 시간이 필요할 것입니다. 또한 네 명이 앉을 의자에 네 가지 관점을 지정해두고 한 차례가 끝날 때마다 자리를 한 칸씩 옮기는 방법 역시 도움이 될 것입니다.

| **변형** | 세 명이 한 조를 이뤄 진행할 수도 있습니다. 의심의 목소리를 맡은 사람이 미래인의 목소리까지 맡는 것이지요. 이 경우 시간이 절약되고, 의심하는 역할 이후에 사기를 북돋워줄 기회가 있으므로 더욱 대담하게 의견을 밝힐 수 있습니다.

명료화 위원회
(각 중심인물당 45분)

명료화 위원회는 퀘이커교의 훌륭한 전통으로서 결혼과 같이 중요한 결정을 내릴 때 명확성을 얻기 위한 활동입니다. 이 방식은 다음의 두 가지 확신에 바탕을 두고 있습니다.

1. 모든 사람은 저마다 내면에 지혜를 지니고 있다.
2. 이 내면의 빛은 한 집단이 배려하고, 전적으로 관심을 쏟고, 충고 대신 질문을 할 때 뚜렷해진다.

전통 방식에서는 중심인물이 명확성을 얻기 위해 신뢰하는 대여섯 사람(중심인물과의 관계가 가급적 다양하도록)을 초대하고, 이들에게 자신이 처한 상황을 미리 서면으로 알립니다. 그런 과정을 거친 뒤 명료화 위원회가 약 세 시간 동안 모임을 갖습니다. 이때 이 과정이 이후 몇 주간 2차, 3차까지 이어질 가능성을 열어둡니다. 구성원 한 명이 진행자 역할을 맡고, 다른 한 명이 기록자 역할을 맡습니다. 그리고 모두 진심을 다해 경청하고, 중심인물이 명확성을 얻을 수 있도록 질문합니다.

명료화 위원회의 본질이자 뚜렷한 특징은, 중심인물이 자신의 문제를 설명한 뒤에 구성원들은 충고하거나 해결하려 들지 않고 질문함으로써 도움을 주는 것입니다. 중심인물은 엄숙한 침묵을 깨고 나온 질문, 정직하면서도 애정 어린 '열린 질문'을 받으며 자신과 자신의 상황을 새롭게 바라보고, 내면의 지혜와 권한을 되찾게 됩니다.

| 워크숍에 적용하기 | 이 실습은 워크숍에서, 혹은 충분한 기간(최단 5일) 동안 이어지는 집중 과정 중 앞으로 나아가기 단계에서 진행하면 매우 유용할 것입니다. 명료화 위원회는 한 명도 빠짐없이

중심인물이 되어 특정 주제에 대해 명확성을 얻을 기회가 주어집니다. 그러면 어쩔 수 없이 한 명당 할애되는 시간이 한 시간 미만으로 줄어들지만, 이 시간 안에도 충분히 핵심을 짚을 수 있었습니다.

명료화 위원회는 워크숍 외에도 장기간 정기적으로 모이는 집단에서 활용할 수 있습니다. 이때 모든 사람이 차례로, 혹은 자원하는 순서대로 중심인물이 됩니다.

| 방법 | 먼저 워크숍 후반부에 세 시간짜리 과정을 2회 비워두세요. 예를 들면 이틀 연이어 오후에 일정을 잡는 것입니다. 이 활동은 처음부터 끝까지 주의를 기울여야 하므로 다른 과정과는 적당히 간격을 두고 진행합니다.

참가자를 다섯 명 또는 최대 여섯 명씩 나누세요. 배우자나 동료끼리 같은 그룹에 모이면 더욱 도움이 됩니다. 각 그룹은 방해받지 않도록 분리된 공간에 모입니다. 세 시간짜리 과정마다 세 사람이 차례로 중심인물이 됩니다. 그룹을 나누기 전에 이 과정에 대해 다음과 같이 자세히 설명하세요.

◆ 명료화 위원회의 기원인 퀘이커교 전통에 고마움을 표하고 실습의 목적을 분명히 전하세요.

◆ 여러 주제 가운데 명료화 위원회에서 다룰 것 한 가지를 고릅니다. 주제를 상세히 설명해야 최선의 효과를 얻을 수 있습니다. 그

것이 중대한 문제라서 모두의 선택과 행동에 달려있다 하더라도 최대한 구체적으로 설명하세요.

◆ 중심인물이 따로 의사를 밝히지 않았다면 비밀을 반드시 유지해야 합니다.

◆ 각 중심인물에게 45분씩 주어집니다. 이 중 자신의 문제와 상황을 발표하는 시간은 10분을 넘기지 않도록 하세요. 나머지 35분간 명료화식 질문을 받고, 성찰하며 마무리해도 좋습니다. 10분간 휴식한 뒤에 다음 중심인물로 넘어갑니다.

◆ 중심인물은 주제를 발표하기 전에 구성원 한 명에게 진행자 역할을 부탁하여 시간을 재고 진행 순서를 알리도록 합니다. 또 한 사람에게는 기록자 역할을 부탁하여 핵심 질문과 요점을 중심인물의 공책 등에 적도록 하세요.

◆ 이 시점에 구성원들은 과거나 현재, 미래의 존재 중 어떤 역할을 맡아 중심인물의 말에 귀 기울이고 질문할 것인지 정합니다.("저는 이번에 조상을 맡겠습니다.") 명료화 위원회를 워크숍에 적용하며 삼세의 존재를 포함한 것은 매우 큰 도움이 되었습니다. 우리의 작업을 보다 큰 맥락에서 바라보고, 서로 근본부터 다른 시각을 접할 수 있기 때문입니다.("미래인의 관점에서 저는 …를 묻고 싶습니다.") 이때 역할 자체에 너무 중점을 두느라 하고 싶은 질문을 생략하지 않도록 하세요.

◆ 중심인물이 발표하기 전과 후에는 모두 잠시 침묵합니다. 기도할

때와 같이 경건한 태도로 중심인물에게 완전히 주의를 쏟으세요. 그리고 애정과 진심에서 비롯된 질문을 건넵니다.

◆ 명료화 위원회의 핵심은 무엇보다도 '질문'임을 강조하세요. 이때 자기도 모르게 습관대로 '가르치려' 들거나 충고하지 않도록 의식적으로 마음을 다스려야 합니다. 다시 말해 이 활동은 심리적으로 구제하거나 해결책을 제시하고, 각자 경험담을 이야기하며 현명한 조언을 하는 시간이 아닙니다. 단지 솔직하고 정곡을 꿰뚫으면서도 애정 어린 질문을 던지면 그것으로 충분합니다. 수고스러울 수 있지만 반드시 겸손하고 정중한 태도를 유지해야 합니다.

◆ 제기하는 의문이 "…라고 생각해본 적 있으세요?" 하며 실은 충고를 가장한 것이거나 혹은 질문자가 자신의 일화를 말하는 방향으로 샌다면 진행자가 나서서 이 실습의 중심을 잡습니다. 한편 질문이 유별나다는 이유로 가로막지 않도록 하세요. "이런 일에서 어떤 색깔이 연상되시나요?"와 같은 질문으로 인해 가치 있는 무언가를 얻게 될지 모를 일입니다.

◆ 물론 중심인물이 내면의 지혜를 되찾기 위해서는 질문에 답을 해야 합니다. 따라서 답변은 충분히 하되 다른 질문을 듣는 시간도 고려하여 너무 오래 끌지 않도록 합니다. 어떤 질문은 중심인물이 깊이 생각할 시간이 필요해서 당장 설명하기 어렵거나 답하기 꺼려질 수 있습니다. 이 경우를 포함하여 중심인물은 언제든 구

두 답변을 거부할 수 있습니다.

- ◆ 마지막에 시간이 있다면, 구성원들이 느낀 중심인물의 자질이나 이 사람이 앞으로 올바른 선택과 행동을 할 수 있겠다는 믿음 같은 것을 이야기해도 좋습니다.

- ◆ 때로는 중심인물에게 알맞은 행동 방침이 즉각 분명해지는 경우가 있습니다. 혹은 나중에 계속해서 이 과정을 곱씹으며 서서히 명확해지기도 합니다. 보통은 후자의 경우를 설명하고 권장하지만, 중심인물이 직접적인 조언을 받아야겠다고 직감했다면 과정 말미에 구성원들에게 역으로 질문해도 좋습니다.

가능하다면 준비 시간을 연장하세요. 이를테면 혼자 조용히 시간을 들여 자신의 핵심 주제 또는 질문을 떠올릴 수 있도록 합니다. 그다음에는 주제를 명확히 전달하는 데 도움을 받기 위해 둘씩 모여 간단히 대화를 나눠볼 수도 있습니다. 이 실습은 인생 지도 그리기 이후에 진행하면 질문이 보다 분명해질 것입니다.

마라와의 대화로 결의 다지기

(소요시간 : 45~60분)

불교에는 항마촉지인降魔觸地印이라는 수인手印이 있습니다. 부처님이 오른손을 무릎에 얹고 손가락 끝을 가볍게 땅에 대는 모습으로, 붓다Buddha가 되기 전 고타마 싯다르타가 보리수 아래에 앉아 있을 때의 바로 그 자세입니다. 우리는 당시의 발언을 다음과 같이 상상할 수 있습니다.

> "우리 모두가 겪는 고통의 근원을 밝히기 전까지 나는 일어나지 않을 작정이다. 그것을 깨닫기 전에는 움직이지 않을 것이다."

이 말을 듣고 마라(魔羅, 파순)가 몹시 분노했습니다. 마라는 붓다의 깨달음을 방해하는 마왕으로, 고타마에게 마군과 무희를 보내는 등 갖은 술수를 부렸습니다. 하지만 장차 붓다가 될 고타마가 흔들리지 않자 마라는 마침내 노골적으로 위협하며 물었습니다.

> "당신은 무슨 권리로 고통이라는 수수께끼를 풀 수 있다고 생각하는가? 당신이 뭐라도 되는 줄 아는가?"

고타마는 이에 대응하여 신상명세나 이력을 내세우지 않았습니다. "나는 왕의 아들이오. 최우등생으로 요가원을 졸업했소"라거나 "하버드 경영대학원을 다녔소"라는 말은 하지 않았습니다. 자신에 관해서는 어떤 말도 하지 않고 그저 한 손을 뻗어 땅을 짚으며 이렇게 말했습니다.

"여기에 이렇게 존재함이 내 권리이며, 끝없는 고통과 고통의 시 달림에서 벗어나기 위해 이렇게 해탈을 구함이 내 권리입니다."

고타마는 바로 '대지의 권한'으로써 고통에서 해방되고자 했던 것입니다. 이렇게 수인을 취하자 대지가 포효했다고, 경전은 전합니다.

우리도 이처럼 항마촉지인을 취할 수 있습니다. 대지에 닿을 수 있습니다. 이것이 단지 정신적인 행위일 뿐일지라도, 글로벌 기업 경제를 마주하는 와중에도, 이 행위를 통해 우리가 누구이며 어떤 사람인지 떠올릴 수 있습니다. 우리는 생명을 위하여 이곳에 왔습니다. 아주 먼 옛날부터 지구에 속한 권한으로 이곳에 왔습니다.

활동가로서 우리는 종종 두렵고 의심하는 목소리, 환락으로 유혹하는 목소리를 억누릅니다. 이 실습을 통해 유혹하고 의심하고 두려워하는 마라의 모든 목소리를 실제로 표현해봅니다. 그렇게 함으로써 마라와 당당히 맞서고, 우리의 터전과 권리를 찾기 위한 연습을 합니다.

이 실습에는 안내자가 직접 참여하기보다 전체 그룹을 살피며 언제든 도울 수 있도록 준비하는 것이 좋습니다.

| **방법** | 세 사람씩 모이도록 하세요. 한 명씩 돌아가며 15분간 중심인물이 됩니다. 그동안 나머지 두 사람은 협력자로서 중심인물이 마라와 나누는 대화를 듣습니다. 중심인물은 방석 두 개를 사용

합니다. 방석 하나에 앉고, 나머지는 앞에 놓아둡니다.

- ◆ 1번 방석 : 의도, 결의, 결심을 다지는 자리
- ◆ 2번 방석 : 마라

중심인물이 1번 방석에 앉아서 두 증인에게 자신이 집에 돌아가자마자 어떤 일을 행동에 옮길지 알려줍니다. 소소한 계획이든 원대한 프로젝트든, 중심인물에게 매우 중요한 일이지만 실천하기가 약간 두려운 것이면 됩니다. 몇 분 동안 정신을 가다듬은 후에 시작하세요.

현재 자신의 몸에 온 정신을 집중하고, 또 지구에 집중하세요. 여러분을 떠받치는 지구와 지구공동체를 느껴보세요. 여러분이 살면서 경험한 바를 신뢰하세요. 꿈을 숨기지 마세요. 세상의 훌륭한 업적은 생각의 씨앗을 키워낸 결실이고, 아직 씨앗에 불과했던 생각 가운데 어떤 것은 당시 사람들이 괴상하다고 여겼을지 모릅니다.

중심인물은 자신의 의도를 밝힌 뒤에 2번 방석으로 자리를 옮겨 마라가 됩니다. 두려움과 의구심을 표현하고 비난합니다("당신이 뭔데 이 일을 하겠다고 나서는가?", "그럴 시간이 없다", "당신은 잘 알지도 못 한다").

그런 다음 다시 1번 방석으로 돌아가 마라에게 답합니다.

방석에 앉아 다시 정신을 가다듬으세요. 마라에게 곧바로 반응하지 않아도 됩니다. 조용히 마음의 중심을 잡은 뒤에 이야기하세요.

대화는 이렇게 약 10분 동안 이어집니다. 두 협력자는 이 과정을 지켜보며 다음 두 가지 상황에서 도움을 줄 수 있습니다.

- 중심인물이 특정 시점에 요청하면 한 사람이 마라 역할을 대신합니다.
- 중심인물이 답하기 어려워하면 한 사람이 중심인물 뒤에 서서 어깨에 손을 얹고 중심인물을 대신해 마라에게 대답합니다.

마라가 중심인물에게 다음과 같이 따져 묻는 시점이 옵니다. "무슨 권한으로 이 일을 하려는 겁니까?"

그러면 중심인물은 손가락 끝을 바닥에 대며 결의에 찬 목소리로 말합니다.

"저는 지구(대지)의 권한으로 … 할 것입니다."

> 내 안에 미뤄둔 것을 풀어주고 싶다
> 누구도 감히 바랄 수 없었던 일이
> 이번만큼은 샘솟을 수 있도록
> …
> 내가 하는 일이 내게서 흘러가는 강물 같기를
> 억지도 없이 망설임도 없이
> —라이너 마리아 릴케

모두 한 번씩 중심인물이 되어본 후에 셋이 모여 경험담을 나누고, 그룹 전체가 모여 각자 배운 것에 대해 이야기합니다.

적에게 절하기
(소요시간 : 15~20분)

우리는 대전환을 향하며 갖가지 체계와 제도에 맞설 것이고, 맞서야만 합니다. 이러한 구조에 힘을 보태는 사람들이 우리의 적으로 보일 수 있습니다. 그러나 실은 이들도 진정한 적, 탐진치 삼독이 제도화된 형태에 속박되어 있을 가능성이 큽니다. 이 실습을 통해 이들에 대한 두려움과 악감정을 해소할 수 있습니다.

틱낫한 스님은 어른이나 스승에게, 불법佛法과 수행 공동체에, 자신만의 신앙 전통에, 또 조상에게, 보금자리인 이 지구에 절을 함으로써 존경과 고마움과 호의를 표하라고 가르칩니다. 일부 서구인은 절을 하는 것 자체에 거부감이 있으므로 틱낫한 스님은 이를 '지구와 맞닿기(Touching the Earth, 땅에 머리 조아리기)'라고 이름 붙였습니다. 우리의 적을 존중하는 이 특별한 실습은 틱낫한 스님이 창설한 상즉종(相卽宗, Order of Interbeing, 접현종接現宗이라고도 함) 회원 케트리오나 리드Caitriona Reed가 구성한 것입니다.

| 방법 | 먼저 무릎을 꿇고 절할 수 있는 공간을 각자 충분히 확

보하여 서도록 합니다.(절이 불편하다면 간단히 합장하고 반배하는 것으로 대체해도 좋습니다.) 불단이나 지구를 상징하는 깃발이 있다면 그것을 바라보게 하세요. 안내자가 준비한 글을 큰 소리로 읽고, 한 문단이 끝나면 모두(안내자 포함) 절합니다. 절을 할 때마다 종을 울려 알리세요. 속도는 전반적으로 느리게, 서두르지 않도록 합니다.

지구에 절하는 것으로 시작하여 생명 자체에 고마움을 표합니다. 그런 뒤에 우리가 공경하는 조상과 스승에게 절하고, 대전환을 함께하는 모두에게 절합니다. 이제 우리가 적으로 여기는 대상에게 절하기 시작합니다.

◆ 이익을 좇아 자연 세계를 파괴하는 이여, 당신들 덕에 제가 풍요롭고 아름다운 보금자리 지구를 얼마나 소중히 여기고 공경하는지 알게 되었습니다. 따라서 고마운 마음으로 당신에게 절하며 땅에 머리를 조아립니다. (1배)

◆ 당신들 덕에 생명을 품은 땅을 아끼게 되었고, 이 땅의 흙과 공기와 물에, 대지를 지키고자 힘쓰는 공동체에 애정이 생겼습니다. 당신의 행위에 용기 있게 저항한 덕분에 그 애정이 얼마나 강한지 확실히 알게 되었습니다. 고마운 마음으로 당신에게 절하며 땅에 머리를 조아립니다. (1배)

◆ 세상의 고통을 목격할 때 제가 느끼는 고통은, 당신들이 끝없이 파괴하며 스스로 생명망에서 고립되며 느끼는 고통 못지않습니

다. 따라서 자비로운 마음으로 당신에게 절하며 땅에 머리를 조아립니다. (1배)

◆ 탐욕과 소외, 두려움으로 인한 고통은 상실한 슬픔에서 오는 고통 못지않기에 자비로운 마음으로 당신에게 절하며 땅에 머리를 조아립니다. (1배)

◆ 정의를 향한 열망에서 분노라는 힘이 생겨났습니다. 이 힘을 주셨으니 고마운 마음으로 당신에게 절하며 땅에 머리를 조아립니다. (1배)

◆ 우리는 모두 행복하고 온전하며 전체의 일부이길 바랍니다. 그런 갈망을 함께해주시니 자비로운 마음으로 당신에게 절하며 땅에 머리를 조아립니다. (1배)

◆ 당신들의 행위를 통해 제 이해심의 한계를 확인하고, 고정 관념에서 벗어날 수 있었습니다. 따라서 고마운 마음으로 당신에게 절하며 땅에 머리를 조아립니다. (1배)

◆ 마음이란 기적이며 그것이 사랑이나 탐욕, 공포, 명료함, 망상의 형태로 나타날 수 있음을 가르쳐주십니다. 당신은 제가 공포와 탐욕의 지배를 받으면 스스로 어떤 일을 벌일 수 있는지 몸소 보여주십니다. 오, 놀랍고도 위대하신 스승이여, 고마운 마음으로 당신에게 절하며 땅에 머리를 조아립니다. (1배)

◆ 우리 모두가 생명의 그물망에 속함을 이해하고, 가슴 깊이 사랑하는 마음으로 당신에게 절하며 땅에 머리를 조아립니다. (1배)

학습/행동 모임 만들기

스터디 그룹을 일컬어 20세기 사회의 가장 위대한 발명이라고 합니다. 무언가에 집중하고 재미를 느끼면서 타고난 호기심이 자극을 받아 안목이 높아지고 시야가 넓어집니다. 즉각적으로는 공동체를 경험하며 보람을 얻습니다. 또한 공통으로 관심 있는 주요 쟁점에 대해 설득력 있는 사고를 할 수 있게 됩니다. 자신과 서로를 더욱 존중하면서 고립과 무력감이라는 장벽이 허물어집니다. 이 같은 기능은 모두, 참여자가 발견한 가치를 구현하고자 함께 프로젝트를 시작할 때 더욱 증대됩니다. 그렇게 집단은 학습/행동 모임이 되는 것입니다. 혼자 하기 벅찬 일을 함께하기 위해 나서며 에너지가 치솟고, 우리는 이 에너지로 삶과 사회를 바꿀 수 있습니다.

몰리와 조애나도 학습/행동 모임에 참여하면서 삶의 방향이 바뀌었습니다. 조애나는 자녀들이 고등학생이었을 무렵, 온 가족이 거시경제학을 공부할 계획으로 이웃들과 만났습니다. 정해진 자료를 읽고 번갈아 진행하며 마침내 공동 프로젝트*에 착수했습니다.

몇 년 뒤 조애나는 방사능 폐기물 관리에 대해 배우고 싶어 학습/행동 모임을 만들었습니다. 함께 학습 과정을 정했고, 이내 몰리

---

* '거시분석 세미나'라는 연구 및 행동 계획. 1970년대 초 '신사회운동(the Movemnet for a New Society)'에서 창안하였으며, 이후에 뉴소사이어티 출판사(New Society Publishers)를 설립했다.

가 합류했습니다. 주로 다루는 문제가 심각한 만큼 쉬이 무기력해지던 차에 매회 추가로 심리적·정신적 활동을 진행했습니다. 바로 그때 지금의 딥 타임 작업의 일부가 만들어졌습니다. 함께 모여 작업함으로써 의욕을 잃지 않을 수 있었고, 정보를 충분히 얻어 지역사회에서 대중강연을 하고 정부 규제 공청회에 증거를 제시하게 되었습니다. 이 학습/행동모임에서 추진한 것이 '핵 감시단 프로젝트'입니다. 이 모임에 대한 자세한 설명과 모험담은 조애나의 회고록《넓어지는 원(Widening Circles)》[2]에 담겨 있습니다.

| 학습/행동 모임의 구성 단계 |

◆ 주제를 하나 선택하고 공부할 책 한 권 또는 교육 과정을 정하세요(교육 과정은 '더 참고할 자료' 중 '학습/행동 모임' 부분 확인).

◆ 학습 모임은 이 책《생명으로 돌아가기(Coming Back to Life)》나《액티브 호프(Active Hope)》, 혹은 두 책 모두를 활용할 수 있습니다. 가장 효과적인 진행 방법은 각 회마다 토의와 대화 시간을 구분하는 것입니다. 토의를 통해 내용을 인식하고, 대화를 통해 서로 교감합니다. 이는 재연결 작업의 안내자를 훈련하기에 매우 훌륭한 방법입니다.

◆ 모임의 진행 횟수를 결정하세요. 기간이 정해져있어야 좀 더 마음 놓고 합류할 수 있습니다. 횟수는 언제나 구성원의 결정에 따라 연장될 수 있습니다. 모이는 빈도와 시간도 선택하세요. 매주

또는 매달 한 번, 두 시간씩 모이는 것이 효과적입니다.

◆ 친구들 중 연락할 사람을 선택하거나 게시판에 공지하는 방식으로 구성원을 모으세요. 8~12명이 가장 알맞습니다. 모임을 소개하는 자리에 참석하기 전에는 의사 결정을 강요하지 않습니다.

◆ 장소를 선정하세요. 지역의 교회나 성당, 사찰, 학교, 지역사회 센터와 같은 곳은 물론 몇몇 참가자의 집에서 만나는 것도 고려합니다.

◆ 첫 번째 모임에서는 학습/행동 모임을 성공적으로 이끌기 위해 회칙(이를테면 정기적인 참여, 모임 전 독서 등의 사전준비)을 검토하고 합의하는 데 시간을 들이세요. 5장(157쪽)에서 제안한 내용의 상당 부분이 학습/행동 모임에 큰 도움이 될 것입니다. 그 외의 지침은 '더 참고할 자료'에 포함되어 있습니다.

◆ 그룹의 공동책임 의식을 높이기 위해 진행은 돌아가며 맡기를 권장합니다.

◆ 모임의 시작과 끝에 간단한 의식을 행하여 모임을 갖는 시간과 공간을 신성하게 여기세요. 예컨대 촛불을 켜거나 잠시 침묵하며 호흡해도 좋습니다.

◆ 서로 소통하는 시간을 활용하여 의욕을 잃지 않고 도덕적 상상력을 발휘할 수 있도록 합니다.

사무량심: 서로 바라보는 법 배우기

13장(515쪽)에서 기술한 대로 이 명상은 워크숍 막바지에 서로 마주하기의 일부로서 진행합니다.

다섯 가지 서원
(소요시간 : 15분)

워크숍 중 이 단계에 이르면서 저마다 대전환에 진정으로 참여하고자 하는 욕구를 알게 되었습니다. 그러나 앞으로 여러 날, 여러 해가 지나면서 수많은 이유로 마음이 흐트러지고 부담이 따를 것입니다. 그러므로 우리 마음에서 우러난 의도에 오래도록 충실하기 위해 다음 실습이 반드시 필요합니다.

이 실습의 구상은 2주일 동안 진행한 집중 워크숍의 마지막 날 오후에 구체화되었습니다. 조애나는 건물 바깥을 걷다가 행사를 주최한 불교 수련원의 젊은 스님과 만나게 되었습니다.

"음, 이제는 마지막 날에 뭘 하실지 예상이 되는군요. 사람들에게 서원誓願을 세울 기회를 주시겠지요."

조애나가 그럴 생각이 없었다고 답하자 스님이 말했습니다.

"아쉽네요. 서원은 제 삶에서 굉장히 큰 도움이 되었거든요. 그로 인해 진정으로 바라는 일에 정진할 수 있게 되었답니다."

조애나는 계속 걷다가 문득 손을 보고 생각이 떠올랐습니다.

"서원을 한다면 다섯 손가락을 넘기지 않는 편이 좋겠군요."

그렇게 불현듯 다섯 가지 서원이 떠오른 것입니다. 나중에 조애나가 참가자에게 서원식을 하면 어떻겠느냐고 묻자 반응은 열광적이었습니다. 곧 뿔뿔이 흩어질 사람들이 서로, 또 자신에게 서약함으로써 하나의 공동체로 이어져있다는 감각이 더욱 깊어졌습니다. 이제는 전 세계 사람들이 이를 통해 갈수록 더 많은 이들과 뜻을 함께한다는 생각을 떠올리며 용기를 얻습니다.

어떤 문화권에서는 '서원'이라는 단어가 너무 종교적이거나 권위적으로 들릴 수 있습니다. 그런 경우에는 '서약'이나 '다짐'이라고 칭해도 좋습니다. 우리가 뭐라고 부르든 그것은 기준점이 되어 소중히

다섯 가지 서원

◆ 나는 세상의 치유와 모든 생명체의 행복을 위해 날마다 헌신하겠다고 나 자신과 여러분 앞에 서원합니다.

◆ 나는 지구에 살며 음식과 제품과 에너지를 소비할 때 더 적게, 보다 비폭력적인 방식으로 쓰겠다고 나 자신과 여러분 앞에 서원합니다.

◆ 나는 살아있는 지구와 선조들, 후대, 우리의 형제자매인 모든 생물 종에게서 힘을 얻고, 이들을 지표로 삼겠다고 나 자신과 여러분 앞에 서원합니다.

◆ 나는 세상을 위한 활동이라면 여러분을 지원할 것이며, 내가 필요할 때 도움을 청하겠다고 나 자신과 여러분 앞에 서원합니다.

◆ 나는 내 마음을 분명히 알기 위해, 내면이 단단해지기 위해, 이 서원을 이루기 위해 날마다 수행하며 마음을 닦을 것을 나 자신과 여러분 앞에 서원합니다.

여기는 목적과 목적에 보탬이 되는 행동을 언제든 떠올릴 수 있습니다.

워크숍이 끝날 무렵 공동의 서원을 벽에 게시하여 사람들이 읽고 그것을 받아들일지 생각해볼 수 있도록 합니다. 그리고 마지막 날 저녁에 간단히 의식을 진행합니다. 모두 서서 안내자가 낭독하는 서원을 듣습니다. 이때 안내자는 한 항목을 읽고 나서 그것을 서원할 것인지 사람들에게 묻습니다. 서원하고자 하는 사람은 "네"라고 답한 뒤에 그 내용을 반복해 말합니다. 그런 뒤에 종을 울리세요.

축복하는 원
(1인당 2~5분)

참가자 모두가 원으로 모여 서로 고마움을 표하고, 일이 잘 이루어지기를 기원하는 활동으로서 재연결 작업 워크숍을 마무리하기에 적합한 실습입니다. 진행 방법은 크게 두 가지입니다. 하나는 각 참가자가 발언을 하면 다 같이 축복하는 것이고, 다른 하나는 아무 말도 하지 않는 방식입니다.

┃ **방법 1** ┃ 한 번에 한 명씩 원 안으로 들어가서 자신이 추구하는 행동이나 방향을 한 문장으로 선언합니다. 나머지 참가자는 이

사람의 이름을 여러 번 큰 소리로 외치고, 선언한 내용을 저마다 자발적으로 긍정하며 용기를 북돋워줍니다. 그러고는 활력을 불어넣어주기 위해 양 손바닥이 앞을 향하도록 팔을 뻗어 관심과 존중을 표해도 좋습니다. 이 방식으로 진행하면 각 참가자는 집단의 공감과 지지를 한 몸에 받습니다.

| **방법 2** | 보다 간단하고 가슴이 더욱 뭉클해지는 의식입니다. 원 안으로 한 명씩 들어가서 아무 말도 하지 않습니다. 안내자는 시작에 앞서 참가자들에게 다음과 같이 제안하세요.

이제 우리 그룹에 속한 사람을 한 명씩 바라보며 공감과 관심을 최대한 표현할 수 있는 기회입니다. 원 안에 누군가 들어오면 잠시 동안 그 사람의 고유한 특징을 느껴보고, 지구상 생명 살림에 보탬이 되겠다는 의욕에 감탄하며 이 시간을 즐기세요. 가슴 뛰는 순간을 경험한 뒤 다 함께 그 사람의 이름을 몇 번이고 큰 소리로 외칠 것입니다. 이때 두 손바닥이 앞을 향하게 팔을 쭉 뻗으세요.

앞길로 향하는
두 편의 시

지구로서

지구를 대신해 일하면서

우리는 믿으며 마음이 편안하다

우리가 나서서 지지한다

솟아나는 활력을

그것은 나도기름새

목적이 뚜렷한 지성을

그것은 왜가리

우리에겐 희망이 있다

현재 이 순간, 분수처럼

차고 넘쳐흐른다

— 더그 히트[3]

❋ ❋ ❋

하느님은 우리를 만들면서 한 사람 한 사람에게 말을 건네시고는

묵묵히 우리와 함께 어둠을 걸어 나갑니다.

어렴풋이 들려오는 말씀인즉

네 기억을 초월하는 곳으로 너를 보내었으니

가능할 때까지 갈망하여라.

나를 구현하여라.

불꽃처럼 타올라

나를 들일 만큼 거대한 그늘을 만들어보아라.

만사가 네게 일어나도록 하여라, 아름답고 참혹한 일.

그저 계속 가거라, 영원한 감정이란 없으니.

나를 놓지 않도록 하여라.

가까이에 생명이라 하는 나라가 있다.

진중함으로써 알게 될 터이니.

내게 손을 내밀거라.

— 라이너 마리아 릴케[4]

Chapter 11

The Work That Reconnects with

Children and Teens

•

어린이·청소년과 함께하는

재연결 작업

모든 아이들에게
저 아래에서 헤엄치는 아이들에게
바다의 파도, 저 안에 사는 아이들에게
지구의 토양, 꽃의 아이들에게
숲속의 풀밭과 나무에서
대지를 떠도는 아이들과
날개로 바람 타고 나는 아이들에게
인간의 아이들에게도, 그 모든 아이들이
미래로 함께 나아갈 수 있기를 …

토마스 베리(Thomas Berry)

많은 어른, 특히 부모와 교사들의 입장이 난처할 것입니다. 아이들이 평생 대붕괴의 영향을 받으리라는 것을 알면서도, 아이들과 그 사실을 어떻게 이야기하면 좋을지 알 수 없기 때문입니다. 우리는 혹독한 현실에서 아이들을 보호하고 싶기도 하지만, 앞에 놓인 어려움에 아이들 스스로 대비하도록 도움을 주고 싶기도 합니다.

"아이들에게 뭐라고 말할 수 있겠어요? 저는 아이들이 그저 안심하고 행복하길 바랍니다."

"우리가 전해주는 세상이 이렇다는 사실에 왠지 죄책감이 들어요. 또 이런 감정을 알고 느끼면서도 아이들에게 드러내지는 않으니까 아이들을 기만한다는 생각이 듭니다."

"아이들 스스로 어쩌지 못할 두려움을 키우면서까지 어린 시절을 망치고 싶지 않아요. 그래도 의문이 들긴 하죠. 이게 아이들을 지키는 것인가, 아니면 나 자신을 지키는 것인가 하는 의문이요."

우리는 아이들을, 또한 자신을 보호하고 싶은 마음이 너무 강한 탓에 흔히 침묵합니다. 우리가 세상에 대해 고통을 느낀다는 사실, 그리고 이 고통의 원인은 생명망이 위협받기 때문임을 이야기하지 않습니다. 그런데 날로 심각해지는 눈앞의 상황에 아이들이 그렇게 무지할까요? 정말 모를까요?

캐슬린 루드Kathleen Rude가 진퇴양난에 처한 이야기를 들어봅시다.

저는 중고등학생 시절에 환경운동을 했음에도 조카들에게는 지구 온난화며 후쿠시마 원전 사고, 멸종, 인구과잉, 유전자조작 따위의 가혹한 현실을 알리고 싶지 않더군요. 이런 끔찍한 이야기를 모른 채 어린 시절을 보내길 바랍니다. 아이들이 물려받는 세상이 엉망진창이라는 사실에 몹시 화가 납니다. 물론 창의적이고 용감하며 마법 같은 공동 작업의 기회가 충분하다는 것을 잘 압니다. 또한 세상과 관계를 맺는 것이 얼마나 중요한지 잘 알면서도 소중한 조카들이 심적 고통을 받지 않도록 지켜주고 싶습니다. 아이들이 자신의 삶을 살아가는 것만으로 벅찰 텐데 환경이니 사회니 하는 심각한 이야기를 어떻게 감당할 수 있을까 싶기도 합니다. 요즘은 이렇게 제 자신의 반응을 살피면서 배우려 노력합니다. 사랑하는 이를 보호한다는 미명 아래 고통을 인정하기가 힘겹다는 것이 어떤 느낌인지 어느 정도 공감하게 되었습니다.[1]

아이들은
무엇을 알고 느끼는가?

아이들과 재연결 작업을 진행하는 안내자들의 보고와 최근의 연구 몇 가지를 살펴보면, 어린이는 어른이 짐작하는 것보다 세상일을 훨씬 많이 알 수도 있다고 합니다. 또한 대개 그 일을 지켜보며 꽤 격한 감정을 느낀다고 합니다. 예를 들어 '기후변화'에 대해 세세하게 알지는 못하더라도, 어른들이 그렇게들 부르는 것을 걱정한다는 사실은 아는 것이지요. 어린이는 주변의 어른이 느끼는 분노나 두려움, 슬픔이 무엇 때문인지는 모르더라도 그 감정 자체를 알아차립니다.

2013년 영국 유니세프에서 발표한 조사 결과는 이렇습니다.

11~16세 응답자의 약 3/4이 기후변화가 자신의 삶에 미칠 영향을 염려하고, … 약 2/3는 기후변화가 개발도상국의 어린이와 가족들에게 미칠 영향을 걱정했다. 대체로 기후변화에 대한 인식이 높았으며, 조사 대상자 가운데 88퍼센트가 조금이라도 안다고 주장했고, 1퍼센트만이 전혀 모른다고 답했다.[2]

그뿐만 아니라 서식지의 영웅(Habitat Heroes)에서 의뢰한 조사에서는 9~13세 어린이 셋 중 하나가 지구 종말이 일어날까 두렵다고 밝혔습니다.[3]

조애나와 몰리는, 재연결 작업에 정통하며 다양한 위치에서 어린이와 관계를 맺는 이들에게 의견을 물었습니다. 이들 모두가 보고하기를, 어린이는 전 세계적으로 생명이 위협을 받는다는 사실을 제법 많이 알고 있으며, 자신을 수용하고 존중해주는 사람과 감정을 나눌 수 있음에 무척 고마워한다고 합니다. 어느 교사는 거의 모든 어린이가 대중문화를 통해 종말론적 시나리오를 알게 된다고 했습니다. 영화 〈헝거게임(The Hunger Games)〉이나 세상의 종말을 묘사하는 광고, 카메라에 잡힌 지진, 해일, 화재, 태풍 등을 접하는 것이지요.

어린이는 나이가 어릴수록 보통 부모의 세계관을 따르지만, 그렇다고 해서 반드시 안심하는 것은 아닙니다. 예컨대 근본주의 기독교 가정에서 자란 어린이가 휴거携擧에 대한 이야기를 듣고 친구나 선생님, 심지어 자신이 독실한 신자가 아니라면 무슨 일을 겪게 될까 겁이 날 수도 있습니다. 만약 부모가 정부에서 총기를 모두 회수할까 불안해하거나 이민자가 몰려들까 걱정하고, 어떤 집단을 두려워하거나 혐오한다면 아이들도 똑같은 기분을 느낄지 모릅니다.

아이들은 미래에 대해 절망을 느끼면 대부분의 어른들과 달리 방어 태세를 취하지 않습니다. 넋을 잃지도 않고 무관심하지도 않습니다. 어른들은 심각한 위험이 마치 인간과 관계가 없다는 듯 추상적인 말로 '부수적 피해'나 '수용 가능한 위험'을 말합니다. 이에 비해 아이들은 거리의 노숙인 가족, 토막 난 시체, 물에 빠지거나 화재 건물에 갇혀서 죽은 사람들, 폭탄이나 태풍, 홍수로 파괴된 집 등 위험을 구체적으로 이해합니다.

정신과 전문의 에릭 치비언은 1970년대에 사회책임 교육자 모임(Educators for Social Responsibility)과 함께한 작업에서 많은 학생을 대상으로 핵전쟁의 위험에 대해 인터뷰를 진행했습니다. 그 결과 아이들은 발달 단계에 따라 다양한 방식으로 핵무기와 전쟁 가능성 문제에 반응했습니다. 3학년 정도가 되면 혼란스럽고 무기력하며 버림받을까 두려워하는 감정이 뚜렷해졌습니다. 일부는 악몽에 시달리기도 했습니다. 5학년 정도가 되면 보다 많은 정보를 얻으면서 어른 세계의 위선과 어리석음에 분노를 느꼈습니다. 중학교 1학년이 되면 이 분노는 냉소와 풍자로 바뀌었습니다. 고등학생은 정서 반응이 보다 복잡해졌습니다. 이들은 대학이나 장래, 가족 문제 등 여러 가지 중대한 선택을 앞둔 와중에 핵폭탄이 개발되는 바람에 현실적인 삶의 의미조차 빼앗겼기 때문입니다. 그렇게 1970년대 청소년은 무관심과 무시로써 방어벽을 치기 시작했습니다.[4] 오늘날 생명과 건강을 위협하는 요인은 더욱 다양해지고 증폭되었습니다. 아울러 매체에 노출되는 시간이 급격히 늘면서 어린이는 혼란과 공포, 분노를 느끼고 냉소하거나 반항하게 될 가능성이 훨씬 높아졌습니다. 분명한 사실은 어른들의 침묵이 어떤 이유에서건 아이들에게 도움이 되지 않는다는 것입니다.

더욱이 많은 어린이와 청소년이 개인과 사회의 문제로 심각하게 고민합니다. 이들은 매일같이 매체를 통해서 또는 직접 폭력을 보게 되는지도 모릅니다. 교내 총기 난사와 학교 건물 봉쇄, 주행 중 총격, 가정폭력, 강간, 청소년 자살, 약물 및 알코올 중독, 노숙, 아동학대 등을 접하겠지요. 어린이와 청소년은 이 모든 사건의 한가운데에서 홀로 고립된 기분을 느낄 수 있습니다. 특히 이들의 두려움과 분노, 슬픔을 들어주는 사람이 곁에 없다면 더더욱 그렇습니다. 아이들이 마음속 이야기를 털어놓을 기회를 주려면 이들이 무엇을 말하든, 그 범위가 개인적이든 세계적이든, 귀 기울여 듣고 받아들여야 합니다. 세상에 순전히 개인적인 고통이란 없다는 사실을 기억하세요. 고통은 우리 모두가 공유하는 생명의 그물망 안에서 비롯됩니다. 가정폭력이나 아동학대 등 이른바 '사적인 문제'는 사실 산업성장사회가 붕괴하는 과정에서 오는 스트레스로 인해 발생하고 심각해지는 것입니다. 결국 원인은 모두 같은 것입니다.

침묵의
결과

안전과 복지가 위협받는 상황에서 어른들이 침묵하며 삶이 평소처럼 계속되길 바라면, 아이와 어른 모두가 심각한 타격을 입게 됩니다. 침묵은 곧 체념입니다. 그것은 마치 공동의 미래가 우리 손에 달려있지 않으며, 미래를 바꾸기 위해 할 수 있는 일이 아무것도 없다고 말하는 것과 같습니다.

침묵은 또한 무관심으로 비칠 수 있습니다. 문제가 심각함에도 언급하지 않는다면 아이는 부모가 관심이 없다고 판단할 수 있고, 어쩌면 더 나아가 자식에게 일어날지 모를 일에 왜 관심을 갖지 않는지 의문이 들 수 있습니다.

침묵은 억압을 부추깁니다. 어른들이 이러한 분야에 대해 대화하는 것을 어려워하면 특정 감정을 느껴서는 안 된다고 가르치는 셈입니다. 비통하고 두렵고 분노가 치미는 감정, 심지어 고통 받는 사람과 동물에 대한 연민조차 금기로 여기는 것입니다. 이렇게 감정을 억누르면 결국 냉소로 이어질 가능성이 높습니다. 그러면 청소년은, 어른들이 파괴와 부당함에 분노하는 감정을 느끼기는 하는가, 의아해할지 모릅니다. 우리가 이런 감정을 느끼면서도 다 괜찮다고 둘러댄다면 그것은 위선입니다. 정말로 느끼지 못한다면 우리는 아이들에게 경멸을 받아 마땅합니다. 아이들은 충격으로써 우리를 일깨우려 노력할 수도 있습니다. 우리가 오늘날 지구에, 또 서로에게 저지르는 끔찍한 일을 좀 보라고 외치는 것이지요. 이를테면 헤비메탈이나 랩, 일렉트로니카와 같은 음악은 시끄러운 소리와 강렬한 리듬, 격렬한 가사를 통해 이들의 주체 못할 분노를 드러내는 것인지도 모릅니다. 마찬가지로 랩이나 힙합을 하는 일부 음악가는 부정과 억압을 낱낱이 알리며 진실을 말하고, 감정을 발산하는 수단으로서 역할을 합니다.

물론 타격은 이 정도로 그치지 않습니다. 약물과 알코올 중독, 범죄, 자살, 화면 중독 사례가 청소년 사이에서 증가하고 심지어 어린이에게서도 나타나는 현실을 보면, 이들이 살아가는 의미를 잃었다는 처참한 증거입니다. 가족과 미래와 모두 동떨어진 듯한 소외감은 널리 퍼져있으며, 이로 인해 두드러지게 반사회적이고 자기파괴적인 행동을 보일 뿐 아니라, 눈에 잘 띄지 않지만 스스로 중요한 선택을 하고 그 일에 몰두하는 능력마저 잃게 됩니다.

재연결 작업의 동료이자 발도르프 학교의 교사 아메리카 워든은 자신의 학생이 쓴 시 한 편을 보내왔습니다. 16세 몰리 록우드Molly Lockwood는 사회 시간에 토의를 한 뒤 모순을 발견하고서 이 시를 썼다고 합니다. 우리 모두 질주를 멈춰야 함을 알면서도 아무도 멈추지 않고, 멈출 시도조차 하지 않는다는 것입니다.

시끄러운 침묵

시끄럽고 분명한 말은 내뱉지 않은 채
크리스털 같은 침묵은 아직도 깨지지 않은 채
얼굴에는 하나같이 멍한 눈

그 뒤에는 지독한 혐오감이

모든 가슴에 소리 없는 폭동이
불타올라 고요함을 박살내야 해
그러나 그 말은 입 밖에 내지 않은 채
요란한 침묵을 여전히 삼킨다

불쏘시개는 끝없이 쌓여만 가고 …
누가 말을 꺼내 불을 붙일 것인가?[5]

두려움과 침묵을 극복하기 위한 제안

침묵을 깨고 아이들의 깊은 내면과 만나기 위해 무엇을 할 수 있을까요? 안타깝게도 파괴의 과정은 이미 시작되었으므로 부모와 교사로서 우리가 현재 아이들에게 안전한 세상을 만들어주는 것은 불가능합니다. 모두가 오늘부터 화석연료 사용을 멈춘다 한들 기후 붕괴, 기후 변화는 수십 년 동안, 어쩌면 몇 세기 동안 지속될 것입니다. 이토록 죽음과 파괴로 가득한 세상에서 자아의식이 발달해가는 어린이에게 어떻게 하면 안도감을 심어줄 수 있을까요? 고학년 어린이와 청소년에게는 어떤 도움을 줄 수 있으며, 최선의 방법은 무엇일까요?

다음은 이에 대한 제안입니다. 직접 경험한 것은 물론이고 어린이·청소년과 함께 작업한 동료 다수의 경험을 모았습니다. 아마 여러분도 이 목록에 추가할 내용이 있을 것입니다.

아이와 함께 삶의 즐거움을 찾으세요. 자연을 가능한 한 자주 접하면서 아이가 그곳에서 다른 무엇보다도 마음의 중심을 잡을 수 있도록 돕습니다(휴대전화는 꺼두세요). 시간을 충분히 들여 달팽이도 지켜보고 꽃에 감탄하고 나무도 끌어안으세요. 아이들이 텔레비전과 전자기기의 노예가 되며 생겨난 '자연에 대한 공포'를 극복하고, 날 때부터 맺어진 자연 세계와의 관계를 회복하게끔 도와주세요. 여러분이 느끼는 생명망의 아름다움과 거룩함을 이야기하며 아이와 생각을 나누세요. 이와 비슷한 방법으로, 함께 텃밭을 가꾸면 생명이라는 기적을 눈으로 직접 보게 되어 실질적이고 자율적인 능력을 기를 수 있습니다. 혹은 함께 음악과 예술(특히 지역의 특유한 풍속을 담은 종류)을 즐기거나 귀한 영적 전통을 공유할 수도 있습니다.

여러분의 감정을 알아차리고 존중하세요. 세상에 대해 두렵고 분노하고 슬퍼하는 자신의 감정을 확인하세요. 우리는 아이들에게 마음을 열어 솔직하고 싶긴 해도 아이들과의 대화를 감정 배출의 수단으로 이용하고 싶지는 않을 것입니다. 이때 재연결 작업 워크숍에 참가하거나 동년배 집단을 구성하여 이 책에 담긴 접근법과 실습을 활용할 수 있습니다. 집단으로든 혼자서든 자기 내면에 있는 아이와 대화하는 시간을 가지세요. 내면의 아이가 두려워하는 것을 그대로 느끼고, 어른인 자신이 내면의 아이에게 무엇을 해주어야 할지 깨닫는 시간입니다.

아이가 무엇을 느끼는지, 무엇을 아는지 함께 이야기해보세요. 우선 '예'나 '아니오'로 답할 수 없는 질문(열린 질문)으로 시작합니다. 이를테면 "요즘 세상에서 신경 쓰이는 문제가 뭐야?" 하고 묻는 것이지요. 또는 어떤 보도나 기사에 대해 여러분이 느끼는 바를 간략히 이야기하며 시작해도 좋습니다. 그런 뒤에 아이들의 감정을 물어보세요. 여러분이 참여하는 활동은 무엇인지, 그 일을 왜 하는지 이야기하고 그에 대해 어떻게 생각하는지 물어볼 수 있습니다.

완전히 집중하세요. 여러분이 일단 한 주제에 대해 이야기를 꺼냈다면 어떤 일로 급히 자리를 뜨거나 다른 일에 한눈팔지 않도록 합니다. 휴대전화나 컴퓨터는 무시하세요. 침묵해도 좋으니 여유를 가지세요. 다만 무엇이든 강요하지 않도록 합니다. 아이는 겁이 나는 문제를 듣지 않고, 대화하지 않을 권리가 있습니다. 보통은 그 문제를 다룰 준비가 되었는지 아이들 스스로 감지할 수 있습니다. 아이가 어떤 순간에 이야기할 준비가 되지 않았다고 해서 그 문제를 모른다거나 관심이 없다고 단정 짓지 않습니다.

도중에 끼어들지 말고 충분히 귀 기울여 들으세요. 아이의 말을 끊거나 다 괜찮다고 말해주고 싶은 유혹을 뿌리치세요. 우리가 아이의 말을 제대로 주의 깊게 들으면 아이는 무력감과 소외감을 극복하기 시작합니다. 또한 다음과 같은 말을 건네며 과하지 않은 신체 접촉으로 아이가 안심하게 해주세요. "여기 가까이 앉아볼래? 그 얘기 좀 듣고 싶은데."

아이가 자신의 감정을 확실히 말하고 정의할 수 있도록 도와주세요. 우리가 함께 대화함으로써 드러날지 모르는 위험보다 말하지 않고 인정하지 않은 채로 남아있는 위험이 더 무서운 법입니다. 많은 아이와 어른들이 자신의 느낌을 표현하기 전에는 그것이 무엇인지 정확히 알지 못합니다. 어렴풋한 불안을 언어나 이미지로, 심지어 행동으로 드러낼 수 있도록 도와주세요. 그렇다고 해서 아이가 느끼는 고통을 없애야 한다고 생각하지는 마세요. 그저 함께 나누는 것만으로도 아이의 두려움을, 또한 여러분의 두려움을 덜 수 있습니다.

모르는 것은 모른다고 인정하세요. 아이는 여러분이 답할 수 없는 질문도 던질 것입니다. 그러한 질문은 걱정과 두려움을 은근히 드러내는 것임을 기억하세요. 그 질문 뒤에 가려진 걱정을 표현하라고 권해보세요. 이는 그 어떤 대답보다도 큰 도움이 될 수 있습니다. 여러분의 역할은 아이가 자신의 의문이나 감정을 탐구하도록 돕는 것이므로 굳이 해답을 내놓을 필요가 없습니다. 즉 여러분에게 답이 있든 없든 단지 이런 식으로 말하면 되는 것입니다. "나도 그게 궁금했어. 네 생각에는 어떻게 될 것 같아? 그 문제를 떠올리면 어떤 기분이 들어?" 혹은 적절한 순간에 "그 문제와 관련해서 우리가 할 수 있는 일은 뭘까?"라고 물어보세요.

아이가 온전히 자기 힘으로 행동하도록 도와주세요. 우리는 모두 세상을 위해 행동할 때 자율성을 발휘한다고 느낍니다. 어린이와 청소년도 마찬가지입니다. 우리가 이들의 아이디어를 진지하게 받아들이고 그것을 곧바로 실행에 옮길 방법을 찾도록 도우면, 그 과정에서 아이들은 자신이 인정받는다고 느낍니다. 아이가 상상한 것을 그리거나 써보라고 권하세요. 그런 뒤에 그것에 대해 서로 이야기를 나눕니다. 이때 어떤 프로젝트가 탄생한다면 그것을 도울 준비를 합니다.

아이들은 대전환을 위해 지역사회에서 매우 다양한 방식으로 활동할 수 있습니다. 어린이 다수가 공원 등의 자연 공간을 깨끗이 하는 활동(환경정화)을 굉장히 좋아합니다. 쓰레기를 모아 담은 봉투와 말끔해진 풍경처럼 결과가 확실히 눈에 보이기 때문이지요.

그 밖에도 지역신문 편집자나 지방 및 국가 공무원에게 편지를 쓰고, 벽보를 만들거나 집회에 참가할 수 있습니다. 또한 지역 단체에서 자원봉사자로 우편 발송, 전화 연락 등의 일을 도울 수 있습니다. 아이들만의 활동 그룹을 만들거나 이 같은 그룹에 참여하여 토의하고, 학습하고, 전단을 만들어 돌리고, 거리를 행진하고, 자선장터를 열거나 세차 아르바이트를 하는 등 다양한 방법으로 자선기금을 마련할 수 있습니다.

이러한 활동을 통해 또래 친구들의 지지를 받으며 공동체에 속해있다는 느낌을 강하게 받습니다. 아이들은 더 이상 자신을 외톨이라고 여기지 않으며 두려움과 무력감을 느끼지 않게 됩니다. 대전환에 참여함으로써 자신을 존중하고 자신감을 쌓아갑니다.

관심을 행동으로 직접 보여주세요. 아이는 부모를 기준으로 삼아 모방하거나 반항합니다. 또한 부모를 영향력 있는 사람으로 여기기 때문에 대개 부모가 무언가를 개선하고자 노력하는 모습을 보면 더욱 안심합니다. 아이들은 아주 어릴 때 안전한 보호막을 필요로 하는 만큼, 더 자라서는 가치관을 나누고 모험을 함께할 공동체가 필요합니다. 비비언 버던로는 냉전시대에 참관했던 초등학교 2학년 수업에서 있었던 일을 들려주었습니다. 그곳에 있던 모든 어린이가 핵전쟁이 일어날 것이라고 예상했는데, 한 학생만이 반대의 뜻을 표했습니다. 나머지 학생들이 무엇 때문에 그렇게 확신하느냐고 묻자 그 학생은 이렇게 답했습니다. "우리 엄마 아빠가 핵전쟁을 막는 모임에 나가시거든."

재연결 작업의 활용

어린이와 청소년은 재연결 작업을 통해 대붕괴와 대전환에 스스로 대비할 기회를 얻습니다. 이로 인한 변화는 다음과 같습니다.

- 지구가 살아있는 존재임을 경험하고 이해하며 모든 형태의 생물과 서로 이어져있음을 감지한다.
- 지구상 생명을 위해 노력하는 훌륭한 인물들을 접하며 대전환을 생생하게 인식한다.
- 자신의 감정, 아이디어, 직관에 대한 믿음이 생겨서 이를 다른 사람과 공유한다.
- 상상력이 발달하기 시작하고, 미지의 세계를 마주할 용기를 얻는다. 이 둘은 방향을 잃어가는 문화에서 교육과 진로를 선택할 때 필요한 것이다.
- 다른 사람들과 함께 생명을 위해 일하면서 기쁨을 얻고 자비심을 갖게 된다.
- 대전환에 보탬이 될 자신만의 고유한 재능을 발견한다.
- 지구를 위해 행동하면서 목적의식이 더욱 강해진다.

깨어나는 세대

우리는 죽어가는 낡은 세계와 새롭게 태어나는 세계의 중간에 위치하는 청년 세대, 문명의 갈림길에서 성년이 되는 세대다. 우리는 '완전한 성공 아니면 실패', '전부를 걸지 않으면 포기'할 수

밖에 없는 세대다. 문명이 반드시 거치거나 부딪쳐야 할 시련의 과정이다.[6]

이는 조슈아 고먼Joshua Gorman이 대전환을 위해 고등학생과 대학생 등 청년을 결집하겠다는 사명을 표현한 내용입니다. 깨어나는 세대(Generation Waking Up)의 웹사이트에는 다음과 같이 설명되어있습니다.

> 우리 세대의 소명은 분명하다. 우리는 모두를 위해 번성하고 공정하고 지속 가능한 세상을 만들기 위해 과감하게, 체계적으로 행동하여 사회 전체를 완전히 바꿔나가야 한다. '깨어나는 세대'는 이러한 소명에 대한 응답이며, 본 운동이 성공하는 데 필요한 것을 모두 모으기 위해 우리 세대가 창안한 캠페인이다.[7]

조슈아는 이 사업에 재연결 작업을 도입하고자 2009년 조애나를 찾아왔습니다. 그리고 조애나와 함께한 첫 번째 워크숍이 2010년에 열렸습니다. 2011년에는 청소년만을 대상으로 워크숍을 여러 차례 진행했습니다. 이 과정에서 조애나가 알게 된 사실이 있습니다. 젊은이들은 특히 기후변화 문제로 인해 모여들었으며, 재연결 작업의 감정적·정신적 지원은 물론 서로 교감하는 개방적 특성까지 기꺼이 받아들인다는 점입니다.

어린이·청소년과 함께
실행하기

환경교육 분야가 발달하고 자연에 대한 인식이 높아지면서 관련 활동도 다양해졌습니다(자세한 사항은 부록 '더 참고할 자료' 확인). 이번 장에서 다루는 실습은 재연결 작업의 나선형 순환과 직접 관련된 것입니다.

한 가지 주의할 점이 있습니다. 교사는 우리 문화에서 흔히 교단에 서서 사실을 전달하고 질문을 던집니다. 학생이 듣고 반응하기를 바라며, 보통 답이 정해져있거나 교사가 선호하는 답이 있습니다. 이런 방식이 수학 문제를 설명할 때에는 알맞을지 모르나 재연결 작업에는 적합하지 않습니다. 우리의 목표가 아이들을 비롯한 모든 사람이 자신의 감정과 생각을 알아차리고 표현하도록 돕는 것인 이상, 다수 앞에서 답을 요구하지 않는 것이 가장 좋습니다.

그 대신에 아이들이 두세 명씩 모여 대화할 기회를 충분히 주세요. 돌아가며 말하기(서클 대화)를 활용해도 좋습니다. 보통 다음과 같은 말로 대화를 유도할 수 있습니다. "이제부터 몇 분 동안 이 실습을 하면서 무엇을 느꼈는지 짝(혹은 조원)과 함께 이야기해보세요." 집단토의를 할 때에는 "이것을 해보니 기분이 어때요?"라고 묻기보다 "이 실습을 하면서 무엇을 느꼈는지 얘기해보고 싶은 친구 있어요?" 하고 물으세요. 특히 의식을 진행할 때에는 어린이와 청소년이 각자 스스로 경험하도록 하세요. 의식이 끝난 뒤에는 자신이 이야기하고 싶은 내용만 공유하도록 합니다.

엄마와 딸이 함께하는 나선형 순환

다음은 독일 남부에 사는 에바 실허Eva Schilcher의 이야기입니다. 엄마와 딸이 함께 일일 캠프를 떠나 나선형 순환 전체를 활용하는 방법을 자세히 설명합니다.

지난 10년간, 한 해에 두 번씩 엄마와 딸(8~17세) 10~14명이 모여 자연에서 즐겁게 춤추고, 노래하고, 그림을 그리고, 서로 안마 해주고, 좋은 음식을 먹으며 알찬 하루를 보냈습니다. 이날은 나선형 순환을 따라서 지구와 수많은 생물체의 아름다움을 기념하는 것으로 시작합니다. 열린 문장은 세상에 대한 고통을 터놓기 좋은 활동이며, 대개 움직임과 춤으로 고통을 표현합니다. 그리고 최근 모임에서 조상의 선물 받기를 통해 여러 시대에 걸친 어머니와 할머니들의 위대한 계보를 이해할 수 있었습니다. 앞으로 나아가기 단계에서는 원 하나로 모여 전 세계의 엄마와 딸을 위해 함께 기도했습니다. 참가한 아이들은 이 세상 엄마들이 "마음 편히 쉬고, 즐거움을 느끼고, 치유하며 시간을 보내기"를, "단정 짓지 말고 자신에게 진정 필요한 것에 귀 기울이기"를 기원했습니다.[8]

돌아가며 말하기(서클 대화)[1]

돌아가며 말하기는 유서 깊고도 강력한 소통의 도구 중 하나입니다. 과정은 매우 간단합니다. 모두 원으로 모여 앉아서 물건 하나를 '발언 막대talking stick'로 삼아 차례로 전달합니다. 이 막대를 쥔 사람만이 이야기할 기회를 얻습니다. 누구도 끼어들 수 없으며 순서를 바꿀 수도 없습니다. 다른 사람의 말에 반응하려면 막대가 자신에게 돌아올 때까지 기다려야 합니다. 자기 순서가 왔을 때 할 말이 없다면 막대만 옆으로 전달해도 괜찮습니다. 서로 논쟁할 수 없으며 원으로 모여 말한 내용은 이후에 언급하지 않습니다. 돌아가며 말하기의 중요한 측면 한 가지는 어린이나 청소년 개개인에게 집중할 수 있다는 점입니다. 일상에서는 주로 외향적인 소수가 대화를 주도하기 마련입니다. 이 실습에서는 기회를 균등하게 나눕니다. 수줍음이 많거나 말이 없는 사람은 말할 시간을 얻고, 적극적인 사람은 경청하는 시간을 얻습니다. 격양된 감정이 가라앉고 통찰력이 발휘되는 시간입니다.

돌아가며 말하기는 나선형 순환의 모든 단계에서 활용할 수 있으며, 어떤 문제나 주제에 집중하여도 좋은 활동입니다. 어린이와 청소년의 경우 좀 더 효과적으로 진행하려면 먼저 서로, 또 안내자와 어느 정도 친근감이 형성되어야 합니다. 특히 청소년은 보통 서로 마음을 쉽게 열지 않기 때문에, 첫 번째 돌아가며 말하기는 본격적인 활동에 앞서 자기소개와 함께 가치중립적인 질문으로 시작하면 좋을 것입니다. 어디에 사는지, 어느 학교에 다니는지 따위를 물을 수 있겠지요. 또는 고마움에 초점을 두어 진행하는 것도 유대감과 친밀감을 쌓는 데 도움이 될 것입니다.

고마움으로
시작하기

고마움 단계의 실습들은 자연과 관련된 활동이 다양하게 포함되어 어린이가 참여하기 쉽습니다. 다음은 피카드산 생태원(Pickards Mountain Eco-Institute)에서 일하는 메건 토벤Megan Toben의 이야기입니다.

어린이와 재연결 작업을 함께할 때에는 추가로 여러 감각적 인지 활동을 활용합니다. 그중 대부분이 조셉 코넬의 책《아이와 자연 공유하기(Sharing Nature with Children)》에서 끌어온 것입니다. 물론 토마스 베리의 말대로 어린이는 살아있는 모든 것에 자연스레 친밀감을 느낍니다. 저 또한 이 말에 공감하면서도 오늘날 어린 시절을 매체에 흠뻑 젖어 감각 과부하 상태로 보내면서 이들의 감각이 급격히 감퇴하는 것을 확인합니다. 그래서 조셉의 단순한

실습(눈 가리고 걷기, 의식의 원 넓히기, 주의 깊게 듣기 등)을 진행하여
즐겁게 어린이의 감각을 깨워줍니다. 사실 어른들에게도 효과가
좋습니다![10]

다음은 6장의 실습 가운데 어린이·청소년과 함께하기 좋은 활동
입니다. 단어 선택을 조금 달리하여 진행하세요.

- ◆ 호흡, 움직임, 소리, 침묵을 통해 현재에 집중하기
- ◆ 고마움에 관한 열린 문장(1, 4, 5번만 진행하는 등 문장 수를 줄인다.
  각 문장이 끝날 때마다 역할을 바꾼다.)
- ◆ 감사 나누기
- ◆ 거울 산책

> 피글렛은 '내 심장이 아무리 조그맣더라도 아주 커다란 고마움을 간직할 수 있구나' 하고 깨달
> 았어요.
> —앨런 알렉산더 밀른(A. A. Milne)

인간 카메라[11]

이 실습은 거울 산책의 변형으로, 아주 어린 아이도 함께할 수
있는 활동입니다. 단, 어린이는 어른이나 고학년 학생과 짝이 되어

야 합니다. 둘 중 한 사람이 사진사 역할, 다른 사람이 카메라 역할을 맡습니다. 카메라가 눈을 감으면 사진사는 카메라를 이끌어 아름답고 흥미로운 광경을 찾아 나섭니다. 그러다가 '촬영'하고 싶은 물체나 풍경이 보이면 그곳에 카메라의 셔터(눈)를 맞추고 사진을 찍기 위해 버튼을 누릅니다.

사진사가 카메라의 어깨를 한 번 토닥여서 '버튼을 누르면' 카메라의 셔터(눈)가 열립니다. 3~5초 뒤에 어깨를 두 번 토닥여서 셔터(눈)를 닫습니다. 색다른 각도나 클로즈업, 파노라마 기법 등을 활용해 기발한 사진을 찍어보세요. 사진을 찍는 동안에는 가능한 한 아무 말도 하지 않습니다. 사진사는 약 10분 동안 최소 세 장을 찍습니다.

그런 뒤에 서로 역할을 바꿉니다. 모두 마치고 나면 어린이가 카메라 역할을 맡으며 가장 마음에 들었던 사진 하나를 카드에 그리도록 하세요. 그리고 모두 모여 사진(그림)을 공유합니다. 고학년 어린이나 청소년은 여러 소집단으로 모여 각자 보고합니다. 이때 다음과 같은 질문을 던져보세요.

"무엇을 알게 되었나요?"
"카메라와 사진사 역할 가운데 어느 쪽이 더 좋았나요?"
"무엇이 가장 기억에 남을까요?"

세상에 대한 고통
존중하기

나선형 순환 중 이 단계는 어린이와 함께하기 상당히 어려운 부분입니다. 세계의 상황을 솔직히 알리면서도 아이들이 안심하고 안전(미국 심리학자 에이브러햄 매슬로의 '욕구 5단계' 중 기본)하다고 느껴야 하기 때문입니다. "다양한 집단의 위기와 관련된 정보 중 어떤 정보가 성장 과정에 적합할까?" 이 질문에 메건 토벤은 다음과 같이 답했습니다.

> 확실히 어린이에게 전할 때에는 산업성장사회에 대한 이야기를 많은 부분 걸러냅니다. 주로 이야기하는 것은 인간이 여태껏 정성을 다해 지구를 돌보지 않았는데 이제야 그것을 깨달았고, 더 나아지기 위해 우리 습관을 바꿔나간다는 내용입니다. 이는 매체에서 주로 다루는 영화 〈월-E〉, 〈아바타〉 등의 주제이므로 대개 어려움 없이 이해하며 자신도 변화에 동참하고 싶어 합니다.[12]

7장 세상에 대한 고통 존중하기 단계의 실습 대부분은, 조금 수정을 거치면 어린이와 청소년이 안심하고 감정과 걱정 등 속마음을 드러내는 데 도움이 될 것입니다. 해당 실습은 다음과 같습니다.

- ◆ 고통을 존중하는 열린 문장(아래의 변형 참고)

- ◆ 서로 마주하기(아래의 변형 참고)

- ◆ 시애틀 추장에게 보고하기

- ◆ 애도의 돌무덤

- ◆ 진실 만다라(아래의 이야기 참고)

- ◆ 눈물 그릇

- ◆ 색과 점토로 형상화하기

열린 문장

몰리는 고등학교에서 학생들을 가르치는 동안 다양한 열린 문장을 활용해 글쓰기 수업을 이끌었습니다. 학생들이 각 문장을 완성하면서 드는 생각이나 감정을 자유롭게 이어서 써나가도록 했습니다. 이후에 둘씩 짝을 이루어 자신이 쓴 글에 대해 이야기하는 시간을 가졌습니다.

열린 문장으로 마주하기[13]
(고등학생용)

청소년은 많은 경우 서로 가만히 바라보는 것을 힘들어하므로

서로 마주하기(Milling)와 같은 실습은 어색함을 덜 느끼도록 변화를
주어 진행할 수 있습니다. 직접 눈을 마주치지 않아도 된다는 점을
강조하세요. 원한다면 눈을 감은 상태에서 자기 앞에 사람이 있다
는 것만 의식하면 됩니다.

팸 우드는 청소년과 서로 마주하기를 진행할 때 열린 문장을 활
용합니다. 7장에서와 같이 시작하되 참가자의 일상에 맞게, 이를테
면 학교 점심시간에 운동장에서 과제나 기말고사를 걱정하는 상황
을 떠올립니다. 두 사람이 마주하면 자리에 앉아 차례로 열린 문장
하나를 완성합니다. 이후에는 7장의 내용처럼 안내자의 말에 따라
조용히 생각에 잠깁니다. 그런 뒤에 다시 이리저리 돌아다니며 새로
운 상대를 만나고, 또 다른 열린 문장을 통해 생각과 느낌을 공유합
니다.

열린 문장은 안내자가 6, 7장의 문장 가운데 고르거나 직접 만
들어도 좋습니다. 다음은 팸이 대화를 유도할 때 사용하는 문장입
니다.

◆ 최근에 생명체와 연결되어 있음을 강하게 느끼거나 살아있어 정말
다행이라고 생각한 적이 있다면 함께 이야기해보세요.

◆ 오늘날 세상의 일 가운데 걱정되는 것이 있다면 함께 이야기해보세
요. 어떤 사건이 될 수도 있고 보도나 기사, 꿈, 텔레비전에서 본 일
이 될 수도 있습니다. 그 문제 자체를 파고들지 않아도 됩니다. 단지

여러분의 느낌을 말해보세요.

◆ 세상을 살리고 돌보는 데에 내가 보탬이 되는 방법 한 가지는
　　　　　　　　　 이다.

참가자들이 서로 마주하기 과정 중 손에 집중하는 부분을 불편
해한다면 각자 자기 손에 집중하도록 바꾸어 진행해도 됩니다.

어린이와 함께하는 진실 만다라

다음은 어린이와 함께 진실 만다라를 진행한 두 사람의 이야기입
니다. 상징적인 물체가 아이들이 감정을 털어놓는 데 얼마나 도움이
되는지 잘 나타나있습니다. 먼저 독일의 사회 복지사 엘리자베트 쾰
시인더스트Elizabeth Koelsch-Inderst가 세 소년과 함께한 경험입니다.

제가 담당한 가족의 남자아이 셋과 함께 숲에서 진실 만다라를
진행했습니다. 아이들과 함께 나뭇가지, 돌, 나뭇잎, 열매를 넉넉
히 모은 뒤에 실습 방법을 설명했습니다.
"우리가 어떤 일 때문에 슬퍼지는지 말하는 거예요. 마음속에 화
가 있다면 화를 내도 괜찮고, 겁나는 것이 있다면 얘기해도 좋아
요. 이 밖에도 마음에 담아둔 것이 있다면 무엇이든 털어놓는 시

간이에요."

또한 한 사람이 이야기를 끝낼 때마다 함께 "우리가 도와줄게요"라고 말하는 데 모두 동의했습니다. 처음에는 주저하고 킥킥 웃더니 한 명씩 만다라에 들어서더군요.

C는 친구가 없어서 슬퍼했습니다. 또 나뭇가지를 집어 들고는 이렇게 외쳤습니다.

"엄마가 저를 때려요. 엄마한테 너무 화가 나요."

D는 창피한 일을 이야기했습니다.

"아직도 이불에 오줌을 싸요."

막내인 P는 이런 말을 했습니다.

"아빠가 고양이를 돌보게 해준다고 약속했어요. 그런데 저는 고양이를 받은 적이 없어요. 너무 속상해요."

D가 다시 중앙으로 들어가더니 밤에 모든 게 깜깜해져서 정말 무섭고 잠이 오지 않는다고 했고, C도 다시 들어가서 자기가 나쁜 아이이며 바보 같다고 말했습니다.

그러고는 함께 진실 만다라를 마무리했습니다. 아이들이 나뭇가지, 나뭇잎, 돌을 모두 치우고 나서 각자의 문제를 해결하려면 서로 어떻게 도와줄 수 있을지 함께 생각해보았습니다. 용기와 기쁨, 소망에 대한 이야기를 나누게 되었지요. 당장 문제를 완전히 해결한 것은 아니었지만 함께 웃으며 유쾌한 기분으로 숲을 빠져나왔습니다.

그 시간 이후로 아이들은 저에게 좀 더 솔직해져서 마음에 걸리는 일이 있으면 털어놓습니다. 그날의 일을 떠올리면 마치 우리 넷이 숲속에서 신비로운 경험을 한 것 같은 기분이 듭니다.[14]

독일의 무용수이자 생태치료사인 에바 실허는 방과 후 프로그램에서 9~10세 어린이 열두 명, 아이들의 선생님과 함께 진실 만다라를 진행했습니다.

방과 후 프로그램 강사들은 1년에 네 번, 아무런 설명 없이, 작별 인사를 나눌 틈도 없이 교체되었습니다. 새로운 강사 두 명이 나타나자 아이들은 반항하고 거부하며 무례하고 공격적인 반응을 보였습니다. 누구도 이 상황을 어쩔 줄 모르는 상태였지요.
이렇게 구성된 지 얼마 되지 않은 팀에 진실 만다라를 권했습니다. 아이들은 자신의 감정을 이해하고 표현하고, 어른들은 자신의 고충을 인정할 수 있는 기회였지요. 이 의식을 설명하자 아이들 눈이 초롱초롱해져서 열심히 듣더군요. 의식 중에는 격한 감정들이 꽤 드러났습니다. 먼 곳에서 이사를 오는 바람에 친구와 소중한 사람들과 멀어진 데다가 학교와 선생님에게는 화가 난다, 이 새로운 팀은 조금 불안하다는 등 각자 괴로움을 털어놓았습니다. 화를 내던 사람들이 때로 슬픔에 잠기기도 했습니다. 그야말로 물이 부글부글 끓듯 걷잡을 수 없는 분위기였습니다. 어떤 사람은 계속해서 자신의 이야기를 들어주길 바랐습니다. 여기저기서 웃음이 터져 나오기도 하고 어중간한 순간도 있었습니다. 진실 만다라는 어떻게 끝이 날지 아무도 모른다는 사실을 떠올릴 수밖에 없었습니다. 안타깝게도 시간이 제한되어있었기 때문에 의식을 마무리하고, 나중에 아이들에게 자신의 기분을 말하고 쓸 기회를 주기로 했습니다. 이후에 아이들은 앞으로 어떻게 하면 좋겠다는 내용을 포스터로 만들었습니다. 다음날이 되자 대다수가 훨씬 침착해진 모습을 보였습니다. 어린이와 강사 모두 서로를 새로운 기분으로 대하고 더욱 편하게 소통했으며, 이후로 몇 달이 지난 지금도 서로 존중합니다. 그렇게 이들은 지난 반 년 동안 계속해서 함께 성장했습니다.[15]

사회와 환경 문제에 집중하는 진실 만다라는 중고등학생에게 가장 적합합니다. 팸 우드는 이 나이대의 그룹과 함께할 경우, 각 물체를 원을 따라 전달하여 차례로 자신의 슬픔, 분노, 두려움, 망연자실한 기분을 이야기하거나 또는 그대로 그 감정을 조용히 느낀 뒤에 다음 사람에게 물건을 넘기도록 합니다.

감정 표현 : 날 따라 붐치카 붐

(소요시간 : 10분)

이 실습은 놀이처럼 즐기면서, 오늘날 세상의 각종 문제를 접할 때 생겨나는 감정을 몸으로 표현하는 활동입니다. 우리가 문제를 바라볼 때 다양한 감정을 느끼며, 때로는 감정을 외면한다는 사실까지 인정합니다. 실제로 우리는 이 감정이 지닌 에너지를 세상을 위해 쓸 수 있습니다.

┃ **방법** ┃ 모두 일어선 상태에서 안내자가 '붐치카 붐'을 선창합니다. 이는 영어권 문화에서 잘 알려진 캠프송으로, 리듬에 맞춰 한 소절씩 따라 부르는 노래입니다(https://youtu.be/69f9sCwhwYk에서 영상 참고).

(날 따라) 붐치카 붐

(날 따라) 붐치카 붐

(날 따라) 붐치카 라카 치카 라카 치카 붐

아 하

오 예

한 번 더 _____ 스타일

처음 몇 번은 우스꽝스럽게 딸꾹질이나 잠수 스타일로 시작하는 것이 좋습니다. 분위기가 무르익으면 다음과 같은 스타일로 접어듭니다. 슬프고, 화나고, 절망적이며, 죄책감이 들고, 기분이 들뜨고, 자신만만한 감정 등은 물론 그룹 내에서 언급된 것이 있다면 무엇이든 활용합니다. 안내자는 "붐치카 붐"이라는 구절을 선창하며 목소리나 표정, 몸짓은 감정에 따라 과장합니다. 뒤이어 그룹 전체가 똑같이 반복합니다. 감정에 집중하세요. 안내자가 선창할 때에는 실제로 분노나 슬픔 등을 온전히 느껴야 합니다.

과정을 모두 마치면 모두 깊이 호흡하며 몸의 긴장을 풀도록 하세요.

이 실습 다음에는 7장(세상에 대한 고통 존중하기)의 실습 중에서도 엄숙한 분위기의 활동이 좋습니다. 특히 눈물 그릇과 잘 어우러집니다.

새로운 눈으로 보기

8~9장의 다양한 실습 가운데 청소년을 대상으로 진행하거나 눈높이에 맞게 변화를 줄 수 있는 것이 몇 가지 있습니다.

- 시스템 게임
- 공유재의 수수께끼 게임(땅콩 게임)
- 변화를 일으키는 힘의 발견
- 넓어지는 원 : 네 가지 목소리
- 온생명회의
- 시간에 대한 열린 문장
- 동물에게서 받은 진화의 선물 : 생태적으로 마주하기
- 미래에 전하는 목소리 녹음하기
- 미래에서 온 편지
- 7대 후손과의 대화
- 스토리텔러 모임

이에 덧붙여 재연결 작업 동료들이 새로 만든 실습과 위 실습의 변형 몇 가지를 보내왔습니다.

생명의 그물

(소요시간 : 10분)

원으로 모여 침묵을 지키는 가운데 실뭉치 여러 개를 서로에게 던집니다. 이때 모두 실을 손목에 가볍게 감은 뒤 앞사람에게 던지는 것입니다. 정해진 순서나 규칙은 없습니다. 그물이 완성되면 안내

자는 다음과 같이 이야기합니다.

존재하는 모든 것은 서로 이어진 그물 그 자체입니다. 우리는 그물의 일부이지요. 우리 모두가 이 가닥을 쥘 때 그 힘이 얼마나 강력한지 느껴보세요. 또 한 곳에서 벌어진 일이 그물 전체에 어떻게 영향을 미치는지 확인해보세요. 한 가닥이 해를 입거나 약해지면 그물에 어떤 일이 일어나는지 보세요.

어떤 사람은 단지 자신과 비슷한 사람이나 가까운 곳에만 주의를 기울입니다. 하지만 우리 모두는 이렇게 하나의 그물을 이루기 때문에 우리와 가깝든 멀든 지구 곳곳에 주의를 기울여야 합니다. 이 그물이 튼튼해지기 위해서는 각양각색의 사람, 그리고 생명체 모두가 필요합니다. 앞으로 우리의 운명은 지구에 있는 모든 사람, 모든 생물체의 운명과 서로 이어져있습니다.

가이아로서의 삶[16]

(소요시간 : 15~20분)

셰리 프루돔은 어린이와 함께하는 여름 캠프에서 이 명상을 활용합니다. 이를 진행하려면 심장이 뛰듯 북을 계속 두드리는 사람이 필요합니다.

저를 따라 우리 모두의 이야기, 우리 안에서 아직도 울리는 리듬속 이야기로 돌아갑시다. 이 이야기는 우리 한 사람 한 사람의 것이면서 동시에 모두의 것입니다. 지금 들리는 북소리, 그리고 살아있는 우주의 심장 박동 소리도 마찬가지입니다.

북이 울리는 소리를 들어보세요. 심장이 뛰는 듯한 이 리듬은 우리의 모든 나날과 우리가 하는 모든 일의 밑바탕입니다. 우리가 잠을 자고 놀고 무언가 노력하고 사랑하는 내내 심장은 꾸준히 뜁니다. 이 소리는 내면에서 한결같이 울리며 언제나 우리와 함께였습니다. 그러므로 이 소리를 따라 시간을 거슬러 올라갈 수 있겠지요. 우리가 태어나던 순간까지 삶을 거슬러 갑니다. 어머니의 자궁 안에서, 어머니의 심장 바로 아래서 양수에 떠있을 때에도 이와 똑같은 소리, 똑같은 리듬을 들었습니다.

이 리듬이 이끄는 곳으로, 이보다 더 먼 곳으로 돌아갑시다. 우리가 이 몸에서 시작되기 훨씬 전으로, 에너지와 빛이 처음 터져 나오던 순간으로 돌아갑시다. 그곳에도 우리가 있었습니다. 기체의 거대한 소용돌이와 춤추는 입자들로, 시간과 공간을 넘어 빛의 속도로 이동했지요. 그로부터 100억 년 뒤에 타오르는 태양, 지금 우리 피부로 느껴지는 이 태양에서 아름다운 소용돌이 하나가 떨어져 나와 현재의 지구 행성이 되었습니다.

처음에는 모두 화산의 불꽃, 증기가 자욱한 비, 또는 천천히 움직이며 서로 밀어내는 지구의 뼈대, 즉 지질구조판이었습니다. 심장이 뛰는 듯한 이 북소리를 따라 여러분이 그 시대의 화산에서 뿜어져 나온 불이며, 지질구조판들의 힘이라고 상상해보세요. 이후에 우리는 물속의 단세포생물이 되었고, 그다음에는 물고기가 되었습니다. 아가미와 지느러미로 물속을 헤엄치며 살았지요. 그때 원시바다의 소금은 여전히 우리의 땀과 눈물에 녹아있습니다.

공룡시대 역시 우리에게 남아있습니다. 우리는 언제 처음 포유류로 모습을 드러냈을까요? 지금까지 지구 행성의 삶을 통틀어 24시간으로 본다면, 포유류는 밤 11시 30분에 나타났습니다. 자정 30분 전이지요. 그렇다면 우리는 언제 인간이 되었을까요? 고작 자정 1초 전에 생겨났습니다. 이 지구 행성에서 인간이란 무척이나 새로운 종입니다.

오랫동안 우리 인간은 아프리카 대륙에서 작은 무리를 지어 살았습니다. 이를 기억한다고 상상해보세요. 우리는 다른 동물들처럼 빠르지도 않고, 날카로운 발톱과 송곳니도 없지만, 범상치 않은 손이 있지요. 우리는 엄지손가락을 나머지 네 손가락과 따로 움직일 수 있습니다. 그래서 도구를 만들 수 있지요. 또한 성대와 전두엽이 있기에 우리는 말할 수 있습니다. 끙끙대거나 울부짖는 소리는 언어가 됩니다. 우리가 숲의 가장자리에서 바구니를 짜고 불 주위에서 이야기를 나누는 나날은 인간의 경험 가운데 가장 긴 시기를 이룹니다.

그런 뒤에 우리는 작은 부족 단위로 뻗어나가기 시작합니다. 지구 행성 곳곳을 누빕니다. 그렇게 우리는 추위에서 살아남는 법을 알게 되고, 매머드 사냥법을 알게 되고, 식물과 나무의 힘을 깨닫습니다. 인간은 지구 행성의 시간으로 기껏해야 자정 조금 전이 되어서 먹을 농작물과 동물을 기르기 시작합니다. 그리고 거대한 도시를 건설합니다. 주요 종교들이 만들어집니다. 붓다라는 사람이 태어나고, 머지않아 예수라는 사람이 태어나고, 잠시후에 마호메트라는 사람이 태어납니다.

우리가 지금 세상이라 여기는 모습, 기계며 컴퓨터가 있는 광경은 너무도 새로운 것입니다. 인간이 지구에 나타난 이후의 시간 전체를 24시간으로 보면, 지금 우리가 아는 세상은 불과 1초도 되지 않습니다.

심장이 뛰는 듯한 북소리를 따라 여러분의 증조부모님의 삶으로 돌아갑시다. 그리고 조부모님과 부모님의 삶을 떠올려보세요. 여러분이 곧 태어날 준비가 되어있던 순간까지 왔습니다. 이분들에게서 힘과 사랑을 얻으세요. 부모님은 여러분에게 귀한 선물을 주셨습니다. 살아갈 삶을 주셨지요. 여러분이 어렸을 때, 새로운 부모님이 나타나셨을 수도 있고 친부모님 손에 자랐을 수도 있습니다.

이제 몇 년 동안 이어진 여러분 자신의 삶으로 가보세요. 여러분이 경험한 바, 기뻐하거나 슬퍼했던 일, 세상에 오직 하나뿐이며 고귀한 나 자신, 이 모든 선물을 받아들입니다.

이제 지금 이 순간으로 와서 멈춥니다(북소리 중지). 여러분은 시간의 끝에 와있습니다. 앞에 놓인 길은 확실하지 않고 여러분의 어떤 것, 어떤 점이 필요할지 상상할 수도 없습니다. 그래도 태어난 것 자체가 축복임을 잘 알며 늘 잊지 않을 것입니다.

이곳을 나가면서 북소리에 귀 기울이세요(북소리 다시 시작). 이 소리를 가슴으로 듣게 될 것입니다. 이 소리는 우주의 심장 박동 소리, 지구 행성의 심장 박동 소리이자 확장된 우리 자신의 맥이 뛰는 소리임을 명심하세요.

로봇 게임

(소요시간 : 20~30분)

우리가 대전환에 접어들면서 극복해야 할 '기계론적 세계관'을 약간 익살스럽게 풀어낸 실습입니다. 더 이상 진지한 작업을 이어가기 어려운 시점에, 하루의 일정을 마무리하는 활동으로 적합합니다.

| **방법** | 그룹을 소집단 셋으로 나누고 그중 두 집단이 로봇 역할을 맡습니다. 로봇은 조종 장치가 없는 기계처럼 직선으로만 걸을 수 있습니다. 벽이나 사람, 어떤 단단한 물체 등 장애물을 만나도 방향을 바꿀 수 없습니다. 그럼에도 모터와 같이 스스로 전원을 끌 수 없으므로 그저 제자리에서 팔과 다리를 계속 움직입니다. 마치

양성 피드백 고리처럼 '켜짐' 상태에 갇혀서 작동을 멈출 수 없습니다. 이대로 과열되어 망가질 위험이 커집니다.

제3자인 관리자가 이러한 기계 장치들을 책임지고 통제합니다. 통제 가능한 방법은 단 한 가지, 이것이 움직이는 방향을 바꾸는 것입니다. 로봇의 코를 톡 치면 방향을 전환합니다. 코 왼쪽을 치면 로봇이 오른쪽을 향하고, 코 오른쪽을 치면 왼쪽을 향합니다.

게임은 로봇 둘이 등을 맞댄 상태에서 시작합니다. 안내자가 신호를 주면, 관리자가 두 기계 장치의 코끝을 동시에 톡 쳐서 작동합니다. 그러면 두 로봇이 각자 반대 방향으로 가겠지요. 이때 관리자는 신경을 곤두세우고 재빠르게 움직여야 합니다. 장애물 때문에 로봇이 한 자리에 머물거나 과열되어 고장 나지 않도록 주의해야 합니다. 안내자가 호루라기를 불거나 로봇 다수가 과열되면 게임은 끝이 납니다. 이때쯤이면 모두 기계의 한계점을 어느 정도 알게 될 것입니다. 아니면 너무 웃느라 지쳐서 관심을 두지 않을지도 모르지요.

수업시간을 이용한 온생명회의

사회 교사 애나 메이 그림과 재연결 작업의 안내자 캐슬린 루드는 미국 위스콘신주의 메퀀 고등학교에서 1학년 세계사 교육 과정의 일부분으로 한 분기에 걸친 프로젝트를 개발했습니다. 우선 각

학생이 대변할 종에 대한 조사 보고서를 작성하고, 가면을 제작하고, 대전환으로 향하는 방향을 설정하고, 끝으로 수업시간에 온생명회의를 진행합니다.

앞으로
나아가기

이전 단계와 마찬가지로 10장에서 다룬 실습 중 다음 몇 가지를 어린이와 청소년의 눈높이에 맞춰 변화를 줄 수 있습니다.

- ◆ 인생 지도 그리기(중고등학생용)
- ◆ 힘 형상화하기
- ◆ 바위에 박힌 검
- ◆ 소명과 자원(중고등학생용)
- ◆ 축복하는 원

여기에 몇 가지 실습을 추가로 제안합니다. 이 가운데 일부는 어른을 대상으로 진행해도 좋습니다. 안내자는 실습을 시작하기 전에 청소년이 참여할 수 있는 지역 단체와 행사 목록을 게시하고 소개할 수 있습니다.

앞으로 나아가기 위한 열린 문장

(소요시간 : 20~30분)

아래와 같은 열린 문장은 이 단계의 첫 번째 실습으로, 또는 단기 워크숍의 주요 활동으로 활용할 수 있습니다. 각자 문장을 써서 완성한 후에 둘씩 혹은 그룹 전체가 모여 함께 이야기해보세요.

- ◆ 오늘 생명의 그물망에 대해 배운 것은 _____ 이다.
- ◆ 내가 지구상 생명을 돕기 위해 매일 할 수 있는 일은 _____ 이다.
- ◆ 내가 대전환에 동참하기 위해 다른 사람과 함께 할 수 있는 일은 _____ 이다.

불가사리 이야기와 의식[17]

불가사리 모양의 판지나 하드보드지를 나눠주세요. 그런 다음 아래와 같이 '불가사리 이야기'*를 들려줍니다(이대로 읽을 필요는 없습니다). 그리고 이 내용이 자신에게 어떤 의미인지 서로 이야기하는 시간을

＊ 로렌 아이슬리Loren Eiseley의 '별을 던지는 사람(The Star Thrower)[18]' 중 일부를 수정한 것.

갖습니다.

옛날 어느 박사는 글을 쓰기 위해 이따금 바다를 찾아갔어요.
글쓰기 전에 바닷가를 걷는 버릇이 있었지요.

어느 날 박사가 어김없이 바닷가를 걷는데 저 멀리에서 이상하게
움직이는 사람이 눈에 들어왔어요. 그 사람이 몸을 아래로 굽히
더니 다시 일어서서 이번에는 몸을 활처럼 뒤로 휘는 게 아니겠
어요?

'춤추는 사람인가?'

박사는 그 사람을 가까이서 보기 위해 걸음을 재촉했어요. 다가
가서 보니 어린 소년이었고, 춤을 추는 것이 아니었어요. 소년이
계속해서 모래에 손을 뻗어 작은 무언가를 집어 들고는, 그것을
바다로 던졌어요.

박사가 더 가까이 다가가 말을 건넸지요.

"안녕! 얘야, 네가 지금 뭘 하는 건지 물어봐도 될까?"

소년은 멈칫 서서 박사를 올려다보더니 대답했어요.

"불가사리를 바다에 던지고 있어요."

박사는 깜짝 놀라 물었어요.

"왜 불가사리를 바다에 던지는 거지?"

"해도 떴고 이제 썰물이 질 거예요. 제가 던져주지 않으면 불가사
리는 죽게 될 테니까요."

박사는 이 말을 듣고 꼭 집어 말했어요.

"얘야, 그래도 모래는 끝없이 펼쳐져 있고 불가사리도 끝없이 있을 텐데, 그 사실을 모르는 거니? 해봤자 달라질 것 하나 없는 일이란다!"

이번에도 소년은 몸을 굽혀 불가사리를 또 하나 집어 들고는 바다로 던졌어요. 불가사리가 물에 닿자 소년이 입을 열었지요.

"저것 하나는 달라졌잖아요."

이야기를 들려준 뒤에 바다와 모래 구역을 각각 지정해주세요. 어린이가 저마다 대전환을 위해 이미 실천하는 일 또는 앞으로 할 일 한 가지를 자신의 불가사리에 쓰거나 그림을 그리도록 하세요. 모두 준비가 되면 한 사람씩 자신이 쓴 내용을 짤막하게 이야기하고 불가사리를 바다에 던집니다. 던질 때마다 모두 함께 이렇게 외치세요. "우리는 저것 하나를 바꿨어요!"

은하계 위원회

(중고등학생용, 소요시간 : 1~2시간)

청소년은 이 같은 참여형 활동을 통하여 인간이 오늘날 지구의 생명과 안녕을 위협하는 행동을 새로운 관점으로 바라볼 수 있습니다. 이들은 우리가 지구에서 맞닥뜨린 과제를 은하계 위원회에 보고하고, 다른 사람의 보고를 받는 과정에서 세상일에 대해 한층 폭넓은 견해를 얻습니다. 어떤 문제에 극적 요소를 더함으로써 문제의 실상을 파악하고, 또한 변화의 가능성을 깨닫는 것입니다.

| **방법** | 안내자는 은하계 위원회가 곧 방문할 예정임을 발표합니다. 위원회는 지구상 생명에 심각한 문제들이 닥쳤다는 소식을 들었고, 이에 관해 청소년들의 보고를 받고자 합니다. 또한 그 보고 내용을 짧은 극으로 만들어 보여줄 것을 요청했습니다. 공무원들은 대개 통계 자료와 추상적 단어로 사건을 무마하는 경향이 있기 때문이지요.

먼저 참가자가 모두 모여서 기후변화, 전쟁, 멸종, 인구과잉, 불평등, 편견 등 일반적으로 고민할 필요가 있는 주제에 관해 자유롭게 의견을 냅니다(브레인스토밍). 그런 뒤에 안내자는 이들이 선택한 문제를 모두 모아 참가자 수에 맞게 우선순위를 정하도록 돕습니다. 이제 네 명 이상으로 한 조를 구성하고, 모든 조는 서로 다른 주제를 고릅니다.

각 조는 15~60분간 맡은 주제에 관해 공연을 준비합니다. 준비를 마치고 전체 인원이 모이면 한 조씩 차례로 10분 이내의 단막극을 발표합니다. 발표하는 조 외의 사람들은 모두 은하계 위원회 역할을 맡습니다. 실제로 우리는 이 은하계의 구성원이므로 누구나 은하계 위원회에 속할 수 있습니다.

발표가 다 끝나면 모여서 저마다 무엇을 느끼고 통찰했는지 함께 이야기를 나눠도 좋습니다.

행동 계획하기

(중고등학생 이상, 소요시간 : 1~2시간)

공동작업의 위력을 잘 보여주는 활동으로, 한 집단이 일반적인 목표에서 즉각적이고 구체적인 행동 단계로 나아갈 때의 효과를 확인할 수 있습니다. 총 세 단계로 나누어 진행합니다.

| 방법 |

◉ **1단계 : 목표 떠올리기** (30분) ◉

참가자 그룹의 관심 범주(학교, 건강, 음식, 운송, 서식지 복원 등)를 재생지에 목록으로 작성하세요. 참가자 그룹은 이 목록 가운데 대전환을 위해 힘쓰고자 하는 주제 하나를 정합니다. 이 단계에서 전문지식은 군이 필요하지 않다는 사실을 되짚어주세요. 가장 새롭고 기발한 아이디어를 내는 사람은 대개 전문가가 아닙니다.

우선 각자 잠시 동안 조용히 상상해본 후 사회의 이 방면이 제대로 기능할 법한 최적의 방법을 메모합니다(5분). 이제 모두 모여 차 례로 아이디어를 발표하고, 그중 가장 흥미로운 것 네다섯 가지를 함께 선택합니다(15분).

◉ 2단계 : 점진적 브레인스토밍 (15분) ◉

그룹 전체가 모여 선택된 아이디어들을 함께 숙고한 후에 중점을 두고자 하는 것 한 가지를 정하는 시간입니다. 목표를 큰 재생지 윗 부분에 적고, 이것을 달성하려면 무엇이 필요할지 자유롭게 이야기 (브레인스토밍)하기 시작합니다. 이때 브레인스토밍의 규칙을 다시 한 번 강조하세요.

1. 자신의 생각을 검열하거나 일일이 설명하지 않고, 또한 옹호하 지 않는다.
2. 다른 사람의 생각을 평가하거나 비판하지 않는다.
3. 브레인스토밍이 끝날 때까지 토의하지 않는다.

참가자 그룹은 4~5분 후에 여러 아이디어 중 하나를 선택하고, 조금 더 구체화된 목표를 위해서는 어떠한 조건들이 필요할지에 관 해 1차 브레인스토밍을 진행합니다. 이 과정을 4~5분씩, 바로 다음 날 실천할 만큼 구체적인 목표가 나올 때까지 여러 차례 반복합니 다. 이를 통해 목표가 멀게만 느껴지던 상태에서 벗어나 즉각적인 대책을 찾아 나서게 됩니다.

예를 들어 맑은 공기를 목표로 설정했다고 가정합시다. 어떤 조건을 갖춰야 우리가 대기오염에서 헤어날 수 있을까요? 이에 대한 목록을 1차 브레인스토밍에서 작성하는 것입니다. 그러면 그룹은 목록 중 하나를 고릅니다. '자동차 사용 줄이기'를 골랐다면 이를 또 다른 재생지 윗부분에 적습니다. 곧바로 2차 브레인스토밍을 시작해 자동차 사용을 줄이려면 무엇이 필요할지 이야기합니다. 이때에도 자동차 함께 타기 의무화, 차 없는 거리, 공공 자전거, 새로운 형태의 대중교통 등 다양한 아이디어가 나올 것입니다. 다시 한 번 이 가운데 하나를 선택하여 추가로 그것을 어떻게 시행할 것인가 브레인스토밍을 거칩니다. 바로 실천 가능한 행동들(예컨대 자전거 협동배달체계에 대한 지지를 얻기 위해 집집마다 방문하기 등)이 구체적으로 나올 때까지 이와 같은 과정을 되풀이합니다. 그런 뒤에 이 활동의 세 번째 단계로 접어듭니다.

◉ **3단계 : 역할극** ◉

아직은 가정에 불과하나 이제 곧바로 실천에 옮길 행동을 정했습니다. 그렇다면 이에 필요한 자원과 협력은 어떻게 얻을까요? 사람들에게 어떻게 협조를 요청할까요? 특히 어떤 사람 혹은 어떤 상황을 마주할 때 어려움을 겪을까요? 뜻밖의 경우를 역할극으로 꾸며봄으로써 훌륭한 아이디어가 한낱 상상에 그치지 않도록 장애물을 뛰어넘습니다.

위의 예시에서는 자전거를 이용한 협동배달체계를 만들기로 결정했고, 이를 위해 조별로 지역사회 주민 모두에게 지지와 참여를 요청할 것입니다. 역할극은 조원이 노인이나 자전거 상점 주인, 도로교통공단의 공무원과 대화하는 상황을 설정할 수 있습니다. 이때 잠시 대화를 하다가 도중에 역할을 바꿉니다. 조원을 맡았던 사람이 이번에는 노인이나 상인, 공무원이 되고, 상대는 조원이 되는 것입니다.

이 활동은 재미있는 만큼 유익합니다. 이를 통해 우리가 실은 얼마나 능숙하게 대응할 수 있는지 깨닫고, 설득력을 얻으려면 무엇을 알아야 하며 말해야 하는지 인식합니다. 더욱이 대화 도중에 역할을 바꿈으로써 우리가 지지를 얻고자 하는 대상의 생각과 기분을 깊이 이해합니다. 그리하여 '우리 대對 그들'이라는 양극화된 사고에서 벗어나고, 나 아닌 다른 사람에게 동질감을 느낄 수 있으며, 자신감과 목표 달성도가 높아집니다.

어쩌면 문제는 '아이들에게 무엇을 알려주어야 하는가?'가 아니라 '아이들은 우리에게 무엇을 알려줄 수 있으며, 서로 어떤 이야기를 나눌 수 있는가?'일 것입니다. 어린이·청소년과 함께 작업하면서 우리가 이들을 가르칠 수 있는 만큼 이들이 우리에게 가르침을 준다는 사실, 아이들 스스로 배울 수 있다는 사실에 마음을 엽시다. 교육(education)의 어원인 라틴어 에두카레(educare)는 '그 사람의 타고난 잠재력을 이끌어 내는 것'입니다. 재연결 작업은 바로 이러한 이해에 바탕을 두며, 나이가 많든 적든 모든 이가 타고난 지혜를 발현하도록 돕습니다.

Chapter 12

Learning with Communities of Color

•

유색인 공동체와

함께 배우기

제 숨을 당신의 숨에 보탭니다
우리가 이 대지에 머물 날이 오래일지 모른다는 숨
우리 부족의 날이 오래일지 모른다는 숨
우리가 한 사람으로서 존재하리라는 숨
우리 이 길을 함께 마치리라는 숨

러구나 푸에블로(Laguna Pueblo)족의 기도문

제1부

재연결 작업의 새로운 가능성을 찾아

조애나 메이시

아프리카, 라틴아메리카, 아시아 등 신흥공업국가에서 여러 차례 워크숍을 하고 나니 이 지역 사람들이 북아메리카와 유럽보다 쉽게 재연결 작업에 반응하고, 이를 자기 것으로 소화하며, 대체로 그 속도가 더욱 빠르다는 것을 확인했습니다. 그래서 이 작업이 '백인만을 위한 것'으로 비칠 수 있다는 생각은 거의 하지 않았습니다. 하지만 내가 사는 미국에서 유색인의 생각은 다를 수 있음을 알게 되었습니다. 여러 해 동안 북아메리카 지역에서 재연결 작업 워크숍을 여는 내내 참가자가 거의 모두 백인이었기 때문입니다. 특히 장기간 숙박하는 집중 과정 워크숍의 참가비가 누군가에게는 부담이 될 수도 있기에 이를 지원하고자 기금을 마련했습니다. 그럼에도 대부분 백인이 아닌 참가자가 너무 적어서 구색 맞추기처럼 느껴졌고, 게다가 이들은 대전환을 위해 함께 변화를 지속하고자 다시 찾아오는

> 인간 종은 백인 유럽인과 유럽계 미국인의 주도 아래 500년 내내 지구를 정복하고 강탈하고 이용하고 오염하며 광란을 벌였다. 그뿐 아니라 이들을 막아섰던 토착 공동체마저 학살했다. 그러나 이제 게임은 끝이 났다. 과학과 기술의 힘은 견줄 데 없는 사치를 낳고, 소수 글로벌 엘리트 계층에 막강한 군사력과 경제력을 안겨주었으나 이제는 우리를 불행으로 이끈다.
>
> —크리스 헤지스(Chris Hedges)

일도 드물었습니다. 이 작업에 이들의 재능을 담지 못한다는 사실이 안타까웠습니다. 이들의 관점과 이야기, 꾸밈없는 솔직함이 없다면 이 작업은 '재연결'의 가능성을 실현하지 못할 것이기 때문입니다.

그렇게 고민에 빠진 상태에서 2011년, 새로운 답을 찾았습니다. 어시스턴트인 앤 시먼즈뷰커와 나는 이미 남성과 청소년을 대상으로 진행하는 방식을 이 경우에도 적용할 수 있음을 깨달았습니다.

재연결 작업의 참가자는 오래도록, 또한 자연스럽게도 대부분 중산층 백인 중년 여성이었습니다. 이 작업에 뚜렷한 역사를 남긴 남성 몇 명은, 미국 아이다호주 보이시 지역의 댄 월터스를 주축으로 남성을 보다 많이 재연결 작업으로 이끌기 위해 남성만을 위한 워크숍을 구성하기로 결심했습니다. 이들은 실행 계획을 세울 때 앤에게 도움을 청하고, 나에게는 지도를 부탁했습니다. 2007년부터 연이어 세 차례 워크숍을 열었고, 이로 인해 현재까지도 활동하는 남성 그룹들이 생겨났습니다. 어쩌면 이런 과정이 여타 워크숍의 성비性比가 그나마 균형을 이루는 데 보탬이 되었을지도 모릅니다.

조슈아 고먼은 '깨어나는 세대'를 창립한 뒤에 자신이 조직하던 청년 운동에 재연결 작업을 도입하고자 했습니다. 관련 행사가 처음 시작된 것은 2010년으로, 당시 후원했던 수련원의 요청 때문에 세대의 구분이 없었으나 이후 진행된 4일, 5일 동안의 워크숍들은 청년만을 대상으로 했고, 그 기간은 이들의 활기로 가득했습니다.

그동안 앤과 앤의 남편 테리 시먼즈뷰커는 오랜 바람을 실현하는 중이었습니다. 그것이 바로 찬송 농장(Canticle Farm)입니다. 이 농장은 2014년을 기준으로 5년째에 접어들었으며, 미국 이스트오클랜드의 소외 지역에 형성한 계획공동체(intentional community, 여러 사람이 대안적 생활 양식과 협동적 삶을 목적으로 만든 주거공동체—편집자 주)로서 성 프란체스코의 삶과 재연결 작업의 영향을 받아 시작되었다고 합니다. 이들은 찬송 농장이 "한 번에 한 마음, 한 가정, 한 블록씩 대전환으로 향하는 발판"이라고 설명합니다. 이곳에서는 재연결 작업의 이론과 실습을 활용하며 추가로 농사활동을 통해 퍼머컬처의 비결과 푸짐한 점심 한 끼를 나누고, 공들여 얻은 유기농 과일과 채소를 매주 이웃에게 선물하고, 지역 청소년을 위한 프로그램을 진행하며, 일요일에는 공개 예배를 올리고, 금요일 저녁 모임에서는 침묵 받아들이기와 독서, 비건 식사(동물성 식품을 완전히 배제한 채식—역자 주)를 함께합니다. 이 모든 활동과 더불어 가끔 일일 또는 주말 재연결 작업을 진행합니다.

앤은 한동안 워크숍에 참가했던 유색인들을 찾아, 이들을 찬송 농장의 넓어지는 원으로 이끌었습니다. 우리는 다음 단계로서 워크숍을 여러 차례 열기로 결심했습니다. '오로지' 유색인 청년 활동가를 대상으로 진행하여, 이들이 수련을 거친 후에 자신이 속한 공동체에서 재연결 작업의 안내자가 될 수 있는 기회였습니다.

이 아이디어는 2012년 말에 현실이 되었습니다. 이때 실험적인 첫 번째 연수생 그룹이 과정을 밟기 시작했고, 이들은 이후에도 격주로 약 석 달간 모여 과정을 이어갔습니다. 두 번째 그룹은 1년이 지나 2014년 2월에 시작되었고, 세 번째 그룹은 2014년 가을부터 진행할 예정입니다. 다시 말해 이 글을 쓰는 시점에는 한 그룹이 연수를 마친 것이지요. 우리가 함께 무엇을 했고 무엇을 배웠는지, 경험담을 나누고자 합니다.

시작하며

첫 시도에 유색인 활동가 열여섯 명이 참가했습니다. 대부분 이십대였고 이들 중 넷은 찬송 농장에 거주 중이었습니다. 첫 번째 그룹은 라틴계 미국인 일곱 명, 아프리카계 미국인 여섯 명, 아시아계 미국인 세 명(남인도, 파키스탄, 필리핀계)으로 구성되었습니다. 이렇게 문화와 빛깔이 다양한 가운데 '이들의 색'이 의미하는 바는 단 한 가지로 분명했습니다. 유럽인이나 유럽계 미국인이 아니라는 사실이지요. 이로써 참가자 사이의 공통성이 뚜렷해집니다. 바로 산업성장사회를 주도한 문화에 속하지 않는다는 점입니다.

처음부터 이렇게 구분 짓기 위해 백인을 제외하기로 결정했습니다. 물론 이들이 재연결 작업의 핵심 지도자를 원했기 때문에 나 자신은 예외일 수밖에 없었지요. 물론 이들과 함께하는 것이 정말 귀중한 기회임을 일찌감치 의식했습니다.

첫 일정은 금요일 저녁부터 일요일 오후까지 주말 내내 이어졌고, 이후에는 격주 토요일마다 하루 종일 네 차례, 나중에 추가로 세 차례 진행했습니다. 이 첫 번째 과정은 선물경제(gift economy)의 일환으로, 해당 공동체나 지도자가 비용을 받지 않았으며 참가자는 장차 사람들에게 선행을 베풂으로써 재연결 작업에 기여하는 데에 동의했습니다.

우리의 선조 기리기

그룹의 구성원 가운데 아프리카계 미국인 애들라자와 라타샤는 재연결 작업에 이미 어느 정도 익숙한 상태였습니다. 그래서 이 둘에게 첫 주의 진행을 앞장서 계획해달라고 부탁했지요. 시작은 각 참가자가 유색인 공동체로써 자신을 소개하는 시간이었는데, 처음부터 분위기가 강렬하고 열기가 넘쳤습니다. 공간의 온기와 적극성으로 보아 우리는 이미 나선형 순환에 들어섰음을 알 수 있었습니다. 이는 애들라자가 나선형 순환의 각 단계를 설명하고 고마움에 관한 열린 문장을 안내하자 분명해졌습니다. 저녁에 마무리를 하며 모두에게 내일 아침에는 자신의 전통을 상징하는 물건을 지참하라고 부탁했습니다.

다음날, 저마다 가져온 목걸이, 낡은 사진, 배지, 깃털 달린 래틀 등을 보여주는 데 시간을 더 많이 들이기 위해 먼저 세 명씩 앉았습니다. 족히 30분은 지나서야 모두 낮은 탁자를 제단 삼아 앞에 두고 모였습니다. 그런 뒤에 정해진 순서 없이, 한 번에 한 명씩 준비가 되면 일어나 자신의 물건을 소개하고 그것을 제단에 올려두었습니다. 이 과정은 상당히 빠르게 진행될 것으로 예상했지만, 참가자들은 각 물건에 완전히 심취하여 이야기꽃을 피우는 바람에 속도가 늦춰졌습니다.

그날 아침 경의를 표하고 눈물을 흘렸던 기억을 떠올려보면, 선조들에게 고마움을 느낌으로써 정신적 식민상태에서 벗어날 수 있다는 생각이 듭니다. 또한 스리랑카에서 사르보다야 운동에 참여했던 때가 떠오릅니다. 사르보다야는 비정부 기구 운동으로서 불교 사상을 바탕으로 지역공동체의 발전을 꾀합니다. 이 운동이 마을 수천 곳으로 퍼질 무렵, 이들의 조직 방식을 배우고 싶었습니다. 이들은 스리랑카가 한 국가로서 독립하기는 했지만, 450년간 식민통치 과정에서 뇌리에 각인된 의식을 간직한다면 진정한 자유를 얻을 수 없음을 알았습니다. 이를테면 자신도 모르게 자격지심 또는 문화적 열등감을 느껴서 이전 주인들의 옷차림, 태도, 말투를 흉내 낸다는 것이지요. 사르보다야 운동은 이 같은 정신적 식민상태를 탈피하기

위하여 사람들에게 토착 문화의 힘과 아름다움에 눈뜨라고 외치면
서 집단의 자부심과 긍지를 키우는 데 모든 노력을 다했습니다.

첫 번째 그룹이 첫날 하루 동안 분명히 경험했듯이 조상을 기리
는 행위에는 감사하는 마음을 찌르는 듯한 고통이 따를 수 있습니
다. 당시 애들라자가 보낸 이메일에서도 고마움과 괴로움에 휩싸인
심정이 드러납니다. 그리고 이런 문장을 덧붙였습니다.

우리가 억압체계에 가담하며 그것을 지속하는지 확인할 수 있으
려면 먼저 자기 자신과 문화에 감사하는 마음으로 중심을 다잡
아야 합니다. … 우리가 누구이며 어디에서 왔는지에 대해 감사
하는 마음을 단련할 때 비로소 우리 자신과 타인 모두가 안심하
는 분위기가 조성될 것이라 생각합니다.[1]

헤아리기 어려운 고통 존중하기

우리는 알아차리기도 전에 이미 나선형 순환의 두 번째 단계로
들어섰습니다. 원래는 세상에 대한 고통 존중하기 단계에서 몸풀기
수준으로 중간 강도의 실습(서로 마주하기 등)을 안내할 계획이었지만,
이 그룹은 의식에 온 힘을 쏟을 준비가 되어있었습니다. 애들라자는
절망 의식에서 몸을 많이 움직이고 감정 표출이 동시다발로 이뤄진
다는 내용을 읽어보았던 터라 이를 체험하고 싶어 했습니다. 그래서

절망 의식을 시작했습니다.(몇 주 후에는 진실 만다라도 함께했습니다.)

그날 의식에서 접한 격렬함과 느낀 바를 어떻게 전하면 좋을지 모르겠습니다. 이제껏 내가 경험한 분노와 슬픔을 모두 뛰어넘는 수준의 감정 표출을 듣고 지켜보았습니다. 마치 폭풍이 몰아치는 것처럼 몸서리쳤고 경외심이 일었습니다. 그와 동시에 백인인 내가 그 자리에 함께하는 것이 허락되어 다행이라고 생각했습니다. 이들이 학교와 직장에서, 또 차를 타거나 운전하거나 거리를 걸으며 끝없이 부닥치는 모멸감과 잇따른 울부짖음을 접하게 되어 영광이었습니다.

어릴 때 이민자 부모를 따라 캘리포니아 농업인 행진에 참여한 바 있는 설리나Salina는 학교 교사로서 분통을 터뜨렸습니다. 의식이 진행되는 가운데 계속해서 십대 학생들이 자해하고 약물을 남용하고 폭력을 일삼는 행태, 1학년 신입생들의 뚱하고 심술궂은 태도, 학교 관리자와 교직원의 무관심에 분개했습니다. 그러고는 이런 글을 썼습니다.

지금까지의 제 인생과 상반되는 경험이었습니다. 둥글게 모여 앉은 사람들이 제가 세상에 대해 느끼는 고통을 존중해주고, 엉망인 학교로 상처받은 마음을 따뜻하게 받아주었습니다. 다들 가능할 거라 상상해본 적도 없는 태도로 저를 바라봐주고, 말을 들어주었습니다. … 제가 수치심에 감추고 살았던 경험을 사람들이 용기 있게 드러내는 모습에 놀랐고, 또한 제가 저의 모든 면, 사랑받거나 용서받지 못하리라 생각했던 부분까지 전부 드러낼 수 있음을 처음으로 알게 되었습니다. 이 작업이야말로 저를 치유해주었습니다. 이제 제 생각과 감정을 가감 없이 드러내고, 어떤 면 혹은 제 자신을 숨기지 않고도 당당하게 살아갈 수 있을 것 같습니다.[2]

유색인의 고통을 질병으로 취급하는 현실

이토록 세상에 대한 절망감이 엄습하는 순간을 처음으로 접하고 나니 지배적 문화에서 이들의 경험은 묵살된다는 사실을 알게 되었습니다. 이들의 경험을 단순히 신경증 증상으로 치부함으로써 현재 상태를 유지하는 것입니다. 앞서 2장에서 살펴본 바와 같이 세상에 대한 우리의 고통을 재평가와 변화의 근거로 판단하기보다는 대개 개인의 병적 증상으로 간주합니다. 이 때문에 개인은 주로 수치를 느끼고 침묵하게 됩니다. 이러한 양상은 치료를 위해 의료모델(medical model)로 접근하는 방식을 부추김과 동시에 두려움에 떨며 복종하는 시민을 양산하여 의약 산업의 수익을 올리는 결과를 낳습니다.

특히 유색인의 고통을 병으로 여기는 현상이 널리 퍼져있습니다. 이들에게 약물 치료의 부담을 안기고, 정신 질환이라는 오명을 씌웁니다. 정신건강 옹호자 샤론 킨Sharon Kuehn과 조애나 아기레 Joanna Aguirre는 이 같은 덫에 걸린 사람들에게 도움을 주고자 정신

건강 회복을 위한 생태학적 체계를 도입하고 있습니다. 대체로 고통을 개인의 정신 질환으로 진단하지만, 이들은 그 원인이 집단적 장애와 극도의 불확실성에 있으며 "인류의 미래에 관심을 두지 않기 때문"이라고 설명합니다. 이들은 정신건강과 복지 프로그램에 재연결 작업을 도입함으로써 "우리 자신보다 더 큰 목적에 공감하면, 마음속 깊이 자리한 오해와 편견이 사라지고 유대감과 일체감, 개인의 책임감이 높아진다"는 사실을 입증하고자 합니다. 또한 "정신건강에 문제가 있다고 진단받은 사람으로서 우리가 '생명으로 돌아가려는 선택'이야말로 바로 지금 이곳에서 대전환이 성공하는 데 필요한 것"[3]이라 말합니다.

첫 번째 그룹과 절망 의식을 마친 뒤 우리는 한동안 말없이 느긋하게 바닥에 앉아있었습니다. 나는 미리 바닥 중앙에 물감과 연필, 종이를 놓아두었습니다. 몇 사람이 그림을 그리기 시작했지요. 이십 대 흑인 여성 에리스 조던Aries Jordan은 벽에 기대고 앉아서 쉼 없이 글을 써내려갔습니다. 나중에 저마다 그린 그림을 함께 본 뒤에 에리스가 자신의 글을 읽어주었습니다.

내 고통 존중하기

고치려 들지 마
내가 고통을 느끼게 놔둬

나는 무감각해지기를 거부한다

정신 발작을 일으키면 진정시키지 마

몇 년이고 나 자신을 버텼으니까

악몽을 피하려 약을 털어 넣었으니까

절대 울지 않으려고 웃었으니까 …

학위와 학구열로 가렸던 고통을 느끼게 놔둬

세상은 내가 부족하다 했거든

고치려 들지 마

고통이 사라질 때까지 숨 쉬게 놔둬

몇 년이 지났을까 싶을 만큼 오래도록 숨죽이며 살았거든

과민반응이라 말하지 말고

용서에 관한 명언이나 알려줘

내가 고통을 느끼게 놔둬, 그런다고 죽진 않으니까

치유하려면 일단 느껴야 한다던데

난 지금까지 멍하니 자동 제어했으니까

너무 두려웠거든, 내가 진실을 알게 되면

나의 진실과 우리의 진실을 알게 되면

네가 더 이상 날 믿지 않을까봐 …

유색인 공동체와 함께 배우기

폭포수가 땅에 쏟아지듯 눈물이 흐르게 놔둬 …
감정이 북받치게 놔둬
죄책감과 수치심을 수습할 때면
온갖 부담을 짊어졌거든
결코 내 소유가 아님에도

비통하게 죽어간 내 조상들을 떠올리며 울게 놔둬
학대받던 남성과 여성을 대신해서 울부짖게 놔둬
이들에게 "찍소리도 내지 말라"고 했었거든
내 사람들을 떠올리며 울게 놔둬
그리고 신 아래 세상의 다양한 사람들
나는 인간이다
나는 살아있다 …

내가 고통을 존중하게 놔둬
주제넘게 고치려 들지 마
넌 사실 네가 미칠까 두려운 거니까
내가 멈추지 않으면
내 고통이 너의 고통
내 슬픔이 너의 슬픔
내가 느끼게 놔둬, 앞으로 나아갈 수 있게[4]

새로운 눈으로 산업성장사회 보기

예전에 언뜻 접했던 역사 정보에 다시 눈길이 갔습니다. 첫 번째 그룹과 함께한 초반 몇 주 동안 책장에서 낡고 얇은 책을 꺼내 들었습니다. 《자본주의와 노예제도(Capitalism and Slavery)》는 1944년 트리니다드 토바고의 학자 에릭 윌리엄스가 수상이 되기 전에 쓴 것으로, 산업혁명의 재원이 근본적으로 대서양 노예무역이었음을 설명하는 내용입니다. 이 무역은 삼자 사이에 이루어졌습니다. 영국 브리스틀과 리버풀의 무역상이 서아프리카 해안에서 사람과 무역품을 교환한 후 아메리카로 이동하여 노예가 된 아프리카인을 팔고, 그곳에서는 설탕, 럼주, 면화 등 플랜테이션 농산물을 싣고 다시 영국으로 돌아왔습니다. 이렇게 상인과 은행업자들이 막대한 부를 축적하여 공장과 광산, 기술에 투자했고 그 결과 영국, 뒤이어 그 외 유럽 국가들은 산업 시대에 세계를 주도하는 강대국이 되었습니다.

끝없이 더 많은 원료와 시장을 필요로 했기 때문에 성장과 세계적 영향력은 처음부터 예고된 일이었습니다. 이 과정에서 사람과 땅은 사고파는 물품이 되었습니다. 상품화된 것은 노예로 팔린 아프리카인뿐만이 아니라 자연의 모든 것, 결국에는 우리 모두였습니다. 지금 우리는 이러한 상품화의 극단적인 형태를 직접 눈으로 확인합니다. 전 세계에서 땅을 파고 광석을 캐낼 목적으로 토지를 횡령하는 문제가 더욱 심각해지고, 보상이나 법적 대응책 없이 토착민과 영세농민을 내몰고, 이들의 보금자리를 해롭고 거칠고 메마른 불모지로 바꿔버립니다.

일찍부터 노예제도와 맞물린 자본주의는 내가 사는 이 나라에서 오늘날까지도 계속됩니다. 이른바 '마약과의 전쟁'은 백인 아닌 사람들에게 지나치게 집중되어 있고, 비폭력 범죄에 가혹한 판결을 내려 수많은 이를 감옥으로 보냅니다. 현재 미국은 지구의 1등 교도관이나 다름없습니다. 전 세계 수감 인구의 25퍼센트를 차지하며, 이들 가운데 60퍼센트가 유색인입니다. 한편 재소자의 노동으로 생산된 물품은 해외의 노동착취 공장보다도 비용이 적게 들기 때문에 민영화된 교도소들은 갈수록 높은 수익을 남깁니다.

아프리카계 미국인의 경우, 설령 권위 있고 명망 있는 사람일지라도 노예제라는 족쇄는 눈에 보이지 않게 여전히 채워져 있습니다. 이를 최근에 '외상 후 노예 증후군(Post Traumatic Slave Syndrome)'이라 부르기 시작했습니다. 조직 컨설턴트인 모니카 모스Monika Moss는 충격적인 경험이 세대에 걸쳐 전해지는 현상을 보여주며 다음과 같이 지적했습니다.

처음에는 노예제였다. 이후 재건 시대에는 유권자 선거권 박탈, 토지 몰수, 짐 크로 법(Jim Crow Law)과 인종분리 정책이었다. 그다음에는 베트남전, 인종차별 폐지, 마약과의 전쟁, 범산복합체犯産複合體로 이어졌다. 여기서 복지개혁을 말하려는 것이 아니다.

테러와의 전쟁이라는 핑계로 시민권을 약화하는 행태를 논하려
는 것이 아니다. 앞서 언급한 모든 것과 더불어 사적 제재, 강간,
불법체포 및 감금, 소작농, 흑인법, 그 밖에 다른 형태의 속박은
개인과 가문의 정신적 외상으로 남아있다.[5]

《외상 후 노예 증후군》의 저자 조이 디그루Joy DeGruy는 노예제
도에서 생겨난 생존 기술이 더 이상 필요치 않고 결국 흑인 공동체
에 해가 될 뿐임에도 오늘날까지 전해진다고 주장합니다. "이 나라
는 아프리카인의 상처 치유를 용인하거나 비용을 치른 시기가 전혀
없었다. 그러므로 트라우마는 계속된다."[6] 문득 재연결 작업이 조금
이나마 이들의 상처 치유에 도움이 될 수 있을까 궁금해집니다.

심층문화를 깨달은 시간

모험을 감행하는 과정에서 조금 더 분명히 깨달았습니다. 고등교
육을 받은 백인 여성으로서 나의 어떤 추측과 표현, 행동이 유색인
을 배제할 가능성이 있는지를 의식하지 못할 수 있다는 것이지요.
부족함을 인정하기 싫지만 완전히 다른 경험이 존재함을 배웠고,
문화적 차이를 메우는 것에 관하여 완전히 다른 생각이 있음을 알
게 되었습니다.

유색인 공동체 안에서 재연결 작업을 활용할 수 있도록 돕는 것

은 분명 가치 있는 일입니다. 하지만 더 큰 집단의 문화가 변화하기 위해서는 백인의 의식을 높이고, 이들의 영혼이 민족·인종적 특권이라는 감옥을 벗어나도록 돕는 일 역시 중요합니다. 이를 위한 풀뿌리 자산에는 '인종차별주의 백지화' 프로그램, 그리고 '깨어있는 백인'에서 접근 방식을 달리하여 새롭게 나선형 순환을 따르는 워크숍 등이 있습니다. '깨어있는 백인'은 노스캐롤라이나주와 워싱턴 D.C.의 동료들이 공동으로 시작한 것으로, "모두에게 이롭도록 인종의식을 높이기"[7] 위해 프로그램과 웹 사이트를 제공합니다.

첫 번째 그룹의 구성원을 통해 퍼트리샤 세인트언지Patricia St. Onge를 만났습니다. 퍼트리샤는 모호크족 혈통이자 퀘백 출신으로서 신학대학과 비영리 단체에서 문화의 경계를 넘어 창의적으로 작업하는 방법과 관련하여 자문위원으로 활동합니다. 또한 해당 분야에서 굉장히 유익한 책 《문화적 역량 포용하기(Embracing Cultural Competency)》[8]의 주 저자이기도 합니다. 재연결 작업에도 익숙하여, 찬송 농장의 두 번째 유색인 그룹을 위해 심층문화의 요소를 끌어와 여러 가지 주말 활동을 구성하며 기량을 발휘합니다. 이 책에도 퍼트리샤가 참여하게 되어 매우 기쁩니다.

미국에서 백인으로서 성인이 된다는 것은 우물 안에서 교육을 받는 것이나 다름없다. 우리가 사는 곳의 실제 사정을 알지 못하고 알고 싶지 않은 것이 문화로 형성되는 것이다.
—레베카 파커(Rebecca Parker)

제2부

재연결 작업을 향한 발걸음

퍼트리샤 세인트언지

2013년은 내가 세계시민으로서 성장하는 데 특별한 의미가 있는 해였습니다. 연초에 참여한 오클랜드 점거/자치 운동의 초종교 텐트에서 필 로슨 목사Rev. Phil Lawson가 호소력 있는 연설을 통해 떠올려준 사실이 있습니다. 서구, 특히 미국에서 정체성의 준거기준은 보통 '내가 존재한다. 그러므로 우리가 존재한다'인 반면, 선주민의 세계관에서는 '우리가 존재하므로 내가 존재한다'라는 것입니다. 필 목사의 말에 영향을 받아 우리가 속한 공동체 안에서 자신의 정체성을 찾는 것이 어떤 의미인지 보다 깊이 생각하게 되었습니다. 간단히 말하자면 심층문화 작업에 참여할 때, 끝없이 확장되는 하나의 공동체인 '우리'와의 관계 속에서 저마다 문화적 위치를 이해하고 분명히 설명할 줄 아는 것이 중요함을 다시 한 번 깨달았습니다.

그해 3월, 영광스럽게도 오클랜드 국제 여성의 날 행사에서 연설을 하게 되었습니다. 공개 석상에서 대화를 마친 뒤에 어느 젊은 여성, 라타샤 허프가 눈물을 글썽이며 다가왔습니다. 라타샤는 연설을 듣고서 조애나 메이시의 재연결 작업을 조금 더 깊이 이해하고 싶다는 생각에 확신이 들었다고 했습니다. 바로 이것이 멋진 모험의 시작이었지요. 라타샤의 소개로 조애나를 만났습니다. 그때 우리는 찬송농장의 첫 번째 유색인 그룹을 위해 나의 심층문화 작업(《문화적 역량 포용하기》에서 제시)을 어떻게 적용하면 좋을지 함께 방법을 찾아보기로 했습니다. 수년 간 공들인 심층문화 작업의 일부를 이후 몇 달간 첫 번째 유색인 그룹과 함께하며 놀라운 일을 경험했습니다. 재연결 작업과 심층문화 작업이 서로 보완하는 모습을 함께 확인한 것이지요.

많은 사람들과 마찬가지로 조애나를 좋아하게 되었습니다. 마음이 따뜻하고 너그러우며 지성 역시 뛰어난 모습에 많은 것을 배웁니다. 조애나 또한 나와 함께하는 작업을 소중히 여깁니다. 이렇게 서로 호감을 가질수록 새롭고 동시에 매우 오래된 듯한 느낌이 듭니다.

조애나의 워크숍에 몇 차례 참석하고, 저서 또한 읽으면서 재연결작업에 깊이 공감했습니다. 특히 감탄했던 부분은 헤라클레이토스와 파르메니데스의 실재관이 어떻게 다른가*에 대한 설명입니다.

---

* 파르메니데스Parmenides와 헤라클레이토스Heracleitos는 소크라테스 이전의 그리스 철학자로, 상반되는 실재관을 제시했다. 파르메니데스의 해석에서 모든 물질은 절대 불변하는 한 가지 본질에서 유래하는 반면, 헤라클레이토스의 해석에서 만물은 역동적인 과정 중에 있으며

이 설명 덕분에 내가 왜 오래도록 우리가 서로와, 또한 지구와 긴밀히 연결되어있음을 모두 깨닫기를 바랐는지 이해하게 되었습니다. 실제로 워크숍에서 어색한 분위기를 푸는 시간에 이런 질문을 자주 받았습니다. "여러분이 슈퍼영웅이라면 어떤 능력을 갖겠습니까?" 내 답은 주로 "우리가 모두 이어져있음을 사람들이 보고 느끼게 도와주는 힘"이었습니다. 재연결 작업을 더 많이 알게 되고 또 이를 심층문화라는 렌즈를 통해 바라보면서 타인과의 관계에서 확인한 것이 있습니다. 우리 사고의 틀은 사물과 연결되며 하나의 패턴을 만들어낸다는 것이지요. 이는 헤라클레이토스가 현실을 이해한 표현입니다. 나는 문득, 심층문화에 주목하며 재연결 작업을 보다 깊이 연구하면 이 둘을 조금 더 확실히 이해하고, 각각에 보다 깊은 의미를 부여할 수 있겠다는 생각이 들었습니다. 또한 유색인 그룹이 이를 경험하기를 바랐고, 함께 탐구하면서 그것이 사실임을 확인했습니다.

심층문화라는 렌즈

심층문화를 이해하는 힘은 우리의 정신과 가슴 모두에 자리합니다. 이는 재연결 작업과 마찬가지로, 지적 훈련이라기보다 경험에

쉼 없이 움직이고 변화한다.

가깝습니다. 우리 모두가 문화적 존재라는 이해에 뿌리를 두고 있습니다. 문화적 정체성은 우리가 의식하든 하지 못하든 세계 안에서 행동하는 방식에 영향을 줍니다. 어떤 사람은 문화적 정체성을 파악하는 데 어려움이 없어서 보다 수월하게 자신의 정체성을 찾고 문화적 위치를 설명합니다. 또 어떤 경우는 식민화하고 정복하고 노예로 삼고 약탈하는 따위의 동화 압력을 받았기 때문에 정체성을 잃기도 합니다. 우리 모두에게는 지배적 문화가 뿌리 깊이 박혀있습니다. 정도는 달라도 마치 물속의 물고기처럼 흔히 그게 무엇인지조차 인식하지 못합니다.

심층문화의 요소는 무엇일까요? 이 개념이 익숙할 수도 있고 낯설 수도 있습니다. 여기서는 심층문화의 간략한 개요를 소개하겠습니다. 탐구를 시작하기 전에 우리는 자신이 누구인지, 어떤 점이든 가감 없이 살펴볼 수 있는 분위기를 만들어야 합니다. 이를 위해서는 먼저 우리가 개인과 집단으로서 어떤 방식으로 함께하고 싶은지 합의해야 합니다. 어떤 워크숍이든 참가해본 적이 있다면 아마 기본 규칙을 세우거나 공동으로 합의하는 과정에 익숙할 것입니다. 예컨대 '나'를 주어로 사용해 말하기, 스텝 업(step up, 자신이 상대적으로 적게 말했다면 발언 기회를 얻음)/스텝 백(step back, 자신이 상대적으로 많이 발언했다면 다른 사람에게 양보함―역자 주) 규칙 등이 있습니다. 나는 사람들이 언제 일체감을 강하게 느꼈는지 생각해볼 기회를 줍니다. "그때 어떤 요소 때문에 일체감을 느끼게 되었을까요?"와 같은 질문을 던진 뒤에 일체감을 높이는 과정 중 일부로서 공동 합의를 이끌어 냅니다. 실제 합의 내용을 예로 들면 '정신뿐 아니라 마음으로 경청 하기', '우리 모두가 서로를 걱정하고 세상을 염려하여 이 자리에 모였음을 명심하기' 등이 있습니다.

두 번째로 잘못 해석하거나 오해를 빚기 쉬운 단어의 정의를 공유하고 계속해서 내용을 추가해야 합니다. 역사에 따라 특권, 인종 차별주의, 억압, 힘, 포함, 배제와 같은 단어가 해당될 수 있습니다. 함께하는 시간 동안 그 단어를 어떤 의미로 쓸지 정함으로써, 같은 것을 두고 이야기하는 줄 알았는데 실은 다른 이야기를 하는 등 불필요한 상황이나 긴장감을 피할 수 있습니다. 예컨대 심층문화의 접근법으로 초반에 함께 작업한 팀 중 하나는 문화를 다음과 같이 정의했습니다.

문화란 행위, 규범, 태도, 인식이며 이는 공통된 신화와 생활방식, 가치관과 세계관으로 연결되어 한 집단을 이루는 사람들에게 영향을 미친다. 또한 이들이 공유하는 지식, 해석, 경험을 토대로 의식의 표면 위와 아래 모두에 집단의 맥락을 형성한다.[9]

물에 떠 있는 빙산을 상상해보세요. 표면 위로 드러난 부분은 실제 빙산 덩어리의 10퍼센트에 불과합니다. 문화도 마찬가지입니다. 언어, 춤, 음악, 음식, 의복 등 쉽게 확인 가능한 요소는 문화의 겉모습에 해당합니다. 표면 아래에는 우리가 문화라고 쉽게 생각지 못하는 요소가 대단히 많습니다. 이를테면 시간관념, 다양한 사회적 맥락에 따른 대화 양식, 감정 처리 방식, 시선 처리 방식, 리더십의 개념, 문제해결 접근법 등 역시 문화의 요소인데, 이러한 것은 흔히 우리 의식의 표면 아래에 자리합니다. 이것이 바로 '심층문화'라고 일컫는 이유입니다. 이를 문화의 요소로 인식하지 못한 상태에서는 누군가 자신과 다른 경험을 지녔고 다르게 해석하는 것을 볼 때, 단순히 그 사람이 틀렸다고 여기기 쉽습니다. 이때 지배적인 방식, 행위, 인식은 '규범적'인 것이 됩니다. 문화를 보다 심도 있게 살펴봄으로써 자신과 다른 사람이 어떤 영향을 받는지, 좀 더 미묘한 부분까지 의식하고 공감하게 됩니다. 내가 초기에 얻은 교훈 중 하나는 '다름은 그저 다름일 뿐, 좋거나 나쁜 것이 아니다'로, 일종의 만트라가 되었습니다. 이것이 보편적인 참은 아니더라도, 내 경험에 대한 집착을 버리고 타인의 경험을 나누고자 마음의 여유를 갖는 데 도움이 된 것은 사실입니다.

심층문화 작업을 할 때 우리가 주목해야 할 또 한 가지는 과거와 현재에 나타나는 억압의 경험과 유형입니다. 많은 사람들은 미국의 개괄적인 역사를 압니다. 또한 미국 예외주의(exceptionalism)에 대한 이야기도 압니다. 이 대륙에 속한 모든 나라를 지워버리듯 미국을 '아메리카'라는 말로 통칭한다는 사실은 미국인의 지나친 자의식을 매우 잘 보여주는 예입니다. 명시된 바로는 미국이 모두를 위한 자유와 정의의 국가라고 합니다. 하지만 실제로 미국은 정복, 노예제, 여성혐오라는 유산 위에 세워졌습니다. 강탈한 땅에 사람을 훔쳐와 무임노동을 강요하여 출발한 사실은 결코 특출하지 않습니다.

우리 집안은 오래전부터 주기적으로 '7대 후손 컨설팅'이라는 상담을 합니다. 7대 후손이란 호데노소니Haudenosaunee족 문화와 그밖의 세계관에서 핵심이 되는 원리로서 우리가 이전 세대의 어깨에 서있으며, 오늘 우리의 선택과 결정이 7대에 걸쳐 영향을 미치리라는 점을 일깨웁니다. 패권과 정복, 노예제도의 후유증은 여전히 오늘날 우리 세계에, 또 미국인의 뼛속 깊이 남아있습니다. 그리고 저항과 회복력이라는 유산도 마찬가지입니다. 이같이 대전환 작업 역시 앞으로 여러 세대에 걸쳐 계속될 것입니다. 이러한 이유에서 재연결 작업의 딥 타임은 매우 설득력 있는 작업이라고 생각합니다. 한번은 손자의 5대째 후손에게서 다음과 같은 메시지를 받았는데, 이는 내게 감동을 주었고 동시에 현실적으로 다가왔습니다.

조상님께

저는 에밀리오라고 해요. 5대조 할아버지의 발바닥에 있는 별자리이지요. 저희는 수가 많고 힘도 세요. 그리고 '오렌다'라는 것이 있는데, 이전 세대들이 일으켰던 많은 문제를 되돌리기 위해 저희가 개발한 기술이에요. 지금도 다양한 문제가 생겨나지만 더 빨리 해결하고 있어요. 왜냐하면 조상님을 비롯한 세대들을 통해 배우기도 했고, 뼛속 깊이 기억하는 교훈이 있거든요. 바로 우리 모두가 이어져있다는 것이에요. 저희는 그것을 제대로 이해하고 실제로 느꼈어요. 그래서 이제 인간은 물론, 어머니 지구의 한 부분이 아프면 모두가 아픔을 느껴요. 이 사실을 되새기는 체계와 공동체도 만들었고요. 그렇다고 해서 항상 행복한 것은 아니지만 저희는 언제나 의식해요. 여기서는 매체가 일러주거든요. 또 모든 구조가 훤히 드러나는 방식으로 설계되어 있고요. 의식을 치르면서 깨닫기도 해요. 그러니까 너무 걱정하지 마세요. 조상님이 하고 계시는 일에 늘 고마움을 느껴요. 그 일이 정말 힘들다는 것을 잘 알아요. 한 가지만 말씀드릴게요. 관계를 맺는 데 시간을 들이세요. 다른 어떤 일만큼이나 중요한 일이니까요. 저희는 조상님들을 사랑해요. 조상님의 조상님을 받들어주셔서 고맙습니다. 그 덕분에 저희가 조상님을 모실 수 있게 되었어요.

심층문화 작업의 또 다른 측면은 어떤 과정이든 공동으로 만들어나가야 한다는 점입니다. '우리 없이 우리와 관련된 결정은 무효(Nothing about us without us)'라는 말은 평등과 정의를 위해 항거하는 집단에서 오래도록 의미 있는 문구였습니다. 어떤 정책이나 제도적 조치를 취할 때, 이에 가장 영향을 받는 지역사회는 반드시 발언권이 있어야 합니다. 이러한 개념은 16세기의 정치 청렴 운동부터 20세기 중반의 인권과 시민권 투쟁을 거쳐 20세기 후반의 장애인권과 이민법 개혁 투쟁까지 대대로 정치 투쟁의 핵심이었습니다. 지금까지 소외되었고 앞으로도 소외될 집단이 자기결정권을 위해 헌신하는 것은 둘 사이의 역학 관계를 뒤집는 핵심 요소입니다. 조애나가 이야기한 대로 파르메니데스의 세계에서 힘은 지배형 파워와 같아서 승자와 패자가 있어야만 제대로 작용합니다. 우리가 모두 이어져 있음을 아는 경우에 힘은 엔진의 시동을 걸 때 필요한 에너지와 같습니다. 마틴 루터 킹은 이렇게 말했습니다. "사랑이 없는 힘은 무모하고 폭력적이며, 힘이 없는 사랑은 감상적이고 활기가 없다. 최선의 힘은 정의를 위해 필요한 일을 실제로 행하는 사랑이며, 최선의 정의는 사랑과 맞서는 것을 모두 바로잡는 힘이다."[10]

재연결 작업을 알면 알수록 이 작업의 본질은 세상에 존재하는 방식임을 깊이 인식하게 됩니다. 이 방식은 누구에게나 중요한 것이지요. 나선형 순환의 각 요소를 통하여 문화적 배경에 상관없이 이 작업에 더욱 손쉽게 접근할 수 있습니다. 물론 인종에만 한정된 것이 아니라 성별, 생물학적·사회적 성 정체성, 계층, 연령이 모두 기점에 해당합니다. 문화적 위치는 문화의 모든 측면에서 우리가 세상과 재연결 작업을 경험하는 데 영향을 미칩니다. 내 작업은 대부분 미국에서 진행되었기 때문에 나에게 인종이란 예민한 문제이며, 모든 형태의 억압이 인종 문제를 통해 걸러집니다. 내가 경험하고 관찰한 바로 성별, 성적 취향, 장애에 따른 억압은 인종적 요소를 지닙니다.

함께 실 짜기

| **고마움** | 심층문화의 맥락에서 접근하면 보다 많은 공동체가 재연결 작업을 쉽게 이해합니다. 이 작업은 하나의 틀이기 때문에 우리는 각자의 전통에서 대전환으로 향하는 이야기와 관습을 찾을 수 있습니다. 독자 여러분도 자신의 전통에서 이 작업에 생명을 불어넣는 이야기, 자신에게 의미 있는 이야기를 찾기 바라며 호데노소니족에서 전해지는 몇 가지 이야기를 예로 들겠습니다. 대전환의 나선형 순환 중 고마움을 탐구할 때면, 호데노소니족의 토대를 이루는 경험 중 하나가 고마움이므로 그것이 자연스레 되살아납니다. 무엇을 하든 우선 오헨토 카리와테콰(Ohen:ton Karihwatehkwen, 그 무엇보다도 우선하는 단어들)를 말하면서 삶의 모든 측면에 깊이 감사를 표합니다. 바로 이것이 문화 요소로서, 우리가 존재하는 방식에 내재되어있습니다. 참가자가 문화라는 렌즈를 통해 재연결 작업을 바라봄으로써 자신의 이야기에서 고마움이 삶의 핵심 요소인 것을 찾도록 합니다.

또한 재연결 작업의 발전에 중요한 영향을 미치는 시스템 사고를 탐구할 때면, 자신의 전통에서 이야기를 찾으라고 권합니다. 유럽과 유럽계 미국인 시스템 사상가가 연구로 밝혀낸 내용과 맥을 같이 하는 이야기가 어느 전통에나 있기 마련입니다. 한번은 조애나가 현실에 대한 생각을 이야기한 적이 있습니다. 현실이란 생명체 사이의

활발한 연결이고, 우리가 현실로서 경험하는 것은 패턴의 연속이며 이 패턴은 만물을 움직이는 에너지로 형성된다는 것입니다. 이 말에 마음이 설레었습니다. 모호크족은 그 에너지를 '오렌다(Orenda)'라고 합니다. 모든 것 사이에서, 지구와 영의 세계 사이를 움직이는 실이지요. 모두 하나의 시스템인 것입니다!

여러 공동체에는 샴발라 전사와 같은 예언이 있고, 평화를 이룩하기 위해 길을 나아간 존재가 있습니다. 호데노소니족 전통에서는 위대한 평화 조정자(Great Peacemaker)에 대해 배웁니다. 이 인물의 메시지로 인해 이전에 전쟁 중이던 국가들 간의 관계와 제도가 완전히 바뀌었으며, 다섯 민족이 모여 '이로쿼이 연방(Confederacy of the Five Nations)'을 형성했습니다. 그 시절 식민지이던 미국은 이에 기초하여 자신들의 연방을 만들었습니다. 이처럼 영향력, 통합, 연민에 관한 이야기는 다양한 문화에 존재합니다. 문화에 근거를 두어 재연결 작업을 전함으로써 역사적으로 소외된 공동체, 사실상 '모든' 공동체 사람들이 자신의 전통에서 보다 손쉽게 대전환으로 향하는 이야기를 찾을 수 있습니다.

| 세상에 대한 고통 존중하기 | 재연결 작업으로 향하는 이야기를 확장함에 따라 유색인 공동체는 특권 집단에 하나의 자산이 될 수 있습니다. 이는 단순히 '좋은 협력자가 되는 방법 교육'과 같은 것이 아닙니다. 모든 공동체와 문화 집단이 자연재해와 부당한 역사

적 상황을 겪었지만, 그럼에도 아메리카 선주민과 아프리카계 미국인을 비롯한 유색인 공동체의 경험은 인종과 민족 배경에 관계없이 우리 모두에게 유익할 것입니다. 선주민 공동체는 520년이 넘는 시간 동안 이주민 때문에, 또한 이들이 퍼뜨린 질병 때문에 전멸에 가까운 경험을 했습니다. 선주민은 오늘날 우리 모두가 처한, 완전히 파괴되는 상황을 이미 겪어본 입장에서 이 광경을 바라보는 것입니다. 노예가 되었던 사람과 이들의 후손은 자기 세상에서 제외되고, 귀중하고 풍요한 문화 공동체의 일원이라는 정체성이 박탈되고, 자신들이 다른 사람에 비해 중요성과 가치가 떨어진다는 생각을 강요받았습니다. 공동체를 배척하고 멸시하는 결정적 방법 중 하나는 그 공동체가 인류에 이렇다 할 보탬이 되지 않았다고 주장하는 것입니다. 이것이 바로 유색인 공동체 다수의 현실입니다.

이들은 이렇게 억압과 저항을 경험하고, 회복력을 발휘해 대응하면서 고통에 대한 항체가 생겨났습니다. 이 항체는 현재 지구 멸망 위기에 대한 회복력과 저항력을 더욱 강화하는 데 도움이 될 것입니다. 우리는 모두 이 같은 지혜를 내면에 지니고 있습니다. 만약 자신의 조상이 식민지화, 정복, 노예화 문제에만 집중했다면 이 지혜에 이르기까지 상대적으로 어려울 수는 있습니다.

| 새로운 눈으로 보기 | 어머니 지구는, 우리가 어머니의 행복을 무시한 탓에 감당치 못할 위험에 처했습니다. 주위의 선주민 대다수

는 우리가 어머니를 파괴하는 것이 아니라 우리 스스로를 파괴하는 것이라고 인식합니다. 어머니 지구가 실제로 죽을 위험에 처하면, 우리를 흔들어 놓을 것입니다. 재연결 작업의 맥락에서, 바로 이 점이 우리가 끼친 피해를 회복하기 위해 소명을 다할 동기가 됩니다. 심층 문화 작업은 우리가 소명을 받들 수 있도록 참되고, 또한 문화에 바탕을 둔 방식으로 한 가지 경로를 제시합니다. 문화에 관심을 기울이면, 문화적 겸손을 발휘할 가능성이 높아집니다. 다른 문화를 부당하게 이용하는 것과는 거리가 멀지요. 갈등 상황에서 피해를 회복하려는 방식으로 접근(restorative approach, 회복적 접근)하면 성급하게 권력자를 비난하기보다 질문을 던지게 됩니다. '어떤 피해가 발생했으며 이를 복구하기 위해 무엇을 해야 할까?' 나는 이렇게 접근할 때 엄청난 해방감을 느낍니다. 환경파괴에 앞장서는 사람을 대할 때조차 생각과 마음에 여유를 얻습니다. 우리는 해결책을 이해하는 만큼 피해 복구에 참여해야 함을 깨닫습니다. 그런데 굳이 훼손한 만큼의 책임을 서로 따져 물을 필요가 있을까요? 결국 우리는 이 과정에 모두 함께 참여하는 것입니다. 바로 이것이 내가 재연결 작업에서 배운 '새로운 눈'입니다. 또한 여러 가지 면에서 아주 오래된 눈임을 깨닫습니다. 즉 우리는 시력을 되찾아가는 것입니다.

| 앞으로 나아가기 | 재연결 작업에서 함께 일하고 리더십을 분담함으로써 조상과 관련된 트라우마를 치유함은 물론, 동시에 선

조의 지혜를 다시 통합할 수 있습니다. 대화는 모두가 참여할 때 마침내 훨씬 가치 있고 의미가 깊어집니다. 앞으로 나아가기는 공동의 절차이며 우리 모두에게 중요한 의미를 지닙니다. 조애나는 일찍이 이에 맞는 분위기를 조성했습니다. 재연결 작업이 자신의 업적에서 상당 부분을 차지함에도 불구하고 이를 결코 '소유'하지 않았습니다. 오히려 고맙게도 대전환 작업을 이해한다면 누구든 참여하기를 권합니다. 나는 이에 덧붙여서, 우리 모두가 다양성이라는 아름다움을 지녔으므로 서로 배울 점이 많다는 사실을 분명히 인정하며 작업에 참여하기를 제안하고 싶습니다. 대전환은 새로운 표현으로, 생명지속사회의 새로운 출현으로 '전환'하는 것일 뿐 아니라 어떤 면에서는 아주 오래된 방식, 생명이 지속되는 방식으로 '회귀'하는 것이라 볼 수 있습니다. 대전환은 우리의 목숨, 그리고 어머니 지구를 내걸어도 좋을 만큼 중대한 작업입니다.

제3부

유색인 공동체가 알려주는 사실

●

조애나는 유색인을 위한 교육에서 참가자에게 이렇게 질문했습니다.

1. 자신의 경험에 비추어볼 때, 재연결 작업이 유색인 공동체에 가장 크게 보탬이 될 수 있는 점은 무엇일까요?

2. 또한 유색인 공동체가 재연결 작업에 가장 크게 보탬이 될 수 있는 점은 무엇일까요?

두 질문에 대해 다음의 세 가지 답변을 받았습니다.

애들라자 사이먼*

재연결 작업은, 위기이자 기회의 시대인 지금 개인이 경험을 쌓는데 필요한 준거틀과 그릇이 되어준다는 점에서 가장 크게 기여할 것

---

* 애들라자 사이먼(Adelaja Simon)은 아이티·나이지리아계 흑인 미국 시민이자 재연결 작업의 안내자이다.

이라 생각합니다. 처음으로 나선형 순환에 대해 들었을 때, 그 틀 안에서 내 삶을 되짚어봤습니다. 과거 경험으로 인해 사랑하는 현재의 내가 있음을 인식한 상태에서 인종차별주의, 계층주의와 관련해 아주 힘들었던 경험들을 마주할 수 있었습니다. 또한 내 투쟁이 혼자만의 문제가 아니며, 의식적으로 생각해보면 개인과 집단의 투쟁을 통해 우리는 새롭게 능력을 발견하게 되었습니다.

유색인이 재연결 작업에 가장 보탬이 될 수 있는 부분은, 산업성장사회가 인간 영역에 가하는 구조적 충격을 체감한다는 것입니다. 다른 유색인들과 작업하며 알게 되었는데, 이 지역에는 전 세계 억압의 역사를 통해 인간의 특성을 가르치는 기초 교육이 있더군요. 이 교육을 통하여 나 자신을 보다 큰 인간 네트워크의 일부로서 바라보고, 또한 지구 몸체의 필수 구성원으로 인식하게 되었습니다. 사실 이전에는 인간보다 인간 외의 세상과 연결되는 것이 훨씬 쉽다고 생각했던 적이 있습니다. 그런데 새로운 점에 눈뜨면서 나 자신을 더욱 연민하게 되었고, 이제는 연민이 모든 인간을 향합니다.

또한 유색인들이 문화유산을 계승하며 자연스레 이 유산에 친숙하다는 점을 들 수 있습니다. 이 익숙함을 신중히 다룬다면 각각의 역사와 가계 혈통을 연결하고자 하는 열망에 불을 지필 것이고, 이로 인해 공동의 역사와 치유를 탐구하게 될 것입니다.

덧붙여 강조하고 싶은 점은, 문화 변화의 가능성을 높이려면 자신이 속한 공동체와 함께해야 한다는 것입니다. 사회 변화를 꾀하는 운동에서 이런 말을 자주 듣게 됩니다. "유색인이 이곳에 더욱 참여해야 한다." 이와 반대로 "유색인을 끌어들이지 못하는, 혹은 배제하게 되는 요인이 무엇일까?"를 생각한다면 한결 도움이 될지 모릅니다.

아드리안 비야세뇨르 갈라르사 박사[*]

경험을 토대로 볼 때 재연결 작업은 유색인 공동체에서 변화를 이뤄내는 기폭제 역할을 하리라 생각합니다. 그 이유는 재연결 작업을 통해 산업 체계의 한계 너머를 보고, 생명 본연의 힘과 다시 이어지고, 서로 사랑할 수 있기 때문이기도 합니다. 유색인 공동체에는 오랜 탄압과 구속의 역사가 있습니다. 오히려 이런 역사가 있기 때문에 재연결 작업을 접하면 연민 어린 자율성이 다시 불붙을 것이고, 이 또한 위기의 시대에 참여와 행동을 위해 매우 중요한 요소일 것입니다. 어떤 트라우마는 유색인 공동체의 역사 전개 과정으로 인해 세대와 상관없이 전반에 걸쳐서 억눌린 분노, 공포와 뒤얽혀있습니다. 이러한 트라우마 역시 재연결 작업으로 지구 공동체를 위하면서 건강한 방향으로 바꿔나가고 해소할 수 있습니다. 사

---

[*] 아드리안 비야세뇨르 갈라르사(Adrian Villasenor Galarza) 박사는 멕시코 과달라하라 출신이며 멕시코와 미국에서 재연결 작업의 안내자로 활동한다.

실 유색인 공동체 내에 그동안 쌓인 에너지야말로 모두에게 더 나은 미래를 만들어가는 결정적 요소가 될지 모릅니다.

유색인 공동체가 재연결 작업에 가장 기여할 수 있는 점은, 인류라는 합창단 안에서 각양각색의 목소리에 귀 기울일 기회를 열어주는 것이라 생각합니다. 억압받은 이들의 목소리와 지구의 상처는 유색인 공동체 내부에 잠재해있습니다. 누군가는 산업화된 환경에서도 자기성장, 지속 가능한 행동을 제안하는 사례가 많다는 점을 들면서 재연결 작업이 대부분의 일상 현실과 동떨어져있다고 비판할지도 모르겠습니다. 이 작업에서 유색인을 잊지 않고 포함한다면 바로 이 틈을 메우는 첫걸음이 될 것이며, 작업 자체가 굉장히 풍요로워질 것입니다. 역사적으로 탄압받은 사람을 포용할 때 비로소 새로운 활동과 관점을 실생활에 적용할 수 있을 것입니다. 다시 말해 재연결 작업은 유색인이 참여함으로써 보다 폭넓은 대상에게 적용되면서 새로운 차원으로 발전할 것입니다.

안드레스 토마스 콘테리스[*]

거시적 차원에서 재연결 작업은 산업성장사회가 어떻게 지구의

---

[*] 안드레스 토마스 콘테리스(Andres Thomas Conteris)는 '민주주의는 지금(Democracy Now)'의 스페인어판 발행인이자 미국 내 라틴계 인권 활동가이다.

생명유지시스템을 좀먹는지 깊이 파고들고, 동시에 생명지속 문명으로의 변화를 위해 구체적 수단을 제공합니다. 서구 문화에서 백인지상주의를 근거로 자행한 지배의 역사(토착민 대량 학살, 인신매매/노예무역, 강제노역, 이민자 강제추방, 인종에 치우친 대량 투옥 등)를 생각해보면, 유색인 공동체는 생명유지시스템이 잠식되는 과정에 특별히 민감하게 반응할 수밖에 없습니다. 꼬리에 꼬리를 물고 이어지는 죽음의 한가운데서 삶과 세상을 긍정하는 종種으로 변화하기 위해서는 지금껏 가장 소외된 사람, 특히 여성과 유색인의 풍부한 감정이 한데 뭉쳐야 합니다. 재연결 작업은 젠더나 인종, 민족성 때문에 멸시받은 사람들이 용기를 얻도록 여러 가지 방법과 자원을 제공합니다. 이 작업의 시너지 효과는 유색인의 경험을 진정으로 존중할 때 더욱 진가를 발휘할 것입니다.

제4부

퍼스트네이션족과 함께하는 재연결 작업

안드레아 아빌라[*]

캐나다 선주민 퍼스트네이션족(First Nations)은 이제껏 오래도록 학대를 견뎠습니다. 땅을 빼앗기고 아이들은 강제로 기숙학교에 배정되었으며 그 가운데 절반이 목숨을 잃었습니다. 그 결과 오늘날 퍼스트네이션족의 많은 사람들이 절망감을 느끼고, 외상 후 스트레스 장애(PTSD)와 복잡성 애도(complicated grief) 증상을 겪습니다.

2006년에 나는 교육자이자 미술치료사로서 캐나다 선주민과 함께하게 되었습니다. 그때 미술을 바탕으로 청소년용 프로그램을 만들고 지도하는 업무를 맡았습니다. 당시 청소년과 작업하던 사람 대부분이 대리 외상 증후군에 시달리며, 번아웃 상태임을 알고 있었습니다. 이들은 자신의 노력으로 청소년들이 나아질지 확신할 수

---

[*] 안드레아 아빌라(Andrea Avila)는 멕시코 출신의 미술치료사이다.

없다는 표현을 자주 했습니다.

나는 이들에게 우리가 다른 사람과, 우주 만물과 상호 의존한다는 사실을 보여주기 위해 재연결 작업의 구체적 수단을 활용했습니다. 그리고 나의 작업을 선주민의 인식론과 탈식민 방법론에 맞게 조정했습니다. 조애나의 가르침을 따르면서 우리가 현재 지구에서 살아가는 이 놀라운 순간을 함께 인식하게 되었고, 대전환에서 우리 모두의 역할이 중요함을 강조했습니다.

지금까지 이 책에 담긴 활동과 의식 대부분을 활용했는데, 그중 다음의 세 가지가 퍼스트네이션족과 작업할 때 특히 효과적이었습니다.

1. 애도의 돌무덤 : 기숙학교 사건으로 인한 슬픔을 직면할 때 진행
2. 힘 형상화하기 : 청소년과 작업할 때 진행
3. 두 개의 동심원(7대 후손과의 대화) : 혈통의 힘을 일깨울 때 진행

나는 미술치료사로서 조애나의 아이디어 중 많은 부분을 시각적 은유 기법으로 표현하여 이를 개인적인 수련과 워크숍에서 활용했습니다. 조애나의 책 《액티브 호프》를 읽고 재연결 작업을 보다 깊이 이해하게 되었으며 자기변화, 자각, 사랑이라는 여정이 시작되었습니다. 이 경험을 함께 작업하는 사람들과도 나누고 싶습니다.

Chapter 13

Meditations for the Great Turning

•

대전환을 위한

명상

명상이란 우리 몸과 감정, 정신, 세상이
어찌 되어 가는지 알기 위한 것입니다.
…
삶은 지독하면서도 경이롭지요.
명상 수련이란 이 두 가지 측면을 모두 접하는 것입니다.
명상할 때 엄숙해져야 한다는 생각은 버리세요.
사실 명상을 잘하려면 미소를 많이 지어야 합니다.

틱낫한

사회를 치유하기 위해서는 우리 마음 또한 치유해야만 합니다. 시대의 절실한 요구와 막중한 책무에 시달리는 와중에 정신을 단련할 시간과 에너지는 어떻게 마련할지 궁금할 것입니다. 개인의 변화를 위해 속세와 인연을 끊고 절이나 수도원에 들어가 명상 방석을 차지할 수 있는 사람은 드물지요.

우리는 내면의 정신적 힘을 깨우기 위해 세상을 등지거나 홀로 기도 또는 명상을 하는 데 시간을 많이 들일 필요는 없습니다. 일상에서 활동하고 마주치는 것을 통해 이 같은 깨달음을 얻을 수 있습니다. 여기에 도움이 되는 일곱 가지 수행 실습을 조애나가 워크숍에서 진행한 그대로 기록했습니다. 이 수행법은 앞으로의 삶에서 유용하기 때문에 이렇게 마무리하는 장에서 소개합니다.

소개하는 명상 가운데 죽음, 자애심, 연민, 상호 간의 힘, 서로 인정하기에 대한 내용은 불교 전통의 일부를 상황에 맞게 다듬은 것입니다. 이번 장에서 다루는 명상법은 특정 종교의 것이 아니라 인류의 유산으로서 우리 모두의 것입니다. 종교적 신앙 의례는 필요치 않으며 자신의 경험에 주의를 기울이려는 마음만 있으면 됩니다. 차분한 마음으로 천천히 읽는 것이 가장 좋습니다. 심호흡도 도움이 될 것입니다.

다른 사람에게 소리 내어 읽어주거나 녹음할 때에는 사이사이에 자주 침묵하여 상대가 머릿속에 상상을 펼칠 시간을 주세요. 이 활동의 목적은 사람의 마음을 조종하는 것이 아니라 주의를 환기하고 내용을 제안하는 데 있습니다.

> 우리는 위대한 지성의 품에 누워 진리를 얻고, 기관으로서 지성의 활동을 담당한다.
> ─랠프 월도 에머슨(R.W. Emerson)

생명의 그물 명상

 이 명상을 안내하는 동안 워크숍 참가자는 보통 바닥에 누워 시간을 즐깁니다.

최대한 몸의 긴장을 푸세요…. 숨을 들이마시면서 폐와 복부에 숨이 가득 차는 느낌에 집중하세요… 숨이 들어오고 나가는 것을 느낍니다… 산소가 세포 하나하나에 불을 붙이고, 흔들어 깨우면서 생명의 신진대사로 열이 오릅니다… 이 에너지를 느낄 수 있도록 내면 깊숙이 인식을 넓혀보세요….

에너지는 여러분 주변에도 있습니다… 이 에너지가 이 공간에 있는 몸을 모두 지탱하며… 우리를 엮어 생명의 그물을 이룹니다.

에너지의 흐름이 서로 엮인 모습을 상상해보세요. 마치 빛줄기가 얽혀있는 것 같습니다… 그것이 우리 사이를 이어주고, 또 이 공간과 이 순간 너머로 뻗어나갑니다… 이 가닥의 엄청난 다양성을 경험해보세요… 이는 수많은 관계를 맺으며 만들어졌고, 여러분이 다른 이와 함께 나눈 노력과 음식과 웃음과 눈물로 짜여있습니다… 이것이 여러분을 만들고… 이것이 여러분의 중심을 잡아줍니다… 이렇게 엮인 실을 느끼고, 그 속에서 편히 휴식을 취합니다.

이 생명망은 여러분의 뼈와 피부를 지탱하고, 또 뼈와 피부는 여러분이 먹은 음식이 아주 복잡하게 얽혀서 만들어집니다… 곡식과 채소, 과일, 견과류… 흙에서 곡식이 자라 여러분이 빵을 먹고, 나뭇가지에 열매가 열려 여러분이 사과를 먹고… 또한 수많은 손이 갈고 심고 거두고 채취하여… 이 모든 것이 지금 여러분의 몸을 이룹니다….

생명망은 시간을 거슬러 뻗어갑니다…. 어머니, 아버지, 증조할머니, 증조할아버지… 모두 여러분에게 피부색을 주었고… 몸짓과 목소리 등의 특징을 주었습니다…. 생명망은 수많은 세대를 거쳐, 헤아릴 수 없이 많은 우리의 조상을 거쳐 확장됩니다…. 아가미와 날개를 지닌 조상들까지 거슬러 올라갑니다…. 왜냐하면 생명망은 성간 물질로 이루어져서 시간이 흐름에 따라 진화하기 때문이지요. 우리 역시 모두 성간 물질로 이루어져있습니다…. 이 거대한 그물로 인해 우리가 존재하게 되었으며, 한 사람 한 사람이 보석으로서 그물코에 자리합니다…. 하나하나가 무엇으로도 대신할 수 없을 만큼 특별한 보석이지요. 의식함으로써 반짝이며 세상을 비춥니다…. 갈매기가 바다 위를 날며 우는 소리, 산이 우뚝 솟은 광경… 해가 떠오를 때의 빛깔… 소나무와 흙의 향기… 새로운 아이디어가 떠올랐을 때의 들뜬 마음… 반쯤 잊은 노래의 멜로디….

그물의 가닥을 따라 들어오는 고통도 있습니다…. 암에 걸린 친구… 유출된 기름이 뒤덮은 바닷가… 아이를 영영 잃고 흐느껴 우는 이라크의 어머니… 이 사람들을 외면하지 마세요. 바로 지금 이 시기 이 그물에 연결되어있는 이들입니다…. 이러한 슬픔에 마음을 열고, 호흡과 함께 받아들이세요. 에너지와 생명의 흐름이 계속 드나들 수 있도록, 그래서 변화하도록 말입니다…. 우리가 만약 고통을 차단한다면 기쁨 또한 차단하는 것입니다…. 이렇게 끊임없이 움직이는 그물의 흐름에는 힘이 있습니다. 우리를 풍요롭게 하는 사랑, 우리가 전해주는 사랑… 여러분을 통해 흐르는 관심과 사랑을 느껴보세요….

그물의 고동치는 리듬에도 마음을 열어보세요. 잡음, 속삭임, 갑작스러운 움직임…. 드넓은 네트워크를 통해 온갖 형태가 생겨났고, 지능이 발달하기 시작했습니다…. 이로 인해 앵무새와 심해 송어가 모습을 갖추었듯, 마찬가지로 여러분이 모습을 갖추었습니다…. 여러분은 이 그물로 이루어졌고… 그물의 일부입니다. 이제 걷잡을 수 없던 공포심마저도… 열린 마음으로 받아들이세요. 두렵지 않은 것, 마음이 편해지는 것, 경계심을 품게 되는 것, 이 모든 것에 마음을 엽니다…. 우리는 스스로를 잘 아는 우주입니다….

이제 이 험난하고 혹독한 시기를 살아가는… 우리 형제자매 모두에게 마음을 여세요. 우리는 이제 어느 어두운 장소를 지나갑니다. 혼자 가는 것은 아닙니다…. 어둠에 관하여 훌륭한 지식이 없지 않습니다. 우리는 어둠에서 왔으며, 어둠은 우리 눈 뒤편에 자리합니다…. 우리는 어둠이 분명해질 때까지… 그래서 제자리를 찾을 때까지 함께 어둠을 들여다볼 것입니다. … 그물이 우리 모두를 지탱하므로 그물이 닿지 않는 곳은 그 어디에도 없습니다.

공간과 시간을 뛰어넘는 이 연결성을 계속 느끼면서, 몸을 조금씩 움직이고 쭉 뻗으며 눈을 뜨세요….

가이아 명상[1]

⟲ 이 간단한 안내 명상은 존 시드와 조애나가 쓴 것으로, 우리가 자신을 지구의 구성요소, 진화하는 생물체와 완전히 동일시할 수 있도록 안내합니다. 주로 둘씩 짝을 이뤄 진행하며, 내용을 듣는 동안 서로 응시합니다.

당신은 무엇입니까? 나는 무엇입니까? 물(水), 대지(地), 공기(風), 불(火)을 넘나드는 순환, 그것이 나이고 그것이 당신입니다.

물은 혈액, 림프, 점액, 땀, 눈물이자 달이 끌어당기는 몸속의 바다입니다. 이 바다에 밀물이 들고 썰물이 집니다. 줄줄 흐르는 액체가 세포를 띄우고, 하나로 이어진 강줄기를 거치며 소화관과 정맥, 모세혈관을 씻어내고 양분을 공급합니다. 수분은 당신과 나에게 쏟아져 들어오고, 당신과 나에게서 흘러 나가면서 물 순환이라는 방대한 시의 한 자락이 됩니다. 당신이 그것이고 내가 그것입니다.

대지는 바위와 흙으로 구성된 물질입니다. 이 역시 달이 끌어당김으로써 마그마가 지구의 심장을 순환하고, 온갖 뿌리가 분자를 빨아들여 생명활동을 이어갑니다. 몸속의 각 세포는 7년마다 대체되는데, 이때 대지가 우리 몸 안으로 쏟아져 들어옵니다. 재는 재로 돌아가고, 먼지는 먼지로 돌아가듯 우리는 대지를 섭취하고 소화하고 배출하며, 또한 대지로 이루어져있습니다. 내가 그것이고 당신이 그것입니다.

공기, 대기권은 지구를 둘러싼 막이자 들숨과 날숨입니다. 우리가 이산화탄소를 내뱉으면 나무가 들이마시고, 나무가 신선한 물질을 내뿜으면 우리가 들이마십니다. 산소는 세포 하나하나를 스치며 깨우고, 이러한 공기 분자는 계속해서 신진대사 과정에 참여하며 몸에 스며듭니다. 이렇게 우주를 다시 마시고 내뱉을 때 공기가 순환하며 추는 춤이 바로 당신이고, 나입니다.

불은 태양에서 와 모든 생명의 연료가 됩니다. 식물을 자라게 하고, 물을 하늘로 끌어올린 뒤 다시 떨어뜨려 채워줍니다. 신진대사, 즉 우리 몸속의 용광로를 달구는 원천은 우주의 시공간에서 생겨난 물질/에너지입니다. 이 열기는 원시 바다(primordial soup)에 번갯불이 번쩍이며 생명체의 탄생을 촉발한 바로 그 불입니다.

당신이 그곳에 있었고, 내가 그곳에 있었습니다. 우리 몸의 각 세포는 그때부터 끊임없이 이어져 내려온 것이기 때문입니다. 원자는 분자가 되고, 분자는 세포가 되고, 세포는 유기체가 되기를 갈망하여 이어졌기 때문입니다. 그렇게 여러 형태가 만들어지면서 죽음이 생겨나고, 동시에 성性이 생겨났습니다. 그런 뒤에 우리가 식물의 영역에서 분리되었습니다. 그래서 우리는 성교 중에 동물은 물론 식물과 이어지는 태고의 떨림을 느낄 수 있습니다. 우리는 그렇게 끊임없이 이어져왔습니다. 물고기가 육지 걷는 법을 배우고 비늘이 날개가 되면서, 생명의 시대에 여러 차례 이동함으로써 이어진 것입니다.

우리가 인간의 모습이 된 것은 최근의 일입니다. 지구 전체의 역사를 자정부터 24시간으로 본다면, 생물이 나타나기 시작한 것은 오후 5시… 포유류가 나타난 시각은 밤 11시 30분… 자정이 되기 기껏해야 몇 초 전에 출현한 것이 바로 우리 인간 종입니다. 지금껏 이어진 지구의 여정에서 우리는 현재 걸친 이 모습보다 훨씬 오래도록 다른 모습을 하고 있었습니다. 우리가 기억하는 옛 모습 중 일부는 어머니의 자궁에 있을 때 나타납니다. 꼬리와 아가미의 흔적이 남아있으며, 지느러미가 자라서 손이 되지요.

그토록 기나긴 여정에서 우리는 수차례 낡은 형태를 버리고, 오래된 방식을 포기하여 새로운 것이 생겨났습니다. 그러나 어떠한 것이든 영원히 사라지지는 않습니다. 형태가 변할지라도 모두 되돌아옵니다. 낡은 세포는 이끼와 거머리, 육식성 새를 통해 되살아납니다….

이번 죽음을 생각해보세요. 여러분의 살과 뼈를 이 순환에 되돌려줍니다. 내어주는 것이지요. 여러분이 될 통통한 벌레를 사랑하세요. 지칠 대로 지친 당신의 존재가 생명의 샘을 지나며 정화됩니다.

당신을 바라보며 당신을 구성하는 다양한 생명체까지 모두 봅니다. 세포 속 미토콘드리아, 장 속 세균, 피부 표면에 가득한 생물을 봅니다. 위대한 공생共生이란 바로 당신입니다. 수없이 많은 존재가 믿기 어려울 만큼 서로 조화를 이루고 협력합니다. 당신도 그렇습니다. 당신의 몸이 거대한 공생의 일부인 것과 마찬가지로, 보다 폭넓은 상호관계 속에서 살아갑니다. 그러므로 나무 사이를 지날 때 주고받음을 의식해보세요. 당신이 내뱉은 이산화탄소가 잎에 전해지고, 잎은 다시 당신에게 신선한 산소를 내뿜습니다. 이를 느껴보세요.

이 오랜 협력관계의 순환을 몇 번이고 곱씹어보세요. 고난을 겪는 지금 이 시기, 이 순환에 의지하세요. 당신의 본질과 여정을 볼 때 일체감은 당신의 내면 깊숙이 자리하고 있습니다. 지금 이 두려운 시기, 당신이 간직한 일체감에 의지하세요. 당신에게는 대지가 낳은 지혜, 만물과 상호 의존하는 지혜가 있습니다. 이제 이 지혜에서 용기와 힘을 얻으세요. 그리하여 위험에 처한 이 시기, 우리는 서로를 일깨울 수 있습니다.

죽음 명상

종교의 길은 대부분 인간 삶이 영원하지 않다는 것을 인식하면서부터 시작됩니다. 중세 기독교인들이 신비극 〈에브리맨

(Everyman)〉에서 이를 인정했습니다. 야키Yaqui족 주술사 돈 후안은 깨달음을 얻은 전사가 어깨에 죽음을 지고 걷는다고 가르쳤습니다. 우리는 죽음을 피할 수 없다는 사실을 직면하고 받아들임으로써 사소한 문제에서 벗어나 담대하게 살아갈 수 있습니다.

불자들의 초기 명상 중에는 '죽음은 확실하다'와 '죽는 때는 불확실하다'는 이중적 사실에 대한 반추가 포함되어 있습니다. 오늘날 핵무기는 어떤 의미에서 정신적 스승 역할을 하며 우리가 이 같은 명상을 하게 만듭니다. 언제든 예고도 없이 다 함께 죽을 수 있다는 사실을 핵무기가 깨우쳐주기 때문이지요. 그러한 가능성을 의식하게 되면 고통스럽습니다. 하지만 괴로움과 더불어 정신이 번쩍 들면서 생명의 고귀함을 깨닫고, 물체 하나하나의 아름다움과 유일무이함을 한층 더 깊이 인식하게 됩니다.

여러분이 마주한 친구 또는 낯선 사람을 바라보세요. 이 사람이 어느 위태로운 행성에 살고 있음을 의식해봅니다. 이 사람은 핵전쟁으로 죽을 수도 있고, 우리 세상에 퍼지는 독성물질 때문에 죽을 수도 있습니다. 세상에 오직 하나뿐이며 각종 위험에 노출된 그 얼굴을 관찰하세요… 그 두 눈으로 여전히 앞을 볼 수 있습니다. 빈 구멍이 아닙니다… 피부도 아직 온전합니다… 이 사람이 그런 고통을 겪지 않길 바라는 여러분의 마음을 살펴보세요. 그 갈망의 힘을 느껴보세요… 계속해서 호흡합니다….

또한 여러분이 죽을 때 이 사람이 내 곁을 지켜줄 가능성을 떠올려보세요…. 여러분이 마지막으로 보는 얼굴… 마지막으로 잡는 손… 바로 이 손이 여러분을 돕고, 위로하고, 여러분에게 물을 건네는 손일지 모릅니다…. 여러분 내면에 이는 관심과 연결성에 마음을 여세요….

자애심 명상

자애(慈愛, metta)는 붓다의 네 가지 거처, 사무량심四無量心 가운데 첫 번째입니다. 자애심을 불러일으키고 유지하는 명상은 스리랑카의 지역사회 발전을 위한 운동 '사르보다야 슈라마다나'에서 기본이 됩니다. 매번 회의를 시작할 때마다 몇 분간 침묵하며 이 같은 명상을 합니다. 그 덕분에 마을 작업자들은 근무할 의욕이 생기고 부족한 자신감이나 반감을 극복한다고 합니다.

조애나는 처음 이 명상을 티베트의 카르마 케촉 팔모 스님에게서 지도받았습니다. 다음은 불교에 익숙지 않은 서구인을 위해 직접 고쳐 쓴 내용을 전해 받은 것입니다.

눈을 감고 긴장을 풀며 숨을 내쉽니다. 이제 평소처럼 호흡하며 그 호흡에 집중하세요. 사소한 생각을 전부 떨쳐버리고 그저 들숨과 날숨에 가만히 주의를 기울입니다….

이제 여러분이 무척 사랑하는 누군가를 떠올려보세요…. 마음의 눈에 사랑스러운 얼굴이 보입니다…. 속으로 이름을 불러보세요…. 여러분이 이 생명체를 사랑하는 마음을 느껴보세요. 마치 에너지 한 줄기가 여러분을 관통해 흘러들어오는 것과 같습니다…. 이제 이 사람이 두려워하지 않기를 여러분이 얼마나 바라는지 느껴보세요. 이 사람이 탐욕과 악의, 혼란과 슬픔, 고통이 따르는 그 모든 것에서 벗어나기를 여러분이 얼마나 열렬히 바라는지 느껴보세요…. 바로 그 바람이 위대한 자애심입니다….

계속해서 심장을 타고 따뜻하게 흐르는 기운을 느껴보세요. 마음의 눈으로, 일상을 함께하거나 같이 살고 같이 일하는 사람들을 바라보세요. 가족, 친한 친구, 동료… 이 사람들이 지금 여러분 주위에 나타났다고 상상해보세요. 한 사람 한 사람을 바라보며 속으로 이름을 불러봅니다…. 그리고 자애심의 흐름이 조금 전과 똑같이, 조금도 덜하지 않게 차례로 한 사람 한 사람을 향하도록 하세요…. 이들 가운데에는 여러분과 서먹하거나 갈등이 생긴 사람도 있겠지요. 특히 그런 사람을 향한 여러분의 바람, 한 사람 한 사람이 두려움, 증오심, 탐욕과 어리석음, 고통이 따르는 그 모든 것에서 벗어나기를 바라는 마음을 느껴봅니다….

이제 원을 조금 더 넓혀서 여러분의 친척과 지인을 떠올려보세요…. 마음의 눈에 보이는 얼굴을 가만히 바라보며 자애심의 빛을 전해주세요. 이들 또한 탐욕, 두려움, 증오심, 혼란에서 벗어나기를, 모든 생명체가 행복하기를 여러분이 얼마나 바라는지 느껴보세요….

이들 너머에도 동심원은 여전히 퍼져나갑니다. 이제 여러분과 현재 지구를 공유하는 모든 생명체를 떠올려보세요. 직접 만나본 적이 없더라도 여러분의 삶은 서로 이어져있습니다. 이 생명체들에게도 똑같이 자애심이 흘러가도록 하세요. 생명체 하나하나가 두려움과 증오심, 탐욕과 혼란에서 벗어나기를… 모든 존재가 고통에서 자유롭기를 여러분이 얼마나 바라는지 느껴보세요….

고대 불교 명상처럼 이제 우리의 자애심은 '허기진 영혼'을 향합니다. 고통에 빠져 잠들지 못하고 배회하는 영혼들이 아직도 두려움과 혼란에 얽매여있습니다. 이 영혼들이 편히 쉬기를…. 위대한 자애심과 이에 따른 평화가 가득한 가운데 편히 쉬기를….

이제 우리는 상상력에 힘입어 지구 밖으로, 우주로, 다른 태양계로, 다른 은하계로, 붓다의 다른 세계로 나아갑니다. 자애심의 흐름은 물리적 거리에 영향을 받지 않습니다. 그러므로 이제 마치 빛줄기를 겨누듯 의식 있는 생명 모두의 중심을 향합니다…. 곳곳에 살아있는 모든 생명체에게 이들 또한 두려움과 탐욕, 증오심과 혼란, 고통의 원인에서 자유롭기를 바라는 우리의 간절한 마음을 전합니다…. 모든 존재가 행복하기를….

이제 저 멀리 우주의 별들 사이에서 여러분의 행성, 여러분의 보금자리 지구를 돌아보세요…. 지구가 칠흑 같은 우주에 걸려 태양 빛을 받으며 돌아가는 모습이 마치 보석과도 같습니다… 흰 소용돌이무늬가 감도는 저 청록 행성은 살아 숨 쉽니다… 또한 이 행성은 여러분을 이루는 모든 것의 원천이자 여러분이 지금껏 알고 소중히 여기는 모든 것의 근원입니다… 이런 지구가 오늘날 날로 심각해지는 위험과 상처를 극복하고 살아남기를 여러분이 얼마나 열렬히 바라는지 느껴보세요. 여러분의 사랑과 치유를 바라는 기도의 강렬한 흐름을 지구에 전합니다…

이제 이 행성에 천천히 다가갑니다. 조금 더 가까이 다가가 바로 이 지역, 이 장소로 돌아옵니다… 이곳에 들어설 때, 여러분이 가장 잘 아는 존재를 바라보세요… 이번 생에 여러분에게 주어진 사람을 봅니다… 여러분은 이 사람에게 사랑이 필요함을 알고, 이 사람이 옳은 일에 대한 열망이 강함을 잘 압니다… 이 존재의 얼굴, 즉 자신의 얼굴이 여러분 눈앞에 보인다고 상상해보세요… 그리고 여러분의 이름을 다정하게 불러보세요… 이번에도 역시 똑같이 강렬한 자애심의 흐름을 전하며 이 존재가 두려움에서 자유롭고, 탐욕과 증오심에서 벗어나고, 어리석음과 혼란과 모든 고통의 원인에서 헤어나기를 여러분이 얼마나 간절히 바라는지 느껴보세요… 여러분을 모든 생명체와 이어주는 위대한 자애심이 이제 여러분 자신을 향하면서… 비로소 자애심을 충분히 알게 되었습니다.

호흡 명상

대부분의 영적 전통에서 기본이 되는 인식은 우리가 고립된 개체가 아니라 광대한 생명망에서 없어서는 안 될 유기적 부분이라는 것입니다. 세상의 고통에 마음을 열기 위해서는, 우리가 깨지는 물건이 아니기 때문에 충격을 받는다고 해서 산산이 부서지거나 고립되지 않는다는 확신이 필요합니다. 우리는 회복력 있는 패턴으로서 거대한 지혜의 그물망 안에 자리합니다.

그동안 우리는 자신이 다른 존재와 무관하며 경쟁하고, 그래서 상처 입기 쉬운 독립체라고 여기는 관점에 길들여졌습니다. 그렇기 때문에 회복력을 다시 배울 필요가 있습니다. 한 가지 방법은 이 호흡 명상(아나빠나 사띠)처럼 간단히 마음을 여는 수련을 하는 것입니다. 다음의 내용은 불교의 자비 명상을 다듬은 것입니다.

눈을 감고 호흡에 집중하세요. 천천히 혹은 길게 숨 쉬는 등 특별한 방법으로 호흡할 필요는 없습니다. 그저 들숨과 날숨에 주의를 기울이세요. 그러면서 자연스레 콧구멍이나 윗입술에서, 가슴이나 복부 안에서 느껴지는 감각에 주목하세요. 마치 고양이가 쥐구멍 옆을 지키는 것처럼 움직임은 최소화하고 정신을 집중합니다….

호흡에 주의를 기울이면서 그것이 저절로 일어난다는 사실에 주목하세요. 여러분의 의지가 없어도, 여러분이 매번 숨을 들이쉴지 내쉴지 결정하지 않아도 일어나는 일입니다…. 숨이 쉬어지는 것 같지요. 생명이 여러분을 호흡하게 하는 것 같습니다…. 여기 이 공간에 있는 모든 사람이 똑같이, 나아가 이 도시에, 이 지구에 있는 모든 이가 생명으로 인해 숨을 쉬게 됩니다. 이로 인해 살아있는 하나의 거대한 그물망 속에서 목숨을 이어나갑니다…. 이제 여러분의 호흡이 공기의 줄기나 띠의 형태를 띤다고 상상해보세요. 그것이 코를 타고 올라가 기도를 따라 내려가서 폐로 들어가는 것이 보입니다. 이제 폐에서 심장으로 갑니다. 이것이 여러분의 심장을 타고 흘러나가서 다시 확장된 생명의 그물망과 이어지는 모습을 떠올려보세요. 이 호흡 줄기가 여러분의 심장을 통과하면서 하나의 고리가 되었습니다. 이것이 여러분과 거대한 그물망을 연결합니다….

이제 세상에 존재하는 고통으로 인식을 넓혀보세요. 잠시 방어막을 전부 내려놓고 여러분이 아는 세상의 고통에 마음을 여세요. 최대한 구체적인 사실에 다가갑시다…. 여러분과 같은 존재가 교도소, 병원, 빈민가, 난민 수용소에서 괴로워하며 도움을 기다리고, 고립되어 외로움과 두려움에 떨고 있습니다…. 이런 이미지를 억지로 떠올릴 필요가 없습니다. 우리는 서로 연결되어있기에 이들의 모습이 어렵지 않게 떠오릅니다. 긴장을 풀고 그저 그 모습이 떠오르게 두세요…. 우리의 벗 인간은 물론, 형제자매 동물이 이 지구의 바다를 헤엄치고 하늘을 날며 수많은 고통, 혹독한 시련을 겪습니다….

이제 공기 줄기에 모래알 같이 떠다니는 고통을 들이마십니다. 그것이 코를 타고 올라가서 기도, 폐, 심장을 관통해 내려가서는 다시 밖으로 나와 세상의 그물로 흘러들어갑니다…. 지금 당장은 아무것도 하지 말고 그저 이 줄기가 여러분의 심장을 통과하게 두세요…. 반드시 이 줄기를 다시 밖으로 내보내야 합니다. 고통에 사로잡히지 마세요…. 지금 당장은 거대한 생명망의 치유하는 힘에 맡기세요….

"모든 슬픔이 내 안에서 익어가게 하십시오." 불교의 고승 샨티데바Shantideva의 말씀입니다. 슬픔은 우리의 심장을 통과함으로써 여물어갑니다…. 이 슬픔은 모두 기름진 거름이 되고… 우리는 여기서 배움을 얻어 거대한 공동의 지혜가 더욱 단단해집니다…. 만약 상상이 잘 안 되거나 감정이 느껴지지 않아서 그저 아득하고 멍하다면, 그러한 것도 들이쉬고 내쉬세요. 무감각 역시 이 세상의 매우 현실적인 부분입니다….

만약 떠오르는 것이 다른 존재의 고통이 아니라, 자신만의 고통이라면 그것 또한 호흡하세요. 개인적인 고통 역시 세상의 슬픔을 이루는 일부이며, 세상의 슬픔과 함께 일어나는 것이니까요…. 혹시라도 너무나 고통스럽다면, 마치 가슴이 찢어질 듯 통증이 느껴진다면, 괜찮습니다. 여러분의 심장은 깨어지는 물건이 아님니다… 설령 그렇다 할지라도 터져버린 심장이 전 우주를 품을 수 있다고 하지 않습니까. 여러분의 가슴은 그만큼 넓습니다. 심장을 믿고 계속해서 호흡하세요….

호흡 명상은 한번 배워두면 일상에서, 우리가 괴로운 정보를 접하는 다양한 상황에서 유용할 것입니다. 나쁜 소식을 듣고 충격 받지 않기 위해 애써 버티기보다 그 자체를 호흡함으로써 우리가 거대한 생명망에 속해있다는 느낌이 보다 강해집니다. 이로써 뉴스를 접할 때나 비난받을 때, 어떤 사람의 고통에 그저 공감할 때에도 맑은 정신과 열린 자세를 유지할 수 있습니다.

이 실습은 활동가를 비롯해 우리 시대의 문제를 가장 가까이에서 다루는 사람들이 무기력증 등의 번아웃 상태를 예방하는 데 도움이 됩니다. 또한 우리가 고통을 느끼고 힘을 얻는 이유는 모두 서로 이어져있기 때문임을 다시금 일깨우고, 치유의 수단으로서 겸손을 제시합니다. 세상을 소중히 여기는 만큼 고통을 느끼는 것이라고 받아들이면 어떤 극적 사건이나 독선에 빠지지 않고 자연스레 행동으로 이어지기 때문입니다.

공덕으로 이루어진 위대한 공(球)

연민은 다른 사람이 슬플 때 같이 슬픔을 느끼는 것이라고 흔히 이해하는데, 이는 동전의 한 면일 뿐입니다. 나머지 한 면은 다른 이가 기쁠 때 함께 기쁨을 느끼는 것입니다. 이를 불교에서는 '희무량심喜無量心'이라고 합니다. 우리가 스스로 다른 이의 괴로움을 자신의 일처럼 동일시하는 정도가 되었다면, 이들의 강점 역시 동일시하여 만족감과 회복력을 높일 수 있습니다. 지금 이 시기 우리는 험난한 고비를 맞아 개개인의 한계를 넘어서 보다 헌신하고 인내하고 용기를 내야 합니다. 우리는 신경망 안의 다른 신경세포를 끌어 쓸 수 있습니다. 마치 은행의 돈처럼 다른 신경세포를 기꺼이 현재의 자원으로 여길 수 있습니다.

이 실습은 2천 년 전 대승불교 초기에 쓰인 '수희隨喜와 회향廻向'을 고쳐 쓴 것입니다. 원래의 내용은 《팔천송반야경八千頌般若經》[2] 제6장에서 찾아볼 수 있습니다. 이 내용을 두 가지 방식으로 나눌 때 오늘날 매우 유용하다고 판단했습니다. 그중 첫 번째가 워크숍에서 활용하는 것으로, 고대의 수행에 더욱 가깝습니다. 이 명상을 이끌 때에는 반드시 손짓을 곁들이세요.

> 전쟁과 종교 폭동, 환경 파괴, 이라크 공격 계획의 날조 등이 계속되는 와중에 균형을 잡아 주는 행동도 수천 가지나 됨을 깨닫는다. 믿기 어려울 만큼 너그럽고 인도적인 행동과 예술, 아름다움이 지금 이 순간 화분에서부터 대성당까지 세계 곳곳에서 상상하지 못할 규모로 일어난다.
>
> ─마크 모퍼드(Mark Morford)

긴장을 풀고 눈을 감습니다. 지금 이 지구의 시간을 공유하는 모든 생명체에 마음을 여세요… 이 도시…, 이 나라…, 더 나아가 다른 나라의 모든 존재…. 마음의 눈으로 이 수많은 사람을 바라보세요…. 인식을 더욱 넓혀 이제까지 살아온 모든 생명체를 아우릅니다…. 종과 종교와 계층에 상관없이, 부유한 자와 가난한 자, 왕과 거지, 성인과 죄인…. 우리와 같은 이 생명체가 저 멀리까지 줄지어 마치 산줄기가 펼쳐진 듯 광활한 풍경을 이룹니다….

이제 이 수많은 삶 각각이 어떤 공덕을 쌓았는지 생각해보세요. 아무리 해를 입고 불우한 삶이었다 할지라도 너그러운 행동 하나, 사랑이라는 선물 하나, 용감하거나 혹은 자기를 희생한 행동 하나쯤은 있었습니다…. 전쟁터에서, 혹은 직장에서, 병원이나 가정에서…. 끝없이 줄지어 선 이 생명체에게서 용감하고 선한 행동, 가르치고 치유하는 행동이 일어났습니다. 이렇게 헤아릴 수도 없이 다양한 공덕을 바라봅시다….

여러분이 이 공덕을 함께 쓸어 모을 수 있다고 상상해보세요…. 그것을 한데 모아서 여러분 앞에 더미로 쌓으세요…. 여러분의 손으로 이들의 공덕을 모아서… 기뻐하고 고마워하는 마음으로 쌓아올립니다…. 이제 이것을 가볍게 두드리면서 하나의 공으로 만드세요…. 이것이 바로 공덕으로 이루어진 위대한 공입니다…. 이제 이것을 손으로 잡아 무게를 가늠해보세요…. 선행은 결코 사라지지 않는다는 사실을 알았으니 크게 기뻐하세요. 선행은 영원히, 그리고 항상 현재의 자원으로… 삶의 변화를 일으킬 수단으로 남아있습니다…. 그러므로 이제 여러분은 환희와 감격에 차서 이 위대한 공을 굴립니다… 굴리고… 굴려서… 우리 세상의 치유를 향해 나아가게 합니다.

현대 과학에서 배우는 대로, 또한 실재를 홀로그램 모형으로 나타내 보이는 것처럼 우리 삶은 서로 스며들어있습니다. 시공간의 유동적인 태피스트리의 근원에서는 '나'와 '남'이 구분되지 않습니다. 여러 사람의 행동과 의도는 씨앗과 같아서 우리의 삶을 통해 싹을 틔우고 열매를 맺을 수 있습니다. 이를 위해서는 다양한 행동과 의도를 인식하고, 이러한 인식을 바탕으로 우리 모두에게 자율성을 부여하는 것들에 집중해야 합니다. 석가모니, 예수, 도로시 데이, 간디, 마틴 루터 킹, 왕가리 마타이, 넬슨 만델라, 그 밖의 수많은 우리 시대의 영웅이 모두 '공덕으로 이루어진 공'의 일부일 수 있습니다. 우리는 이 공에서 영감을 얻고 강점을 발휘합니다. 다른 여러 전통에서도 이와 비슷한 개념, 이를테면 가톨릭교의 '공로의 보고(Treasury of Merit)'가 있습니다.

이 명상의 두 번째 형태는 일상에서 활용하는 용도로서, 주위의 평범한 사람들의 힘을 알아차리는 데 도움이 됩니다. 대개 힘을 개인이 소유하여 타인에게 행사하는 것으로 여기지만, 여기서 힘은 이같이 가부장적인 개념과 정반대되는 의미입니다. 이 활동을 통해 우리가 일상에서 만나는 사람 모두에게 더욱 주의를 기울이면서 이들은 공덕으로 이루어진 공을 어떻게 키울 수 있을지, 이전과 달리 열린 마음으로 호기심을 갖고 바라볼 수 있습니다. 이 명상을 활용해 버스에서, 혹은 협상하는 자리에서 누군가와 마주할 때 내면의 게임을 벌일 수 있습니다. 특히 우리와 갈등을 겪는 상대를 대할 때 유용합니다.

마음속으로 다음과 같이 질문을 던집니다.

이 사람은 공덕으로 이루어진 공에 어떤 보탬이 될까?

어떤 지성을 발휘하여 우리 공동의 저장고를 풍요롭게 할까?

이 사람이 숨겨둔 끈질긴 인내력은 어떤 일에 도움이 될까?

저 눈 너머에서는 어떤 상상이 펼쳐질까?

저 눈 너머에는 어떠한 사랑의 힘이 숨어있을까?

저 입술은 어떠한 친절함이나 용기를 감추고 있을까?

저 손으로는 무엇을 치유할 수 있을까?

그런 뒤에 우리는 호흡 명상에서와 마찬가지로 이들의 강점에 마음을 열고, 이러한 강점이 존재함에 기뻐하며 인식한 것들을 들이마십니다.

보통 우리는 다른 사람의 힘을 인식할 때 자신이 무능하게 느껴질 때가 많습니다. 말솜씨가 뛰어난 동료 앞에서는 자신이 표현에

서툰 것 같고, 운동선수 버금가는 사람 앞에서는 자신이 약하고 어설프다고 생각하게 됩니다. 그래서 결국은 우리 자신과 상대를 모두 못마땅하게 여기지요. 우리는 공덕으로 이루어진 위대한 공을 통해 비교하는 습관과 시기심에서 벗어날 수 있습니다. 다른 이의 재능과 복은 쟁취해야 하는 것이 아니라 우리가 누릴 수 있는 자원임을 깨닫습니다. 우리는 탐정 역할을 배워서 전혀 예상치 못한 곳에서 삶을 풍요롭게 할 보물을 캐내는 것입니다. 그 보물은 공기와 태양, 물과 같이 공공선의 일부가 됩니다.

이 실습을 통해 우리는 시기심이라는 정신적 경련 상태를 벗어날 뿐 아니라 두 가지 보상을 얻습니다. 하나는 공덕을 감지하는 능력을 계발하여 스스로 명민해진 데서 느끼는 기쁨입니다. 또 하나는 상대의 반응입니다. 상대는 우리가 하는 게임을 모르지만, 우리의 태도에서 자신의 잠재된 모습을 이끄는 듯한 느낌을 받을 수 있습니다.

사무량심

(서로 바라보는 법 배우기)

 이 명상은 불교의 사무량심四無量心을 고쳐 쓴 것입니다. 사무량심은 '네 가지 거처', '천상의 거처'라고도 하는데,

이는 자애심慈愛心(남에게 즐거움을 주려는 마음), 연민심憐愍心(남의 괴로움을 덜어 주려는 마음), 동락심同樂心(남이 즐거우면 기뻐하는 마음), 평정심平靜心(남을 평등하게 대하려는 마음)을 의미합니다. 이를 통해 서로를 진정으로 바라보고 우리가 본디 가진 연결성을 경험할 수 있습니다.

워크숍에서는 서로 마주하기(각기 다른 상대 네 명과 함께하거나 둘씩 앉아서 마주보는 형태 모두) 중에 안내 명상으로서 이 실습을 진행합니다. 우리는 실습 막바지에 바쁜 일상에서 이 명상을 활용해보라고 권합니다. 시선이 다른 사람을 향할 때, 예를 들어 전철에서나 줄을 서서 기다리는 중에 지루함을 해소하기 아주 좋은 방법입니다. 공허한 시간이 이 명상을 통해 아름다움과 새로운 발견으로 가득 찰 것입니다. 또한 이 명상은 누군가를 싫어하거나 무시하고 싶어질 때에도 유용합니다. 자신에게 익숙한 관점을 벗어나는 것이지요. 이를 행동명상(meditation-in-action)으로 활용하려면, 물론 길잡이 명상만큼 한 사람이 상대방을 오래도록 바라볼 수 없으므로 한 번 슬쩍 보는 것으로 충분합니다.

여러 문화권에서 상대방의 눈을 똑바로 쳐다보는 것을 무례하다고 여깁니다. 심지어 미국에서도 시선이 계속해서 마주치면 당황할 수 있습니다. 그러므로 이 같은 분위기를 만들기보다는 상대방이 지금 내 앞에 존재함을 의식하라고 권하세요. 서로 마주한 상태에서 눈을 감는다 하더라도 상대의 얼굴을 머릿속에 떠올리고, 다시 기억하기 위해 이따금 눈을 뜨는 것도 좋은 방법입니다.

서로 마주하기를 진행하며 이 실습을 안내할 때, 다음의 내용을 활용할 수 있습니다.

이제 또 다른 사람 앞에 서서 상대방의 손을 잡으세요. 그리고 편안히 호흡하세요. 여러분 앞에는 지구 행성에서 온 한 인간이 있습니다. 이제 여러분에게 이 생명체만의 독특함을 바라볼 기회가 주어졌습니다….

첫 번째로 자애심(慈無量心)에 들어서기 위해 이 생명체 안에 자리한 재능과 강점에 마음을 여세요…. 단지 짐작할 뿐이지만, 저 눈 너머에는 가늠할 수도 없는 예비 자원이 있습니다. 용기와 지성… 인내력과 재치와 지혜… 이 사람 자신조차 알지 못하는 재능이 자리합니다…. 이러한 힘과 잠재력을 믿고 발휘한다면, 세상을 치유하기 위해 무엇을 할 수 있을지 숙고해보세요…. 이를 생각하면서 이 사람이 두려움에서 벗어나기를… 탐욕에서 헤어나고… 혐오와 혼란, 고통을 부르는 모든 것에서 자유롭길 바라는 마음을 느껴보세요…. 이를 얼마나 진정으로 바라는지 느낄 때, 그것이 바로 위대한 자애심입니다…. 세상을 치유하는 명약이지요.

이제 이 사람에게 고개 숙여 인사하고 여러분이 가고 싶은 방향으로 발을 옮겨 다시 배회해도 좋습니다.

또 다른 사람과 마주하여 두 손을 잡으세요. 이번에도 마음을 열어 여러분 앞의 유일무이한 인간, 다시는 없을 인간을 바라보세요. 두 번째는 연민심(悲無量心)입니다. 이제 이 사람의 삶에 자리한 고통에 마음을 열어두세요. 모든 인간이 그렇듯, 이 사람 안에도 슬픔이 자리합니다. 단지 짐작할 뿐이지만, 그 안에는 낙담과 좌절, 상실과 고독과 악담… 이 사람이 누구에게도 털어놓지 않았을 상처가 있을지 모릅니다… 고통을 없애줄 수는 없지만, 고통을 함께해줄 수는 있습니다. 기꺼이 다른 이의 고통을 함께하리라는 마음이 들 때, 그것이 바로 위대한 연민심입니다. 세상을 치유하는 데 매우 효과적이지요….

다시 고개 숙여 인사하고 여러분이 가고 싶은 방향으로 발을 옮겨 배회하다가 또 다른 사람과 마주칩니다.

세 번째로 동락심(喜無量心)에 들어서며 두 손을 어깨 높이에서 합장하세요. 여러분 앞에 있는 사람을 바라보면서, 함께 일한다면 얼마나 좋을지 생각해보세요… 공동 프로젝트에 공들이고, 공동 목표를 향해… 어쩌면 원대한 목표일지 모릅니다… 함께 작업하면 어떨지 생각해보세요. 같이 구상하고 계획하고 합의하고, 위험을 무릅쓰고… 서로의 강점을 발견하고… 도중에 성공을 기념하거나, 차질이 생기면 서로 위로하고, 잘못됐을 때에는 서로 용서하고… 그저 서로의 곁에 있어주는 것입니다… 그러한 가능성을 열어둘 때, 여러분은 다른 이의 힘에서 힘을 얻고 다른 이의 기쁨에서 기쁨을 얻게 됩니다… 위대한 자산에 마음을 여는 것이지요….

또 한 번 고개 숙여 인사하고 여러분이 가고 싶은 방향으로 발을 옮겨 배회하다가 네 번째 사람과 마주칩니다.

이제 마지막, 네 번째로 평정심(捨無量心)에 들어서며 여러분 마음속 깊은 곳을 향해 눈을 뜨세요. 마치 돌덩이가 저 아래로, 이루 말할 수 없는 곳까지 가라앉듯… 저 깊은 관계의 흐름으로 향합니다…. 우리의 삶은 시간과 공간을 넘나들며 무수한 만남과 수많은 방식을 통해 이 흐름과 뒤얽혀있습니다…. 여러분 앞의 생명체를 마치 다른 시간, 다른 공간에 있는 얼굴을 보듯 바라보세요. 여러분이 사랑하던 사람이나 원수, 부모님이나 자녀의 옛 얼굴을 보듯 바라보세요…. 그리고 약속이나 한 듯 다시 지금 이 순간에 만났습니다…. 게다가 여러분은 하나의 거대한 생명체의 머릿속 신경세포들처럼 모두의 삶이 떼려야 뗄 수 없는 관계임을 잘 압니다…. 여러분은 그 그물에서 떨어져 나올 수 없습니다…. 어떤 어리석은 짓이나 실패를 하더라도, 아무리 비겁하게 굴더라도 살아있는 그 그물과 단절될 수 없습니다. 그것이 여러분의 정체이기 때문이지요…. 이를 안다는 사실에 기대세요. 위대한 평정심에 기대어 편히 쉬세요…. 이로써 우리는 무엇이든 무릅쓰고 행동할 수 있습니다…. 그리고 지금까지의 마주침 하나하나로 인해 우리는 참된 본성으로 돌아갈 수 있습니다…. 실로 그러합니다.

앞서 '죽음 명상'에서는 오늘날 개개인이 얼마나 위험한 상황에 처했는지 깨달았습니다. 이에 뒤따르는 결과가 바로 이 실습입니다.
다음과 같은 제안으로 워크숍을 마무리합시다.

여러분 눈에 들어오는 주변 사람을 쳐다보세요…. 이웃, 어린이,
동료, 버스 운전사, 아니면 거울로 여러분 자신의 얼굴을 보세요.
바라보며 이 사실을 알아차립니다.
'이 사람에게는 세상을 치유할 재능이 있고, 모든 생명체의 기쁨
에 이바지할 힘이 있습니다.'

발원문

다음 발원문은 워크숍에서 중심을 잡는 의식이 필요한 순간에
활용할 수 있습니다. 예컨대 〈우리가 누구인지 잊어버렸습니다〉는
세상에 대한 고통 존중하기 단계에서 강도 높은 실습 전후에, 혹은
새로운 눈으로 보기로 넘어갈 때 진행할 수 있고, 〈우리는 함께 떠
납니다〉는 워크숍을 시작할 때나 앞으로 나아가기 단계에서 진행해
도 좋습니다.

이 둘은 주로 번갈아 읽는 형태로 진행되는데, 안내자가 주요 문
장을 읽고 이에 대응해 나머지 참가자들이 해당 문장을 읽습니다.
각 반응이 끝날 때마다 명상용 종을 울려도 좋습니다.

우리가 누구인지 잊어버렸습니다

(유엔 환경 안식일[3] 중)

참가자 | 우리가 누구인지 잊어버렸습니다.

우리가 누구인지 잊어버렸습니다.

안내자 | 우리는 그동안 우주가 펼쳐지는 것에 소원했습니다.

그동안 지구의 움직임에 관심을 두지 않았습니다.

그동안 생명의 순환에 등을 돌렸습니다.

참가자 | 우리가 누구인지 잊어버렸습니다.

안내자 | 우리는 그동안 자신만의 안전을 추구했습니다.

그동안 우리 자신만의 목적을 위해 개발했습니다.

그동안 지식을 왜곡했습니다.

그동안 힘을 남용하고 오용했습니다.

참가자 | 우리가 누구인지 잊어버렸습니다.

안내자 | 이제 토지가 메말랐습니다.

물은 유독물질로 오염되었습니다.

공기는 더럽혀졌습니다.

참가자 | 우리가 누구인지 잊어버렸습니다.

안내자 | 이제 숲이 죽어갑니다.

그리고 생물은 사라져갑니다.

그리고 인간은 절망에 잠겼습니다.

참가자 | 우리가 누구인지 잊어버렸습니다.

안내자 | 우리는 용서를 구합니다.

우리는 기억해내는 재능을 갈구합니다.

우리는 변화할 힘을 갈망합니다.

참가자 | 우리가 누구인지 잊어버렸습니다.

❈ ❈ ❈

우리는 함께 떠납니다

안내자 | 어둠이 날로 짙어감에도 불구하고

참가자 | 우리는 함께 떠납니다.

안내자 | 생태계가 붕괴되어감에도 불구하고

참가자 | 우리는 함께 떠납니다.

안내자 | 사회적 격변을 겪는 와중에도

참가자 | 우리는 함께 떠납니다.

안내자 | 불확실성이 커져감에도 불구하도

참가자 | 우리는 함께 떠납니다.

다 함께 | 어둠이 날로 짙어감에도 불구하고, 우리는 함께 떠납니다.

안내자 | 진실의 조각들을 찾아 나설 때

참가자 | 우리는 함께 떠납니다.

안내자 | 가능성의 조짐을 찾아 나설 때

참가자 | 우리는 함께 떠납니다.

안내자 | 새로운 시대의 전조를 찾아 나설 때

참가자 | 우리는 함께 떠납니다.

안내자 | 희망의 천사들을 찾아 나설 때

참가자 | 우리는 함께 떠납니다.

다 함께 | 진실의 조각들을 찾아 나설 때, 우리는 새로운 차원의 의미를
향해 함께 떠납니다.

안내자 | 혼돈에 빠진 상황에서 세상을 건설할 때

참가자 | 우리는 함께 떠납니다.

안내자 | 인간이 우월하다는 환상이 산산조각 난 상황에서 세상을 건
설할 때

참가자 | 우리는 함께 떠납니다.

안내자 | 미흡한 제도에서 벗어나 세상을 건설할 때

참가자 | 우리는 함께 떠납니다.

안내자 | 자원을 불공정하게 나누는 상황을 벗어나 세상을 건설할 때

참가자 | 우리는 함께 떠납니다.

다 함께 | 혼돈에 빠진 상황에서 세상을 건설할 때, 우리는 새로운 공정
시대를 향해 함께 떠납니다.

안내자 | 우주가 펼쳐지듯

참가자 | 우리는 함께 떠납니다.

안내자 | 우주가 자연스러운 교감을 통해 펼쳐지듯

참가자 | 우리는 함께 떠납니다.

안내자 | 우주가 새로운 차원의 의미를 통해 펼쳐지듯

참가자 | 우리는 함께 떠납니다.

안내자 | 우주가 새로운 형태의 생명을 통해 펼쳐지듯

참가자 | 우리는 함께 떠납니다.

다 함께 | 우주가 펼쳐지듯, 우리는 하느님* 아래 위대하게 변화하는 존
　　　　　재로서 함께 떠납니다.

＊ 여기서 '하느님'을 생략하거나 '대전환'으로 바꿀 수 있다.

Appendix

•

부록

우리는 압니다.
이 땅은 인간의 소유물이 아니라
오히려 인간이 이 땅의 소유물입니다.
우리는 압니다.
가족이 한 핏줄로 묶이듯 만물은 하나로 이어져있습니다.

시애틀 추장

어떻게 땅의 온기를 팔 수 있다는 말인가

지금은 시애틀이라고 알려진 세알트Sealth 추장이 1854년, 미국 북서부 태평양 연안에서 열린 부족 집회에서 두와미시Duwamish족 언어로 연설을 했습니다. 이때 헨리 스미스 박사Dr. Henry Smith가 혼자 서둘러 받아 적은 것이 기록으로 남았습니다. 스미스 박사는 자신의 언어로 세알트의 아름다운 이미지와 생각을 옮기기에는 역부족이라고 강조한 바 있습니다. 이 기록에는 당시의 어법이 반영되어 있는데, 이를테면 남성명사로써 전체를 일컫는 표현(men 등)이 실제 연설에서 쓰였는지 아닌지는 알 수 없습니다.

이 책에 실린 내용은 1970년에 시나리오작가 테드 페리Ted Perry가 스미스 박사의 메모를 참고하여 재현한 것입니다. 이것을 실습 프로그램에 맞게 요약했음에도 아메리카 선주민이 자연 세계를 숭상하는 마음은 여전히 깊은 감동을 자아냅니다.

워싱턴의 대추장이 우리 땅을 사고 싶다는 말을 전해왔소. …

어찌 하늘과 땅의 온기를 사고팔 수 있소? 우리에게는 이런 발상이 생소하오.

신선한 공기와 반짝이는 물은 우리의 소유물이 아닌데 어찌 그것을 사겠다는 것이오?

우리 종족은 이 땅의 한 자락 한 자락을 신성하게 여길 따름이오. 윤기 나는 솔잎이며 모래 쌓인 기슭이며 짙은 숲에 내리는 안개며 숲속의 빈터며 세차게 날갯짓하는 벌레며 우리 종족이 경험하고 기억하는 하나하나가 모두 성스럽습니다. 수액이 우리 홍인紅人의 기억을 간직한 채 나무속을 타고 흐릅니다. …

우리는 대지의 일부이며 대지 또한 우리의 일부요. …

그러므로 워싱턴의 대추장이 우리 땅을 사고 싶다는 그 말은, 우리에게 거의 전부를 달라는 말과 다를 바 없소.

대추장은 장소를 따로 마련하여 우리끼리 편히 살도록 해주겠다고 전해왔소. 대추장이 우리의 아버지가 되고 우리는 대추장의 자식이 될 것이라 하오.

그래서 우리 땅을 사겠다는 제안을 고려해보겠소만 쉽지 않을 것이오. 우리는 이 땅을 신성하게 여기는 까닭이오.

반짝이며 흐르는 개울과 강은 그저 물이 아니라 우리 조상의 피요. 당신에게 우리 땅을 팔게 되면, 당신은 이 땅의 신성함을 반드시 기억해야 하오. 그리고 당신의 아이들에게 반드시 이 땅의 신성함을 가르치고, 맑은 호수에 신령하게 비치는 모습 하나하나가 우리 종족의 삶에 깃든 사건이며 기억임을 가르쳐야 하오. 물이 흐르는 소리는 곧 할아버지가 내는 목소리입니다.

강은 마른 목을 축여주는 우리 형제요. 강은 카누를 실어 나르고 우리 아이들의 배를 채웁니다. 우리가 당신에게 이 땅을 팔게 되면, 강은 우리의 형제이자 당신의 형제임을 반드시 기억하고 아이들에게 가르쳐야 하오. 또한 당신이 형제에게 베풀듯 반드시 계속해서 강에 친절을 베풀어야 하오. …

공기는 우리 홍인에게 매우 귀중한 것이오. 만물이 같은 숨을 나누는 까닭입니다. 짐승이며 나무며 사람이며 모두가 같은 숨을 나누오. 백인은 자신이 들이쉬는 공기를 의식하지 않는 것 같소. …

그러므로 땅을 사겠다는 제안을 고려해보겠소만 우리가 제안을 받아들일 경우, 한 가지 조건이 있습니다. 당신들 백인은 반드시 이 땅의 짐승을 형제처럼 대해야 합니다. …

짐승이 없다면 무슨 의미가 있겠소? 이 많은 짐승이 사라지면 인간은 크나큰 고독에 빠져 죽고 말 것입니다. 짐승에게 어떤 일이 벌어지든 그 일은 머지않아 인간에게도 벌어집니다. 만물이 서로 이어져있는 까닭입니다.

당신들은 발아래 이 땅이 우리 조상의 유골임을 아이들에게 반드시 가르쳐야 하오. 우리 친족의 생명으로 대지가 풍요로워짐을 당신의 아이들에게 일러주어 이 땅을 존중하게 하십시오. 우리가 우리 아이들에게 가르치는 대로, 대지는 우리 어머니임을 당신의 아이들에게 가르치십시오. 대지에 무슨 일이 닥치든 그것은 대지의 자식에게도 닥치는 법입니다. …

우리는 압니다. 이 땅은 인간의 소유물이 아니라 오히려 인간이 이 땅의 소유물입니다. 우리는 압니다. 가족이 한 핏줄로 묶이듯 만물은 하나로 이어져있습니다.

대지에 무슨 일이 닥치든 그것은 대지의 자식에게 닥치는 법이오. 생명의 그물을 엮는 것은 인간이 아니오. 인간은 그저 생명의 그물에서 한 가닥일 뿐입니다. 인간이 생명의 그물에 무엇을 행하든 그것은 곧 자기 자신에게 행하는 것입니다. …

그러므로 당신에게 우리 땅을 팔게 되면, 우리가 이 땅을 사랑하듯 당신도 사랑하십시오. 우리가 이 땅을 보살피듯 당신도 보살피십시오. 당신의 땅이 되어도 이 땅에 깃든 기억을 그대로 마음에 새겨두십시오. 그리고 온 힘과 온 정신과 온 마음을 다해 이 땅을 지켜 당신의 아이들에게 전하고 이 땅을 사랑해주십시오. …

사라져가는 벗에게

●

알바트로스

　　아메리카흰두루미

　　　말승냥이

　　　　삼림지 카리부

　　　　　대모거북

　　　　　　코뿔소

멸종위기 동물의 목록은 해마다 늘어갑니다. 마음에 새길 이름이 너무 많아지면, 우리는 사라져버린 생명을 어떻게 기릴 수 있을까요? 어떤 장례나 고별인사가 좋을까요?

섬개개비

　　코르시카산 호랑나비

　　　큰뿔야생양

인도비단뱀
짖는원숭이
향유고래
흰긴수염고래

고래 형제여, 우리에게 남은 이 시간 동안 나를 저 깊이 데려가다오. 우리 어머니 대양의 깊은 곳에서 나는 한때 아가미로 숨 쉬고 지느러미로 헤엄쳤으니. 아주 먼 옛날 바다의 소금이 아직도 내 눈물에 흐르는구나. 이제 눈물로는 부족하니 노래가 좋겠다. 내 마음이 감당할 수 없을 만큼 이 벅찬 슬픔에, 내 목이 버텨낼 수 없을 만큼 이 격한 분노에 맞는 노래가 좋겠다.

자이언트검은영양
와이오밍두꺼비
북극곰
회색곰
큰곰
쌍봉낙타
나일악어
양쯔강악어

악어여, 내가 왔던 진창으로 데려가다오. 풍요로운 원시 바다 (primordial soup)에서, 우리 분자의 요람에서 천천히 배를 어루만져다오. 너의 늪이 말라버리기 전에, 콘크리트로 메워지기 전에 한 번만 더 뒹굴게 해다오.

토끼박쥐
　　오실롯
　　　　주머니쥐
　　　　　홍연어
　　　　　　하와이기러기
　　　　　　　오두앵갈매기

얼른 날아올라, 내 머리 위로 높이 솟아올라 바닷가의 하늘을 가르며 훨훨 날아가다오. 여기에 앉지 말고, 더 먼 곳으로 가다오. 석유가 해변과 바위, 바다를 뒤덮어버렸으니. 내 날개는 타르가 끈적하게 들러붙어서 펼칠 수가 없구나.

골든코뉴어
　　서아프리카 타조
　　　　플로리다퓨마
　　　　　갈라파고스펭귄

황제펭

멕시코프레리도그

오소리야, 나를 산울타리 속에 숨겨주렴. 산울타리를 찾을 수가 없니? 그러면 여기에 굴을 하나 파주려무나. 썩어서 흙이 된 잎을 파고 뿌리를 지나서, 한때 우리의 들판이었던 나무 아래까지 굴을 파주렴. 불도저가 내 마음을 밀고 들쑤시는구나. 나를 파고들어 싫증이 날 만큼 마음껏 미로 같은 굴을 파렴.

금강앵무새

청꼬치

눈표범

몰로카이지빠귀

캘리포니아콘돌

상제나비

애벌레여, 내가 여기서 꿈틀대며 기어나가게 해다오. 그리고 나를 둘러 고치를 지어다오. 비단 장막에 싸여 잠들 수 있게 나를 칭칭 감아다오. 거기서 내 뼈가 녹아드는 인고의 시간을 보낼 테니. 만물이 돌아오기만 한다면, 그때까지 기다렸다가 날개를 펼쳐 훨훨 날아갈 테니.

캠프각시바다거북

은연어

긴꼬리코뿔새

바다수달

혹등고래

큰바다사자

몽크바다표범

엄마, 저 얼음덩이 너머로 헤엄쳐 가줘요. 엄마? 어디 있어요? 장화가 내 갈비뼈를 짓누르고, 몽둥이가 내 털을 두들겨요. 하얀 세상이 내 피로 검게 물들어가요.

긴팔원숭이

조이터가젤

치타

친칠라

아시아코끼리

아프리카코끼리

홀로 갇혀 지내면서 괴로움을 잊으려 자꾸만 고개를 흔들 수밖에 없었구나. 나를 데리고 천천히 정글을 가로질러 가다오. 아직도 어딘가에 정글이 남아있겠지. 내 심장은 녹색의 신비로 넘쳐흐른단다. 내 살가죽에 산탄이 박혀 있으니 물웅덩이 옆에서 너의 코로 나를 씻겨다오. 그리고 네 기억이 아직 남아있을 때, 내게 옛 이야기를 들려다오.

사막땅거북
　　따오기
　　　　갈고리부리솔개
　　　　　　산얼룩말
　　　　　　　티베트영양
　　　　　　　　흰배군함조

　우리의 세상처럼 노아의 세상이 끝나갈 무렵, 노아에게도 동물목록이 있었습니다. 우리는 노아가 배에 오르는 판자 옆에서 두루마리를 들고 동물의 이름을 부르며 하나씩 표시하는 모습을 상상합니다. 이제 우리 또한 동물을 하나씩 살펴봅니다.

상아부리딱따구리
　　인더스강돌고래
　　　　서인도제도매너티
　　　　　우드스토크

우리는 고대 노아의 드라마를 반대로 재연합니다. 마치 영화가 거꾸로 재생되듯 동물들이 배를 떠나갑니다.

족제비
    고릴라
        호랑이
            늑대

너희의 발자국이 날로 희미해지는구나. 기다려라. 기다려라. 너무 힘겨운 시기이니. 우리가 망쳐버린 세상에 우리만 두고 떠나지 말아다오.

현세대의 윤리와 미래세대의 권리

●

여기에서는 대전환을 위한 주요 사업 관련 문서와 웹 사이트를 다룹니다. 이는 조애나와 몰리에게 무척 큰 의미가 있는 것으로 지금껏 여러 해 동안 우리 활동의 중심이며, 딥 타임 작업의 자양분이 되었습니다. '핵 감시단 윤리 강령'은 1990년에 제정하고 2011년 7월 개정하였으며, 전문을 실었습니다. 그 밖의 선언문과 관련 웹 사이트는 간략히 소개하겠습니다.

핵 감시단 윤리 강령

'핵 감시단 윤리 강령'은 1988년부터 1994년까지 조애나 메이시, 프랜시스 메이시가 함께한 핵폐기물 관련 학습/행동 정기 모임에서 발전한 것이다. 이들은 공동으로 핵 감시단 슬라이드쇼와 미국 핵폐기물 대규모 지도를 제작, 미국 에너지국(DOE) 규제 공청회에 증거를 제시, 〈핵 감시단 포럼〉(무료 배포 타블로이드판 출판물)을 총 3회

발간, 7대 후손과의 대화와 같은 딥 타임 활동을 고안했다. 이 집단과 작업에 관한 서사적 설명은 조애나의 회고록 《넓어지는 원》을 참고한다.[1]

1. 모든 세대는 이후의 세대를 위하여 삶의 기반과 복지를 보존하는 데 힘써야 한다. 미래세대에 해가 되는 물질을 생산하고 버리는 행위는 도덕적으로 용납할 수 없다.
2. 방사성물질은 심각한 독성과 수명을 고려할 때 생산을 중단해야 마땅하다. 안전하고 재생 가능한 에너지원을 개발하고, 분쟁 해결을 위한 비폭력적 수단을 마련하는 것은 지구 생명체의 안녕과 생존에 반드시 필요하다. 방사성물질을 경제 및 군사 자원으로 여겨서는 안 된다.
3. 입증한 바 없이 우리에게 이롭다고 주장하며 생산, 채굴한 방사성물질은 우리가 기꺼이 책임져야 한다.
4. 미래세대는 이전 세대가 남긴 핵과 핵의 위험성을 알 권리가 있다.
5. 미래세대는 이 같은 위험에서부터 자신의 안전을 지킬 권리가 있다. 그러므로 우리는 방사선의 특성과 영향, 감시 방법, 유출 방지 방법 등 미래세대에 필요할 정보를 전할 책임이 있다. 방사성물질을 매립하면 책임을 다하지 못하게 되고 광범위하게 오염될 위험이 높다는 것을 우리는 인정한다.
6. 방사성물질은 수송 시 사고 및 누출 위험을 피할 수 없다. 그러

므로 생산 현장에 위치한 저장소의 상태가 수송의 위험보다도 매우 심각한 경우에만 운반해야 한다.

7. 공공의 관심과 공적 자금이 가장 필요한 사업은 핵물질을 장기간 처리·보관할 시 위험성을 최소화하는 기술의 연구 및 개발이다.

8. 방사성물질의 특징, 근원, 봉쇄에 관한 공교육은 현세대와 미래 세대의 건강을 위해 반드시 필요하다. 해당 교육은 다음 두 가지 사항에 대한 이해를 넓혀야 한다. 모든 생물체는 서로 연결되어 있다는 것, 방사성물질 봉쇄에는 막대한 기간이 소요된다는 것이다.

9. 방사성물질 관리 정책을 세우기 위하여 시민의 완전한 참여가 필요하다. 이러한 목적을 위하여 누구나 이해하기 쉽고 완전한 정보를 손쉽게 접할 수 있어야 한다.

10. 방사성물질을 지속적으로 봉쇄하는 데 필요한 경계심에는 도덕적 의무가 따른다. 우리는 이 의무를 감당할 수 있으며, 감당하는 능력은 인류 유산의 문화와 정신적 자원을 활용함으로써 계발하고 유지할 수 있다.

'핵 감시단 윤리 강령'은 가치관의 진화하는 표현으로서 방사성물질 관리에 관한 의사결정을 이끌기 위해 제안하는 바이다.[2]

자연/어머니 지구 권리 선언

우리는 '자연의 권리'를 인정함으로써 자연을 지배하는 사고방식에서 벗어나고, 보다 큰 '지구 공동체'의 일원으로서 우리에게 걸맞은 위치를 재정립한다.[3]

2008년 에콰도르는 세계 최초로 자연의 권리를 헌법에 포함하고 자연, 즉 파챠마마(어머니 지구)를 칭송하며 자연이 생명 유지에 반드시 필요한 것임을 공인했다.[4]

2009년 유엔총회에서 4월 22일을 '국제 어머니 지구의 날'로 선포하면서 지구와 생태계가 우리 공동의 보금자리임을 인정하고, 현세대와 미래세대에 필요한 경제, 사회, 환경이 적절한 균형을 이루기 위하여 '자연과의 조화'를 촉진할 필요가 있음을 인정했다.[5]

2010년 4월 볼리비아 코차밤바에서 '기후변화 및 어머니 지구 권리 세계인 회의(World's People's Conference on Climate Change and the Rights of Mother Earth)'가 열렸고, 세계 각지에서 3만 2천 명이 참석하여 '세계 어머니 지구 권리 선언문'을 선포했다.[6]

미래세대의 권리 선언 및 현세대의 책임 법안

몰리 브라운

미국 유타 주의 사막 고원에 자리한 도시 모아브에서 우뚝 솟은 붉은 메사(암석 대지)가 여성 150명과 남성 10여 명을 반갑게 맞았습니다. 2012년 9월 말 '미래세대를 위한 여성 회의(Women's Congress for Future Generations)'가 처음으로 열리는 자리였습니다. 캐나다, 러시아 등 23개국 사람들이 '미래세대의 권리 선언문'을 작성하기 위해 모인 것입니다. 이런 자리에 참석하게 되어 감사한 마음을 안고 캘리포니아 북부에서 여성 아홉 명과 함께 기차를 타고 이동했습니다.

어째서 미래세대의 권리를 고려하고, 이 권리를 지키기 위해 현세대의 책임을 생각하는 것일까요? 다음은 회의 프로그램의 인용문입니다.

인간의 몸부터 수역(bodies of water), 정치적 통일체의 복지에 이르기까지 모든 몸에는 흔적이 남는다. 따라서 현세대는 물론 이전 세대가 경제의 중심에서 핵 기술, 광업, 전쟁, 공해, 공장식 농축수산업, 화석연료 문제를 어떤 방식으로 다루었는지 확인할 수 있다. 장기간 영향을 충분히 고려하지 않은 채 지금껏 방출하고, 매립하고, 파괴하고, 미루고, 탕진한 결과는 미래세대가 물려받을 것이다. 오늘날 우리 사회를 계획하고 조직하는 과정에서 미래세대에 깨끗한 공기와 물, 비옥한 토양과 원료가 필요하다는 사실은 거의 고려하지 않았다.[7]

회의에 참석한 사람들은 우리 인간이 이 같은 결과를 인정하고, 모든 종의 미래세대가 더 이상 피해를 입지 않도록 보호할 책임이 현세대에 있음을 인정해야 한다고 생각했습니다. 선언문은 우리가 처음으로 작성했으나 계속해서 많은 사람들의 생각과 마음을 통해 다듬어지고 전파되어 우리 공동체를 일깨울 것입니다. 그리하여 현재의 선택이, 미래세대는 물론 지구 공동체 구성원 모두에 어떤 영향을 미칠지 숙고하게 될 것입니다. 자치단체 등에서 의사결정 과정에 영향을 미치기 위하여 이 문서를 결의안 혹은 조례로 채택해도 좋습니다.[8]

보디워크와 움직임 및 글쓰기 워크숍

●

보디워크와 움직임

바버라 훈트샤머[*]

재연결 작업을 진행하면서 보디워크(신체가 제 기능을 하도록 치유하는 작업—역자 주)와 움직임이 이 작업에 굉장히 유용하다는 사실을 깨달았습니다. 몸짓과 감각적 자각(sensory awareness)을 통하여 작업을 구현하면 다음과 같은 이점이 있습니다.

1. 긴장을 풀게 됩니다. 참가자는 스스로를 편하게 받아들이고, 더불어 자신의 몸, 함께하는 집단과 공간이 편해집니다. 이로써 비언어적으로 연결됩니다.

---

[*] 바버라 훈트샤머(Barbara Hundshammer)는 독일의 무용 치료사이다.[1]

2. 마음 챙김을 통하여 현재의 순간에 더욱 집중하고, 주의력을 기르면서 재연결 작업의 중요한 기초를 다집니다.

3. 정신과 마음, 몸이 결합합니다. 그렇게 학습 과정은 심화되며 몸의 기반이 세포 수준에서 단단히 잡힙니다.

4. 말로 이론을 설명하는 부분 사이사이에 몸을 움직여 자기 것으로 즐겁게 '소화하는' 시간을 갖습니다.

5. 감정을 느끼고 표출하는 것을 돕습니다.

6. 재연결 작업의 활동을 심화하고 종합합니다.

7. 특정 감정이나 생각, 세부 사항 등에 집착하거나 얽매인 상황에서 벗어나도록 돕습니다.

8. 우리 몸과 자연의 연관성을 극적으로 표현합니다(예컨대 우리 몸을 돌보는 것은 지구를 돌본다는 뜻이기도 합니다).

이 작업의 대략적인 느낌을 전하기 위해 '몸에서 이루어지는 나선형 순환'을 소개하겠습니다. 이는 한 가지 접근법으로서 재연결 작업 나선형 순환의 각 단계에 몸의 자원을 적용합니다. 나의 워크숍에 참가하는 사람들 역시 즐거워하며 유익하다고 느끼는 이 다섯 가지 자원은 스승 수전 하퍼Susan Harper의 도움으로 정립한 것입니다. 수전의 보디워크는 '연속체 몽타주(Continuum Montage)'라는 이름으로, 재연결 작업과 훌륭한 시너지 효과를 냅니다.[2]

생명체의 자원 다섯 가지는 몸이 언제든 활용할 수 있으며 어떤 리더십이나 장비, 훈련 과정 등이 전혀 필요치 않습니다. 나는 항상 워크숍 초반에 나선형 순환과 함께 이 자원을 소개합니다. 그래서 참가자가 현재 필요한 자원은 무엇인지 확인하고, 언제라도 이 자원을 다시 활용할 수 있도록 합니다. 몸의 자원 다섯 가지는 감각력, 중력, 유동성, 호흡, 공간입니다.

제1단계 | 고마움으로 시작하기

| 몸의 자원 : 감각력 | 감각력은 몸(생체)이 느끼고, 알아차리고, 살아 숨 쉬는 능력입니다. 이 능력에는 고마움이 따릅니다. 몸의 감각을 다양하게 알아차릴수록 나라는 유기체를 더 깊이 알 수 있습니다. 감각이란 생명이 나에게 말을 거는 방식입니다. 우리는 입으로 말하기에 앞서 감각의 언어를 이용합니다. 보고 듣고 냄새 맡고 맛보고 만지고 느끼는 능력을 지녔기에 우리는 고마움을 깨닫고 생명의 지성, 즉 자기조직화하는 잠재력과 연결될 수 있습니다. "여러 감각은 서로 밀접하게 연관되어 있으며 상호작용을 합니다. 이를테면 나무의 껍질을 만질 때 나무가 우리를 만지는 것이 느껴집니다. … 다시 말해 감각은 지구가 우리의 생각에 영향을 미치며 행동을 이끄는 주요 방식입니다."[3] 신체 활동 중 우리의 감각을 깨우고 감각적 자각을 극대화하는 것이라면 어떤 활동이든 이 단계에서 도움이 될 것입니다.

| 제1단계 실습 : 파트너에게 아름다운 것 보여주기 | 이 활동은 나의 스승이자 독일의 무용치료 선구자 기젤라 아담Gisela Adam이 고안한 것입니다. 우선 둘씩 모여서 A 또는 B가 될 사람을 정합니다. 파트너 A가 B에게 아름다운 무언가를 보여줄 것입니다. 이때 아무런 말없이 마임(무언극)이나 몸짓, 접촉을 통해 표현해야 합니다. 아름다운 것이란 어떤 공간일 수도 있고, 활동이나 동물, 보물일 수도 있습니다. 파트너 A는 이 놀라운 무언가를 자세히 생생하게 묘사하여 두 사람 모두가 이를 알아차리고 느낄 수 있도록 합니다. 예를 들어 파트너 A가 이것에 닿기 위해 상대의 손을 잡거나 비행기를 타고, 강을 헤엄쳐 건널 수 있습니다. 이 과정에 10분 정도 할애합니다. 파트너 A가 돌아오면 B는 A가 보여준 것이 무엇일지 말하고, A는 답을 알려줍니다.

그런 다음 역할을 바꿉니다. 이 활동을 통해 즐거움과 창의력, 아이 같은 호기심, 연결성, 웃음을 얻고 긴장이 풀리면서 현재의 순간에 집중할 수 있습니다. 이로써 고마움을 느낄 수 있도록 훌륭한 기반을 마련합니다.

제2단계 | 세상에 대한 고통 존중하기

| 몸의 자원 : 중력 | 신체적 자각(body awareness)의 범위가 넓어지고 감각의 정도가 깊어지면, 기쁨과 고통을 보다 많이 느낍니다.

이것이 세상에 대한 고통을 인식하기 위한 전제 조건입니다. 그러나 우리 문화에서는 몸이 지구 에너지에 닿는(접지) 방법을 가르치지 않습니다. 중력을 이해하고 중력과 결합하는 것은 땅, 장소, 지구와 우리의 관계에서 매우 중요한 요소입니다. 나선형 순환의 두 번째 단계에서는 지구 에너지에 닿는 활동과 '깊이 뿌리내리는' 체험을 활용합니다. 이를 통해 참가자가 지구의 고통을 인식하고, '세상에 대한 고통 존중하기' 활동을 위한 준비를 마치도록 돕습니다.

참가자는 대개 자신의 고통을 인정한다는 생각 자체만으로도 슬픔에 압도될까 걱정하기 때문에 자기 자신을 억누릅니다. 그러나 중력과 확고한 신뢰관계를 맺어두면 강렬한 감정을 털어내고, '지구가 나를 짊어지고 있다'는 느낌을 유지할 수 있습니다.

보디워크는 주로 나선형 순환 중 이번 단계에서 매우 유용합니다. 슬픔과 분노, 두려움을 구체화하여 표현하기 때문입니다. "우리가 직면한 위기 혹은 위기에 대한 자신의 심리적 반응을 인식하는 것으로는 충분하지 않습니다. 고통에 대한 두려움을 떨치기 위해서는 … 스스로 이러한 감정들을 고스란히 경험해야만 합니다."[4]

진실 만다라 등의 강도 높은 과정을 진행한 뒤에는 먼저 참가자가 '움직임'을 통해 그 경험을 종합할 수 있도록 하고, 그다음에 각자의 경험을 이야기합니다. 이때 자연에서 걸으며 산책에 온전히 집중해도 좋고, 이외에도 자기 것으로 소화하는 방법을 활용해도 좋습니다. 이를테면 바닥에 누워 각 신체 부위를 든 채로 자세를 유지하거나 긴장을 풀기 위해 몸을 지면에 누르는 것입니다. 이렇게 자신의 몸과 다시 연결되면 격한 감정을 느낀 뒤에도 마음의 중심을 잃지 않게 됩니다. 이로써 자연스레 다음 단계로 나아갈 수 있습니다.

| 제2단계 실습 : 지구 에너지와 닿는 과정 | 각 자세를 실제로 취해보는 데 총 45분 정도가 소요되는 활동입니다. 이는 지구에 대한 고통을 존중하기에 앞서 준비하거나, 혹은 절망 의식 등의 강도 높은 실습 이후에 종합하는 과정으로 적합합니다.

매트나 담요에 누우세요. 긴장을 풀고 호흡에 집중합니다. 여러분의 숨결을 의식하세요. 긴장감이나 감정을 모두 풀어 중력에 맡깁니다.

여러분의 등에서 작은 뿌리가 자라는 모습을 상상해보세요. 뿌리가 점점 땅으로 뻗어나가서 본연의 신선한 지구 에너지를 흡수합니다. 이제 몸을 옆으로 돌려 계속해서 땅에 뿌리를 내리고 에너지를 얻으세요. 들숨과 날숨 역시 계속 의식합니다.

이제 바닥에 엎드리세요. 여러분 몸의 앞쪽에서 뿌리가 자라 지구로 뻗어갑니다. 지구의 에너지를 양분으로 받아들이세요.

이제 네발기기 자세를 취합니다. 여러분의 손과 발 등의 신체 부위를 바닥에 대고 누르면서 중력을 느껴보세요.

이제 바른 자세로 앉습니다. 여러분의 골반에서 뿌리가 지구로 뻗어나가서 지구 에너지와 닿습니다.

이제 일어서세요. 여러분의 발에서 뿌리가 자라 지구에 뻗어 내립니다. 뿌리는 토양을 뚫고 이 공간에 있는 다른 사람의 뿌리와 닿을 때까지 계속해서 뻗어나갑니다. 거대한 나무 여러 그루가 뿌리로써 서로 지탱하는 모습을 상상해보세요.

천천히 이 공간을 걸어 다니기 시작합니다. 지구에 뿌리내린 감각을 여전히 느끼면서, 지구에서 얻은 양분을 느끼면서, 다른 사람과 연결된 기분을 느끼면서 걷습니다. 호흡을 의식하고 어떠한 변화가 일어났는지 살피세요.

제3단계 | 새로운 눈으로 보기

| 몸의 자원 : 유동성과 호흡 | 고통을 겪은 후에는 새로운 관점에 눈을 뜹니다. 나선형 순환의 제3단계는 인식을 전환하고 우리가 서로 이어져 있음은 물론, 시스템이론의 기초에 눈뜨는 것입니다. 조애나는 이렇게 말했습니다. "우리는 열려있는 생명시스템입니다. 지구의 모든 생명체와 마찬가지로 우리는 물질, 에너지, 정보의 줄기가 몸을 관통해 흐름으로써 생명을 유지할 수 있습니다. 우리는 변화로 이루어져 있습니다. 변화야말로 우리의 본성이기에 변화를 경계할 필요가 없습니다."[5]

우리의 몸과 몸의 '유동성'보다 훌륭한 스승은 없습니다. 유동성이란 세포, 분자, 생화학 수준에서 우리를 관통해 흐르는 움직임의 갖가지 줄기인 것입니다.

움직임은 정보입니다. 우리가 몸을 움직이는 그 순간 몸에서 정보를 얻습니다. 만일 우리가 전前 문화적이며 조금 더 생물에 기초한 움직임을 탐구해야 한다면 어떨까요? 흐르고 미끄러져 나가고 소용돌이치는 파동, 수중생물의 움직임, 또한 식물이 자라나는 움직임이나 풀이 바람에 나부끼는 움직임을 통해 우리 몸이 열린계임을 체감할 수 있습니다. 더욱이 새롭고 활기차며 즉흥적인 움직임에 집중하는 과정을 거치면서 '새로운 눈으로 바라보게' 됩니다. 간단히 한 발로 균형 잡기 등의 동작을 취하면서 피드백 고리를 몸소 느끼고, 우리 몸의 대단한 변화 능력을 직접 확인합니다.

몸은 자유로이 움직일 때 스스로 교정하는 능력이 있다. 생각, 감정 등이 지속되거나 완고해지는 경우에도 이 같은 역학이 적용된다. 아무리 감당하기 어려운 정서적 혼란일지라도 자연스럽게 움직이고 변화하면 보다 수월하게 겪어낼 수 있다. 우리가 물처럼 뚜렷한 패턴 없이 자연스럽게 움직이는 것을 받아들이면, 스스로 조절하고 치유하는 잠재력을 충분히 계발할 수 있다.[6]

몸의 가변성은 '호흡'에서도 나타납니다. "우리는 호흡할 때마다 밀도가 달라지며 재형성됩니다. 이를 하루에 적어도 1만 7천 회 반복합니다."[7] 더욱이 호흡을 통해 우리는 생명 과정 전체와 이어집니다. 인간, 식물, 동물, 대기, 심지어 과거와 미래세대와도 연결됩니다. 이 모두가 같은 공기를 공유합니다. 그런 이유에서 호흡이라는 자원을 나선형 순환의 이번 단계, 특히 딥 타임 작업과 관련지었습니다.

┃ 제3단계 실습 : 로봇과 고무인간 ┃ 밧줄이나 노끈을 이용해 공간을 둘로 나눕니다. 절반은 로봇 전용 공간입니다. 이곳에서는 기계나 로봇처럼 직선으로, 각지고 뻣뻣하게, 순차적으로 움직입니다. 나머지 절반은 고무인간 전용 공간입니다. 이곳에서는 몸이 마치 고무로 만들어진 것처럼 일정한 방향 없이 물 흐르듯 자유롭고 유연하게 움직입니다. 참가자가 양극단을 여러 번 오가면서 춤추고 움직이며 탐구하도록 합니다. 한쪽에서 다른 쪽으로 넘어갈 때에는 최대한 주의를 기울여야 합니다. 음악을 활용해도 좋습니다.[8]

이 활동을 통해 신체의 폭넓은 가변성과 융통성을 체험하고, 부드럽게 움직이는 능력을 생생하고 재미있게 경험할 수 있습니다. 두 집단의 움직임을 전부 경험한 뒤에는 함께 느낀 바를 이야기하며 경험을 되새기는 시간을 가져야 합니다. 이때 단정 짓지 않는 것이 중요합니다. 양극단 모두 우리 몸의 능력이기도 하고, 둘 중 어떤 것이든 오랜 시간 지속할 경우 지치기 때문입니다.

제4단계 | 앞으로 나아가기

| **몸의 자원 : 공간** | 몸의 가변성과 부드럽게 움직이는 능력을 경험한 뒤에 이어지는 것은 '앞으로 나아가기'입니다. 이제 내적으로나 외적으로나 새로운 공간이 열렸으므로 이 자리에 들어설 수 있습니다. 따라서 이번 단계에서 몸의 자원으로 '공간'을 활용합니다. 내면의 공간을 확립하고 주위 공간에 적응함으로써 어느 방향으로든 나아갈 수 있게 됩니다. 새로운 관점과 새로운 움직임은 분명히 드러내야 합니다. 비전과 의도, 목표는 어떻게 실현할 수 있을까요? 움직임의 영역에서 다양한 아이디어를 얻을 수 있습니다. 이를테면 힘과 열의를 움직임으로 표현하고, 다양한 형태로 걸으면서 앞으로 나아가는 것을 탐구하거나 발에 적합한 여러 운동을 종합하는 것입니다.

또한 움직임은 일상생활로 돌아가는 것을 준비하는 좋은 방법입니다. 나는 주로 이번 단계에서 원으로 모여 손을 잡고 춤추는 활동을 진행합니다. 이렇게 함으로써 집단의 에너지를 모으고, 고마움과 기쁨을 마음에 새기면서 조화롭게 워크숍을 마무리합니다.

| **제4단계 실습 : 현재-비전-이행** | 이 움직임의 과정은 '소명과 자원'과 흥미롭게 조화를 이룹니다. 해당 실습 이전에 몸풀기 활동으로서, 혹은 실습 후에 체화하기 위한 종합 활동으로서 이를 진행

합니다. 이때 충분히 넓은 공간이 필요하며, 참가자가 자신의 몸을 어느 정도 자각한 상태여야 합니다.

음악 없이 자신의 '현재' 상황을 움직임과 춤으로 표현하도록 하세요. 예를 들어 지금의 기분이나 상태가 어떠한지, 어떤 삶을 살고 있는지, 무엇을 바꾸고 싶은지 등을 드러내는 것입니다. 약 5분 뒤에 잠시 멈춰서 저마다 즉흥으로 자신의 현재를 상징하는 몸짓 또는 짧은 동작을 한 가지 찾도록 하세요.

그런 뒤에 '비전'을 움직임과 춤으로 표현해봅니다. 대전환을 향한 자신의 삶, 꿈과 목표, 의도를 원하는 방식으로 드러내는 것입니다. 이들이 스스로 비전을 제한하거나 검열하지 않도록 용기를 북돋워주세요. 춤을 통해 불현듯 깨달을 수 있을 만큼 자유롭게 움직입니다. 다시 한 번 잠시 멈춰서 자신의 비전을 표현하는 동작을 한 가지 찾습니다.

세 번째 순서에서는 첫 번째와 두 번째 사이의 움직임을 탐구합니다. 다시 말해 '현재'에서 '비전'으로 옮아가는(이행移行) 과정을 깊이 생각해보고, 상징적인 몸짓 한 가지를 찾아냅니다. 그것이 논리적이거나 정교할 필요는 없습니다. 오히려 자신의 몸속 깊이 자리한 지혜와 창의성에서 움직임이 모습을 드러내게 하세요. 이 과정을 종합하기 위해 마지막 동작을 심화하고 반복합니다. 과정을 마무리하며 이행 동작 가운데 특별한 몇 가지를 발표해도 좋습니다.

＊ ＊ ＊

끝으로 강조하고 싶은 점은, 재연결 작업의 맥락에서 몸을 움직이는 활동을 통해 다양한 가능성과 이점을 발견할 수 있지만 활동을 적용할 시에는 신중해야 한다는 것입니다. 움직임이나 춤의 강요를 반길 사람은 없습니다. 대부분은 자신의 몸에 의식적으로 주의를 기울이는 것이 낯설 것입니다. 보디워크를 할 때 안내자인 여러분부터 마음이 편해야 하며, 각 집단에 맞는 실습을 신중하게 선택해야 합니다. 살펴본 활동이 아주 간단해 보일 수 있으나 이는 실제로 강도 높은 심화 활동입니다. 그러므로 여러분은 이 활동이 어떤 영향을 미칠지 의식해야 합니다.

그럼에도 재연결 작업을 움직임의 영역으로 확장하기를 권장합니다. 구체화된 재연결 작업을 통해 여러분은 물론 사람들이 어떻게 움직이고 영향을 받는지 직접 경험해보세요. 어떤 의견이나 피드백, 경험담도 좋으니 함께 나눌 수 있기를 진심으로 바랍니다.

참고 문헌

David Abram. *The Spell of the Sensuous: Perception and Language in a More-Than-Human World*. Pantheon, 1996.

Howard Clinebell. *Ecotherapy: Healing Ourselves, Healing the Earth*. Augsburg Fortress, 1996.

Bonnie Gintis. *Engaging the Movement of Life: Exploring Health and Embodiment Through Osteopathy and Continuum*. North Atlantic, 2007.

Linda Hartley. *Wisdom of the Body Moving: An Introduction to BodyMind Centering.* North Atlantic, 1995.

Joanna Macy and Molly Young Brown. *Coming Back to Life: Practices to Reconnect Our Lives, Our World.* New Society, 1998.

Joanna Macy and Chris Johnstone. *Active Hope: How to Face the Mess We're in Without Going Crazy.* New World, 2012(《액티브 호프》).

Andrea Olsen. *Body and Earth: An Experiential Guide.* Middlebury, 2002.

글쓰기 워크숍에서 나선형 순환의 활용

루이즈 던랩[*]

재연결 작업에 심취하면서 자연스레 이를 글쓰기 교육 방식과 결합하게 되었습니다. 대학에서, 특히 사회정의와 환경에 관심 있는 대학원생을 수년간 가르치며 알게 된 사실 하나는, 글쓰기가 복잡하고 어렵다고 생각하는 이유가 바로 학교와 기타 교육 집단에서 지배적 방식에 얽매이기 때문이라는 것입니다. 글을 쓰는 힘이란, 설령 기술·전략적인 글이라 하더라도 자신의 가장 진실된 감정을 다루고, 심도 있게 분석한 바를 공들여 표현하고, 독자의 감정에 공감하며 다가서는 것에서부터 비롯됩니다. 글쓰기의 원동력을 기르는 최적의 환경은 이 모든 것을 함께하는 공동체입니다.

대전환을 위해 자신의 목소리를 내려는 학생과 일반 시민을 대상으로 위와 같은 공동체를 만들고자 했고, 그 과정에서 재연결 작업과 여러 기법이 큰 도움이 되었습니다. 현재 각 과정과 매 회의 시작은 '고마움'입니다. 잘 알려진 교육자들이 '안전성'이라 일컫는 분위기를 조성하기 위해 둘씩 모여 열린 문장을 진행하면서 동시에

---

* 루이즈 던랩(Louise Dunlap)은 미국의 글쓰기 교사이자 《침묵 되돌리기(Undoing the Silence)》의 저자이다.

고마움이라는 자율적 에너지를 일깨웁니다. 혹은 도입 단계를 간단히 마무리하고 각자 글 쓰는 시간을 갖기 위하여 고마움에 관한 열린 문장을 활용해 자유 글쓰기를 유도합니다. 예컨대 특정 조상에게 감사하는 이유는 무엇인지, 이 시대에 살아있어 감사한 점은 무엇인지 써 나가도록 하는 것입니다.('자유 글쓰기' 또는 즉흥 글쓰기는 글쓰기를 주저하는 사람들이 유창성과 자신감, 설득력을 높이는 비결입니다.) 나는 유도하는 문장을 직접 만드는 편으로, 일상이나 학생들의 경험에서 아이디어를 얻습니다.

'세상에 대한 고통 존중하기'는 글쓰기 과정의 핵심입니다. 글을 쓸 때 장애가 되는 최대 요인은 아마 두려움일 것입니다. 까다로운 주제에 관해 진실을 전부 폭로하거나 흔히 나약하다고 여기는 감정을 쏟아낼 경우 어떤 반응을 얻을지 불안해합니다. 나는 진실 만다라를 통해 솔직함과 호소력을 유발하는 특성을 실감하자마자 이 실습이 글쓰기 과정에 제격임을 알았습니다. 이를 진행한 후에는 충분히 오랫동안 글 쓰는 시간을 갖습니다. 간혹 진실 만다라의 전 과정을 진행하기도 하지만, 대체로 의식은 강의실 문화에 적합하지 않으므로 상황에 맞게 조절해야 합니다. 공간의 한계 때문에 한번은 모두 다른 장소로 이동했고, 또 한번은 칠판에 사분면을 그려서 브레인스토밍처럼 진행했습니다. 그날 밤 기후변화에 열렬히 관심을 보이던 어느 학생이, 우리가 티핑포인트를 넘어섰다는 사실에 대해 자신이 느낀 바를 처음으로 표현했습니다.

'새로운 눈으로 보기' 활동은 글쓰기 과정의 주된 가르침과 비슷합니다. 문제는 문화 전반이 우리의 의견을 묵살하는 데서 기인하며, 이러한 문화의 체계적 변화가 필요하다는 것입니다. 글쓰기 워크숍에서 이 사실을 인식하고 우리의 문화(판단이나 하향식 비평이 아니라 상호연결성에 기초한 문화)를 창조할 수 있습니다. 그리고 새로이 발견한 것들을 소통에 활용하여 워크숍 공간에서 드러난 진실을 어떤 방식으로 세상에 알릴 것인지 방법을 찾아낼 수 있습니다. 이로써 의식을 전환하거나 새로운 제도를 창출하고 지연전술을 강화하는 것이 가능해집니다. 독자가 우리의 언어에 어떤 반응을 보일지 상상하는 활동에 코베트를 적용했습니다. 구성원이 소그룹으로 모여서 각자의 핵심 아이디어를 읽고, '협력자'이자 '의심하는 독자'(나는 '적'이라 칭하기도 합니다)의 반응과 미래인이나 인간 외 생명의 반응을 듣습니다. 어느 워크숍에서 남수단 출신 여성이 평화 투쟁 중인 여성들에 관한 글쓰기 계획을 전면 수정한 적이 있습니다. 이 활동 덕분에 본래 생각했던 적대적인 독자와는 다른 독자를 상상하게 된 것입니다. 이 여성은 이제 자신의 아이디어를 실현하면 현장에서 활동하는 여성 단체들에 실제로 도움이 될 것임을 확인한 셈입니다.

　'앞으로 나아가기'는 글쓰기 워크숍에서 예외 없이 중요한 단계입니다. 워크숍에서 함께하는 시간은 단지 침묵이라는 뿌리 깊은 습관의 표면을 긁는 것에 지나지 않으며, 대부분이 장기간 지속 가능한 글쓰기 습관을 기르고 싶어 하기 때문입니다. 이를 위해 시간을 따로 마련하여 소명과 자원의 전 과정을 진행합니다. 지금껏 학생들 다수가 이 방식에 대해 고마움을 표했습니다. 진행 시 둘씩 짝을 이루어 주어진 시간에 최대한 질문하고, 한 달 후에 서로 보고하도록 합니다. 나는 추가로 어떤 실습을 자신의 글쓰기 생활에 적용하고 싶은지 묻습니다. 이들이 감사에 대한 자유 글쓰기를 매일 하기로 결심하거나 성급히 판단하지 않고 서로 피드백해주는 모임을 만들어나갈 때 나는 늘 희열을 느낍니다. 이러한 습관은 산업성장사회의 침묵하는 태도를 바꾸는 데 도움이 될 것입니다.

교육을 거듭할 때마다 나선형 순환의 훌륭한 발상과 실습의 활용법을 추가로 발견하고, 세상을 바꿔나가기 위해 더 많은 에너지를 학생들에게 전하고 있습니다.

감수자의 글

유정길(불교환경연대 운영위원장)

•

대전환을 위한

해법 찾기

이 책은
기후변화시대 전지구적인 전환을 생각하지만
너무도 거대하여 막연하고 불가능하다고
무력감을 느끼는 사람들에게
자신의 변화와 전지구적 변화를 이룰
구체적이고 희망적인 전략과
행동계획을 제시하고 있다.
또한 불교사상이 사회변화의 구체성이 없다고
생각하는 사람들에게
아주 적절하고 반가운 책이 될 것이다.

전환의 희망

오로지 성장이다. 경제와 자본이 중심이다. GNP, GDP의 끝 글자가 뜻하는 생산(Product)이 모든 것에 우선하며 그것으로 국제사회의 서열이 매겨져 선진국과 후진국으로 나뉜다. 이것이 산업성장사회이다. 사회경제는 끝간 데 없이 계속 성장할 것이라고 철석같이 믿는 사회이며, 자원은 퍼도퍼도 무한하다는 생각을 신념으로 가진 사회이며, 쓰레기와 폐기물은 무한정 버려도 과학기술로 해결할 수 있다고 생각하는 사회이다. 그 어리석음으로 우리는 지금 분명한 과보를 받고 있다.

지구는 45억 년의 역사 가운데 불과 200년 전 산업사회가 시작되면서 부터 자연적인 원인이 아닌 인간의 행위로 절멸의 위기상황에 놓였다. 1992년 이후 국제회의 중심 주제는 경제와 평화가 아니다. 더 이상 미룰 수 없는 위기로서의 환경문제가 항상 맨 먼저 메뉴로 올라와 있는 의제이다. 기후변화협약, 생명다양성협약, 사막화방지협약 등이 그 대표적인 의제이다. 그런데 이러한 전지구적인 문제는 너무도 거대해서 과연 전환의 희망이 있는지, 과연 실행할 수는 있는지, 정말 해결이 가능할지 의심이 들고 무력감만 느껴질 뿐이다.

이 거대하고 무자비한 개발과 서식지 파괴에 대해 환경단체들은 국제적인 네트워크를 만들어 끊임없이 저항하며 대책을 요구한다. 또한 로비와 정책 제안을 통해 문제를 해결을 위한 해법을 제시해왔다. 그 맨 앞에 사마귀가 수레를 막듯 당랑거철螳螂拒轍 하는 실천운동가이자 불교여성생태학자가 있으니, 그녀가 바로 조애나 메이시다. 그녀는 불교의 연기법에 기반하여 해법을 제시한다. 시스템이론을 토대로 생명지속사회는 가능하다고 강조하며 노구를 이끌고 전 세계를 종횡무진하며 활동하고 있다.

'호스피스'와 '산파'의 역할

조애나 메이시는 2004년 우리나라에 《불교와 일반시스템이론

(Mutual Causality in Buddhism and General Systems Theory : The Dharma of Natural Systems)》이라는 제목으로 처음 소개되었다. 일반시스템이론은 불교의 연기설을 가장 잘 설명하고 있는데, 이 사상을 토대로 불교학자이자 심층(근본)생태주의자로서 지금까지 수많은 생명환경운동에 적극적으로 참여해왔다. 《불교와 일반시스템이론》에서 소개했던 책《산처럼 생각하라(Thinking Like a Mountain : Towards a Council of All Beings)》는 8년 뒤인 2012년에 번역 소개되었다.

세계적 학자와 활동가들이 인류문명의 방향에 대해 공저한《두려움 없는 미래》에서 조애나 메이시는 대전환을 위해 우리가 해야 할 것은 '호스피스'의 역할과 '산파'의 역할이라고 강조했다. 사라지는 것들에 대해서는 그 성과가 발전적으로 전수될 수 있도록 호스피스 역할을 해야 하고, 새로운 대안적 문명과 가치들이 풍성하게 잘 태어날 수 있도록 산파 역할을 해야 한다는 것이다.

이어《산처럼 생각하라》에서는 자연에 대한 심층생태적 각성을 중심으로 인간이 지구상에서 중심이 아니라고 강조한다. 동물과 식물 등 현세대의 중생들과 오랜 인류의 전통과 미래세대를 함께 고려해야 한다. 그들의 고통과 입장을 이해하기 위해서는 실제 수련을 통해 스스로 체득해야 한다. 그 방법으로써 〈온생명회의〉 워크숍을 상세히 소개하고 있다.

2016년에는《액티브 호프Active Hope》가 번역 발행되었다. 조안나 메이시는 이 책에서 본격적으로 재연결 작업을 이론적으로 소개했다. 그리고 이 책 《생명으로 돌아가기(Coming Back to Life)》는 앞의 《산처럼 생각하라》와 《액티브 호프》의 내용을 더욱 풍부하고 자세하게 소개하면서 재연결 작업을 구체적으로 실행할 수 있는 매뉴얼 북의 성격을 함께 가진다.

세 가지 차원의 인식과 행동

오늘날 산업성장사회는 경쟁을 기조로 한다. 경쟁은 너와 나를 가르며 인간과 자연을 구분하고, 적과 아를 구분하며 개체와 개체를 분리한다. 그래서 분리된 개체들 간의 약육강식, 생존경쟁, 적자생존을 부추긴다. 그리고 과거 인류의 조상과 선조들의 가르침과 교훈, 전승을 무시하고 미래세대와의 책임을 고려하지 않아 그 연결이 끊어진 사회이다. 연기적 사회의 단절을 다시 본래대로 연결시키는 일, 그것이 새로운 희망과 대안을 만들어가는 재연결 작업이다. 재연결 작업은 하나의 운동이자 철학이고, 교육이자 실습 프로그램이다.

조애나 메이시는 오늘날 위기 사회에 대해 세 가지 대응을 소개한다. 첫 번째는 산업사회의 통상적인 삶이다. 두 번째는 대붕괴이다. 이로 인해 발생하는 수많은 재앙과 위기 징후를 우리는 인식해야 한다. 세 번째는 대전환이다. 현 사회의 위기와 모순을 극복하여 생명지속사회로 전환하려는 수많은 씨앗과 시도를 인식하고 발견하는 일이다.

이러한 대전환을 위해서는 다시 세 가지의 행동 영역이 있어야 한다. 첫째는 생명보호를 위한 지연전술로써 '지구와 생명체에 가하는 피해를 최대한 늦추도록 하는 활동이나 운동'이다. 감시하고 반대하고 폭로하고 시위하고 소송하는 등 더 이상 나빠지지 않게 막는 행동이다. 그러나 그것만으로는 대전환을 만들 수 없다. 그래서 두 번째는 '일상적인 평범한 삶의 토대를 바꾸는 행동'이 필요하다. 낡은 사회의 껍데기 안에서 희망의 생활양식으로 바꾸고 정의로운 가치를 실천으로 옮기는 것이다. 세 번째는 세계관과 가치관의 근본적인 변화로 '인식과 가치관의 전환' 등 과거에 없었던 대안사회의 다양한 가치와 사상을 구현하는 것이다.

우리의 동력은
지혜와 자비

우리가 받는 모든 고통은 우리 모두가 연결되어 있기 때문이다. 우리가 인연 맺고 있는 그 관계에서 괴로움(苦)이 발생한다. 조애나 메이시는 그 고통에 직면하는 두려움을 떨쳐야 한다고 말한다. 두려움은 인간의 욕심(貪欲)과 분노(瞋恚)와 어리석음(愚癡)에서 비롯되기 때문이다. 이 책에서 일관되게 강조하는 것은 동시대 수많은 생명과 자연이 연관되어 있다는 공간적 연기의 깨달음과 수십억 년 동안 우주와 인류 역사에 걸쳐 미래세대까지 이어지는 시간적 연기의 실질적이고 다양한 깨달음이다.

그래서 재연결 작업은 네 가지 차원의 나선형순환을 제시한다. 〈고마움으로 시작하기〉, 〈세상에 대한 고통 존중하기〉, 〈새로운 눈으로 보기〉, 〈앞으로 나아가기〉가 그것이다.

대전환을 위한 조애나 메이시는 이기심에 근거하여 아상에 빠진 개인주의적인 '고립적 자아'에서 확장하여 수많은 사람들과 관계 맺고 더불어 함께 살아가는 '관계적 자아'로 나아가는 것이 필요하다고 강조한다. 더 나아가 우리는 자연과 생명, 현세대와 미래세대가 연기되어 있음을 깨닫는 '생태적 자아'로 확장되어야 한다. 궁극에는 모든 자연과 삼세 중생들의 고통에 동참하며 그들의 고통을 벗어나게 하려는 '보살적 자아'로 확장되어야 한다고 말한다. 또, 위기 상황에서 보리심을 갖고 희망을 놓치지 않고, 지속적인 실천을 통해 문명의 대전환은 가능하다고 한다. 그 동력은 지혜와 자비이다.

조애나 메이시의 이 책은 기후변화시대 전지구적인 전환을 생각하지만 너무도 거대하여 막연하고 불가능하다고 무력감을 느끼는 사람들에게 자신의 변화와 전지구적 변화를 이룰 구체적이고 희망적인 전략과 행동계획을 제시하고 있다. 또한 불교사상이 사회변화의 구체성이 없다고 생각하는 사람들에게 아주 적절하고 반가운 책이 될 것이다.

마지막으로, 이 책을 번역하신 이은주 선생님의 노고에 깊은 감사를 드린다. 이 책은 그녀에게 이제껏 번역한 책이나 앞으로 번역할 책 중에서 가장 신경을 많이 쓴 책 중에 하나가 아닐까 생각된다. 이 책이 한국 사회 전환에 도움이 되었다면 이은주 선생의 큰 노고 덕분임을 독자들은 알아주길 바란다. 그리고 내용을 검토하고 조언해주신 정연 재마 스님과 정성운 선생님께 감사를 드린다.

Endnotes

·

미주

1장

1   Lester Brown. [online]. [cited July 9, 2014]. [online]. cap-lmu.de/fgz/portals/sustainability/definitions.php.

2   From a poster by Paul Cienfuegos, regional leader of the Community Rights movement. See Community Environmental Legal Defense Fund website. CELDF.org and Paul Cienfuegos.com, both [online]. [cited June 8, 2014].

3   Robinson Jeffers. "The Tower Beyond Tragedy." Tim Hunt, ed. *The Collected Poetry of Robinson Jeffers*, Vol. 1 1920–1928. Stanford, 1988, p. 177.

2장

1   Shakespeare. *Hamlet*. 3막, 1장.

2   Peter Marin. Freedom and I*ts Discontents: Reflections on Four Decades of American Moral Experience. Steerforth*, 1995, p. 131.

3   David Orr. "Speed." *The Nature of Design: Ecology, Culture, and Human Intention*. Oxford, 2004, p. 45.

4   Willian Ernest Henley. "Invictus." Arthur Quiller-Couch, ed. *The Oxford Book of English Verse, 1250–1900*. Oxford, 1902, p. 1019.

5   Dr. Robert Murphy, 개인적으로 나눈 대화.

6   Zhiwa Woodbury. "Planetary Hospice — Rebirthing Planet Earth." [online]. [cited June 11, 2014]. workthatreconnects.org/wp-content/uploads/2014/03/Planetary-Hospice.pdf.

7   Anita Barrows. "Psalm." *We Are The Hunger*. 미출간 원고, 1998.

3장

1   Gregory Bateson. *Steps to an Ecology of Mind: A Revolutionary Approach to Man's Understanding of Himself.* Chandler, 1972(《마음의 생태학》), p. 462.

2   Ludwig von Bertalanffy. *General Systems Theory*. Braziller, 1968, p. 12.

3   Bateson, *Steps to an Ecology of Mind*(《마음의 생태학》), p. 476.

3a   Norbert Wiener. *The Human Use of Human Beings*. Avon, 1967, p. 130.

4   John Seed, Joanna Macy, Pat Fleming, Arne Naess. *Thinking Like a*

Mountain: Towards a Council of All Beings. New Society, 1988(《산처럼 생각하라》), p. 35.

5 위의 책, p. 36.

6 위의 책, p. 20.

7 Llewellyn Vaughan-Lee. *Darkening of the Light: Witnessing the End of an Era.* Golden Sufi Center, 2013.

8 Rabbi Arthur Waskow. "Move Our Money, Protect Our Planet: God, Earth, & Strategy." Shalom Center, February 6, 2014. [online]. [cited June 13, 2014]. theshalomcenter.org/content/moveour-money-protect-our-planet-god-earth-strategy.

9 Ervin Laszlo. *Introduction to Systems Philosophy: Toward a New Paradigm of Contemporary Thought.* Gordon and Breach, 1972, p. 170.

10 Bateson. *Steps to an Ecology of Mind*(《마음의 생태학》), p. 319.

11 Kazimierz Dabrowski. *Positive Disintegration.* Little Brown, 1964(《다브로프스키의 긍정적 비통합이론》).

12 Paul Hawken. *Blessed Unrest: How the Largest Social Movement in History Is Restoring Grace, Justice, and Beauty to the World.* Viking, 2007, p. 142.

13 위의 책, p. 143–144.

14 Joanna Macy가 1990년 독일의 재연결 작업 동료들과 공동 작성한 미출간 문서.

4장

1 Ranier Maria Rilke, trans. Joanna Macy and Anita Barrows. *Rilke's Book of Hours: Love Poems to God.* Riverhead, 1996, I, 51.

2 Joanna Macy. *Despair and Personal Power in the Nuclear Age.* New Society, 1983.

3 Joanna Macy and Molly Brown. *Coming Back to Life: Practices to Reconect Our Lives, Our World.* New Society, 1998.

4 Joanna Macy. *World As Lover, World as Self: Courage for Global Justice and Ecological Renewal*, rev. ed. Parallax, 2007.

5 Joanna Macy. Widening Circles: *A Memoir.* New Society, 2001.

6 Joanna Macy and Chris Johnstone. *Active Hope: How to Face the Mess We're in Without Going Crazy.* New World, 2012(《액티브 호프》).

5장

1   Doug Hitt, 개인적으로 나눈 대화, 2014년 3월.

6장

1   Joanna와 Francis가 노보집코프에서 진행한 작업에 관해 자세한 내용
은 다음 웹 사이트를 참고. "The Story of the Elm Dance." Joanna Macy
website. [online]. [cited June 17, 2014]. joannamacy.net/theelmdance/55-
thestoryoftheelmdance.html.

7장

1   이 과정의 변형된 방식을 제공해 준 Kathleen Rude에게 감사를 표합니다.

2   Jack Belden. *China Shakes the World. Monthly Review*, 1970(《中國이 뒤
흔드는 세계》), p. 487–8.

3   Carolyn McDade. *My Heart is Moved*. Carolyn McDade Music, CD,
2007. [online]. [cited June 18, 2014]. carolynmcdademusic.com/heart.
html.

4   Adrienne Rich. "My Heart is Moved" from *The Dream of a Common
Language: Poems 1974–1977*. Norton, 1978.

8장

1   Edward Conze, trans. *The Perfection of Wisdom in Eight Thousand
Lines*. Four Seasons, 1973.

2   다음 내용을 각색한 것. Julian Edney. "The Nuts Game: A Concise
Commons Dilemma Analog." *Environmental Psychology and
Nonverbal Behavior*, Vol. 3 (1979), pp. 252–254. [online]. [cited June 19,
2014]. g-r-e-e-d.com/Nuts Game.htm.

3   Bill Johnston. "I Take to Myself." 저자의 허락을 받음.

4   온생명회의에 관한 이야기는 다음을 참고. Seed 외. *Thinking Like A
Mountain*(《산처럼 생각하라》), p. 79–90.

5   *Alberto Rios. "Who Has Need, I Stand with You." Orion Magazine*
(online), May/June 2010. © Alberto Rios. Used with permission.

9장

1   Robert J. Lifton. *The Broken Connection*. Simon and Schuster, 1979, p. 338.

2   출간된 바 없음.

3   Vangelis. *Ignacio*. Barclay/Polygram CD (reissue) #813 042-2, 1990. [online]. [cited June 23, 2014]. amazon.com/IgnacioVangelis/dp/B000001F4D.

4   Rosalie Bertell. 개인적으로 나눈 대화, 1991년경.

5   Macy and Johnstone, *Active Hope*(《액티브 호프》), p. 173.

6   위의 책.

7   Susa Silvermarie의 허락을 받음. ReVisionary's View website, susasilvermarie.com.

10장

1   Justine Willis Toms and Michael Toms. "The Native Genius of Intention" in *True Work: Doing What You Love and Loving What You Do*. Harmony, 1998, p. 112.

2   Macy, *Widening Circles*.

3   Doug Hitt. 미출간 시, 2008. 허락을 받음.

4   Rilke, trans. Macy and Barrows, *Rilke's Book of Hours*, I, 59, p. 119.

11장

1   Kathleen Rude, 재연결 작업의 안내자. 두 저자에게 보내온 이메일, 2014년 3월.

2   Unicef UK website. "Poll: British children concerned by effects of climate change." April 17, 2013. [online]. [cited June 26, 2014]. unicef.org.uk/Latest/News/British-Children-deeply-concernedby-effects-of-climate-change-/.

3   Suzy Becker. "Helping Little People Cope with the World's Big Problems." *The Center Post*, The Rowe Center, (Fall/Winter 2013–14), p. 15. [online]. [cited June 26, 2014]. rowecenter.org/upload/docs/ROWE-CPFall&Winter2013.pdf.

4   Chivian E. et al. "American and Soviet Teenagers' Concerns about

Nuclear War and the Future." *The New England Journal of Medicine*, Vol. 319 #7 (1988), pp. 407–413.

5   Molly Lockwood. 미출간 시, 허락을 받음.

6   Generation Waking Up website. "Our Story." [online]. [cited June 26, 2014]. generationwakingup.org/about/story.

7   위의 웹 사이트.

8   Eva Schilcher. 두 저자에게 보내온 이메일, 2014년 2월.

9   Robert Croonquist이 제안한 것. "From Hero to Human," 미출간 원고.

10 미국 노스캐롤라이나 Pickards Mountain Eco-Institute 소속 Megan Toben. 두 저자에게 보내온 이메일, 2014년 3월.

11 Joseph Cornell. *Sharing Nature with Children II*. Dawn, 1999의 내용을 Pam Wood가 각색한 것.

12 Toben, 두 저자에게 보내온 이메일.

13 Pam Wood가 창작한 것.

14 Elizabeth Koelsch-Inderst. 두 저자에게 보내온 이메일, 2014년 2월.

15 Schilcher, 두 저자에게 보내온 이메일.

16 Seed 외. *Thinking Like a Mountain*(《산처럼 생각하라》), p. 57의 내용을 Sheri Prud'homme이 각색한 것.

17 이 이야기와 의식을 제공해 준 Sheri Prud'homme에게 감사를 표합니다.

18 이 이야기는 다음에 수록되어 있음. Loren Eiseley. *The Unexpected Universe*. Harvest, 1972 또는 Loren Eiseley. *The Star Thrower*. Harvest, 1979.

12장

1   Adelaja Simon. 저자에게 보내온 이메일, 2013년 2월.

2   Salina Espinosa-Secthko. 저자에게 보내온 편지, 2014.

3   Sharon Kuehn and Joanna Aguirre. "Reconnect! An Ecological Framework for Social Inclusion, Wellness and Sustainable Communities." Teaching poster from Wellness Recovery Educators.

4   Aries Jordan. 저자의 허락을 받아 인용한 것. 저자의 웹사이트에 게재되어 있음. journey2womanhood.tumblr.com/page/3.

5   Monica K. Moss. "Meaning making is the challenge of cultural competency" in Patricia St. Onge et al. *Embracing Cultural Competency: A Roadmap for Nonprofit Capacity Builders*. Fieldstone Alliance, 2009, p. 49.

6   Joy Degruy-Leary. *Post Traumatic Slave Syndrome: America's Legacy*

of Enduring Injury and Healing. Uptone, 2005, p. 49.

7   White Awake 웹 사이트. [online]. [cited June 28, 2014]. whiteawake.org.

8   St. Onge, *Embracing Cultural Competency.*

9   저자가 기록한 것. the People of Color Caucus at the Alliance for Nonprofit
     Management Annual Conference in Houston Texas, 2003.

10   Martin Luther King Jr.의 연설. "Where Do We Go From Here?" Speech
     delivered at the 11th Annual SCLC Convention, Atlanta, Georgia, August
     1967. [online]. [cited July 11, 2014]. http://mlk-kpp01.stanford.edu/
     index.php/encyclopedia/documentsentry/where_do_we_go_from_here_
     delivered_at_the_11th_annual_sclc_convention/.

13장

1   John Seed and Joanna Macy. From Seed 외. *Thinking Like a Mountain*(《산
     처럼 생각하라》), p. 41–43.

2   Conze, trans. *The Perfection of Wisdom in Eight Thousand Lines.*

3   "UN Environmental Sabbath Program" in Elizabeth Roberts and Elias
     Amidon, eds. *Earth Prayers From Around the World: 365 Prayers,
     Poems, and Invocations for Honoring the Earth.* Harper, 1991, pp.
     70–71.

4   Rev. Daniel Martin. "We Journey Together" in Elizabeth Roberts and
     Elias Amidon, eds. *Prayers for a Thousand Years.* Harper, 2010, pp.
     246–7.

부록3

1   Macy, *Widening Circles*, Chapter 23 "The Poison Fire."

2   Joanna Macy. "Nuclear Guardianship Ethic." [online]. [cited July 1,
     2014]. joannamacy.net/nuclear-guardianship-ethic.html.

3   Global Alliance for the Rights of Nature. [online]. [cited July 1, 2014].
     TheRightsofNature.org; Rights of Mother Earth. [online]. [cited July 1,
     2014]. rightsofmotherearth.com.

4   Rights of Mother Earth. "Ecuador Rights of Nature." [online]. [cited July
     1, 2014]. rightsofmotherearth.com/ecuadorrights-nature/.

5   United Nations. *Harmony with Nature.* [online]. [cited July 1, 2014].
     harmonywithnatureun.org.

6   Global Alliance for the Rights of Nature. *Universal Declaration of Rights of Mother Earth.* [online]. [cited July 1, 2014]. http://therightsofnature.org/universal-declaration/.

7   2012년 9월 모아브에서 처음으로 개최한 회의 프로그램을 인용한 것.

8   선언문의 현재 버전과 보조 자료는 다음 웹 사이트를 참고. Future First. FutureFirst.us;

Women's Congress for Future Generations. "Living Draft of the Declaration of the Rights Held by Future Generations." wcffg.org/declarationfortherightsoffuturegenerations.cfm;

Northern California Circle of the Women's Congress for Future Generations. norcalwcffg.blogspot.com/; Toward a Declaration of the Rights Held by Future Generations. "Resources." celebratewcffg.wordpress.com/resources-2/;

Science and Environmental Health Network. "Guardianship of Future Generations." sehn.org/guardianship-of-future-generations/. All citations [online]. [cited July 1, 2014].

부록4

1   Barbara Hundshammer. email: bahu@zibko.de, website: zibko.de.

2   Susan Harper. Continuum Montage. [online]. [cited July 1, 2014]. continuummontage.com.

3   David Abram. *The Spell of the Sensuous: Perception and Language in a More-Than-Human World.* Pantheon, 1996, p. 268.

4   Joanna Macy and Molly Young Brown. *Coming Back to Life: Practices to Reconnect Our Lives, Our World.* New Society, 1998, p. 59.

5   Joanna Macy, 음성 녹음, 2009.

6   Bonnie Gintis. *Engaging the Movement of Life: Exploring Health and Embodiment Through Osteopathy and Continuum.* North Atlantic, 2007, p. 132.

7   위의 책, p. 23.

8   예: Andreas Vollenweider. *Dancing with the Lion.* Audio CD. Sony, 2009, track 2 "Dancing with The Lion."

9   Louise Dunlap. *Undoing the Silence: Six Tools for Social Change Writing.* New Village Press, 2007. website: undoingsilence.org. [online]. [cited July 2, 2014]

Resources

•

더 참고할 자료

재연결 작업

- Macy, Joanna and Chris Johnstone 지음. 양춘승 옮김.《액티브 호프》. 벗나래, 2016.
- Macy, Joanna and Norbert Gahbler. *Pass It On: Five Stories That Can Change the World*. Parallax, 2010.
- Reason, Peter and Melanie Newman, eds. Foreword by Joanna Macy. *Stories of the Great Turning*. Vala, 2013.
- Seed, John, Joanna Macy, Pat Fleming and Arne Naess 지음. 이한중 옮김.《산처럼 생각하라》. 소동, 2012.

웹 사이트

- 재연결 작업 네트워크 : WorkThatReconnects.org
- 액티브 호프 : ActiveHope.info
- Great Turning Times 뉴스레터 : www.facilitationforlifeonearth.org/great-turning-times.html
- 대전환에 어울리는 곡 : songsfortheGreatTurning.net
- Joanna Macy 영상 채널 : vimeo.com/channels/workthatreconnects
- Facilitation for Life on Earth, 영국 : facilitationforlifeonearth.org/Roseaux Dansants, 프랑스: Roseaux-Dansants.org
- Society for Applied Deep Ecology, 독일 : holoninstitut.de; tiefenoekologie.de
- Terr'Eveille, 벨기에 : terreveille.be
- Interhelp Network : interhelpnetwork.org
- Earth Citizens' Library : earthcitizens.net
- Joanna Macy 웹 사이트 : www.JoannaMacy.net
- Molly Young Brown 웹 사이트 : MollyYoungBrown.com

일상의 토대 바꾸기

- Alexander, Michelle. *The New Jim Crow: Mass Incarceration in the Age of*

Colorblind-ness. New Press, 2012.

▪ Alperovitz, Gar. *America Beyond Capitalism: Reclaiming Our Wealth, Our Liberty, & Our Democracy.* 2nd ed. Democracy Collaborative & Dollars and Sense, 2011.

▪ Benyus, Janine M 지음. 최돈찬, 이명희 옮김.《생체모방》. 시스테마, 2010.

▪ Brown, Ellen Hodgson, JD. *The Web of Debt: The Shocking Truth about Our Money System and How We Can Break Free,* 5th ed. Third Millenium, 2012(《달러-사악한 화폐의 탄생과 금융 몰락의 진실》 2008년 번역 출간).

▪ Brown, Lester. *Full Planet, Empty Plates: The New Geopolitics of Food Scarcity.* Norton, 2012.

▪ Crozier-Hogle, Lois and Darryl Babe Wilson, J. Leibold, ed. *Surviving in Two Worlds: Contemporary Native American Voices.* University of Texas, 1997.

▪ Cullinan, Cormac 지음. 박태현 옮김.《야생의 법-지구법 선언》. 로도스, 2016.

▪ Dawson, Jonathan, Ross Jackson and Helena Norberg-Hodge, eds. *Gaian Economics: Living Well with Planetary Limits.* Permanent Publications, 2010.

▪ Douglass, James W 지음. 송설히, 엄자현 옮김.《케네디와 말할 수 없는 진실-무엇이 케네디를 죽게 했는가》. 말글빛냄, 2011.

▪ Dreier, Peter. The 100 Greatest Americans of the 20th Century: A Social Justice Hall of Fame. Nation, 2012.

▪ Eisenstein, Charles 지음. 정준형 옮김.《신성한 경제학의 시대-한계에 다다른 자본주의의 해법은 무엇인가?》. 김영사, 2011.

▪ Gershon, David. *Social Change 2.0: A Blueprint for Reinventing Our World.* High Point, 2009.

▪ Greenwald, Glenn 지음. 박수민, 박산호 옮김.《더 이상 숨을 곳이 없다-스노든, NSA, 그리고 감시국가》. 모던타임스, 2014.

▪ Hawken, Paul. *Blessed Unrest: How the Largest Movement in the World Came into Being and Why No One Saw It Coming.* Viking, 2007.

▪ Heinberg, Richard 지음. 노승영 옮김.《제로 성장 시대가 온다-성장의 종말과 세계 경제의 미래》. 부키, 2013.

▪ Heinberg, Richard and Daniel Lerch, eds. *Post Carbon Reader: Managing the 21st Century's Sustainability Crises.* Post Carbon Institute, 2010.

- Hopkins, Rob. *Transition Handbook: From Oil Dependency to Local Resilience.* Green Books, 2008.
- Hopkins, Rob. *The Power of Just Doing Stuff: How Local Action Can Change the World.* Green Books, 2014.
- Johnstone, Chris 지음. 문신원 옮김. 《마음의 힘-생의 진정한 목적을 찾아서》. 토네이도, 2014.
- Klein, Naomi 지음. 김소희 옮김. 《쇼크 독트린-자본주의 재앙의 도래》. 살림Biz, 2008.
- Korten, David 지음. 김경숙 옮김. 《경제가 성장하면 우리는 정말로 행복해질까-나와 당신은 과연 성장의 과실을 공정하게 분배받고 있는가》. 사이, 2014.
- Korten, David. *The Great Turning: From Empire to Earth Community.* Kumarian Press, 2006
- Kropotkin, Peter 지음. 김훈 옮김. 《만물은 서로 돕는다-크로포트킨이 밝힌 자연의 법칙과 진화의 요인》. 여름언덕, 2015.
- Jensen, Robert. *We're All Apocalyptic Now: On the Responsibilities of Teaching, Preaching, Reporting, Writing, and Speaking Out.* Monkey Wrench, 2013.
- Jensen, Robert. *The Heart of Whiteness: Confronting Race, Racism, and White Privilege.* City Lights Books, 2005.
- Litfin, Karen T 지음. 강경이 옮김. 《에코빌리지, 지구 공동체를 꿈꾸다》. 시대의창, 2015.
- Mandela, Nelson 지음. 김대중 옮김. 《만델라 자서전-자유를 향한 머나먼 길》. 두레, 2006.
- Mander, Jerry. *The Capitalism Papers: Fatal Flaws of an Obsolete System.* Counterpoint, 2012.
- Mander, Jerry. *In the Absence of the Sacred: The Failure of Technology& the Survival of the Indian Nations.* Sierra Club, 1991.
- McKibben, Bill 지음. 김승진 옮김. 《우주의 오아시스 지구-기후변화와 환경의 역습으로 위기에 빠진 지구의 풍경》. 김영사, 2013.
- Moser, Suzanne C. "Getting Real About It: Meeting the Psychological and Social Demands of a World is Distress" in Deborah R. Gallagher, ed.

Environmental Leadership: A Reference Handbook, Sage, 2012.

- Orr, David 지음. 이한음 옮김.《작은 지구를 위한 마음-생태적 문맹에서 벗어나기》. 현실문화, 2014.

- Parker, Rebecca. "Not Somewhere Else, But Here" in Marjorie Bowens-Wheatley and Nancy Palmer Jones, eds. *Soul Work: Anti-Racist Theologies in Dialogue*. Skinner House, 2002.

- Patel, Raj. *Stuffed and Starved: The Hidden Battle for the World Food System*, 2nd ed. Melville House, 2012(《식량전쟁》 2008년 번역 출간).

- Pavel, M. Paloma, ed. *Breakthrough Communities: Sustainability and Justice in the Next American Metropolis*. Massachusetts Institute of Technology, 2009.

- Peavey, Fran. *By Life's Grace: Musings on the Essence of Social Change*. New Society, 1993.

- Reich, Robert 지음. 안기순 옮김.《로버트 라이시의 1대 99를 넘어-부의 불평등을 바로잡는 11가지 액션플랜》. 김영사, 2015.

- Robbins, John and Ocean Robbins 지음. 김윤희 옮김.《먹거리 혁명-음식으로 당신의 몸, 그리고 세상을 치유하라!》. 한울, 2015.

- Shiva, Vandana. *Making Peace with the Earth: Beyond Resource, Land and Food Wars*. St. Martin's Press, 2012.

- Solnit, Rebecca 지음. 정해영 옮김.《이 폐허를 응시하라-대재난 속에서 피어나는 혁명적 공동체에 대한 정치사회적 탐사》. 펜타그램, 2012.

- Steingraber, Sandra. *Raising Elijah: Protecting Our Children in an Age of Environment Crisis*. Da Capo Press, 2013.

- St. Onge, Patricia et al. *Embracing Cultural Competency: A Roadmap for Nonprofit Capacity Builders*. Fieldstone Alliance, 2009.

- Wheatley, Margaret and Deborah Frieze. *Walk Out Walk On: A Learning Journey into Communities Daring to Live the Future Now*. Berrett-Koehler, 2011.

- Worldwatch Institute. *State of the World, 2013: Is Sustainability Still Possible?* Worldwatch Institute, 2013.

- Survival International: survivalinternational.org
- Dr.Vandana Shiva: navdanya.org
- Transition Towns: transitionnetwork.org, transitionus.org
- Waging Nonviolence: wagingnonviolence.org
- Women's Earth Alliance: womensearthalliance.org
- Worldwatch Institute: worldwatch.org

인식과 가치관 전환

- Abram, David. *The Spell of the Sensuous: Perception and Language in a More-Than-Human World*. Pantheon, 1996.
- Akwesasne Notes. *Basic Call to Consciousness*. Native Voices, 1991.
- Baker, Carolyn. *Sacred Demise: Walking the Spiritual Path of Industrial Civilization's Collapse*. iUniverse, 2009.
- Berry, Thomas 지음. 박만 옮김.《황혼의 사색 – 성스러운 공동체인 지구에 대한 성찰》. 한국기독교연구소, 2015.
- Brown, Molly Young. *Growing Whole: Self-Realization for the Great Turning*. Psychosynthesis Press, 2009.
- Buzzel, Linda and Craig Chalquist. *Ecotherapy: Healing with Nature in Mind*. Sierra Club, 2009.
- Fox, Matthew. *The Coming of the Cosmic Christ: The Healing of Mother Earth and the Birth of a Global Renaissance*. Harper, 1988.
- Fox, Matthew 지음. 황종렬 옮김.《원복 – 창조영성 길라잡이》. 분도출판사, 2001.
- Griffin, Susan. *Woman and Nature: The Roaring Inside Her*. Sierra Club, 2000.
- Gottlieb, Roger S., ed. *This Sacred Earth: Religion, Nature, Environment*. Routledge, 1996.
- Kaza, Stephanie. *Mindfully Green: A Personal and Spiritual Guide to Whole Earth Thinking*. Shambhala, 2008.
- Kaza, Stephanie and Kenneth Kraft, eds. *Dharma Rain: Sources of Buddhist*

Environmentalism. Shambhala, 2000.

- Kaza, Stephanie, ed. *Hooked: Buddhist Writings on Greed, Desire, and the Urge to Consume*. Shambhala, 2005.

- Lappe, Frances Moore. *EcoMind: Changing the Way We Think, to Create the World We Want*. Nation, 2011.

- LaDuke, Winona. *All Our Relations: Native Struggles for Land and Life*. South End, 1999.

- LaDuke, Winona. *Recovering the Sacred: The Power of Naming and Claiming*. South End, 2005.

- Le Guin, Ursula K. *Always Coming Home*. Bantam, 1985.

- Leighton, Taigen Daniel. *Bodhisattva Archetypes: Classic Buddhist Guides to Awakening and their Modern Expression*. Penguin, 1998.

- Loy, David R 지음. 허우성 옮김.《돈, 섹스, 전쟁 그리고 카르마 – 현대사회의 딜레마들에 불교는 무엇을 말할 수 있는가》. 불광출판사, 2012.

- Loy, David R. *The Great Awakening: A Buddhist Social Theory*. Wisdom, 2003.

- Macy, Joanna. *World as Lover, World as Self: Courage for Global Justice and Ecological Renewal*. Parallax, 2007.

- Macy, Joanna. *Dharma and Development: Religion as Resource in the Sarvodaya Self-help Movement*. Kumarian, 1985.

- Neihardt, John G 지음. 김정환 옮김.《검은고라니는 말한다》. 두레, 2002.

- Nhat Hanh, Thich. *Interbeing: 14 Guidelines for Engaged Buddhism*. Parallax, 1993.

- Nhat Hanh, Thich. *The Sun My Heart*. Parallax, 1988.

- Nisker, Wes. *Buddha's Nature: A Practical Guide to Discovering Your Place in the Cosmos*. Bantam, 1998.

- Plotkin, Bill. *Nature and the Human Soul: Cultivating Wholeness and Community in a Fragmented World*. New World Library, 2007.

- Porter, Tom (Sakokweniónkwas). *And Grandma Said... — Iroquois Teachings as passed down through the oral tradition*. ExLibris, 2008.

- Roszak, Theodore 지음. 오휘영 옮김.《지구의 외침》. 조경, 2002.

- Roszak, Theodore, Mary Gomes and Allen D. Kanner, eds. *Ecopsychology: Restoring the Earth, Healing the Mind.* Sierra Club, 1995.
- Sartor, Linda. *Turning Fear into Power: One Woman's Journey Confronting the War on Terror.* Psychosynthesis Press, 2014.
- Shepard, Paul. *Nature and Madness.* Sierra Club, 1982.
- Snyder, Gary 지음. 이상화 옮김.《야생의 실천》. 문학동네, 2015.
- Stamets, Paul. *Mycelium Running: How Mushrooms Can Help Save the World.* Ten Speed, 2005.
- Swimme, Brian and Thomas Berry 지음. 맹영선 옮김.《우주이야기－태초의 찬란한 불꽃으로부터 생태대까지》. 대화문화아카데미, 2010.
- Vaughan-Lee, Llewellyn 엮음. 김준우 옮김.《생태 영성－지구가 울부짖는 소리》. 한국기독교연구소, 2014.

저널 및 단체 웹 사이트

- Buddhist Peace Fellowship: buddhistpeacefellowship.org
- Clear View Project(사회 정의를 위한 불교 기반 자료) : clearviewproject.org
- Ecological Buddhism: ecobuddhism.org
- Eco-Chaplaincy Initiative: ecochaplaincy.net
- Genesis Farm(생태맹 줄이기) : genesisfarm.org
- Global Alliance for the Rights of Nature: TheRightsofNature.org; RightsofMotherEarth.com
- Metta Center for Nonviolence: mettacenter.org
- The Pachamama Alliance (Awakening the Dreamer): pachamama.org
- Radical Joy for Hard Times: radicaljoyforhardtimes.org
- Sarvodaya Sharmadana Movement: sarvodaya.org
- Shalom Center with Rabbi Arthur Waskow: theshalomcenter.org
- What's Your Tree? with Julia Butterfly Hill: whatsyourtree.org
- White Awake: whiteawake.org
- Women's Congress for the Rights of Future Generations: FutureFirst.us; wcffg.org

시스템 사고

- Bateson, Gregory지음. 박대식 옮김.《마음의 생태학》. 책세상, 2006.
- Charlton, Noel G. *Understanding Gregory Bateson: Mind, Beauty, and the Sacred Earth.* SUNY, 2008.
- Laszlo, Ervin. *Introduction to Systems Philosophy. Toward a New Paradigm of Contemporary Thought.* Gordon & Breach, 1972.
- Laszlo, Ervin. *The Connectivity Hypothesis: Foundations of an Integral Science of Quantum, Cosmos, Life, and Consciousness.* SUNY, 2003.
- LaConte, Ellen. *Life Rules: Nature's Blueprint for Surviving Economic and Environmental Collapse.* New Society, 2012.
- Macy, Joanna 지음. 이중표 옮김.《붓다의 연기법과 인공지능 – 일반시스템이론은 생명·생태·윤리 문제를 어떻게 해결하는가》. 불광출판사, 2020.
- Meadows, Donella, Jorgen Randers and Dennis Meadows 지음. 김병순 옮김.《성장의 한계 – 30주년 기념 개정판》. 갈라파고스, 2012.
- Rivers, Dennis. "Nine important implications of systems/chaos/complexity theory for our lives." April 29, 2014 — univ-greatturning.org/library/nine-important-implications.pdf
- Sahtouris, Elizabet. *EarthDance: Living Systems in Evolution.* iUniverse, 2000
- Sweeny, Linda Booth 지음. 김옥수 옮김.《생명의 지혜 – 옛이야기가 품은 열두 가지 자연법칙》. 다산기획, 2012.

의식儀式에 참고할 시, 이야기 및 자료 (모든 영적 전통과 방대한 시에 덧붙여…)

- Brown, Molly, ed. *Lighting a Candle: Collected Reflections on a Spiritual Life.* Psychosynthesis Press, 2010.
- Brown, Molly Y. and Carolyn W. Treadway, eds. *Held in Love: Life Stories to Inspire Us through Times of Change.* Psychosynthesis Press, 2009.
- Dellenger, Drew. *Love Letter to the Milky Way: A Book of Poems.* White Cloud, 2011.
- Flynn, Carolyn Brigit, ed. *Sisters Singing: Blessings, Prayers, Art, Songs,*

Poetry & Sacred Stories by Women. Wild Girl, 2009.

- Musawa, ed. *In the Spirit of We'Moon: Celebrating 30 Years.* MotherTongue, 2011.
- Rilke, Ranier Maria, trans. Joanna Macy and Anita Barrows. *Rilke's Book of Hours: Love Poems to God.* Riverhead, 1996.
- Rilke, Ranier Maria, trans. Joanna Macy and Anita Barrows. *In Praise of Mortality: Selections from Rainer Maria Rilke's Duino Elegies and Sonnets to Orpheus.* Riverhead, 2005.
- Roberts, Elizabeth and Elias Amidon, eds. *Earth Prayers from around the World: 365 Prayers, Poems, and Invocations for Honoring the Earth.* Harper, 1991.
- Roberts, Elizabeth and Elias Amidon, eds. *Prayers for a Thousand Years.* Harper, 1999.
- Rumi, Jalal al-Din, trans. Coleman Barks with John Moyne. *The Essential Rumi.* Harper, 1995.

그룹 및 워크숍 안내하기

- Lakey, George. *Facilitating Group Learning: Strategies for Success with Adult Learners.* Jossey-Bass, 2010.
- Stanfield, R. Brian. *The Workshop Book: From Individual Creativity to Group Action.* New Society, 2002.
- Starhawk. *The Empowerment Manual: A Guide for Collaborative Groups.* New Society, 2011.
- Taylor, Peggy and Charlie Murphy. *Catch the Fire: An Art-full Guide to Unleashing the Creative Power of Youth, Adults and Communities.* New Society, 2014.
- Weston, Anthony. *How to Re-Imagine the World: A Pocket Guide for Practical Visionaries.* New Society, 2007.

- Cornell, Joseph. *Sharing Nature with Children II*. Dawn, 1999.
- Faber, Adele and Elaine Mazlish. *How to Talk So Kids Will Listen and Listen So Kids Will Talk*. 1980, reprint Avon, 1999.
- Sartor, Linda and Molly Brown. *Consensus in the Classroom: Creating a Lively, Learning Community*. Psychosynthesis Press, 2004.
- Sobel, David. *Beyond Ecophobia: Reclaiming the Heart in Nature Education*. Orion Society, 1999.
- Sobel, David. "Beyond Ecophobia." YES! Magazine, November 2, 1998. [online]. [cited July 6, 2014]. yesmagazine.org/issues/education-for-life/803.
- Sullivan, Kathleen and Peter Lucas. *Action for Disarmament: 10 Things You Can Do!* United Nations, 2014.
- Young, Jon, Evan McGown and Ellen Haas. *Coyote's Guide to Connecting with Nature*, 2nd ed. Owlink Media, 2010.

웹 사이트

- Be the Change Earth Alliance, Student Leadership: bethechangeearthalliance. org
- Climate Classroom, National Wildlife Federation: Climateclassroom.org
- Generation Waking Up "Igniting a generation of young people to bring forth a thriving, just, sustainable world": generationwakingup.org
- United Nations Cyber School Bus, with classroom toolkit: cyberschoolbus. un.org

학습/행동모임을 위한 교육과정

- Be the Change Earth Alliance, Community Movement, Action Circles: bethechangeearthalliance.org
- Ethics for a New Millennium Study Circle: dalailamafoundation.org/programs/

study-circles

- Local Futures — International Society for Ecology and Culture, Roots of Change Study Circle Program: localfutures.org/study-circle-program
- Northwest Earth Institute, eight discussion courses: nwei.org
- Resilience Circles: localcircles.org
- Women's International League for Peace and Freedom (WILPF), "Challenging Corporate Power, Asserting the People's Rights" study course: wilpf.org/ CPOWER_10sessions

COMING
BACK TO
LIFE